Remo H. Largo · Monika Czernin
Jugendjahre

PIPER

Zu diesem Buch

Computersucht, Komasaufen, Schulmüdigkeit – selten gibt es
positive Schlagzeilen über Jugendliche. Mit ihrem Buch wollen Remo H. Largo und Monika Czernin Verständnis für die
Jugendlichen und ihre schwierigen Entwicklungsaufgaben
wecken und den Blick dafür schärfen, dass in ihren Händen die
Zukunft liegt. In bewährter Manier bietet das Buch Rat und
Hilfe für verunsicherte Eltern, Lehrer und alle, die mit Jugendlichen zu tun haben – ein Buch, das zum Umdenken auffordert.

Prof. Dr. med. Remo H. Largo, geboren 1943, war bis zu seiner
Emeritierung 2005 Professor für Kinderheilkunde. Er leitete
die Abteilung für Wachstum und Entwicklung am Kinderspital
in Zürich, wo er die bedeutendste Langzeitstudie über kindliche Entwicklung im deutschsprachigen Raum durchführte.
Alle seine Bücher wurden Standardwerke und Longseller. Er
lebt in Uetliburg bei Zürich, hat drei Töchter und vier Enkel.

Monika Czernin, geboren 1965, ist freie Journalistin, Buchauto-
rin und Filmemacherin. Sie lebt mit ihrer Tochter in München.

Remo H. Largo · Monika Czernin

JUGENDJAHRE

Kinder durch die Pubertät begleiten

Mit 77 Abbildungen und Grafiken

Piper München Zürich

Mehr über unsere Autoren und Bücher:
www.piper.de

Von Remo H. Largo liegen bei Piper vor:
Babyjahre
Kinderjahre
Glückliche Scheidungskinder (mit Monika Czernin)
Schülerjahre (mit Martin Beglinger)
Jugendjahre (mit Monika Czernin)

MIX
Papier aus verantwor-
tungsvollen Quellen
FSC® C013736

Ungekürzte Taschenbuchausgabe
1. Auflage März 2013
2. Auflage Januar 2014
© 2011 Piper Verlag GmbH, München
Umschlaggestaltung: semper smile, München
Umschlagabbildung: Augustus Butera/Getty Images
Satz: Kösel, Krugzell
Gesetzt aus der Scala
Druck und Bindung: Kösel, Krugzell
Printed in Germany   ISBN 978-3-492-30192-3

Inhalt

Einleitung

Wenn der Hummer den Panzer wechselt, verliert er zunächst seinen alten Panzer und ist dann so lange, bis ihm ein neuer gewachsen ist, ganz und gar schutzlos. (Dolto 2005)

Neben der Geburt und den ersten Lebensjahren ist die Pubertät entwicklungsbiologisch gesehen die wichtigste Phase im Leben eines jeden Menschen. Hier kommt zum Abschluss, was mehr als 15 Jahre für seine Entfaltung gebraucht hat. Am Ende der Pubertät ist der Hummer dann ausgewachsen, er hat ein letztes Mal seinen Panzer gewechselt, um beim Bild der französischen Kinderpsychiaterin Françoise Dolto zu bleiben. Die Jugendjahre sind ein großer Einschnitt, für manche sogar die größte Herausforderung ihres Lebens. Aber auch die Erwachsenen, die Väter, Mütter und Lehrer tun sich mit dieser Lebensphase oft schwer.

»Die Jugend liebt heutzutage den Luxus. Sie hat schlechte Manieren, verachtet Autorität, hat keinen Respekt vor älteren Menschen und schwatzt, wo sie arbeiten soll. Kinder widersprechen ihren Eltern, schwadronieren in der Gesellschaft, verschlingen bei Tisch die Süßspeisen und tyrannisieren ihre Lehrer.« So klagte vor 2400 Jahren schon der Philosoph Sokrates, zumindest wird ihm das Zitat zugeschrieben.

In unserer Gesellschaft sind Kinder zu einem kostbaren Gut geworden, wer sich für Kinder entscheidet, investiert viel in ihre Entwicklung. Und dann, so plötzlich wie unabdingbar, machen sie sich innerlich wie äußerlich davon, grüßen kaum noch und wünschen sich ein Leben weit weg vom familiären Heim. Kein Wunder, dass Eltern nicht verstehen, was da eigentlich vor sich geht. Haben sie etwas falsch gemacht? Sind es die Hormone? Das Gehirn? Was kann man dagegen tun, und geht diese Phase einfach wieder vorbei, so plötzlich wie sie, einem Alptraum gleich, über die Familie gekommen ist? Auch sind die Erwachsenen verunsichert. Angesichts von Zukunftsängsten und realen Bedrohungen etwa durch eine hohe Jugendarbeitslosigkeit, wachsen die Sorgen einer Elterngeneration, die sich fragen muss, ob sie die Welt, die sie ihren Kindern übergibt, gut genug bestellt hat.

Dieses Buch hat eine besondere Form. Wir, die Autoren, führen stellvertretend für die Leser und Leserinnen einen Dialog, Fragen und Antworten sollen die unterschiedlichen Positionen – vom besorgten Elternteil bis zum Experten – widerspiegeln. Ich, Monika Czernin, bin Mutter einer Teenagerin. Als meine Tochter in die Pubertät kam, erinnerte ich mich daran, wie meine Eltern unter meinen rebellischen Distanzierungsversuchen litten und bekam doch denselben Dackelblick, klagte und seufzte: »Ach, was warst du nur für ein süßes Mädchen, als du noch klein warst.« Meine Tochter brach zu Recht in Schreikrämpfe aus. »Und jetzt? Du magst mich wohl gar nicht mehr.« Gott sei Dank begannen Remo Largo und ich dann bald an diesem Buch zu schreiben. Die Gespräche, Debatten und Recherchen haben mir, der Mutter, Journalistin und Pädagogin neue Denkräume geöffnet und viele Irrwege erspart. Vor allem haben sie meine Ängste bekämpft und mir die Freude über das Großwerden meiner Tochter zurückgegeben. Ich habe durch das Schreiben gelernt, anerkennender und großzügiger auf ihre Welt zu schauen, hinter der Kratzbürstigkeit die Verletzlichkeit und Sensibilität wahrzunehmen, trotz aller Launen ihre Kreativität nicht aus den Augen zu verlieren, und bei aller nötigen und dennoch schmerzhaften Loslösung ihre Loyalität, Liebenswürdigkeit und Freundlichkeit zu würdigen. Die Pubertät der Kinder ist immer auch eine Chance, noch einmal über Ge- und Misslingen des eigenen Starts ins erwachsene Leben nachzudenken. Ich möchte diese Konfrontation sowie den kritischen Blick meiner Tochter auf meinen Lebensentwurf nicht missen.

Ich, Remo Largo, habe drei erwachsene Töchter und vier Enkelkinder, zwei davon sind bereits wieder in der Pubertät. Mich beschäftigt die Pubertät als Vater und Wissenschaftler seit vielen Jahren. Die Erinnerungen an meine eigene Pubertät sind sehr verschwommen. An die Pubertät meiner Töchter erinnere ich mich noch sehr genau. Es gab gute Zeiten, geblieben sind mir jedoch vor allem die Episoden, die mit dem Gefühl einer umfassenden Ohnmacht und einer beängstigenden Einsicht verbunden waren: Als Eltern können wir unsere Kinder nicht mehr beschützen, sondern nur noch hoffen, dass wir ihnen das Rüstzeug mitgeben konnten, um sich »draußen in der Welt« zu bewähren. In meiner wissenschaftlichen Arbeit wurde mir in den Zürcher Längsschnittstudien die enorme Vielfalt in der Pubertätsentwicklung nachhaltig vor Augen geführt. DIE Pubertät gibt es nicht, sondern nur individuelle Schicksale. Mein bestimmter Eindruck ist, dass Jugendliche – auch Dank ihrer Eltern – in den vergangenen 40 Jahren erfreuliche Fortschritte gemacht haben. Sie sind selbstbewusster, verantwortungsvoller und initiativer geworden – auch wenn das manche Erwachsene anders sehen. Größere Problembereiche orte ich weniger bei den Jugendlichen, als bei den Eltern, den Lehrern, den Politikern und der Gesellschaft als Ganzes. Vorurteile in der Erziehung, Altlasten in den Schulen und offensichtliche gesellschaftliche Benachteiligung der jungen Menschen gilt es abzubauen.

Mit diesem Buch wollen wir darum Verständnis für die Jugendlichen wecken, für ihre Bedürfnisse, Wünsche und Probleme. Indem wir immer wieder durch die Brille der Heranwachsenden auf die Welt blicken, hoffen wir eine Brücke zu schaffen für Eltern, Lehrer und andere Erwachsene. Die Pubertät ist nicht umsonst eine prekäre Lebensphase, in der sich psychische Störungen häufen und die Selbstmordrate massiv ansteigt. Dem oft gegebenen Rat an die Eltern, die Sache doch einfach mal locker zu nehmen, können wir darum nicht zustimmen, müssen aber dennoch immer wieder betonen, dass es mit der herkömmlichen Erziehung in der Pubertät ein für alle mal vorbei ist. Dafür war in den Jahren davor genug Zeit.

Wir werden uns weniger mit Gefahren wie Alkohol, Gewaltvideos, Komasaufen und Cybermobbing auseinandersetzen und werden schon gar nicht Ratschläge erteilen, wie sie zu vermeiden und zu bekämpfen sind. Wir glauben nicht an ein weiteres Zehn-Punkte-was-soll-ich-mit-den-Jugendlichen-tun-Programm für Eltern und Lehrer, sondern wollen eine Veränderung des Denkens und Verstehens bewirken, aus der sich dann hoffentlich neue Verhaltensweisen – weniger für die Jugendlichen als vielmehr für die Erwachsenen – ergeben.

Unser Anliegen ist es, Eltern und anderen Erwachsenen zu zeigen, wie sie die Jugendlichen stärken können. Denn Jugendliche müssen möglichst stark sein, damit sie die Herausforderungen erfolgreich bestehen können, die ihnen in der Pubertät abverlangt werden. Kinder, aus denen allmählich Erwachsene werden, haben eine Vielfalt von Entwicklungsaufgaben zu bewältigen. Noch einmal läuft das Wachstumskraftwerk auf Hochtouren – körperlich, geistig und emotional –, um dann die Entwicklung zu beenden. Die Darstellung der jugendlichen Entwicklungsaufgaben in diesem Buch basiert auf dem Fit-Konzept, so wie es im Buch »Kinderjahre« (Largo 1999) entwickelt wurde. Danach müssen Jugendliche im Wesentlichen drei wichtige Herausforderungen meistern:

Geborgenheit: Jeder Jugendliche will sich geborgen fühlen. In der Kindheit befriedigen die Eltern seine körperlichen Grundbedürfnisse. Eine bedingungslose Bindung zwischen Kind, Eltern und anderen Bezugspersonen gewährleistet emotionale Sicherheit. Wenn sich der Jugendliche von den Eltern ablöst und die Familie verlässt, muss er die emotionale Sicherheit anderswo finden, was ein schwieriges Unterfangen ist und mit emotionalen Höhen und Tiefen einhergeht.

Soziale Anerkennung: Jeder Jugendliche braucht soziale Anerkennung und eine gesicherte Stellung in der Lebensgemeinschaft. Soziale Sicherheit gewährleistete bisher die Familie und die Schule. Nun muss der Jugendliche aus eigener Kraft seinen Platz in der Gesellschaft finden und sich soziale Anerkennung verschaffen.

Entwicklung und Leistung: Jeder Jugendliche will seine Fähigkeiten möglichst gut ausbilden. Als Kind hatte er zu einem wichtigen Teil für Eltern und Lehrer gelernt, jetzt muss er, ob in der Schule, der Berufsausbildung oder in der Universität für sich selbst lernen. Er muss seine Stärken entwickeln, um dann im konkreten Tun und Handeln in Gesellschaft und Wirtschaft erfolgreich zu sein.

An diesen drei Aufgaben wächst der Jugendliche zum Erwachsenen heran und entwickelt seine Identität. Es erstaunt wohl kaum, dass dieser vielschichtige Prozess des Suchens, Findens und sich Bewährens nicht pannenfrei verlaufen kann, weder für die Jugendlichen, noch für die Eltern und die Schule. Das Fit-Konzept strebt eine möglichst gute Übereinstimmung zwischen den individuellen Bedürfnissen und Entwicklungseigenheiten des Jugendlichen und seinem Umfeld an. Wenn in diesen drei Bereichen eine gute Übereinstimmung zwischen dem Jugendlichen und seinem Umfeld besteht, fühlt er sich wohl, ist aktiv und kann ein gutes Selbstwertgefühl entwickeln. Ist die Übereinstimmung ungenügend oder fehlt sie gar, werden Wohlbefinden und Selbstwertgefühl des Jugendlichen beeinträchtigt. Daraus können psychosomatische Störungen und Verhaltensauffälligkeiten entstehen. Fehlt beispielsweise die Anerkennung von den Gleichaltrigen, kann ein Mädchen magersüchtig werden oder ein Junge besonders große Risiken eingehen.

Unser Buch ist folgendermaßen aufgebaut. In Teil I geht es darum, ein Verständnis für die Gesetzmäßigkeiten zu wecken, welche die Entwicklung in der Pubertät bestimmen. Jugendlichen wird beispielsweise häufig von ihren Eltern vorgeworfen, sie würden zu spät zu Bett gehen und daher notorisch übermüdet sein. Nun hat sich herausgestellt, dass Jugendliche aus biologischen Gründen gar nicht früher einschlafen können. Das soziale Umfeld muss sich also anpassen, nicht die Jugendlichen. Besonderer Nachdruck wird in Teil I auf die Vielfalt gelegt, die unter Jugendlichen herrscht. Diese Vielfalt ist so groß, dass nur ein individueller Umgang dem einzelnen Jugendlichen gerecht werden kann. Denn eine erzieherische Haltung, die bei dem einen Jugendlichen auf fruchtbaren Boden fällt, kann bei einem anderen verfehlt sein. Je genauer es Eltern und Lehrern gelingt, sich auf die individuellen Bedürfnisse und Eigenheiten der Jugendlichen einzustellen, desto besser werden sich die Jugendlichen entwickeln und desto geringer wird der erzieherische Aufwand sein.

In Teil II wollen wir aufzeigen, weshalb die Pubertät für Jugendliche eine so schwierige Zeit ist. Auch wenn es Eltern und Lehrern unbegreiflich erscheint: Ein Konflikt in der Clique kann einen Jugendlichen so umtreiben, dass er die Schule total vernachlässigt. Je besser sich Eltern und Lehrer in die Nöte der Jugendlichen einfühlen und hineindenken können, desto tatkräftiger können sie ihnen beistehen.

In Teil III schließlich geht es um die Frage, wie Eltern, Schule und Gesellschaft Jugendliche besser unterstützen können, um ihre soziale und berufliche Integration sicherzustellen. Tun sie das nicht, werden die jungen Erwachsenen zu einer Belastung für die ganze Gesellschaft. Wir Erwachsene dürfen uns nicht mit Kritik und Ansprüchen an die Jugendlichen zufrieden geben, sondern müssen unsere eigenen Ängste und Vorurteile hinterfragen. Wenn die junge Generation die Pubertät gut bestehen soll, wird diese Zeit eine Herausforderung und Entwicklungschance auch für uns Erwachsene. Denn auch wir müssen uns weiterentwickeln.

Abschließend eine Anmerkung zu den Literaturhinweisen. Wo es notwendig ist, haben wir auf Originalarbeiten und Bücher verwiesen. Oft zitieren wir auch Studien, die schon einige Jahre alt sind – aus gutem Grund. Nicht immer sind nämlich die aktuellsten Untersuchungen auch die besten. Für weiterführende Informationen, beispielsweise über Begriffe wie Sexualhormone oder Transsexualität, empfehlen wir den Lesern und Leserinnen Wikipedia. Dieses Internetportal ist einschlägigen Enzyklopädien qualitativ mindestens ebenbürtig, meist sogar ausführlicher, reichhaltiger an Quellenangaben und immer am aktuellen Stand. Bleibt noch zu erwähnen, dass wir aus Gründen der besseren Lesbarkeit im Text darauf verzichtet haben, beispielsweise von Schülern und Schülerinnen zu sprechen, und uns jeweils für eine Form entschieden haben.

Monika Czernin und ich sind überzeugt: Die wirksamste Medizin gegen die Angst bei den Erwachsenen und die beste Unterstützung für das jugendliche Kind ist, darauf zu vertrauen, dass es sein Bestes geben wird, um zu dem Menschen zu werden, der in ihm angelegt ist. Dies zu ermöglichen ist unsere Aufgabe. Wir Erwachsene müssen die Jugend tatkräftig bei der Bewältigung ihrer schwierigen Entwicklungsaufgaben unterstützen. Aus diesem Anliegen heraus entstanden dieser Dialog zwischen uns Autoren und dieses Buch für alle, die sich für die jungen Menschen einsetzen wollen.

Remo H. Largo und Monika Czernin

Teil I
Die Entwicklung beim Jugendlichen

Entwicklung in der Pubertät

> *Seit einiger Zeit finde ich, dass alles immer komplizierter wird, alles ist komplizert, ich bin auch kompliziert.*«   (Nathalie, 14)

Schlussspurt zur Vollendung

Hirnforscher haben Teenager mit bildgebenden Verfahren untersucht und dabei festgestellt, dass ihr Gehirn in der Pubertät einen letzten großen Umbau erfährt (Crone 2011). Wir Eltern und alle, die sich mit Jugendlichen beschäftigen, können also beruhigt sein: Das heillose Durcheinander in der Pubertät hat System und eine klare Ursache.

Die Hirnforschung bestimmt zunehmend unsere Vorstellungen über menschliches Verhalten. So ist beispielsweise die erhöhte Risikobereitschaft von Jugendlichen neurobiologisch erklärt worden. Sie werde nämlich dadurch verursacht, dass die Frontalhirnrinde, die Schaltstelle für besonnenes Handeln, als letztes umgebaut wird. Wer sich als Jugendlicher also außen an einen Zug hängt, Bungeejumping betreibt und sein erstes Auto als Rennsportgerät missversteht, dessen Frontalhirnrinde ist einfach noch unreif. Die Frage ist nur, ob solche Erkenntnisse auch hilfreich sind. Sollen wir als Eltern und Lehrer die Hände in den Schoß legen und das Risikoverhalten von Jugendlichen schicksalhaft erdulden? Wir schaffen es nicht, weil wir uns verantwortlich fühlen. Wir müssen handeln und entscheiden. Und dazu brauchen wir möglichst adäquate und hilfreiche Vorstellungen darüber, was bei Jugendlichen entwicklungsmäßig geschieht. Je besser wir ihre biologische Entwicklung und ihr Verhalten verstehen – und die Hirnforschung leistet dazu eben nur einen kleinen Beitrag –, desto kompetenter können wir mit ihnen umgehen und desto besser geht es den Jugendlichen und nicht zuletzt auch uns selbst. Befassen wir uns also zuerst mit den Entwicklungsprozessen, die in der Pubertät ablaufen und abgeschlossen werden, und dann mit der Vielfalt, die in der Pubertät besonders groß ist.

In der Pubertät kommen die Entwicklungsprozesse zum Abschluss. Das klingt endgültig. So, als ob danach keine Entwicklung mehr stattfinden würde.

Auch Erwachsene können sich noch entwickeln, aber nicht mehr so wie Kinder. Um zu verstehen, was mit Abschluss der Entwicklung gemeint ist, müssen wir uns klar machen, worin die kindliche Entwicklung eigentlich besteht. Sie lässt sich im Wesentlichen durch drei Prozesse charakterisieren: Wachstum, Differenzierung und Spezifizierung.

Wachstum: Jedes Kind wächst. Das Wachstum ist wohl das augenscheinlichste Merkmal der kindlichen Entwicklung. Zahlreiche Aspekte der Entwicklung wie etwa die Körpergröße nehmen im Verlauf der Kindheit zu und finden in der Pubertät ihren Abschluss. Natürlich gibt es gewisse Merkmale wie beispielsweise der Bart, der auch nach der Pubertät noch weiter wächst, oder die Weisheitszähne, die überhaupt erst im Alter von 30 Jahren zum Vorschein kommen. Aber im Wesentlichen ist das kindliche Wachstum am Ende der Pubertät abgeschlossen.

Differenzierung: Bei der Entfaltung von geistigen Fähigkeiten ist der Abschluss der Entwicklung weniger offensichtlich als beim Wachstum. Fähigkeiten wie die gesprochene Sprache, das Zahlenverständnis oder das zwischenmenschliche Verhalten nehmen während der ganzen Kindheit nicht nur quantitativ zu, sondern differenzieren sich auch qualitativ aus. So entwickelt das Kind seine kommunikativen Fähigkeiten, indem sein Sprachverständnis und sein sprachlicher Ausdruck, aber auch seine Körpersprache immer nuancierter werden. Dieser Prozess wird in der Pubertät ebenfalls weitgehend abgeschlossen.

Spezifizierung: Bei der Spezifizierung werden bestimmte Fähigkeiten in der Pubertät festgelegt. Je nach Umfeld, in dem das Kind aufwächst, werden Fähigkeiten wie etwa die Sprache unterschiedlich ausgebildet und schließlich auch festgeschrieben. Ein Erwachsener kann immer noch eine Fremdsprache lernen, aber nie mehr in der Weise und in der Perfektion wie als Kind die Muttersprache.

Die Entwicklung ist also ein Prozess, bei dem der kindliche Organismus und im Besonderen das Gehirn in einer ständigen Interaktion mit seinem Umfeld wächst, sich ausdifferenziert und in seinen Fähigkeiten festgelegt wird.

Use it or lose it – lautet eine weitere Erkenntnis der Hirnforscher. Zellen, die in der Kindheit nicht gebraucht oder angeregt wurden, werden in der Pubertät entsorgt. Heißt das, wir können nach der Pubertät nichts mehr dazulernen, unser Gehirn ist fertig verdrahtet?

In einer gewissen Weise stimmt das. Und dennoch ist Dazulernen bis ins Rentenalter möglich. Das klingt nach einem Widerspruch, ist es aber nicht. Es geht also um die Frage: Was können Erwachsene noch lernen und was nicht mehr? Der beste, wenn auch etwas unschöne Vergleich, der mir dazu einfällt, ist der Computer. Was der Jugendliche am Ende der Pubertät mitbekommt, ist ein Gehirn, vergleichbar einer Festplatte mit fertig entwickeltem Betriebssystem und zahlreichen Programmen. Genauso wenig wie wir als Normaluser das Betriebssystem oder das Word-Programm auf unserem PC verändern können, kann der junge Erwachsene Einfluss auf seine Hirnstrukturen nehmen. Was uns als PC-Benutzer jedoch möglich ist, ist, die Programme verschieden zu nutzen. Wir können Word, Excel, Power Point, Photoshop und alle anderen Programme, mit denen wir uns auskennen, auf ganz unterschiedliche Weise verwenden. Genauso kann der Erwachsene sein analytisches Denken, seine Motorik, seine Sprache oder seine sozialen Kompetenzen auf unterschiedlichste Weise einsetzen und durch neue Erfahrungen mit Wissen und spezifischen Fertigkeiten erweitern. Herauszufinden wie er seine Fähigkeiten – also die Festplatte samt aller Programme – möglichst wirkungsvoll und sinnvoll einsetzen kann, ist eine der großen Herausforderungen für jeden Jugendlichen in der Pubertät.

Wenn man sich in einer 7. Klasse umschaut, dann glaubt man oft nicht, dass es sich dabei um mehr oder weniger Gleichaltrige

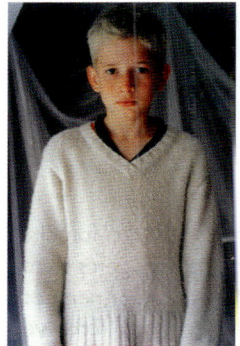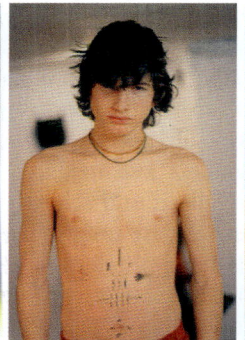

Pablo 13, 15 und 17 Jahre

handelt. Manche Mädchen haben schon einen Busen und schminken sich, andere hingegen sehen wie deren jüngere Schwestern aus. Genauso ist es bei den Jungen. Während manche in die Höhe schießen und kräftige Schultern entwickeln, scheinen andere immer noch im Grundschulalter zu stecken. Wie groß sind die Unterschiede in der Pubertät?

Die Unterschiede zwischen den Kindern, die sogenannte interindividuelle Variabilität ist nie größer als in der Pubertät. Die Gründe dafür sind vielfältig. Erstens variiert das Alter, in dem Mädchen und Jungen in die Pubertät kommen, das heißt die Reifung verläuft von Jugendlichem zu Jugendlichem unterschiedlich rasch. Zweitens sind auch die individuellen Pubertätsverläufe verschieden. Die Pubertät kann ganz unterschiedlich lange dauern. Drittens gibt es Gruppenunterschiede zwischen den Geschlechtern. Mädchen sind im Mittel in jedem Alter reifer als Jungen. Und viertens gibt es auch noch die sogenannte intraindividuelle Variabilität. Jeder Jugendliche entwickelt sein eigenes Profil an unterschiedlichen Kompetenzen und Begabungen.

Woher kommt diese Vielfalt. Was ist deren biologischer Sinn? Und wie groß ist sie tatsächlich?

Es ist ein grundlegendes Prinzip der Biologie, dass jedes Merkmal und jede Eigenschaft bei der Amöbe genauso wie beim Menschen unterschiedlich ausgeprägt ist. Mir ist keine Eigenschaft und kein Merkmal bekannt, das bei allen Menschen gleich ausgeprägt wäre. Die Vielfalt bei Pflanzen, Tieren und auch beim Menschen garantiert, dass es immer Mitglieder innerhalb einer Art gibt, die sich auf Grund ihrer individuellen Eigenschaften an veränderte Umweltbedingungen besonders gut anpassen können. Die Vielfalt besteht bereits bei der Geburt und nimmt im Laufe der Kindheit immer mehr zu. In der 1. Klasse unterscheiden sich die Kinder in ihrem Entwicklungsalter um mindestens 3 Jahre. Es gibt Kinder, die mit 6 Jahren ein Entwicklungsalter von 7 bis 8 Jahren aufweisen und bereits lesen können. Andere mit einem Entwicklungsalter von 4 bis 5 Jahren sind noch weit davon entfernt. Bis zur Oberstufe nehmen die Unterschiede zwischen den Kindern noch einmal deutlich zu. Mit 13 Jahren variiert das Entwicklungsalter um mindestens 6 Jahre zwischen den am weitesten entwickelten Jugendlichen und jenen, die sich am langsamsten entwickeln (Abbildung 1). Hinzu kommt, dass Mädchen, wie schon erwähnt, den Jungen im Mittel um eineinhalb Jahre voraus sind. Diese Vielfalt muss Jugendliche und Erwachsene verwirren, die von Normvorstellungen ausgehen.

Eltern und auch Lehrer wundern sich immer wieder, wie unterschiedlich die Begabungen bei ein und demselben Kind ausgeprägt sein können. Selbst innerhalb der Familie kann es vorkommen, dass das eine Kind gut in Sprache, aber schwach in Mathematik ist; bei einem Geschwister ist es genau umgekehrt. Jeder Jugendliche und auch jeder Erwachsene weist ein ihm eigenes Profil von Begabungen auf. Zwei solche Kompetenzprofile von 14-jährigen Jugendlichen sind in den Abbildungen 2 und 3 dargestellt. Bei Daniel und Sarah sind die Begabungen sehr unterschiedlich verteilt. Daniel hat seine Stärken im logisch-mathematischen Denken und in der Motorik, seine Schwächen liegen im sprachlichen Bereich. Bei Sarah ist es genau umgekehrt. Sie ist sprachlich besonders begabt, dafür weniger kompetent in logischem Denken und Rechnen. Die Stärken und Schwächen können unter Jugendlichen in unterschiedlichen Variationen vorkommen. Beim einzelnen Jugendlichen können ausgeprägte Unterschiede zwischen beispielsweise den körperlichen und den sozio-emotionalen Entwicklungsbereichen bestehen. Es kann zu schwierigen Situationen für den Jugendlichen, aber auch für seine Umgebung kommen, wenn er körperlich voll entwickelt ist, aber wegen seiner niedrigen sozialen Kompetenz rasch die Kontrolle über sich verliert. Weil Jugendliche in den verschiedenen Entwicklungsbereichen unterschiedlich weit entwickelt sein können, erstaunt es nicht, dass sie häufig ein Verhalten zeigen, das für Erwachsene schwer verständlich ist und von ihnen als chaotisch bezeichnet wird.

Wenn ein Kind früh in die Pubertät kommt, gilt dies dann nicht nur für seine körperliche Entwicklung, sondern für alle Entwicklungsbereiche wie die Sprache oder die Kognition?

Es gibt Hinweise, dass dies tatsächlich der Fall ist. Das bedeutet, wenn die Pubertät früh einsetzt, schließt auch das Gehirn seine Entwicklung früh ab. Damit werden alle Entwicklungsprozesse, nicht nur die körperlichen, frühzeitig beendet. Tanner (1962) hat eine signifikante Beziehung zwischen dem Intelligenzquotienten und dem Knochenalter als Indikator für die Entwicklungsreife nachgewiesen. Dies bedeutet jedoch nicht, dass ein früher Abschluss der Entwicklung zwangsläufig mit einem niedrigen IQ einhergeht. Zur besseren Verständlichkeit möchte ich folgenden Vergleich machen: Es gibt große und kleine Kinder, die rasch oder langsam reifen. Reift ein großes Kind rasch, wird es vorübergehend sehr groß sein. Reift ein kleines Kind langsam, wird es vorübergehend sehr klein sein. Die Ausprägung der Körpergröße und die Reifungsgeschwindigkeit sind also voneinander unabhängig. Genauso verhält es auch mit den kognitiven Fähigkeiten. So können sich kluge Kinder rasch oder langsam entwickeln. Entwickeln sie sich rasch, sind sie in der Schule den anderen Kindern besonders weit voraus.

Immer wieder fragen sich Eltern und Lehrer: Was ist bei einem Jugendlichen an Begabung und Verhalten vererbt und was erworben?

Die Vielfalt unter Kindern wird durch ihr Umfeld mitbestimmt. Offensichtlich ist dies bei der Sprache oder beim Beziehungsverhalten. Jedes Kind erwirbt die Sprache und die Umgangsformen von dem sozialen Umfeld, in dem es aufwächst. Die sogenannte Heterogenität des sozialen, kulturellen und religiösen Umfeldes hat daher einen großen Einfluss auf die Entwicklung der Kinder. Die Vielfalt lässt sich aber mit der Heterogenität der Umwelt allein nicht erklären. Einen wesentlichen Anteil an der Vielfalt haben die individuellen Anlagen. Selbst wenn Kinder unter den gleichen sozialen, kulturellen und religiösen Bedingungen aufwachsen, bleiben sie immer noch sehr verschieden. Um nochmals den Vergleich mit dem Computer heranzuziehen: Die Anlage beim Kind entspricht dem Betriebssystem und den Programmen beim Computer. Sie ist von Kind zu Kind unterschiedlich gestaltet und weitgehend vorbestimmt. Wie weit das Kind die Anlage verwirklichen kann, hängt jedoch von den Erfahrungen ab, die es machen kann (Largo et al. 2007). Das Herausragende an dieser großen Vielfalt ist die Einmaligkeit des Individuums.

Der Evolutionsbiologe Ralph Dawirs sagt: »Pubertät ist der Bioreaktor für zukunftsweisende Innovationen.« Er vertritt in seinem Buch (Dawirs et al. 2008) die These, dass ohne Pubertät keine gesellschaftliche Innovation, kein kultureller Fortschritt möglich wäre, sondern lediglich überholte Vorstellungen weitergegeben würden. Damit es zu den wilden Jahren überhaupt kommen könne, würde das Gehirn umgebaut. Und das mache aus evolutionsbiologischer Sicht Sinn.

Die Pubertät ist für die Gesellschaft ein Jungbrunnen. Künstlerische Kreativität, Erneuerung von ethischen Vorstellungen wie auch technische und wissenschaftliche Innovationen würden ohne die Sturm-und-Drang-Periode weitgehend ausbleiben. Die Evolution hat mit einer Ausdehnung der Kindheit und einem Hinausschieben der Geschlechtsreife die Lern- und Entwicklungsperiode des Menschen massiv verlängert und damit dem Menschen zu in der Evolution völlig neuen Fähigkeiten verholfen. Die Umwälzungen in der Pubertät bewirken nicht nur bei dem Individuum einen Schub von neuen Eigenschaften. Die Umwälzungen erneuern auch die Gesellschaft – sofern die Gesellschaft sie zulässt. Deshalb ist es so wichtig, zu begreifen, was entwicklungsmäßig in der

Pubertät geschieht. Diese Kenntnisse helfen uns zu verstehen welche enormen Anforderungen Jugendliche zu bewältigen haben und weshalb Familie, Schule und Gesellschaft sie in ihrem Bemühen unterstützen müssen. Für den wichtigen Beitrag, den Jugendliche durch ihre Kreativität und ihr innovatives Potential für die Gesellschaft leisten, sollten wir Erwachsene dankbar dafür sein und die Schattenseiten der Pubertät wie Chaos und Risikoverhalten in Kauf nehmen.

Das Wichtigste in Kürze

1. Die folgenden Entwicklungsprozesse kommen in der Pubertät zum Abschluss:
   - *Wachstum:* Quantitative Zunahme, zum Beispiel Körpergröße.
   - *Differenzierung:* Qualitative Ausgestaltung, zum Beispiel Sprache.
   - *Spezifizierung:* Festlegung von Fähigkeiten, zum Beispiel die nonverbale Kommunikation auf die Umgangsformen der Lebensgemeinschaft.

2. Es gibt kein Entwicklungsmerkmal, welches bei allen Jugendlichen gleich ausgeprägt ist.

3. Die Vielfalt unter Jugendlichen entsteht, weil Eigenschaften und Fähigkeiten bei jedem Einzelnen unterschiedlich ausgeprägt sind (zum Beispiel Körpergröße) und unterschiedlich rasch ausreifen (zum Beispiel sekundäre Geschlechtsmerkmale) (*Interindividuelle Variabilität*).

4. Die einzelnen Eigenschaften und Fähigkeiten sind beim Jugendlichen selbst unterschiedlich angelegt und reifen verschieden rasch aus (zum Beispiel können seine sprachlichen Fähigkeiten besser entwickelt sein als seine motorischen) (*Intraindividuelle Variabilität*). Ausprägte Unterschiede, beispielsweise zwischen körperlicher und sozialer Entwicklung, können sich im Verhalten nachteilig auswirken.

5. Ein Entwicklungsmerkmal wie Körpergröße oder IQ wird einerseits durch seine Ausprägung und andererseits durch seine Reifungsgeschwindigkeit bestimmt. Ein Kind mit einem hohen oder niedrigen IQ kann sich langsam oder rasch entwickeln.

6. Die Anlage ist von Kind zu Kind unterschiedlich gestaltet und bestimmt die optimalen Entwicklungsmöglichkeiten eines Kindes. Wie sie verwirklicht wird, hängt von den Erfahrungen ab, die das Kind machen kann.

7. Das soziale, kulturelle und religiöse Umfeld, in dem das Kind aufwächst, trägt ebenfalls zur Vielfalt unter den Jugendlichen bei (*Heterogenität*).

8. Mädchen sind im Mittel von Geburt an immer etwas weiter entwickelt als Jungen. Dieser Geschlechtsunterschied ist auf eine unterschiedliche Zeitskala der biologischen Reifung bei Mädchen und Jungen zurückzuführen.

9. Vielfalt und Individualität wahrzunehmen und als biologische Realität zu akzeptieren ist eine grundlegende Voraussetzung, um den individuellen Bedürfnissen und Eigenschaften der Jugendlichen in Familie und Schule gerecht zu werden.

10. Die Pubertät ist für die Gesellschaft ein Jungbrunnen. Künstlerische Kreativität, Erneuerung von ethischen Vorstellungen wie auch technische und wissenschaftliche Innovationen würden ohne die Sturm-und-Drang-Periode weitgehend ausbleiben.

Körperliche Entwicklung

»Schrecklich, ich fühle mich ganz schrecklich, diese Pickel, furchtbar. Ich habe das Gefühl, dass alle Leute mich anschauen, ich weiß gar nicht mehr, was für einen Look ich mir noch ausdenken soll, um mich zu verstecken.« (Antoine, 15)

»Ich finde mich weder hübsch noch hässlich, aber so, wie ich bin, habe ich meine eigene Schönheit, auch wenn sie nicht allen Leuten gefällt. Klar, wenn ich einem Jungen gegenüberstehe, der sich für mich interessiert, dann versuche ich natürlich, mich ein bisschen herauszustreichen, aber ich übertreibe das nicht.« (Agnès, 17)

»Das ist halt gegen die Natur, und Brüste haben halt eigentlich nur Frauen. Bei Männern ist das nicht normal. Wenn ich in den Spiegel schaue, dann denke ich ›Das gehört gar nicht zum Profil, das sieht total scheiße aus.‹ Körperkontakt mit Mädchen mag ich auch nicht, weil ich mich wegen der Brüste so schäme.« (Daniel, 14)

Wie sich die Pubertät manifestiert

»Seit Sophia einen Busen bekommen hat, zieht sie sich zurück. Ich darf nicht mehr ins Badezimmer, obwohl ich ihre Mutter bin. Auch zeigt sie sich nicht mehr nackt. Sie ist völlig anders. Manchmal habe ich den Eindruck, dass sie mich nicht mehr mag.« So klagen viele Mütter. Sie nehmen die körperlichen Veränderungen, die in der Pubertät auftreten, als Bruch in der Beziehung wahr.
Richtig ist, dass sich mit dem Eintritt in die Pubertät das ganze Kind körperlich, geistig und seelisch verändert. Für den Jugendlichen fängt ein neuer Lebensabschnitt an, der nicht mehr von seinen Eltern bestimmt sein wird. Ein wichtiges Merkmal dieser Entwicklung ist die zunehmende körperliche Distanz zu den

Eltern. Die Eltern sollten diesen Wandel – und die damit einhergehenden körperlichen Veränderungen – aber nicht als Ablehnung und Kränkung empfinden, sondern als Aufforderung verstehen, die Beziehung zu ihrem Kind neu zu gestalten. Den Umbruch, den die Pubertät mit sich bringt, erleben Eltern bei den körperlichen Veränderungen und der erwachenden Sexualität besonders stark. Kenntnisse über die Pubertätsentwicklung können Eltern dabei helfen, sich auf die körperliche Entwicklung ihrer Tochter und ihres Sohnes einzustellen und deren Befindlichkeit besser zu verstehen.

Welche körperlichen Entwicklungsmerkmale sind denn die ersten Anzeichen für den Beginn der Pubertät?

Bei der Hälfte aller Mädchen ist das Erscheinen der Schamhaare das erste Anzeichen (53 Prozent), bei einem guten Viertel von ihnen treten die ersten Schamhaare und eine Vergrößerung der Brust gleichzeitig auf (29 Prozent) und bei etwa einem Fünftel kommt die Brustentwicklung zuerst (18 Prozent) **(Abbildung 4)**. Dabei bildet sich zuerst unter der Brustwarze ein ziemlich hartes Plättchen, etwa so groß wie eine Centmünze; erst dann führt eine Zunahme des Fettgewebes zu einer Vergrößerung der Brust. Was nie als Erstes auftritt, sind Achselhaare oder Regelblutung (Largo et al. 1987). Weitgehend unbemerkt wachsen die primären Geschlechtsorgane, Gebärmutter und Eileiter, heran. Selten tritt die Schambehaarung oder eine Brustvergrößerung viele Jahre vor der eigentlichen Pubertät auf. Ich kann mich an ein Mädchen erinnern, bei dem erste Schamhaare bereits im Alter von 4 Jahren zu sehen waren. Diese sogenannte *Pubarche oder Thelarche präcox* sind zumeist harmlose Entwicklungsvarianten. Weil ihnen selten eine hormonelle Störung zugrunde liegen kann, sollten die Eltern einen Kinderarzt konsultieren.

Wie steht es mit den Jungen. Welches sind bei ihnen die ersten Anzeichen dafür, dass sie zu Männern werden?

Bei den Jungen sind die Anfänge der Pubertät sehr diskret. Bei der Mehrheit der Jungen ist das erste Anzeichen eine Vergrößerung des Genitals und der Hoden, die anfänglich nicht einmal der

Junge selbst bemerkt (70 Prozent) **(Abbildung 5)**. Bei einer Minderheit erscheinen als Erstes die Schamhaare (8 Prozent), bei allen anderen werden Genitalentwicklung und Auftreten der Schambehaarung gleichzeitig beobachtet (Largo et al. 1983a). Die Entwicklung zum Mann zeigt sich weniger durch die Ausbildung der sekundären Geschlechtsmerkmale als vielmehr durch die Zunahme von Körpergröße und Muskelmasse. Breite Schultern, großer Biceps und ein Waschbrettbauch werden zum Inbegriff der Männlichkeit – übrigens nicht nur für die Jungen, sondern auch für viele Mädchen.

Sebastian stellte mit Befriedigung den ersten Flaum auf seiner Oberlippe fest. Vorsichtig probierte er den Rasierapparat seines Vaters aus. Er hoffte, dass der Flaum kräftiger sprießen würde, wenn er ihn öfter abschnitt. Als die Mutter die ersten Härchen in seinen Achselhöhlen bemerkte, stellte sie ihm diskret ein Deo ins Bad. »Für alle Fälle«, meinte sie beiläufig.

Eine verständnisvolle Mutter! Die Achselbehaarung tritt in der zweiten Hälfte der Pubertätsentwicklung auf und wird im Lauf der Jahre immer dichter. Für die Verhaltensbiologen ist die Achselbehaarung ein Anzeichen dafür, dass der Heranwachsende nun erste erotische Reize aussenden. Die Achselhaare dienen der besseren Verbreitung von Sexual-Lockstoffen (Pheromone), zudem natürlich der Schweißabgabe. Noch später als die Achselbehaarung setzt der Bartwuchs ein. Während der Pubertät erscheint oft nur ein Flaum auf der Oberlippe. Richtig zu wachsen beginnt der Bart erst nach der Pubertät und breitet sich bis ins dritte Dezennium immer stärker aus. Die eigentlichen Barthaare entwickeln sich zuerst vor den Ohren, dann an Kinn und Hals und zuletzt greift der Bartwuchs auch auf die Wangen über. Der Bart wurde zu allen Zeiten und wird bis heute als Zeichen von Kraft und als Zierde der Männlichkeit angesehen. In der Vergangenheit gab es je nach Kultur und Zeitperiode eine stattliche Menge an unterschiedlichen Barttrachten. Abweichungen von der aktuellen Barttracht, genauso wie übrigens auch der Kopffrisur, werden auch heute noch als Zeichen der Ungepflegtheit oder Fremdheit empfunden. Bis Mitte der 1980er Jahre war ein Dreitagebart ein solches Zeichen von Ungepflegtheit, heute ist genau dieser Bart Mode und wird von Schauspielern und selbst Politikern als besonderer Ausdruck von Männlichkeit zur Schau gestellt. In einigen Jahren dürfte der Dreitagebart wieder aus der Mode gekommen sein. Vielleicht ist als Nächstes der Vollbart angesagt.

Mit der ersten Menstruationsblutung beginnt für Mädchen ein neuer Lebenstakt, das Leben in Zyklen, das nur Frauen kennen. Für die Frau verläuft ab dann die Zeit anders als für den Mann, ihr Lebensrhythmus wird von ihrem Zyklus bestimmt, selbst wenn sie die Pille nimmt. Der Zyklus bestimmt ihre Körperwahrnehmung, die sich während der etwa 28 Tage verändert, und der Zyklus bestimmt, wann sie schwanger werden kann. Ein ganz schön einschneidendes Ereignis. Wann muss ein Mädchen mit der ersten Regelblutung rechnen? Gibt es da einen Hinweis?

Die erste Menstruationsblutung, die sogenannte Menarche, setzt zeitlich charakteristischer Weise dann ein, wenn das Mädchen das Maximum des pubertären Wachstumsschubes überschritten hat. Wenn die Menstruationsblutung auftritt, kann das Mädchen davon ausgehen: Nun wird das Wachstum sich immer mehr verlangsamen. Durchschnittlich 2 Jahre nach der Menarche wird das Mädchen ausgewachsen sein. Im Mittel wachsen Mädchen nach der Menarche noch 7,8 Zentimeter. Das Ausmaß, in dem die Körpergröße bis zum Wachstumsabschluss noch zulegen kann, variiert jedoch stark. Sie kann nach der Menarche nur um 1,4 oder aber um ganze 18 Zentimeter zunehmen. Schambehaarung und Brustentwicklung sind zum Zeitpunkt der Menarche deutlich fortgeschritten (Largo et al. 1983b).

Mit der sogenannten Frisch-Formel wurde eine Beziehung zwischen Körpergewicht und Menarche postuliert (Frisch et al. 1970). Die Formel besagt, dass ein Mädchen mindestens 48 Kilogramm schwer sein muss, damit die Menarche auftreten kann. Wie sinnvoll ist diese Formel?

Auf diese Formel wird in populärwissenschaftlichen Schriften häufig hingewiesen. Sie besagt, dass eine kritische Menge weiblicher Hormone im Fettgewebe gespeichert werden muss, damit diese ausreichend aktiv sein können. In den Zürcher Studien haben wir festgestellt, dass die Formel im Einzelfall so nicht zutrifft. Das durchschnittliche Gewicht beim Auftreten der Menarche betrug zwar 45 Kilogramm, aber es variiert von Mädchen zu Mädchen zwischen 33 und 72 Kilogramm. Ein stärkerer Zusammenhang, der für das Menarchealter eine Rolle spielt und der statistisch hoch signifikant ist, aber dennoch nicht für alle Mädchen gilt, besteht zwischen Tochter und Mutter. Wenn die Menarche bei der Mutter früh oder spät auftrat, wird das mit einiger Wahrscheinlichkeit auch bei der Tochter der Fall sein.

Bei den Jungen verläuft wieder alles viel diskreter, wenn man einmal vom Stimmbruch absieht. Er setzt mehr oder weniger plötzlich ein und macht den meisten Jungen Probleme. Jungen im Stimmbruch haben es wirklich nicht leicht, entweder krächzen sie oder sie piepsen oder beides zur gleichen Zeit. Es ist fast schon ein Symbol für den permanenten Wandel in diesem Lebensalter.

Den Stimmbruch nimmt auch die Umgebung so wahr: nicht mehr Kind, aber auch noch nicht Mann. Der Stimmbruch setzt wie die Menarche dann ein, wenn der Gipfel des pubertären Wachstumsspurtes überschritten ist. Der Stimmbruch kommt durch eine Vergrößerung und Absenkung des Kehlkopfes zustande. Beides findet bei Mädchen weit weniger ausgeprägt oder überhaupt nicht statt und damit verbleibt ihre Stimmlage auf einem höheren Niveau. Diskret wiederum ist bei den Jungen der erste Samenerguss, die sogenannte Ejakularche, welche die meisten Jungen nachts im Bett überrascht. Er kann aber auch tagsüber geschehen, zum Beispiel in der Schule, was einen Jungen – ähnlich einem Mädchen, das die erste Regelblutung bekommt – in eine unangenehme Situation bringen kann.

Jugendliche wachsen überall. Besonders deutlich ist das an den Extremitäten zu sehen: die Füße, die Hände und vor allem auch die Nase entwickeln sich manchmal schneller als der Rest. Jugendliche brauchen ständig neue Schuhe, manche – insbesondere die Jungen – sehen eine Weile lang wie tolpatschige Enten

auf Landgang aus. Die Mädchen wiederum mutieren zu langbeinigen Wesen.

In den letzten Jahren vor der Pubertät wachsen Kinder nur noch wenig; manche nicht mehr als 4 Zentimeter innerhalb eines Jahres. Wenn der pubertäre Wachstumsspurt einsetzt, fällt deshalb die Größenzunahme um so mehr auf **(Abbildung 6)**. Es gibt Kinder, vor allem Jungen, die legen in einem Jahr bis zu 12 Zentimeter an Größe zu und wachsen damit innerhalb weniger Monate aus ihren Kleidern und Schuhen heraus. Der Wachstumsspurt setzt dabei nicht am ganzen Körper gleichzeitig ein. Er beginnt bei den Extremitäten. Den Eltern fällt auf, dass ihr Junge plötzlich so große Füße hat. Mädchen wiederum wirken in diesem Alter wie Gazellen; sie sind ausgesprochen langbeinig. Ihre Beine werden in Relation zum Rumpf nie mehr so lang sein wie in diesem Alter. Schließlich legt der Rumpf ebenfalls an Länge zu und die Körperproportionen verändern sich erneut.

Es nimmt aber nicht nur die Körpergröße zu, das Gewicht auch! Es entstehen die weiblichen, runden Körperformen – zur Freude oder zum Verdruss der Mädchen.

In einer nächsten Entwicklungsphase, bereits während oder kurz nach dem Wachstumsspurt, legt auch das Körpergewicht sehr stark zu, weit mehr als die Körpergröße. Zwischen dem 10. und 18. Lebensjahr nimmt die Körpergröße um 15 bis 25 Prozent zu, das Gewicht jedoch um 75 bis 100 Prozent! Bei den Mädchen vermehrt sich vor allem das Fettgewebe, insbesondere an den Hüften und Oberschenkeln, weniger im Bereich des Oberkörpers und der Schultern. Die Zunahme des Fettgewebes beim den jungen Frauen hat verschiedene biologische Gründe: Das Fettgewebe dient dem Hormonhaushalt als Speicher. Es stellt eine Energiereserve für die Schwangerschaft und – in früheren Zeiten – für Hungerperioden dar. Schließlich machen die weiblichen Körperformen die Frauen für Männer attraktiv, auch wenn die Modeindustrie und die Mädchen das oft anders sehen.

Und wie ist es bei den Jungen? Legen auch sie Fettreserven für schlechte Zeiten an oder hat die Natur für junge Männer andere Überlebensstrategien vorgesehen?

Bei den Jungen nimmt das Fettgewebe ebenfalls zu, aber deutlich weniger. Die Natur investiert weit mehr in die Muskelmasse, die insbesondere im Bereich der Schultern, Oberarme und Oberschenkel kräftig zulegt. Damit vergrößert sich auch die Muskelkraft in der Pubertät (Tanner 1962). Die Körpersilhouette wandelt sich in Richtung »Superman«. Kräftige Schultern und eine ausgeprägte Brustmuskulatur signalisieren dem anderen Geschlecht Männlichkeit, Kraft und Schutz. Das ist die körperliche Ausstattung, welche die Natur für den Mann vorgesehen hat.

Vieles, das in der Pubertät passiert, verursacht Scham, Unwohlsein, peinliche Situationen. Am liebsten würden sich viele Jugendliche in dieser Zeit einfach verstecken. Wie gehen sie damit um?

Auch wenn Jugendliche immer wieder zu hören bekommen, all das sei absolut natürlich – etwa die Ejakularche oder das Masturbieren – sind damit die peinigenden Gefühle nicht aus der Welt geschafft. Dafür sind einerseits nach wie vor kulturelle Vorbehalte, wie sie zum Beispiel die katholische Kirche vertritt, verantwortlich. Die Gesellschaft ist diesbezüglich zwar entspannter und verständnisvoller geworden, dennoch plagen die Jugendlichen Schamgefühle und Unwohlsein. Dies hat andererseits auch mit ihrer psychischen Entwicklung zu tun. Die Jugendlichen werden vom Tempo, mit dem sich ihr Körper verändert, immer wieder überrascht und in Verlegenheit gebracht. Sie müssen sich immer wieder aufs Neue mit ihrem Körper vertraut machen und ihr Verhalten anpassen. Wahrlich kein einfaches Unterfangen.

Es überrascht also nicht, dass pubertierende Jungen und Mädchen viel Zeit vor dem Spiegel verbringen. Sie brauchen morgens nun plötzlich eine Stunde länger im Bad. Bin ich schön oder hässlich? Attraktiv? Begehrenswert? Ein Eroberertyp oder ein Nerd, ein blasses Muttersöhnchen mit Brille? Dem Spiegelbild wird eine große Bedeutung beigemessen, dem unbelebten, das uns

Jede Generation fragt sich aufs Neue: Bin das noch ich?

der Glasspiegel vorhält, aber auch der lebendigen Spiegelung in den Augen der anderen, in der die Jugendlichen ein Idealbild von sich selbst zu sehen hoffen.

Da sich Gesicht und Körper ständig verändern, muss sich der Jugendliche immer wieder aufs Neue mit seiner körperlichen Erscheinung auseinandersetzen. Damit wandelt sich auch seine Selbstwahrnehmung. Mit dem Eintritt in die Pubertät bekommt der eigene Körper auch in der Beziehung zu den Gleichaltrigen eine andere, weitaus größere Bedeutung. Jugendliche spüren intuitiv, welche Wirkung ihr Aussehen auf ihre Freunde hat. Sie achten auf ihr Blickverhalten, reagieren auf ihre bewundernden oder abfälligen Kommentare zu ihrem Aussehen auf das Empfindlichste.

Das Wichtigste in Kürze

1. Die körperliche Entwicklung in der Pubertät umfasst die folgenden drei Bereiche: Wachstum, erstmaliges Auftreten der sekundären Geschlechtsmerkmale und Ausreifung der primären Geschlechtsorgane.

2. Das pubertäre Wachstum zeichnet sich durch die folgenden Merkmale aus: pubertärer Wachstumsschub, Veränderung der Körperproportionen, Erreichen der Erwachsenengröße.

3. Die sekundären Geschlechtsmerkmale, die beide Geschlechter gemeinsam haben sind Schambehaarung und Achselbehaarung. Bei den Mädchen kommt es zusätzlich zur Brustentwicklung, bei den Jungen zu Bartwuchs und Stimmbruch.

4. Die primären Geschlechtsorgane reifen in der Pubertät aus; bei den Mädchen sind dies Eierstöcke, Gebärmutter und Vagina und bei den Jungen Genitale und Hoden.

5. Die Geschlechtsreife wird bei den Mädchen mit Eisprung und Menarche (erste Menstruationsblutung) erreicht, bei den Jungen mit der Ejakularche (erstmaliger Samenerguss).

6. Das Körpergewicht nimmt in der Pubertät um 75 bis 100 Prozent zu; bei den Mädchen mehrheitlich als Fett-, bei den Jungen als Muskelgewebe. Damit bekommt die Körpersilhouette eine geschlechtsspezifische Form.

7. Weil die körperliche Entwicklung in der Pubertät sehr dynamisch verläuft, muss sich der Jugendliche immer wieder aufs Neue mit seinem Körper auseinandersetzen und vertraut machen.

8. Der Jugendliche spürt intuitiv, welche Wirkung sein Aussehen auf die Gleichaltrigen hat, und reagiert darauf auf das Empfindlichste.

Warum die Pubertät für jeden Jugendlichen einzigartig ist

Wie in der gesamten Entwicklung sind die interindividuellen Unterschiede in der Pubertät groß. Es gibt einerseits Mädchen, die bereits in der Grundschule zu pubertieren beginnen, und andererseits Jungen, die erst Jahre später soweit sind.

Die Pubertätsentwicklung – ich muss es immer wieder betonen – weist in jeder Hinsicht eine besonders große Variabilität auf. Jedes ihrer Merkmale kann in seinem Auftreten bei Jugendlichen um 6 und mehr Jahre schwanken (Abbildung 4 und 5). Es kommt vor, dass ein Mädchen bereits in der Grundschule eine vergrößerte Brust und bald danach die Menarche bekommt. Bei anderen Mädchen beginnt die Pubertät nicht vor der 7. bis 9. Klasse und die Menarche stellt sich erst nach dem 16. Lebensjahr ein. Dasselbe gilt für Jungen. Die Genitalentwicklung kann bereits in der Grundschule einsetzen oder aber erst mit 15 Jahren. Der Stimmbruch kann einen Jugendlichen mit 12 Jahren in Verlegenheit bringen oder aber durch sein Ausbleiben bis zum 17. Lebensjahr zu einem

Sie gehen in die gleiche Klasse. Der eine noch Kind, der andere schon erwachsen.

Ärgernis werden. 82 Prozent der Jungen sind bei der ersten Ejakulation zwischen 11 und 14 Jahre alt; mit 17 Jahren geben mehr als 90 Prozent an, schon einmal ejakuliert zu haben (BzgA 2010) Sehr unterschiedlich ist nicht nur das zeitliche Auftreten der sekundären Geschlechtsmerkmale, sondern auch die Dauer der Pubertätsentwicklung, also wie rasch oder langsam ein Mädchen oder ein Junge die Pubertät durchläuft. Manche Jugendliche brauchen dazu lediglich 1 bis 2 Jahre, andere bis zu 5 und mehr Jahre.

Deshalb können Normvorstellungen und Verallgemeinerungen dem einzelnen Jugendlichen nur zufällig gerecht werden. Jeder Jugendliche ist mit seiner Pubertätsentwicklung ein Unikat.

Die Pubertätsentwicklung ist nicht nur sehr variabel in ihrem Auftreten und ihrer Dauer, sondern auch in der Ausprägung der Geschlechtsmerkmale. Die weibliche Brust kann unterschiedlich groß werden und gelegentlich auch auf den beiden Seiten ungleich stark ausgebildet sein. Eine unterschiedliche Ausprägung findet sich auch bei den weiblichen und männlichen Genitalorganen. Schambehaarung Achselbehaarung und Bartwuchs variieren in ihrer Ausbreitung und Dichte deutlich. Bei den meisten Jungen bleibt die Schambehaarung nicht auf ein Dreieck beschränkt, sondern zieht sich als Haarlinie bis zum Nabel hoch; bei einem Teil der Mädchen kann dies ebenfalls der Fall sein. Der pubertäre Wachstumsschub kann nicht nur in sehr unterschiedlichem Alter auftreten, er kann auch sehr unterschiedlich ausgeprägt sein. Wie bereits erwähnt gibt es Jungen, die bis zu 12 Zentimeter in einem Jahr wachsen. Es gibt aber auch Mädchen, die nur einen geringen Wachstumsschub durchmachen. **Abbildung 6** zeigt auf, wie unterschiedlich das individuelle Längenwachstum verlaufen kann. Die individuellen Kurven variieren in der Intensität der Wachstumsgeschwindigkeit, der Höhe des Wachstumsspurtes und der Wachstumsdauer. Die Kurven weisen jedoch für alle Kinder das gleiche Kurvenbild auf, das heißt, die Wachstumsdynamik ist bei allen Kindern die gleiche.

Was in Abbildung 6 ebenfalls gut zum Ausdruck kommt ist die »Verspätung« der Jungen. Sie haben ihren Wachstumsspurt deutlich nach den Mädchen.

Bei Jungen setzt die Pubertät und damit auch der Wachstumsspurt im Mittel eineinhalb Jahre später ein als bei Mädchen. Sie sind also im gleichen chronologischen Alter unreifer als Mädchen, was beim Wachstumsspurt besonders deutlich zu sehen ist. Jungen sind jedoch nicht erst in diesem Alter unreifer als Mädchen, sie sind es bereits bei der Geburt und bleiben im Verlauf der Entwicklung relativ immer mehr hinter den Mädchen zurück. Dafür dauern ihr Wachstum und ihre Entwicklung umso länger. Die meisten Mädchen sind mit 16 Jahren ausgewachsen und ausgereift, die Jungen sind es erst mit etwa 18 Jahren.

Und dann haben sie also die Mädchen wieder eingeholt. Schließlich gibt es auch noch den relativ großen Unterschied in der Körpergröße zwischen Jungen und Mädchen.

Dieser Unterschied stellt sich im Wesentlichen erst in der Pubertät ein (Prader et al. 1989). Bis zur Pubertät unterscheiden sich Jungen und Mädchen bezüglich mittlerer Körpergröße lediglich um 1 bis 2 Zentimeter (Abbildung 7). Weil Mädchen früher in die Pubertät kommen und damit auch ihr Wachstumsspurt früher einsetzt, sind sie mit 12 Jahren vorübergehend im Mittel etwas größer als Jungen. Dann aber setzt der Wachstumsschub auch bei Jungen ein und dies weitaus stärker. Im Erwachsenenalter besteht zwischen Frauen und Männern ein mittlerer Größenunterschied von 13 Zentimetern; diese Differenz findet sich bei allen Ethnien auf der ganzen Welt. Der Größenunterschied kommt zu 50 Prozent dadurch zustande, dass der Wachstumsspurt beim männlichen Geschlecht deutlich ausgeprägter ist, und zu 50 Prozent, weil Jungen im Mittel eineinhalb Jahre länger wachsen als Mädchen.

Die Daten, die wir für die Abbildungen 4 und 5 verwendet haben, stammen aus den 1960er und 70er Jahren. Sind sie heute überhaupt noch zutreffend? Es wird doch allgemein davon ausgegangen, dass die Pubertät heute deutlich früher einsetzt als noch vor zwei Generationen.

Das stimmt nur bedingt. Das durchschnittliche Alter der Menarche liegt heute bei 12,5 Jahren, sie tritt also etwas früher auf als
in **Abbildung 4** angegeben. Weitaus bedeutsamer als das durchschnittliche Menarchealter sind jedoch die großen interindividuellen Unterschiede. Daran hat sich nichts geändert. Wenn in
den Medien von Mädchen berichtet wird, die bereits mit weniger
als 10 Jahren die Regelblutung haben, hat das weniger mit einer
Beschleunigung der Pubertätsentwicklung als vielmehr mit der
großen Variabilität zu tun. Mädchen, die in der Grundschule die
Menarche bekommen oder mit 12 Jahren schwanger werden, hat
es bereits vor 50 Jahren gegeben. Andererseits gibt es auch heute
noch Mädchen, die erst mit 16 Jahren ihre Regel bekommen.

Dann ist also die Vorverlegung der Pubertät ein Mythos?
Für die letzten beiden Generation weitgehend. Vieles spricht dafür,
dass es auch in Zukunft keine weitere Beschleunigung der Pubertätsentwicklung mehr geben wird. Große Veränderungen haben
tatsächlich stattgefunden, aber das ist schon lange her, nämlich
etwa zwischen 1850 und 1960.

**Dann hat die Vorverlegung der Pubertät nichts mit einer immer
liberaleren, tabuloseren, durch Medien für jedes Alter erlebbaren
Sexualität zu tun, sondern sie hat ganz andere Ursachen?**
Das körperliche Wachstum und die Pubertätsentwicklung hängen
in hohem Maß von den Lebensbedingungen ab, unter denen Kinder aufwachsen. Das Fernsehen führt es uns tagtäglich vor Augen,
wenn aus Ländern berichtet wird, wo Kinder in ihrer Entwicklung
und ihrem Wachstum beeinträchtigt werden, weil sie an Mangel-
und Fehlernährung leiden und aufgrund schlechter hygienischer
Bedingungen und wegen unzureichender oder gar fehlender Gesundheitsversorgung an schweren Krankheiten wie Tuberkulose
erkranken (Galler et al. 1987). Solche Zustände herrschten im
19. Jahrhundert und zu Beginn des 20. Jahrhunderts auch bei uns.
Mit dem großen technischen und medizinischen Fortschritt, aber
auch den stabileren politischen Verhältnissen und großen wirtschaftlichen Verbesserungen veränderten sich die Lebensbedingungen von Kindern, was sich positiv auf ihre körperliche Ent-

wicklung ausgewirkt hat. Möglicherweise hatte auch die vermehrte Lichtexposition durch die elektrische Beleuchtung eine beschleunigende Wirkung. Der sogenannte säkulare Trend (Van Wieringen 1986) war in zweifacher Hinsicht positiv: Das Wachstum beschleunigte sich, was zu einer Verkürzung der Wachstumsdauer führte, und die Körpergröße nahm – trotz der verkürzten Wachstumsdauer – deutlich zu. Einer holländischen Untersuchung zufolge verkürzte sich die Dauer des körperlichen Wachstums bei Männern zwischen 1850 und 1960 von 24 auf 18 Jahre. Im gleichen Zeitraum ist die durchschnittliche Erwachsenengröße der Männer von 169 auf 178 Zentimeter angewachsen (Oppers 1963). In der Schweiz wurde eine Zunahme der mittleren Erwachsenengröße zwischen 1850 und 1970 von 164 auf 176 Zentimeter verzeichnet.

Dieser säkulare Wachstumstrend, der also auf den verbesserten Lebensbedingungen beruht, hat natürlich auch vor der Pubertät nicht halt gemacht. Aber wie genau sah ihr Einfluss aus?
Die Pubertätsentwicklung hat sich ebenfalls beschleunigt. In Bezug auf die Entwicklung der sekundären Geschlechtsmerkmale wie die Brustentwicklung gibt es zwar keine verlässlichen Daten. Was aber frühzeitig festgehalten wurde ist das Menarchealter. Das mittlere Menarchealter sank in Finnland, Norwegen und den USA zwischen 1850 und 1980 von 17 auf 13 Jahre (Eveleth et al. 1976).

Warum sollte der säkulare Trend nicht weitergehen und die Pubertätsentwicklung weiter beschleunigen?
Weil in Mitteleuropa derzeit die Lebensbedingungen für alle sozialen Schichten gut sind. Das Wachstum und die Pubertätsentwicklung sind ohne Einschränkung für alle Kinder gewährleistet. Wir können nur hoffen, dass das so bleibt. Die Natur hat als Optimum kein beliebig rasches Wachstum vorgesehen, sondern eines, das sich unter guten Umweltbedingungen realisieren lässt. Wird dem Körper mehr Nahrung zugeführt, als er benötigt, nimmt die Körpergröße nicht mehr zu, sondern lediglich das Fettgewebe. Heutzutage leiden immer mehr Kinder an Übergewicht.

Wenn sich die »Plage« Pubertät der bis dato süßen Kinder bemächtigt, dann sind vor allem die Hormone, insbesondere die Sexualhormone schuld, glauben viele Erwachsene. Welche Rolle spielen die Hormone nun eigentlich?

Die primären Geschlechtsorgane, Uterus, Eierstöcke und Vagina bei den Mädchen sowie Hoden und Penis bei den Jungen, sind bereits bei der Geburt ausgebildet, verbleiben aber in einem infantilen Stadium. Sie sind wie auch die sekundären Geschlechtsmerkmale auf Auslöser, die Sexualhormone, angewiesen, damit bei ihnen die weitere Entwicklung in Gang kommt. Die Hormone regen die primären Geschlechtsorgane zum Wachsen und Differenzieren an und initiieren die Entwicklung der sekundären Geschlechtsmerkmale. Die Hormone wirken zudem auf verschiedenste andere Gewebe und Organe wie Fettgewebe und Herz ein (Abbildung 8). Sie werden in den Nebennieren (Androgene), Eierstöcken (Östrogene) und Hoden (Testosteron) gebildet. Diese inneren Drüsen werden wiederum nur aktiv, wenn sie durch Hormone, die in der Hirnanhangsdrüse (Hypophyse) erzeugt werden, dazu angeregt werden (Gonatotropine: Luteinisierendes Hormon (LH) und Follikelstimulierendes Hormon (FSH)). Die Hypophyse schließlich wird zur Ausschüttung dieser Hormone durch das Gonadoliberin (GnRH) aus dem Hypothalamus angeregt. Eine Kaskade von Botenstoffen führt also zur Pubertätsentwicklung. Entscheidend jedoch ist, was im Hypothalamus geschieht. Der Hypothalamus, der mitten im Gehirn liegt und eine Vielzahl von Verbindungen mit anderen Bereichen des Gehirns hat, ist die eigentliche Schaltstelle für zahlreiche Körperfunktionen. So reguliert er unter anderem das Appetit- und Sättigungsgefühl sowie die Körpertemperatur. Der Hypothalamus ist auch der Zeitgeber für die Schlaf- und Wachzyklen und bestimmt den biologischen Zeitplan von Wachstum und Entwicklung. Erst wenn die Zeituhr im Hypothalamus die Ausschüttung der Hormone auslöst, kommt es zu der Kaskade von Botenstoffen, welche die Zellen in der Gebärmutter oder im Hoden, aber auch in den Schweißdrüsen und Haarfollikeln zum Wachstum und zur Differenzierung anregen.

Das Wichtigste in Kürze

1. Die Pubertätsentwicklung zeichnet sich in jeder Hinsicht durch eine große Variabilität aus. Jedes Merkmal weist in seinem Auftreten eine Streubreite von 6 und mehr Jahren und eine unterschiedliche Ausprägung auf.

2. Die Menarche tritt im Mittel mit 12,5 Jahren auf, frühestens mit 9 bis 10, spätestens mit 16 bis 17 Jahren.

3. Die Ejakularche findet bei mehr als 90 Prozent der Jungen im Alter von 11 bis 17 Jahren statt.

4. Die Dauer der Pubertätsentwicklung, wie rasch oder langsam ein Mädchen oder ein Junge die Pubertät durchläuft, variiert zwischen 1 bis 5 und mehr Jahren.

5. Die Pubertätsentwicklung setzt bei Jungen im Mittel um 1,5 Jahre später ein als bei Mädchen und dauert dementsprechend länger.

6. Der mittlere Unterschied in der Körpergröße von 13 Zentimetern zwischen den beiden Geschlechtern ist auf einen größeren Wachstumsschub und auf ein längeres Wachstum beim männlichen Geschlecht zurückzuführen.

7. Zwischen 1850 und 1970 haben die verbesserten Lebensbedingungen in Europa zu einem sogenannten säkularen Trend geführt. Er bestand einerseits aus einer beschleunigten Entwicklung; das mittlere Menarchealter sank von 17 auf 13,5 Jahre. Andererseits nahm die mittlere Körpergröße bei beiden Geschlechtern um etwa 12 Zentimeter zu. In den vergangenen 30 Jahren war in den meisten europäischen Ländern kein signifikanter Trend mehr nachweisbar.

8. Die Pubertätsentwicklung wird durch die biologische Uhr im Hypothalamus ausgelöst. Eine Kaskade von Hormonen führt zu einem letzten Entwicklungsschub und zur Ausreifung der primären Geschlechtsorgane sowie zum Auftreten der sekundären Geschlechtsmerkmale.

Weshalb Jugendliche körperlich unter der Pubertät leiden

Die Zeit der Pubertät wird oft auch als Alter der vielfachen Leiden beschrieben. Die großen körperlichen Veränderungen verunsichern die Jugendlichen und sind oft kaum zu bewältigen. Und dann kommen auch noch die verschiedenen Beschwerden dazu wie etwa Bauchschmerzen bei der Menstruation.

Die Menstruationsblutungen sind bei den meisten Mädchen anfänglich unregelmäßig bezüglich Zeitintervall zwischen den Blutungen wie auch Stärke der Blutung. Menstruationszyklen dauern im Mittel 28 Tage, die Schwankungsbreite beträgt 21 bis 35 Tage. Unmittelbar nach der Menarche können Zyklen kürzer als 21 Tage ausfallen, aber auch länger als 35 Tage dauern (Flug et al. 1984). Leichte Blutungen können nach kurzem oder langem Abstand von schweren, gelegentlich schmerzhaften Blutungen gefolgt sein. Die Gründe dafür sind Hormonzyklen, die sich noch nicht eingespielt haben, und das Gewebe der Gebärmutter, das sich erst entwickeln muss. Weil die Hormone noch unregelmäßig ausgeschüttet werden, sind die Menstruationszyklen anfänglich häufig anovulatorisch, das heißt ohne Eisprung und ohne Empfängnisbereitschaft (Apter et al. 1977). Die Regularisierung der Menstruationszyklen und das regelmäßige Auftreten ovulatorischer Zyklen stellen sich bei etwa 10 Prozent der Mädchen erst 5 Jahre nach der Menarche ein. Der Eisprung ist nur ausnahmsweise schmerzhaft. Jungen bleiben schmerzhafte Leiden in der Pubertät weitgehend erspart. Der nächtliche Samenerguss (Pollution), der häufig von Träumen sexuellen Inhalts begleitet wird, die deshalb auch als »feuchte Träume« bezeichnet werden, kann für die Jungen von unangenehmen Gefühlen begleitet sein, ist aber nie schmerzhaft.

Das klingt jetzt so, als wären die Jungen besser dran. Aber auch sie trifft die Hormonumstellung. Was die Akne betrifft, die Jugendliche besonders ängstigt, ergeht es ihnen nicht besser als den Mädchen, oder?

Bei beiden Geschlechtern kann im Laufe der Pubertät Akne auf-

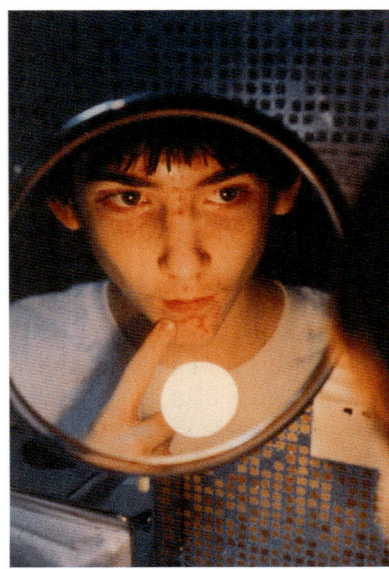

Pickel im Gesicht:
Wann hört das endlich auf?

treten und einige Jahre darüber hinaus anhalten. Auftreten und
Ausprägung sind unter Jugendlichen sehr unterschiedlich. Bis
zum 18. Lebensjahr sind bis zu 80 Prozent der Mädchen davon
betroffen, bei den Jungen sind es etwa 30 Prozent. Es gibt also
Jugendliche, die nie Akne haben, die meisten leiden einige Jahre
darunter und einige wenige tragen bleibende Narben davon. Der
Schweregrad der Akne hängt einerseits von der Hautbeschaffenheit und andererseits wahrscheinlich von Besonderheiten der
Immunabwehr ab.

Was für unangenehme Begleiterscheinungen gibt es noch?

Rötliche Dehnungsstreifen der Haut, sogenannte Striae, können
an Brüsten und Oberschenkeln vorkommen. Ihr Auftreten ist
abhängig davon, wie rasch das Fettgewebe zunimmt, aber auch
von der individuellen Hautbeschaffenheit. Die Striae können feine
weiße Streifen hinterlassen. Für Jungen ist eine unangenehme
Nebenerscheinung der Pubertät die sogenannte Gynäkomastie,

eine Vergrößerung der Brüste. Etwa 30 Prozent der Jugendlichen sind davon betroffen. Eine vermehrte Produktion bestimmter Östrogen-Derivate kann auch bei Jungen eine Wachstum der Milchdrüsen auslösen (echte Gynäkomastie) oder eine lokale Vermehrung des Fettgewebes kann zu einer Pseudogynäkomastie führen. Die Gynäkomastie ist bei den meisten Jungen wenig ausgeprägt und bildet sich spontan zurück. Ist die Brustschwellung jedoch markant, kann sie für den betroffenen Jungen zu einem ästhetischen und sozialen Problem werden. Wenn sich der Jugendliche in seiner körperlichen Erscheinung als Mann wesentlich beeinträchtigt fühlt, kann eine chirurgische Korrektur angezeigt sein. Was Jungen auch Sorgen bereiten kann ist eine Verengung der Vorhaut. Dadurch wird das Zurückstreifen der Vorhaut schmerzhaft oder gar unmöglich. Der Urologe kann mit einem kleinen chirurgischen Eingriff Abhilfe schaffen.

Dann gibt es noch die sogenannten Früh- und Spätzünder. Mädchen haben eher dann Probleme, wenn sie zu früh in die Pubertät kommen, Jungen, wenn sie zu lange Milchgesichter bleiben. Warum ist das so?

Kinder, die sehr früh oder sehr spät in die Pubertät kommen, fühlen sich oft ausgegrenzt von den Gleichaltrigen. Dabei sind die beiden Geschlechter unterschiedlich betroffen. Mädchen leiden vor allem, wenn sie sehr früh in die Pubertät kommen. Ein Busen kann zu abfälligen Bemerkungen bei den Jungen führen und bei den Mädchen neidvolle Kommentare auslösen. Jungen dagegen leiden, wenn sie spät in die Pubertät kommen. Sie werden wegen ihrer immer noch kindlichen Erscheinung, beispielsweise beim Baden und Turnen ausgelacht. Sie leiden nicht nur unter dem Fehlen der sekundären Geschlechtsmerkmale, sondern auch darunter, dass sie im Vergleich mit ihren Freunden zumeist kleiner sind, weniger Kraft haben und ihre Stimme immer noch kindlich klingt.

Das Wichtigste in Kürze

1. Mädchen leiden in der Pubertät unter einer Reihe von körperlichen Beschwerden wie Schmerzen beim Eisprung und bei der Regelblutung. Zusätzlich plagen sie meist noch Akne und Striae (rötliche Dehnungsstreifen der Haut).

2. Jungen können ebenfalls Akne sowie Gynäkomastie (vermehrtes Brustgewebe) und Vorhautverengung zu schaffen machen.

3. Mädchen können in ihrem Wohlbefinden beeinträchtigt sein, wenn sie sehr früh in die Pubertät kommen, Jungen hingegen eher, wenn die Pubertät spät auftritt.

Sexualverhalten und Geschlechtsidentität

»*Für mich ist Liebe mit Treue, Vertrauen, Zärtlichkeit, Freundschaft verbunden und all dem, was zwei Menschen, die einander lieben, gemeinsam haben können.*« (Karin, 15)

»*Wenn ich mit einem Jungen schlafe, gibt mir das Selbstbestätigung. Aber Sexualität bedeutet auch Verhütungsmittel, die Angst ein Kind zu bekommen, das man nicht haben will, selbst dann nicht, wenn man verliebt ist.*« (Anne, 16)

»*Sex vor der Ehe? Auf die Idee würde ich gar nicht kommen. Das heißt nicht, dass meine Eltern es mir aufgezwungen haben. Es ist mein eigenes Ding. Ich fühle mich gut mit meiner Entscheidung, noch keinen Sex zu haben, obwohl ich schon 18 bin. Ich verliebe mich trotzdem und habe einen festen Freund.*« (Vera, 18)

Biologisches und soziales Geschlecht

Sexualität war immer ein großes Thema für Jugendliche, Eltern und Gesellschaft. Der wohl wichtigste Grund dafür war die Sorge, die jungen Frauen könnten schwanger werden, was wiederum große soziale Auswirkungen für Frau und Familie hatte. Diese Sorge bestimmte in hohem Maß Moral und Sitten. Mit dem Einzug der Pille sind Erwachsene und Jugendliche entspannter geworden. Sexualität ist aber dennoch ein wichtiges Thema geblieben.

Sexualität ist ein sehr wichtiges Thema in der Pubertät, und doch glaube ich, dass die Vorstellung, es gehe Jugendlichen hauptsächlich um Sex, falsch ist. Das ist eine Verzerrung und Angstmacherei der Erwachsenen. Den meisten Jugendlichen geht es um eine vertrauensvolle Beziehung, um Geborgenheit, Nähe und Verlässlichkeit. Darüber hinaus gehört zum Thema Sexualentwicklung und Sexualverhalten auch die Frage der Geschlechtsidentität und des geschlechtsspezifischen Verhaltens. Wir müssen uns daher nicht nur mit der Frage befassen, wann Jugendliche zum ersten Mal Sex haben, sondern auch, ob sie sich als Frau oder Mann verstehen und wie sie sich verhalten. Ein Mädchen, das gerne Fußball spielt und sich männlich kleidet, wird immer noch als unweiblich bezeichnet, und ein Mann, der sich für Mode interessiert, fast zwangsläufig für homosexuell gehalten. Das sind, wie wir sehen werden, simplifizierende Vorstellungen, die zu Diskriminierungen führen können. Wir sind immer noch – im Freudschen Sinne – zu sehr auf die Sexualität fixiert und messen der davon durchaus unabhängigen Geschlechterrolle zu wenig Bedeutung zu.

Die Journalistin Barbara Sichtermann (2002, 2007) schreibt seufzend: »**Es liegt an der Sexualität, wenn Jugendliche in der Pubertät aus der Spur springen**« **und weiter: Sexualität würde wie ein Usurpator in Leib und Seele fahren und dort die kindliche Übereinstimmung mit der Welt zum bloßen Schein erklären. Sind Sexualität und ihr Erwachen in der Pubertät tatsächlich eine derartige Erschütterung?**

In der Sprache kommt es zum Ausdruck: Liebe macht blind. Sich Hals über Kopf verlieben. Die rosarote Brille aufsetzen … Die erotische Anziehung ist außerordentlich stark. Sie muss es auch sein, damit sich Mann und Frau überhaupt so weit aufeinander einlassen, dass eine dauerhafte Beziehung entstehen kann. Die Phase des Verliebtseins gibt dem Paar Zeit, sich gegenseitig kennenzulernen. Die Sexualität ist dabei nur ein Erfahrungsbereich. Bleibt sie der einzige, in dem sich Frau und Mann finden, wird die Partnerschaft auf Dauer kaum Bestand haben – bei Jugendlichen genauso wenig wie bei Erwachsenen. Barbara Sichtermann hat Recht, manche Jugendlichen springen tatsächlich aus der Spur, aber weniger wegen der Sexualität als vielmehr wegen den Unwägbarkeiten der Beziehung. Es ist ein schwieriges Unterfangen, Geborgenheit in einer Beziehung zu finden und eine vertrauensvolle

Partnerschaft aufzubauen. Jugendliche betreten nicht nur bezüglich der Sexualität Neuland, sondern auch in ihren Beziehungen und in ihrer Geschlechtsidentität. Das alles kann nur über gemeinsame Erfahrungen erworben werden, und die brauchen nun einmal Zeit.

Geschlechtsidentität und geschlechtsspezifisches Rollenverhalten sind verwirrende Begriffe. Was genau ist damit gemeint und wie hängt das alles mit der Sexualität zusammen?
Andere Kulturen haben eine differenziertere Betrachtungsweise. So unterscheiden die Angelsachsen zwischen *gender* und *sex*. *Gender* bezeichnet den Status und die Rolle, die eine Person als Mann oder Frau in der Gesellschaft einnimmt (soziales Geschlecht). *Sex* bezieht sich auf das Geschlecht im körperlichen Sinn (biologisches Geschlecht). Eine solche Unterscheidung fehlt uns in der deutschen Sprache weitgehend. Wenn wir vom Geschlecht reden, verstehen wir darunter die sexuelle Orientierung und leiten von ihr das Geschlechtsverhalten ab, oder wir schließen vom Geschlechtsverhalten auf die sexuelle Orientierung. Dies gilt bereits für »normales« Geschlechtsverhalten, ganz besonders aber für »besonderes« Geschlechtsverhalten wie Homosexualität oder Transsexualität. Doch eine solche Sichtweise wird den Menschen nicht gerecht. Zur Klärung möchte ich deshalb die folgende Unterscheidung vorschlagen, die in der Literatur zunehmend Verbreitung findet und ursprünglich auf Kohlberg (1966) zurückgeht.

Geschlechtsidentität: Eigenwahrnehmung und Körperbewusstsein als Mann oder Frau unabhängig von der sexuellen Orientierung.

Geschlechtstypisches Verhalten (geschlechtsspezifisches Rollenverhalten): Auf Grund einer angeborenen Neigung orientiert sich das Kind an seinem eigenen Geschlecht – lange bevor es die beiden Geschlechtskategorien überhaupt kennt und unabhängig von seiner späteren sexuellen Orientierung. Die Präferenz besteht auf einer anlagebedingten Bereitschaft, sich auf bestimmte Tätigkeiten und Verhaltensweisen eines Geschlechts einzustellen. Die Ausgestaltung des geschlechtspezifischen Rollenverhaltens wird anfänglich durch die Familie und den Bekannten- und Verwandtenkreis bestimmt. Je älter das Kind wird, desto stärker wird sein Rollenverhalten kulturell geformt. In den 1950er Jahren trugen Frauen Röcke, also trugen Mädchen auch Röcke. Heute tragen Frauen Röcke und Hosen und Mädchen ebenso.

Sexuelle Orientierung: Eine angeborene Präferenz bewirkt im Verlauf der Pubertät, dass sich der Jugendliche vom anderen und/ oder vom gleichen Geschlecht sexuell angezogen fühlt. Er bevorzugt erotische Signale von und sexuelle Aktivität mit gleichgeschlechtlichen und/oder heterosexuellen Partnern.

Geschlechtsidentität, geschlechtstypisches Verhalten und sexuelle Orientierung können unterschiedlich ausgerichtet sein, insbesondere in der Pubertät. Die meisten jungen Männer neigen bezüglich Geschlechtsidentität und geschlechtstypischem Verhalten dem Mann zu und bezüglich sexueller Orientierung der Frau. Die heterosexuellen Frauen verhalten sich entsprechend. Grundsätzlich sind aber alle Kombinationen möglich. Es gibt zum Beispiel heterosexuelle Männer, die einem geschlechtsspezifisch weiblichen Rollenmuster zuneigen. Oder homosexuelle Männer, die äußerst »männlich« oder »weiblich« auftreten, und lesbische Frauen, die sich betont weiblich oder männlich geben. Im Lauf des Lebens können sich Geschlechtsidentität, geschlechtstypisches Verhalten und sexuelle Orientierung unterschiedlich fortentwickeln.

Seit Jahren findet eine endlos scheinende Diskussion darüber statt, inwieweit die Geschlechtsidentität und vor allem die sexuelle Orientierung genetisch bedingt sind oder durch Erziehung und gesellschaftliche Einflüsse bestimmt werden.

In der Diskussion über Hetero- und Bisexualität, Homosexualität und Transsexualität werden genetische, endokrinologische, neurobiologische und soziale Faktoren für die jeweilige Orientierung verantwortlich gemacht. Welche Bedeutung diese Faktoren haben und wie sie zusammenwirken ist nach wie vor unklar. Die Untersuchungen beschränken sich weitgehend auf die sexuelle Orientierung und befassen sich kaum mit dem geschlechtsspezifischem Verhalten und der Geschlechtsidentität. Ich würde vorschlagen, dass wir uns auf diese Diskussion gar nicht einlassen. Leserinnen und Leser, die sich in dieses Thema vertiefen wollen, sei das Buch von Bischof-Köhler (2002) empfohlen. Ich lege mich wie folgt fest: Der Geschlechtsidentität, dem geschlechtstypischen Verhalten und der sexuellen Orientierung liegen angeborene Präferenzen zugrunde – wie auch immer sie bestimmt sein mögen, ob genetisch, endokrinologisch oder neurobiologisch. Wie hingegen Geschlechtsidentität und sexuelle Orientierung zum Ausdruck gebracht werden, hängt von dem Umfeld ab, in dem das Kind und der Jugendliche aufwachsen. Die angeborene Präferenz bestimmt also, ob sich ein Jugendlicher am männlichen oder weiblichen Geschlecht orientiert. Vom Umfeld hingegen übernimmt er die inhaltliche Ausgestaltung des Rollenverhaltens, zum Beispiel eben ob ein Mädchen nur im Rock herumläuft oder auch Hosen anzieht.

Das Wichtigste in Kürze

1. Die Vorstellung, Jugendlichen gehe es hauptsächlich um Sex, wird ihnen nicht gerecht. Sie legen großen Wert auf Partnerschaft und Geborgenheit, Vertrauen, Verlässlichkeit und Nähe.

2. Die Geschlechtsentwicklung im umfassenden Sinn setzt sich aus drei Komponenten zusammen, mit denen sich der Jugendliche auseinandersetzen muss:
   - *Geschlechtsidentität:* Eigenwahrnehmung und Körperbewusstsein als Mann oder Frau unabhängig von der sexuellen Orientierung.
   - *Geschlechtstypisches Verhalten:* Auf Grund einer angeborenen Neigung stellt sich ein geschlechtsspezifisches Rollenverhalten ein; Verhalten und Tätigkeiten eines Geschlechts werden bevorzugt, unabhängig von Geschlechtsidentität und späterer sexueller Orientierung.
   - *Sexuelle Orientierung:* Eine angeborene Präferenz bewirkt in der Pubertät, dass sich der Jugendliche vom anderen und/oder vom gleichen Geschlecht sexuell angezogen fühlt. Erotische Signale von und sexuelle Aktivität mit gleichgeschlechtlichen und/oder heterosexuellen Partnern werden bevorzugt.

3. Diese drei Komponenten haben bei den meisten Menschen die gleiche Orientierung. Sie können aber auch unterschiedlich ausgerichtet sein.

Wie Jugendliche Sexualität erleben

Seit Sigmund Freud werden bereits Babys als sexuelle Wesen betrachtet. In Elternratgebern wird immer wieder betont, wie wichtig die sexuellen Erfahrungen in der Kindheit für eine erfüllte Sexualität im Erwachsenenalter sind.

Und ich frage mich, woher diese Autoren ihr Wissen haben. Vieles scheint mir Wunschdenken, Projektion und leider auch Angstmacherei zu sein. Den Beschreibungen sexuellen Verhaltens von Kindern haftet immer etwas Anekdotenhaftes an. Zuverlässige Studien über die frühe Sexualentwicklung sind mir nicht bekannt. Ich kann mich deshalb nur an die konkreten Erfahrungen halten, die mir von Eltern berichtet werden. Sie beobachten beispielsweise, wie ihr einjähriger Sohn sein Geschlechtsorgan berührt und damit herumspielt und sein Penis dabei steif wird. Sie erleben wie ihre 5-jährige Tochter vor dem Einschlafen ihre Oberschenkel aneinanderreibt und schließlich entspannt einschläft. Solche Verhaltensweisen werden längst nicht bei allen Kindern und beim einzelnen Kind nur während einer gewissen Zeit von den Eltern beobachtet. Ob Kinder Orgasmen haben können, wie immer wieder behauptet wird, ist nicht erwiesen. Sicher ist aber, dass sie keine sexuellen Erfahrungen mit dem eigenen oder anderen Geschlecht machen wollen.

In den besagten Elternratgebern wird auch immer wieder darauf hingewiesen, wie bedeutungsvoll körperliche Erfahrungen wie Körperkontakt und Streicheln für die sexuelle Entwicklung des Kindes seien.

Umfassende und ausgedehnte körperliche Erfahrungen sind sehr wichtig für das Kind. Das Bedürfnis danach hat aber meines Erachtens nichts mit Sexualität zu tun, sondern ist Ausdruck des Bindungsverhaltens. Körperkontakt in Form von Berührung und Streicheln vermittelt dem Kind ein Gefühl von Geborgenheit und emotionaler Zuwendung. Körperlichkeit im Umgang mit dem Kind, sei es in der Pflege, im sozialen Austausch oder im Spiel, trägt wesentlich zu seinem emotionalen Wohlbefinden bei. Sie sollte aber von oftmals selbst ernannten Fachleuten nicht willkürlich und missbräuchlich sexuell umgedeutet werden.

Im Kindergartenalter ist das Doktorspiel unter Kindern weit verbreitet. Fast jeder von uns kann sich noch daran erinnern. Wenn dann die eigenen Kinder damit anfangen, tun sich manche Eltern aber schwer.
Meine Eltern hatten auch ihre liebe Mühe damit. Im Alter von etwa 6 Jahren bin ich jeden Tag mit Nora, einem gleichaltrigen Mädchen aus dem Viertel, in den Kindergarten gegangen. Ich kann mich gut daran erinnern, wie wir uns irgendwann unterwegs gegenseitig unsere Geschlechtsorgane gezeigt und ausgiebig begutachtet haben. Es war von uns beiden pures Interesse an der Verschiedenheit. Leider hat uns eine Nachbarin dabei beobachtet und schnurstracks unsere Eltern über unser »schändliches Tun« informiert. Und so musste ich zur Strafe einen Nachmittag im Zimmer verbringen. Damit haben mir die Eltern ein für alle Mal klar gemacht, dass das Geschlechtsorgan eine höchst private und verbotene Zone ist. Heute gehen die meisten Eltern mit dem Doktorspiel viel entspannter und kindgemäßer um. Wenn die Kinder etwa gleich alt sind, keines zu etwas gezwungen wird, das es nicht will, sowie keine körperliche und psychische Gewalt ausgeübt wird, lassen die Eltern ihre Kinder gewähren. Doktorspiele finden bemerkenswerter Weise nur im Alter von 4 bis 7 Jahren statt, danach nicht mehr.

Kinder können sich aber doch bereits im Kindergarten verlieben.
Ich war mit 5 Jahren total in Ruth verknallt. Ich war das glücklichste Geschöpf auf Erden, wenn ich in ihrer Nähe sein durfte, mit Sexualität hatte es aber rein gar nichts zu tun. Wenn man Kindern im vorpubertären Alter die Silhouette einer Frau und eines Mannes zeigt und sie fragt, welche Körperform ihnen besser gefällt, dann entscheiden sich etwa 80 Prozent der Kinder für das eigene Geschlecht. Mit dem Eintritt in die Pubertät dreht sich das Verhältnis um, nun wird die Silhouette des anderen Geschlechts bevorzugt. Die Körperform ist jedoch lediglich eines von zahlreichen erotischen Signalen, welche die Geschlechter in der Pubertät für

einander anziehend machen. Desmond Morris (1986) führt in seinen Büchern eine Vielzahl körperlicher Reize und Verhaltens-
merkmale auf, die zur sexuellen Attraktivität beitragen. Auf Kinder
haben erotische Reize keinerlei Wirkung. Wenn sich ein Mädchen
im vorpubertären Alter herausputzt und schminkt, will es nicht
erotisch anziehend wirken, sondern soziale Aufmerksamkeit bekommen oder einem Vorbild nacheifern. Das Problematische und
nicht Ungefährliche daran ist, dass sein Verhalten von Erwachsenen missverstanden werden kann.

**Der Schweizer Arzt Samuel-August Tissot beschreibt in seiner
1760 publizierten Schrift »L'Onanisme« die Samenflüssigkeit als
ein essentielles Öl, dessen Verschwendung bei der Masturbation
zu einer Schwächung von Gedächtnis und rationalem Denken
führt. Selbstbefriedigung könne zudem das Sehvermögen beeinträchtigen sowie nervöse Krankheiten und alle möglichen Formen von Gicht und Rheuma auslösen. Das seien aber immer
noch längst nicht alle Übel. Blut im Urin, Appetitlosigkeit, Kopfschmerzen und eine große Anzahl anderer Krankheiten sowie
eine Schwächung der Organe über Generationen hinweg könnten
folgen. Masturbation wurde in unserer Kultur, vor allem auch von
der Kirche, bis vor kurzem verteufelt und mit Schuldgefühlen
belegt. Eine Vorstellung, die bei uns immer noch herumgeistert:
Onanieren entzieht dem Rückenmark Hirnflüssigkeit. Wieso hält
sich dieses Vorurteil so hartnäckig?**
Über Selbstbefriedigung wird seit frühester Zeit aus verschiedenen Kulturen berichtet. Sie wurde in prähistorischen Felsmale-
reien auf Malta sowie in Wand- und Topfmalereien bei den Sume-
rern, Hindus, Ägyptern und Griechen festgehalten. Masturbation
wurde in diesen Kulturen nicht verteufelt, sondern wegen ihrer
Lust durchaus geschätzt und beispielsweise bei den Ägyptern sogar als ein kreativer oder magischer Akt in religiöse Rituale eingebunden. In unserer Kultur halten sich die Vorurteile hartnäckig,
weil sich das Christentum seit jeher schwer tat mit der Selbstbefriedigung. Ganz besonders in den vergangenen 300 Jahren
hatte man dafür absolut nichts übrig, schließlich war dies auch
eine Zeit, in der jede Form von sexueller Lust als etwas Bedroh-

liches empfunden wurde. Umso bemerkenswerter ist der Umschwung, der in den letzten Jahren stattgefunden hat. In den Empfehlungen zur sexuellen Aufklärung wird in den europäischen Ländern immer häufiger eine positive Haltung zur Selbstbefriedigung eingenommen und Masturbation als Teil eines normalen Sexualverhaltens angesehen. Ich kann mich dieser Offenheit dem Thema gegenüber nur anschließen.

Oft heißt es, dass Kinder heute wesentlich früher sexuelle Erfahrungen sammeln, wesentlich früher einen Freund haben und viel frühreifer sind als noch zwei Generationen zuvor. Stimmt das?
Es gab tatsächlich eine massive Beschleunigung der sexuellen Aktivität. In der Schweiz nahm der Anteil unter den 17-Jährigen, die schon vollständigen Geschlechtsverkehr gehabt haben, zwischen 1970 und 1990 von 30 auf 65 Prozent zu. Vergleichbare Zahlen werden auch aus Deutschland berichtet. Der Grund dafür, die Einführung der Pille in den 70er Jahren, hat tatsächlich zu einer größeren sexuellen Aktivität unter Jugendlichen geführt, aber von einer Enthemmung im Sinne von Promiskuität kann dennoch keine Rede sein. Jugendliche gehen heute zwar ungezwungener mit ihrer Sexualität um, aber sie setzen zum überwiegenden Teil auf Treue und Kontinuität in der Partnerschaft. Das Auftreten der Aids-Krankheit in der 80er Jahren hat vorübergehend zu einem leichten Rückgang der sexuellen Aktivität und längerfristig zu einer verantwortungsvolleren Verhütungspraxis geführt.

Eindrucksvoll ist nach wie vor das sehr unterschiedliche Sexualverhalten von Jugendlichen. Abbildung 9 zeigt, dass manche Jugendliche bereits zwischen 12 und 14 Jahren sexuell aktiv werden, andere erst wenn sie älter als 17 oder gar 20 Jahre sind. Woher kommen diese großen Unterschiede?
Die Aussagen in den Untersuchungen über das Sexualverhalten hängen von der Art der Befragung ab, etwa ob die Studie anonym durchgeführt oder Jugendliche auf dem Land oder in der Stadt befragt wurden. So können die prozentualen Angaben von Studie zu Studie unterschiedlich ausfallen. Eine deutsche und eine schweizerische Studie (BZgA 2010, EKKJ 2009) zeigen in wesent-

lichen Aspekten des Sexualverhaltens eine große Übereinstimmung und werden daher im Folgenden als Referenzwerte herangezogen. Beiden Studien gemeinsam sind die folgenden drei Aussagen.

1. Das Alter, in dem Jugendliche sexuell aktiv werden, ist bei jedem Einzelnen verschieden. Etwa 10 Prozent aller Jugendlichen machen bereits im Alter von 12 bis 14 Jahren ihre ersten sexuellen Erfahrungen. Mit 17 Jahren sind es 65 bis 75 Prozent der Jugendlichen. Die verbleibenden 30 Prozent werden oft erst viele Jahre später sexuell aktiv. Ein wichtiger Grund für diese große Vielfalt im Sexualverhalten ist, dass die körperliche Reifung ganz unterschiedlich früh einsetzen und verschieden rasch verlaufen kann (siehe »Körperliche Entwicklung«). In welchem Alter Jugendliche sexuell aktiv werden, hängt jedoch auch von der Entwicklung des Bindungs- und Beziehungsverhaltens ab. Das Zusammenspiel von Bindungs-, Beziehungs- sowie Sexualverhalten bestimmt also den Zeitpunkt der ersten sexuellen Erfahrungen. Schließlich hat auch das soziale Umfeld, in dem der Jugendliche aufwächst, einen nicht unwesentlichen Einfluss. Hauptschüler sind früher und häufiger sexuell aktiv als Gymnasiasten; Realschüler liegen dazwischen.

2. In jeder Altersstufe ist der Prozentsatz an Mädchen, die sexuell aktiv sind, etwas höher als derjenige der Jungen – was viele Erwachsene erstaunen mag. Dieser Befund lässt sich am Besten mit der weiter fortgeschrittenen Reifung bei den Mädchen erklären.

3. Dem Geschlechtsverkehr geht in der Regel eine Periode mit zunehmend intimeren Verhaltensweisen wie Küssen und Petting voraus. Jugendliche lernen über einen längeren Zeitraum sich selbst und den Partner beziehungsweise die Partnerin nicht nur körperlich, sondern auch beziehungsmäßig kennen.

In Abbildung 10 und 11 geben die befragten Schweizer Jugendlichen einerseits an, wer sie aufgeklärt hat, und andererseits von wem sie sich gewünscht hätten, aufgeklärt zu werden. Lediglich etwa 20 Prozent der Jungen wünschten sich, von den Eltern aufgeklärt zu werden. Bei den Mädchen geben immerhin 35 Prozent

die Mutter an. In der deutschen Studie scheint die Mutter für die Mädchen eine größere Bedeutung zu haben, die Werte sind etwa doppelt so hoch wie die in der Schweiz.

Eltern spielen für ihre Söhne und Töchter mit ihrem partnerschaftlichen Verhalten und dem Austausch von Zärtlichkeiten als Vorbilder eine wichtige Rolle. Sie haben auch einen großen Einfluss auf das Verhalten der Jugendlichen, was ihre Offenheit oder Verschlossenheit beim Thema Sexualität und Verhütung betrifft. Ich bin aber nicht der Meinung, dass die Eltern in der Aufklärung die Hauptrolle spielen sollten, auch wenn sie sich kompetent fühlen und der Ansicht sind, dass sie diese Aufgabe gut erfüllen können. Die größte Zustimmung erhalten die Mütter diesbezüglich noch von ihren Töchtern. Dabei geht es aber in erster Linie um den Umgang mit der Regelblutung. Sexualität umfasst jedoch weit mehr. Dass die Aufklärung nicht mehr Sache der Eltern ist, zeigt sich deutlich in Abbildung 12, wo es um die folgende Frage geht: Wissen die Eltern Bescheid, wenn ihr Sohn oder ihre Tochter das erste Mal Geschlechtsverkehr haben? 34 Prozent der Töchter und 11 Prozent der Söhne setzen ihre Mutter in Kenntnis, der Vater erfährt lediglich in 4 beziehungsweise 10 Prozent der Fälle etwas davon. Geschwister werden ebenfalls nur zu etwa 10 Prozent ins Vertrauen gezogen.

Den Eltern müssen diese niedrigen Zahlen zu denken geben. Kann Vertrauen so plötzlich schwinden? Was haben die Eltern falsch gemacht?

Eigentlich gar nichts. Die Chance, dass Eltern informiert werden, ist indes umso größer, je vertrauensvoller die Beziehung zwischen ihnen und ihren Kindern ist, je offener die Eltern bezüglich Sexualität sind und das Thema Geschlechtsverkehr gegenüber dem Jugendlichen nicht tabuisieren. Sexualität ist jedoch Teil des Erwachsenseins und gehört nicht mehr in das gemeinsame Familienleben. Eltern berichten ihrem Sohn am Frühstückstisch auch nicht, dass sie vergangene Nacht miteinander geschlafen haben. Wer hingegen von den Jugendlichen hauptsächlich ins Vertrauen gezogen wird, ist die beste Freundin und der beste Freund (bei 74 Prozent der Mädchen und 58 Prozent der Jungen). Sexuelle Aufklärung ist

nur noch beschränkt Sache der Eltern. Ihre Aufgabe ist es, sicherzustellen, dass ihr Sohn und ihre Tochter rechtzeitig eine gute Beratung erhalten.

Manche Eltern fühlen sich aber verpflichtet, die Aufklärung ihrer Kinder zu übernehmen. Sie bemühen sich sehr und tun nur ihr Bestes!

Fragt man die Jugendlichen selbst, so erfährt man Folgendes: In
Abbildung 13 sind die Themenbereiche aufgeführt, in denen Eltern
aus der Sicht der Jugendlichen nur ungenügend oder überhaupt
nicht hilfreich sind. Da geht es um sexuelle Praktiken, Selbstbefriedigung, Pornografie und sexuelle Gewalt. Die wenigsten Eltern
sind verständlicherweise innerlich frei genug, um über diese The-

Erste Annäherung

men zu sprechen. In **Abbildung 14** ist aufgeführt, was Jugendlichen wirklich unter den Nägeln brennt. Es sind die gleichen Themen wie in **Abbildung 13**, neu dazu gekommen sind Beziehung und Zärtlichkeit sowie Ehe und Partnerschaft.

Wer also soll die Jugendlichen in Sachen Sexualität beraten?
Besser geeignet als die Eltern sind nicht-familiäre erwachsene Bezugspersonen, beispielsweise ein Freund oder eine Freundin der Familie. Frauenärztinnen sind für viele Mädchen eine große Hilfe. Den Jungen fehlen leider häufig entsprechende Fachleute. Immer öfter suchen Jugendliche Beratungsstellen auf, die von speziell ausgebildeten Psychologen und Pädagogen geführt werden. Solche Beratungsstellen werden im Allgemeinen sehr geschätzt. Sehr wichtig scheint mir zu sein, dass sich die Aufklärung nicht in Informationsvermittlung erschöpft, sondern ein Austausch innerhalb des eigenen Geschlechts und schließlich auch zwischen den Geschlechtern stattfindet. Sexuelle Praktiken, Pornografie, sexuelle Gewalt und Zärtlichkeit haben sehr viel mit Beziehungsverhalten zu tun. Wenn Jungen und Mädchen ihre Erfahrungen in einem geschützten Rahmen austauschen können, zuerst in gleichgeschlechtlichen, später in gemischten Gruppen, werden sie im Umgang mit dem anderen Geschlecht kompetenter. Sie erleben, dass sie mit ihren Ängsten und Unsicherheiten, aber auch mit ihren ganz praktischen Problemen nicht allein sind und sie lernen die Befindlichkeit des anderen Geschlechts kennen und achten. Solche Aussprachen können von Beratungsstellen oder Schulen organisiert werden, vorausgesetzt der Lehrer oder die hinzugezogenen Fachleute verfügen nicht nur über Kenntnisse bezüglich der Sexualität, sondern haben auch Coaching-Erfahrung und vermögen im Umgang mit Jugendlichen eine vertrauensvolle Atmosphäre zu schaffen.

Ein häufig diskutiertes Problem ist, dass Jugendliche durch die Medien alles sehen und über alles informiert sind, noch bevor sie selbst sexuell aktiv geworden sind. Sie haben *Bravo* gelesen, YouPorn geschaut, in Musicclips alle möglichen Arten der Anmache erfahren, in der Werbung und in Zeitschriften perfekte

Körper bestaunt. Sie seien verdorben, noch bevor sie ihren ersten Partner haben, heißt es.

Jahrzehntelang war Dr. Sommer in *Bravo* die Hauptanlaufstelle für Jugendliche, die Fragen zur Sexualität beantwortet haben wollten. Zeitschriften, Illustrierte, Bücher und Aufklärungsbroschüren spielen immer noch eine große Rolle (Abbildung 15), hinzu kommen heutzutage das Fernsehen, Computerspiele und das Internet. Letzteres wurde in den letzten Jahren für die Jugendlichen als Informationsquelle immer bedeutungsvoller. Die Gesellschaft sollte im Internet vermehrt qualitativ hochwertige Informations- und Diskussionsplattformen anbieten sowie in Beratungsangebote wie das Sorgentelefon investieren. Ich empfinde die Klagen von manchen Erwachsenen unglaubwürdig und ihre eigene Haltung widersprüchlich. Sie möchten Kinder und Jugendliche vor Pornografie und sexueller Gewalt in den Medien, insbesondere im Internet beschützt wissen. Doch warum lassen sie diese Inhalte dann überhaupt zu und unternehmen nichts, um sie einzudämmen? Und warum gehen Erwachsene immer nur davon aus, dass Pornografie eine magische Anziehungskraft auf Jugendlichen hat, und nicht auch davon, dass Jugendliche solche Darstellungen als widerlich ablehnen? Ich finde es erstaunlich und beruhigend, dass trotz YouPorn keine Verrohung der Jugend stattgefunden hat und erkläre es mir so: Das Sexualverhalten von Jugendlichen wird weniger durch erotische oder gar pornografische Aufreizung bestimmt, als vielmehr in einem umfassenden Sinn durch das Bindungs- und Beziehungsverhalten. Oft kommen mir Jugendliche mit ihren Ansprüchen, die sie etwa bezüglich Treue und gegenseitiger Unterstützung an sich selbst und ihren Partner stellen, moralischer vor als viele Erwachsene.

Besteht heute nicht auch ein großer Leistungsdruck, den es früher so nicht gab? Schließlich hat jeder Jugendliche Bilder vom perfekten Sexualakt im Kopf.

Ich denke schon, dass manche Jugendliche, insbesondere jungen Männer, unter einem erhöhten Leistungsdruck stehen. Überzogene Vorstellungen, was sexuell von ihnen erwartet wird, können sie davon abhalten, sich überhaupt sexuell einzulassen. Oder sie glauben, nur mit Viagra, das im Internet auch für junge Männer angepriesen wird, vor ihrer Freundin bestehen zu können. Frauen zum sexuellen Höhepunkt zu führen, ist zu einem eigentlichen Leistungsanspruch für manche junge Männer geworden. Mit der Emanzipation wurden sich die Frauen ihrer sexuellen Bedürfnisse vermehrt bewusst und fordern deren Befriedigung auch häufiger ein. Dennoch ist den meisten Frauen ein Gefühl von Geborgenheit und Zärtlichkeit mindestens ebenso wichtig wie die sexuelle Befriedigung. Auch in dieser Frage kann der Austausch über die Bedürfnisse der Geschlechter zu einer Entspannung führen.

Schon der Begriff »extremkuscheln« für »miteinander schlafen« aus der Jugendsprache macht deutlich, worum es vielen Jugendlichen in erster Linie geht: um Geborgenheit, um emotionale Sicherheit und Zärtlichkeit.

Die Vorstellung, dass Jugendliche hauptsächlich Sex wollen, scheint mir – ich muss es noch einmal betonen – eine Projektion und Angstmacherei der Erwachsenen zu sein. Den meisten Jugendlichen geht es – wie die BZgA Studie (2010) zeigt – um eine verlässliche Beziehung, in der sie sich aufgehoben fühlen (siehe »Sozialverhalten«). Dieses Bedürfnis wird nicht nur von Frauen betont, es ist auch für viele Männer wichtig.

Wie erleben Jugendliche das erste Mal?

Immerhin etwa zwei Drittel aller Jugendlichen haben das erste Mal als schön erlebt (Abbildung 16). Dazu trägt eine gefestigte Partnerschaft wesentlich bei. Rund 80 Prozent der Jugendlichen gibt an, in einer festen Beziehung zu stehen oder mit dem Partner gut bekannt zu sein, wenn es zum Geschlechtsverkehr kommt (Abbildung 17). Vertrautheit, auf einander Eingehen, Verständnis für die Bedürfnisse und Eigenheiten des Partners sind für Mädchen von etwas größerer Bedeutung als für Jungen. Der erste Geschlechtsverkehr wird von älteren Jugendlichen häufiger positiv erlebt als von jüngeren. Je mehr ein Mädchen zu seinem Körper stehen und ihn annehmen kann, desto schöner erlebt es das erste Mal. Schließlich hängt das Erleben auch von der Offenheit ab, die in der Herkunftsfamilie gegenüber Sexualität herrscht. Ein verklemmtes Milieu kann Schuld- und Versagensgefühle auslösen. Besonders erwähnenswert scheint mir, dass die meisten Jugendlichen sehr genau wissen, wann für sie das »erste Mal« richtig ist. Jugendliche, die noch enthaltsam sind, schätzen sich oft als noch zu jung für Sex ein. Je älter sie sind, desto eher finden sie den Zeitpunkt des ersten Geschlechtsverkehrs richtig. 47 Prozent der Mädchen und 38 Prozent der Jungen sind nicht überrascht, wenn es zum ersten Geschlechtsverkehr kommt. Rund ein Viertel der Jugendlichen haben den Zeitpunkt des ersten Geschlechtsverkehrs sogar geplant; dies ist umso häufiger der Fall, je älter sie sind. Dazu trägt auch ein vertrauensvolles Verhältnis zu den Eltern bei. Überraschender erstmaliger Geschlechtsverkehr dagegen geht häufig mit niedrigem Alter, flüchtiger Bekanntschaft und einer schlechten Beziehung zu den Eltern einher.

Wie geht es nach dem ersten Mal weiter?

Das hängt von der Qualität der partnerschaftlichen Beziehung ab. Besteht eine feste, vertrauensvolle Beziehung kommt es innerhalb von Tagen zu weiteren sexuellen Kontakten. Das Paar nimmt eine regelmäßige sexuelle Aktivität auf. War der Partner kaum oder nicht bekannt, bleibt die nächste sexuelle Erfahrung über längere Zeit aus. Bis zum 17. Lebensjahr haben etwa 40 Prozent aller Jugendlichen einen Geschlechtspartner, 30 Prozent 2, 15 Prozent 3 und noch mal etwa 15 Prozent mehr als 3. Von einem verbreiteten promiskuitiven Verhalten kann also keine Rede sein. Je jünger Jugendliche sind, wenn sie sexuell aktiv werden, desto mehr Geschlechtspartner haben sie. Jungen haben tendenziell mehr Geschlechtspartner als Mädchen (BZgA 2010). Die partnerschaftliche Beziehung an sich und vor allem auch ihr Verlust sowie der Beginn einer neuen Beziehung bringen viele Jugendliche auf eine emotionale Achterbahn. Eltern erleben ihre Tochter himmelhochjauchzend und eine Woche darauf zu Tode betrübt. Meistens haben sie keine oder nur eine vage Ahnung davon, was die Tochter beziehungsmäßig durchmacht. Wenn sie in Trübsal versinkt und die Schule schleifen lässt, dürfen die Eltern mit hoher Wahrscheinlichkeit davon ausgehen, dass der Freund der Grund dafür ist.

Was bedeutet es, wenn die Heranwachsenden auf die Keusch-heitstrilogie *Twilight* und brave Musikstars wie Justin Bieber ste-hen? Ist das Keuschheitsgelübde eine Reaktion auf unsere zu freizügige Gesellschaft, oder geht es da um etwas anderes?

Man könnte meinen, dass Jugendliche durch solche Keuschheits-gelübde vor sexueller Verführung bewahrt werden und sich so voll auf die Beziehung konzentrieren können. In den einschlägigen Filmen habe ich jedoch den Eindruck bekommen, dass mit der postulierten Keuschheit die Sexualität keineswegs aus der Welt geschafft wird. Im Gegenteil. Dadurch, dass die Sexualität tabu-isiert wird, wird sie emotional aufgeladen. Die Jugendlichen schei-nen nur noch an Sex zu denken und von sexuellen Phantasien geplagt zu werden. Das Spiel mit Verführung und Erotik kommt mir in diesen Filmen beabsichtigt vor. Die Dialoge der Jugend-lichen strotzen oft nur so von anzüglichen Bemerkungen. Nun gibt es auch bei uns Freikirchen und streng katholische Gruppen, die den jungen Menschen ein Keuschheitsgelübde auferlegen. Für manche jungen Menschen kann dies eine Art Schutz sein. Die sexuellen Bedürfnisse sind – wie alle Verhalten – unter Jugend-lichen unterschiedlich ausgeprägt. So erstaunt es nicht, dass auch ihre Bereitschaft, sexuelle Erfahrungen zu machen, verschieden groß ist.

Ein wichtiges Anliegen von Eltern, aber auch von Jugendlichen ist das Thema Verhütung. Mich erstaunt immer wieder, wie selbst-verständlich es geworden ist, beim Geschlechtsverkehr zu ver-hüten, und wie flächendeckend Jugendliche heute Kondome ver-wenden.

Wenn es zum ersten Geschlechtsverkehr kommt, verhüten 90 Pro-zent aller Jugendlichen (Abbildung 18), wie eine Studie der BZgA (2010) in Deutschland feststellte. Ein sehr guter Wert, der in den vergangenen Jahren noch deutlich niedriger war. Ebenfalls bemer-kenswert: 50 Prozent der Jugendlichen sprechen mit ihrem Part-ner vor dem ersten Geschlechtsverkehr über die richtige Verhü-tung, danach sind es sogar 90 Prozent. Mehr als 70 Prozent der Jugendlichen benutzen Kondome, etwa 40 Prozent der Mädchen zusätzlich die Pille. Andere Verhütungsmittel machen weniger als

5 Prozent aus. Wenn nicht verhütet wurde **(Abbildung 19)**, waren die häufigsten Gründe »Kam zu spontan zum Geschlechtsverkehr«, begleitet von der Einstellung »Es wird schon nichts passieren«. Besonders bemerkenswert ist, dass Mädchen oft angaben, sie hätten sich das Thema Verhütung »nicht anzusprechen getraut«, sie wären unter »Alkohol- oder Drogeneinfluss« gestanden oder hätten »nicht genau Bescheid gewusst«. Jungen achten weniger auf Verhütung als Mädchen. 16 Prozent der Jungen »wollten aufpassen«. Verhütung ist umso eher gewährleistet, je älter die Jugendlichen sind, je gefestigter die partnerschaftliche Beziehung ist und je offener sich die Eltern gegenüber Themen der Sexualität und Verhütung verhalten. Sexualunterricht in der Schule und der Zugang zu einer Vertrauensperson verbessern die Verhütung ebenfalls. Immerhin etwa ein Fünftel der Jungen und Mädchen praktizieren anfänglich den Koitus interruptus (vorzeitiger Abbruch des Geschlechtsverkehrs), was wegen ihrer Unerfahrenheit mit einem erheblichen Risiko verbunden ist. Innerhalb kurzer Zeit verbessert sich das Verhütungsverhalten der Jugendlichen. Nichtverhütung nimmt bei Jungen und Mädchen von 10 auf 3 Prozent ab. Der Kondomgebrauch, ein wichtiger Schutz vor Geschlechtskrankheiten, wird weniger und die Anwendung der Pille nimmt deutlich zu. Unzuverlässige Methoden wie Koitus interruptus, Zeitwahl- und Temperaturmethoden wie Knaus-Ogino oder chemische Verhütungsmittel kommen kaum mehr zur Anwendung.

Sexualität hat ja sehr viel mit Emotionen, sich Ein- und Gehenlassen zu tun. Es kann doch keine perfekte Verhütung geben!

Ja, das stimmt. Perfekte Vorsorge kann es nicht geben. Immerhin berichten 9 Prozent der Mädchen, dass sie schon ein- oder mehrmals eine Notfallverhütung mit der »Pille danach« vorgenommen haben. Als Gründe gaben sie an: Kondom abgerutscht oder zerrissen, Pille vergessen, keine Verhütung, oder Partner kaum oder nicht bekannt. Mehr als 95 Prozent der Jungen und Mädchen wollen eine Schwangerschaft unbedingt vermeiden, sie fühlen sich absolut nicht bereit, Eltern zu werden, auch wenn sie – viel später einmal – Kinder haben möchten. 2002 wurden 15 000 Mädchen zwischen 12 und 18 Jahren schwanger (2 Prozent aller Schwangerschaften). Dies entspricht etwa 0,7 Prozent aller Mädchen in dieser Altersgruppe. Davon wurden 7443 Schwangerschaften abgebrochen (entspricht 5,8 Prozent aller Schwangerschaftsabbrüche). Die Bereitschaft, eine Schwangerschaft auszutragen, nimmt bei Mädchen bis zum 17. Lebensjahr leicht zu. Der Rückgang der Schwangerschaften in den vergangenen 20 Jahren ist vor allem auf bessere Verhütung und nicht auf Verbote und Tabus zurückzuführen. Die nachstehende Tabelle führt die wichtigsten Schutzfaktoren für eine wirkungsvolle Schwangerschaftsverhütung auf.

Die Eltern

- haben eine vertrauensvolle Beziehung zum Jugendlichen
- sind gute Vorbilder im partnerschaftlichen Umgang
- sind offen bei Themen wie Sexualität und Verhütung
- sorgen für eine rechtzeitige und umfassende Aufklärung
- unterstützen den Jugendlichen bezüglich Verhütung

Der Jugendliche

- befindet sich in einer festen, vertrauensvollen Beziehung
- ist aufgeklärt, auch in praktischen Belangen
- hat Zugang zu Verhütungsmitteln
- ist bereits etwas älter, wenn er sexuell aktiv wird
- kann sich an eine Vertrauensperson außerhalb der Familie wenden

Positive Faktoren für eine gute Aufklärung, sexuell befriedigende Erfahrungen und zuverlässige Verhütung.

Während die Zahlen in den meisten Bereichen der sexuellen Entwicklung eigentlich erfreulich und beruhigend sind, sind sie es, was die sexuelle Gewalt betrifft, eher nicht. 13 Prozent der befragten Mädchen geben an, sexuelle Gewalt erlebt zu haben (BZgA

2006, 2010). 62 Prozent der betroffenen Mädchen konnten sich sexueller Handlungen erwehren, 25 Prozent berichten über körperliche Kontakte und 9 Prozent über erzwungenen Geschlechtsverkehr.

Das stimmt, die Zahlen sind beunruhigend, selbst wenn mir ein Anstieg der sexuellen Gewalt insgesamt nicht bekannt ist. Auffallend ist der Täterkreis: unbekannter Mann, neue Bekanntschaft, oft auch innerhalb des Freundeskreises und am Arbeitsplatz, sowie emotionale Abhängigkeit. Der beste Schutz gegen sexuelle Gewalt sind eine feste Beziehung und ein höheres Alter. 68 Prozent der betroffenen Mädchen vertrauten sich der besten Freundin an, nur 25 Prozent ihren Eltern. Bei den befragten Jungen haben 6 Prozent sexuelle Gewalt erlebt. 65 Prozent konnten sich jeglicher sexueller Handlung erwehren, bei 25 Prozent kam es zu körperlichen Berührungen und in 10 Prozent zu einem sexuellen Akt. Besonders erwähnenswert ist, dass es sich bei den Tätern, im Gegensatz zu den Mädchen, um bekannte Personen aus dem Verwandten und Bekanntenkreis handelt, von denen die Jungen emotional und anderweitig abhängig waren.

Vor kurzem hat mir eine Freundin erzählt, dass sich ihr Freund an ihre Tochter herangemacht habe. Sie hat ihn kurzerhand aus der Wohnung und Beziehung geworfen.

Ein heikles Thema. Da Patchworkfamilien immer häufiger werden, sollte dieses Thema aber nicht tabuisiert werden. Statistische Angaben sind mir keine bekannt, aber einige Fälle sexueller Annäherung von Stiefvätern und Partnern der Mutter oder Stiefbrüdern wurden auch an mich herangetragen. Männer, die mit pubertierenden Mädchen in Kontakt kommen, sind einer besonderen Versuchung ausgesetzt. Sie haben keine Inzesthemmung. Der Inzestschutz verhindert, dass der Vater mit der Tochter eine sexuelle Beziehung eingeht. Er ist umso stärker, je vertrauensvoller und tiefer die Tochter-Vater-Beziehung während der Kindheit war. Auch ein Vater kann für die Tochter zu einer Gefahr werden, nämlich dann, wenn er sich emotional nie auf die Tochter eingelassen hat. Andererseits ist ein Stiefvater, der im vorpubertären Alter eine feste Bindung mit dem Kind der Partnerin eingegangen ist, nicht gefährdet. Für einen Mann ist die Tochter der Partnerin, wenn er sie erst in der Pubertät kennenlernt, hingegen eine junge Frau, die sexuelle Attraktivität ausstrahlt. Hinzu kommt, dass sie sich im Zusammenleben auf eine körperliche und gar intime Weise rasch nahe kommen können. Dieser Problematik sollten sich Mütter und ihre Partner bewusst sein und auch darüber sprechen, was nicht immer leicht ist, kann es doch auch ihre eigene Beziehung berühren.

Das Wichtigste in Kürze

1. Kinder sind keine sexuellen Wesen. Sie reagieren nicht auf erotische Signale. Sie wollen keine sexuellen Erfahrungen mit dem eigenen oder dem anderen Geschlecht machen.

2. Körperkontakt vermittelt dem Kind ein Gefühl von Geborgenheit und emotionaler Zuwendung. Dieses Grundbedürfnis hat nichts mit Sexualität zu tun.

3. Selbstbefriedigung, früher verpönt und bestraft, gehört heute zum normalen Sexualverhalten.

4. Die Anti-Baby-Pille hat zu einer größeren sexuellen Aktivität unter Jugendlichen geführt, von einer sexuellen Enthemmung kann jedoch keine Rede sein.

5. Dem Geschlechtsverkehr geht bei den meisten Jugendlichen eine Periode immer intimerer Verhaltensweisen voraus, dabei lernen Partner und Partnerin sich nicht nur körperlich, sondern auch beziehungsmäßig näher kennen.

6. Jugendliche werden in sehr unterschiedlichem Alter sexuell aktiv. Etwa 10 Prozent machen bereits im Alter von 12 bis 14 Jahren ihre ersten sexuellen Erfahrungen. Mit 17 Jahren sind 70 Prozent aller Jugendlichen sexuell aktiv. Die verbleibenden 30 Prozent sind es oft erst Jahre später. Diese große Variabilität ist im Wesentlichen durch Unterschiede in der körperlichen Reifung und Entwicklung des Bindungs- und Beziehungsverhaltens sowie durch soziale Faktoren bedingt.

7. In jedem Alter sind etwas mehr Mädchen als Jungen sexuell aktiv, was mit der unterschiedlichen Reifung der beiden Geschlechter zusammenhängt.

8. Eltern spielen mit ihrem partnerschaftlichen Verhalten für ihre jugendlichen Kinder als Vorbilder eine wichtige Rolle. Sie haben auch einen großen Einfluss auf Einstellung und Haltung ihrer Kinder zu Sexualität und Verhütung.

9. Es ist weniger Aufgabe der Eltern, Sohn und Tochter aufzuklären, als vielmehr ihnen zu einer guten außerfamiliären Beratung zu verhelfen.

10. Jugendliche sollten über eine professionelle Beratung hinaus Aufklärungsthemen unter fachlicher Führung untereinander besprechen können. Sie erleben dabei, dass sie mit ihren Nöten und Problemen nicht allein sind, und lernen die Befindlichkeit des anderen Geschlechts kennen und achten.

11. Das Sexualverhalten wird weniger durch erotische oder gar pornografische Reize bestimmt als vielmehr durch das Bindungs- und Beziehungsverhalten. Geborgenheit, soziale Sicherheit und Kontinuität in der Partnerschaft sind zentrale Anliegen für Jugendliche.

12. Beim ersten Geschlechtsverkehr verhüten mehr als 90 Prozent aller Jugendlichen mit Kondom und Pille. Die große Mehrheit der Jugendlichen verhält sich umsichtig und verantwortungsvoll.

13. 13 Prozent der Mädchen und 6 Prozent der Jungen erleben sexuelle Gewalt. Mädchen vor allem in flüchtigen Bekanntschaften, Jungen durch vertraute Personen.

14. In Patchworkfamilien besteht ein gewisses Risiko für sexuelle Verführungen. Männern, die die Tochter der Partnerin erst in der Pubertät kennenlernen, fehlt die Inzesthemmung.

Wie Mädchen und Jungen ihre Geschlechterrolle finden

Wir sind zu sehr auf Sexualität fixiert und messen der Geschlechtsidentität und dem geschlechtsspezifischen Rollenverhalten zu wenig Bedeutung bei. Wann und wie beginnt sich die Geschlechtsidentität auszubilden?

In den 1970er Jahren habe ich eine Studie über das frühe Spielverhalten von Kindern durchgeführt (Largo et al. 1979). Eine der erstaunlichsten Beobachtungen war, dass Jungen und Mädchen bereits im 2. Lebensjahr bestimmte Tätigkeiten bevorzugten und ein unterschiedliches Spielverhalten zeigten. So erhielten sie Puppenmöbelchen zum Spielen, darunter war ein Kochherd und ein Mini-Tetrapack. Die Mädchen haben nun Töpfe auf den Herd gestellt, in ihnen herumgerührt und gekocht. Die Jungen versuchten hingegen den Herd zu öffnen und wollten herausfinden, ob die Kochplatten warm werden, wenn sie an den Schaltern drehen. Die Mädchen haben mit dem Tetrapack Milch in die Tässchen gegossen, die Jungen versuchten das Tetrapack aufzureißen und wollten wissen, was darin enthalten war. Diese Unterschiede verstärken sich im 3. und 4. Lebensjahr. Mädchen beteiligen sich gern an Hausarbeiten, ganz besonders an der Pflege von Babys. Sie spielen vorzugsweise mit Puppen und Mini-Haushaltsgeräten. Jungen dagegen sind eher an Türklinken, Lichtschaltern, Steckdosen, Stereoanlagen, Fernbedienungen von TV- und DVD-Geräten interessiert. Sie bauen mit Legosteinen und zeigen eine Vorliebe für Autos, Flugzeuge und Schiffe (Largo 2007). Die beiden Geschlechter haben unterschiedliche Interessen und bevorzugen unterschiedliche Verhaltensweisen lange bevor sie eine Ahnung haben, dass es so etwas wie zwei Geschlechter gibt.

Natürlich gibt es immer Ausnahmen, oder? Bei einem Neffen von mir brach schon als 2-Jährigem das absolute Putzfieber aus, wenn er einen Staubsauger zu Gesicht bekam. Seine Mutter war ihm in puncto Hausarbeit nicht einmal ein leuchtendes Vorbild. Aber zurück zum Allgemeinen: Es ist also nicht übertrieben, wenn man

davon ausgeht, dass Jungen und Mädchen die Welt verschieden sehen und erleben? Ist damit auch der Streit über die Bedeutung von Vorbildern beigelegt?

Natürlich bestehen große Überlappungen zwischen den Geschlechtern. Es gibt Jungen, die mit Puppen spielen, und Mädchen, die dem Fußball nachjagen. Nichtsdestotrotz sind die Unterschiede deutlich. Die Verschiedenheit ist dabei nicht nur auf das Spielverhalten beschränkt. Mädchen und Jungen unterscheiden sich auch im Sozialverhalten und in der Sprachentwicklung. Was die Bedeutung der Vorbildfunktion betrifft, wurde bereits vor vielen Jahren in Studien festgestellt, dass Mütter und Väter mit ihren Babys je nach Geschlecht unterschiedlich kommunizieren (Bornstein et al. 2004, Lamb 1976). Lange Zeit glaubte man, dass sich die Mutter auf einen Jungen anders einstellt als auf ein Mädchen. Weil sie mit einem Mädchen mehr spricht als mit einem Jungen, war damit auch erklärt, weshalb sich Mädchen sprachlich meist besser entwickeln als Jungen. Es hat sich jedoch gezeigt, dass nicht die Mutter den Säugling in seinem Verhalten beeinflusst, sondern der Säugling die Mutter. Die Mutter spürt intuitiv, dass sie mit einem Mädchen anders und ausgedehnter sprechen kann als mit einem Jungen, weil Mädchen mehr Interesse an Kommunikation haben und sprachbegabter sind. Bezüglich des Spielverhaltens gibt es genügend Studien über Töchter, die überwiegend von ihren Vätern betreut wurden und bei denen sich dennoch die Präferenz für ein geschlechtsspezifisches weibliches Verhalten durchgesetzt hat (Maccoby 2000, Pitcher 1983). Genauso gibt es Hunderttausende von Jungen, die ausschließlich von ihren Müttern aufgezogen werden und die dennoch Autos durch die Wohnung schieben und mit Gummischwertern herumfuchteln. Die Präferenz setzt sich also auch ohne gleichgeschlechtliches Vorbild durch, was nicht heißt, dass Vorbilder unwichtig sind. Ein Junge, dessen Vater zeitlich verfügbar und als Vorbild präsent ist, wird ein reichlicher ausgestaltetes Jungenverhalten zeigen als ein Junge, der mit einer allein stehenden Mutter aufwächst. Dazu muss man wiederum einschränkend sagen, dass es im Verhalten von Müttern und Vätern auch immer mehr Gemeinsamkeiten gibt.

Erklärt dies auch, warum Kinder nicht nur ein geschlechtsspezi-fisches Verhalten zeigen, sondern zudem die Mutter beziehungs-weise den Vater als Vorbilder bevorzugen?

Mit seinem geschlechtsspezifischen Verhalten zeigt das Kind eine Vorliebe für Mutter oder Vater, weil es deren Tätigkeiten und Kom-munikationsverhalten bevorzugt. Diese Präferenz ist bereits im Alter von 1:3 bis 2 Jahren nachweisbar (die Altersangaben 1 Jahre: 3 Monate stammen aus Kohlberg 1966). Etwa ein Jahr später stellt sich auch eine Bevorzugung des gleichen Geschlechts im Spiel mit anderen Kindern, vor allem mit etwas älteren Kindern ein. Ein Junge interessiert sich mehr für einen anderen Jungen, der eine Eisenbahn zusammenbaut, als für ein Mädchen, das mit einer Puppe spielt. Diese Neigung wird mit 2:2 bis 2:9 Jahren sichtbar.

Kinder orientieren sich am eigenen Geschlecht und eignen sich ein bestimmtes Verhalten an. In welchem Alter begreifen sie, was ein typisch männliches beziehungsweise typisch weibliches Ver-halten ist?

Begreifen setzt ein Bewusstsein der eigenen Person und damit auch der anderen Menschen voraus. Die Selbstwahrnehmung stellt sich mit 18 bis 24 Monaten ein (siehe »Sozialverhalten«). Das Kind erkennt geschlechtstypische Verhaltensweisen zuerst bei den Erwachsenen. Eine Person, die ein Baby wickelt, kocht und sich schminkt, ist eine Frau. Eine Person, die mit Hammer und Säge hantiert, Pfeife raucht und Fußball im Fernsehen schaut, ist ein Mann. Wenn ich das so dahin sage, realisiere ich auch, wie viele dieser Stereotypien immer weniger zutreffen – doch davon spä-ter. Solche Zuschreibungen für Erwachsene macht das Kind im Al-ter von 2:2 bis 2:7 Jahren. Etwas später identifiziert es auf Grund von bestimmten Verhaltensmerkmalen ein anderes Kind als Junge oder Mädchen.

Erst im Alter von 2:2 bis 3:4 Jahren – denn das ist für das Kind am schwierigsten zu bewältigen – kann es sich selbst einem Ge-schlecht zuordnen.

Mädchen finden, Mädchen ...	Jungen finden, Jungen ...
Küssen	Weinen nie
Streiten wenig	Streiten gern
Spielen im Haus	Klettern auf Bäume
Beklagen sich, dass man sie nicht mitspielen lässt	Sagen, dass sie etwas falsch gemacht haben
Reden viel	Spielen mit Autos
Helfen der Mutter	Raufen sich
Sagen, dass sie Hilfe brauchen	Helfen dem Vater
Spielen mit Puppen	Bauen gern
Sehen hübsch aus	Sind stark

Stereotype Ansichten über das eigene Geschlecht (Damon 1989)

Eine Mutter erzählte mir kürzlich die folgende Begebenheit. Ihr viereinhalbjähriger Sohn Tobias meinte, nachdem sein Schwesterchen zur Welt gekommen war: Wenn ich groß bin, will ich auch eine Mami sein und Kinder haben. Wie soll man das nun wieder verstehen?

Die Zuschreibung zu einem Geschlecht ist lange Zeit nicht eindeutig, weder im Bezug auf andere Personen noch auf sich selbst. Eine sogenannte Geschlechtsstabilität oder -permanenz stellt sich oft erst mit etwa 7 Jahren ein. Erst jetzt kommen die Kinder zu der Einsicht: Ich wurde als Junge geboren und werde auch als Erwachsener ein Mann sein. Tobias' Aussage kann man besser verstehen, wenn man sich vergegenwärtigt, dass seine Zeitvorstellung auf wenige Tage beschränkt ist. Er lebt im Hier und Jetzt. Ein Verständnis für den Lebensbogen – von der Geburt über das Kindsein bis zum Erwachsen werden, eigene Kinder bekommen, Eltern sein und schließlich sterben – fehlt ihm noch vollständig. Und damit auch die Vorstellung, dass das Geschlecht ein für allemal festgelegt ist (Geschlechtskonstanz). Daraus kann man auch ersehen, welch untergeordnete Rolle das organische Geschlecht in dieser Lebensphase spielt.

Was das geschlechtsspezifische Verhalten im vorpubertären Alter betrifft, ist besonders auffällig, dass Kinder fast ausschließlich mit Kindern des eigenen Geschlechts spielen.

Hat ein Junge als einziges Geschwister eine Schwester, wird er auch mit ihr spielen. Sobald er aber die Wahl hat, wird er Jungen vorziehen. Hier zeigt sich, wie enorm stark die Präferenz für das eigene Geschlecht ist, unabhängig von der Erziehung. Sie orientiert sich vor allem an Interessen, Tätigkeiten, Sozial- und Kommunikationsverhalten und schließlich auch am Aussehen. Diese Präferenz verschwindet mit dem Eintritt in die Pubertät keineswegs, sie wird aber von der sexuellen Orientierung überlagert. Im Erwachsenenalter bestehen beide Präferenzen nebeneinander, von Mensch zu Mensch in unterschiedlicher Ausprägung. Doch nicht nur beim Spielverhalten sind Jungen und Mädchen bereits im Kindergartenalter sehr unterschiedlich. Auch im Beziehungsverhalten wurden im 4. Lebensjahr bereits die folgenden Unterschiede beobachtet:

Mädchen bevorzugen	Jungen bevorzugen
• Flache Hierarchie	• Steile Hierarchie
• Paarbeziehungen	• Gruppenbeziehungen
• Orientierung an sozialen Kompetenzen	• Orientierung an Stärke und Macht
• Fürsorgliches Verhalten	• Wetteifern
• Kompromisse eingehen	• Sich durchsetzen
• Missverständnisse aufklären	• Konfliktlösungen erstreiten

Gruppenverhalten von Mädchen und Jungen (Goodenough et al. 1983)

Das heißt, all die Unterschiede im Beziehungsverhalten, die uns auch als Erwachsene noch beschäftigen, sind bereits in den ersten Lebensjahren vorhanden und basieren auf Veranlagung?

Ich teile dein ungutes Gefühl durchaus. Wenn diese Verhaltensmuster bis ins Erwachsenenalter weiterbestehen, könnte man damit Einiges erklären, was in Gesellschaft und Wirtschaft schiefläuft. Susan Pinker, eine kanadische Psychologin, hat es folgendermaßen auf den Punkt gebracht:

Frau	Mann
• Streben nach sozialer Akzeptanz	• Streben nach Macht
• Zugehörigkeit zur Gemeinschaft	• Status in der Gemeinschaft
• Nützlichen Beitrag leisten für die Gemeinschaft	• Erwerben von Geld und materiellen Gütern

Prioritäten der Geschlechter im Erwachsenenalter (Pinker 2008)

Das große Problem einer solch stereotypen Zuordnung ist, dass sie das Verhalten der Geschlechter als Gruppe wohl recht gut charakterisiert, die Unterschiede innerhalb der Gruppe jedoch ignoriert. So gibt es durchaus Männer wie etwa Albert Schweitzer, für die soziale Kompetenz und Fürsorge überaus wichtige Werte darstellen und die ein großes Bedürfnis haben, einen nützlichen Beitrag für die Gemeinschaft zu leisten. Andererseits gibt es auch Frauen wie Margaret Thatcher, die genauso machthungrig wie manche Männer sind. Auf Grund der Gruppenstereotypie zu schließen, dass in Politik und Wirtschaft für immer alles so bleiben wird, wie es bisher war – was sich zweifelsohne viele Männer wünschen – halte ich für verfehlt. Die Frauen dürfen sich nicht den Männern anpassen. Sie sollen vielmehr sich selber treu bleiben und ihre Prioritäten in die Politik einbringen, um die Gesellschaft lebenswerter zu machen.

Die Eltern von Jon suchten den Kinderarzt auf, das Verhalten ihres 4-jährigen Sohnes beunruhigte sie zunehmend. Jon interessierte sich sehr für Musik und Theater, was seine Eltern erfreute. Er spielte aber auch lieber mit Mädchen als mit Jungen. Und er schminkte sich die Lippen und zog liebend gern die Kleider seiner

Schwester an. Er lief den ganzen Tag in einem Rock herum und wollte schließlich so angezogen auch in den Kindergarten gehen. Die Eltern waren nicht nur über sein Verhalten besorgt, sondern vor allem auch darüber, dass er bei Erwachsenen und Kindern auf Ablehnung stoßen könnte.

Jon zeigt das typische Verhalten eines Jungen mit dem sogenannten Sissyboy-Syndrom (Green 1974, 1987). Sissyboy bedeutet übersetzt etwa Memme, Waschlappen, ist also für einen Jungen eine eindeutig negativ besetzte Zuschreibung. Diese Jungen zeigen Präferenzen, die einem Mädchen entsprechen, bezüglich Aussehen und Kleider, Interessen, Sprache und Kommunikationsverhalten. Auch bevorzugen sie meist weibliche Vorbilder. Nicht alle Bereiche müssen dabei gleich ausgeprägt sein. Typisch ist, dass der Genitalstatus für sie nur von untergeordneter Bedeutung ist. Sie lassen sich mit einem Verweis wie »Du hast ja einen Penis« in ihrem Verhalten nicht beeinflussen oder gar umstimmen. Ein entsprechendes spiegelbildliches Verhalten kommt auch bei Mädchen vor. Als Tomboy (Wildfang) werden Mädchen beizeichnet, die sich wie Jungen kleiden, die Tätigkeiten wie Fußball bevorzugen, sowie eine rauhe Form der Kommunikation und des sozialen Umgangs pflegen.

Sissygirl, Tomboy: Wie viel Mädchen, wie viel Junge steckt in mir?

Jon ließ sich nicht umstimmen. Die Eltern informierten daraufhin die Kindergärtnerin. Ihr Sohn ging einige Tage mit Rock und Bluse in den Kindergarten. Dann zog er die Mädchenkleider nur noch zu Hause an. Die Eltern machten sich verständlicherweise Gedanken, ob Jon eine Neigung zu Homosexualität oder Transsexualität haben könnte. Dabei nahm sich Jon nach wie vor als Junge wahr.

Jon ist in seinem geschlechtsspezifischen Verhalten zum weiblichen Geschlecht hin orientiert. Er zeigt ein großes Interesse an Musik und Theater und verfügt dafür höchstwahrscheinlich über ein beträchtliches Talent. In seiner Geschlechtszugehörigkeit versteht er sich jedoch als Junge. Erst die Zukunft wird zeigen, ob dies auch so bleiben wird. Wir werden im folgenden Kapitel näher darauf eingehen, inwieweit geschlechtsspezifisches Verhalten und Geschlechtsidentität in der Kindheit eine prognostische Aussagekraft für die sexuelle Präferenz in der Adoleszenz haben können.

Wie sollten sich die Eltern von Jon verhalten?

Geschlechtsspezifisches Verhalten und Geschlechtsidentität sind genauso anlagebedingt wie mathematische, sprachliche oder soziale Fähigkeiten. Wie sie sich im Verlauf der Pubertät entwickeln und zu welcher sexuellen Orientierung Jon neigen wird, kann man nicht vorhersagen. Deshalb sollten die Eltern Jon konsequenterweise alle Erfahrungsmöglichkeiten offenhalten, damit er sich so orientieren und entwickeln kann, wie es ihm entspricht. Das heißt, dass sie ihn weder mit einem männlichen Überangebot umzupolen versuchen, noch in seinen eher weiblichen Interessen und Tätigkeiten einseitig unterstützen sollten. Jon versteht sich als Junge, so sollten ihn die Eltern auch behandeln.

Das Wichtigste in Kürze

1. Mädchen und Jungen neigen bereits beim frühkindlichen Spiel zu geschlechtsspezifischen Tätigkeiten. Mädchen kochen auf dem Herd, Jungen untersuchen ihn.

2. Geschlechtsspezifisches Verhalten ist angeboren und wird nicht durch Vorbilder geprägt. Bei Töchtern, die überwiegend von ihrem Vater betreut werden, stellt sich dennoch ein typisch weibliches Verhalten ein; Jungen, die von allein stehenden Müttern aufgezogen werden, entwickeln dennoch eine Vorliebe für männliche Tätigkeiten. Was nicht bedeutet, dass die Kinder nicht auf Vorbilder angewiesen sind, um ihr geschlechtsspezifisches Verhalten auszugestalten.

3. Im vorpubertären Alter spielen Kinder fast ausschließlich mit Kindern des eigenen Geschlechts. Diese Präferenz verschwindet mit dem Eintritt in die Pubertät keineswegs, wird aber von der sexuellen Orientierung überlagert.

4. Jungen und Mädchen entwickeln bereits als Kleinkinder unterschiedliche Beziehungsstrukturen. Während Mädchen flache Hierarchien bevorzugen und sich an sozialen Kompetenzen orientieren, ziehen Jungen Stärke, Macht und steile Hierarchien vor. Es bestehen allerdings große Überlappungen zwischen den Geschlechtern.

5. Jungen mit einem Sissyboy-Syndrom (Memme) zeigen im vorpubertären Alter bezüglich Aussehen, Kleider, Interessen, Sprache und Kommunikationsverhalten weibliche Präferenzen. Tomboy-Mädchen (Wildfang) kleiden sich wie kleine Jungen und bevorzugen männliche Tätigkeiten. In ihrer Geschlechtsidentität können sie später dem eigenen oder anderen Geschlecht zuneigen.

6. Wie sich Geschlechtsidentität, geschlechtstypisches Verhalten und sexuelle Orientierung im Verlauf der Pubertät ausbilden, hängt von der Veranlagung ab. Eltern sollten ihren Kindern alle Erfahrungsmöglichkeiten offen halten, damit sie sich ihren Neigungen entsprechend entwickeln und orientieren können.

Wenn Jugendliche das Geschlecht anders empfinden

Die Kirche verteufelt seit mindestens 1000 Jahren die Homosexualität und duldet sie dennoch heimlich in ihren Institutionen. Bis vor 40 Jahren war Homosexualität in unserem Rechtssystem unter Strafe gestellt. In den einschlägigen Diagnoseverzeichnissen der Medizin (DSM, ICD) wurde Homosexualität noch bis vor kurzem als Krankheit aufgeführt.

Gleichgeschlechtliche Lust und Liebe wird aus allen Gesellschaften und historischen Epochen berichtet. Der Umgang damit war je nach Kultur und Zeitperiode sehr unterschiedlich, immer wieder aber – etwa im alten Griechenland – auch positiv besetzt. In unserer Gesellschaft war Heterosexualität Jahrhunderte lang das einzig akzeptierte Sexualverhalten, ein Eckpfeiler der Kultur. Homosexualität wurde hingegen sozial, moralisch und strafrechtlich auf das Strengste unterdrückt. Erst in den letzten Jahrzehnten kam es aus vielerlei Gründen zu einer allgemeinen Liberalisierung der Gesellschaft, die sich auch für Menschen mit einer nicht-heterosexuellen Orientierung positiv ausgewirkt hat. Was nicht heißt, dass sich große Teile der Gesellschaft mit gleichgeschlechtlichem Verhalten nach wie vor schwer tun.

Es fällt auf, dass vor allem Jugendliche immer noch Vorurteile gegenüber »Schwulen« haben. Wenn sie jemanden blöd oder irgendwie anders finden, heißt es oft, der sei »schwul«. Woher kommt das? Ist das der Einfluss der Eltern und der Gesellschaft oder gibt es da auch eine angeborene Abneigung und Distanzierung zu einer bedrohlichen Art von Sexualverhalten?

Homosexuelle Männer bezeichnen sich als Schwule und haben damit dem Begriff zu gesellschaftlicher Akzeptanz verholfen. Unter Jugendlichen ist der Begriff schwul aber immer noch ein Schimpfwort. Ein Grund dafür mag sein, dass Jugendliche sich ihrer sexuellen Identität noch nicht sicher sind und sich deshalb besonders deutlich abgrenzen müssen. Jugendliche verbinden mit »schwul« häufig nicht nur eine gleichgeschlechtliche sexuelle Orientierung, sondern auch ein unmännliches Verhalten, ein Verhalten, das weibliche Züge aufweist, beispielsweise Handbewegungen oder einen Gang wie bei einer Frau. Unter Homosexualität wird – nicht nur unter Jugendlichen – weit mehr verstanden als nur eine sexuelle Präferenz. In den drei Bereichen, die bestimmend für das Sexualverhalten sind, können sich männliche und weibliche Homosexualität folgendermaßen ausdrücken:

Sexuelle Orientierung: Erotische Signale von und sexuelle Aktivität mit gleichgeschlechtlichen Partnern werden bevorzugt.

Geschlechtstypisches Verhalten (geschlechtsspezifisches Rollenverhalten): Manche homosexuelle Männer weisen in ihrer Körpersprache und ihrem Kommunikationsverhalten weibliche und gar übertrieben weiblich manierierte Züge auf. Hohe soziale Kompetenz und fürsorgliches Verhalten wie auch ästhetische und künstlerische Interessen und musische Kompetenzen können verstärkt vorhanden sein. Ein hochbegabter Travestiekünstler, der viele Facetten homosexuellen Verhaltens in seiner Kunstfigur »Mary« exemplarisch zum Ausdruck bringt, ist Georg Preusse (www.mary-preusse.ch). Genauso können homosexuelle Frauen männliches Auftreten zeigen und zu männlichen Aktivitäten neigen, beispielsweise beim Sport.

Geschlechtsidentität: Eigenwahrnehmung und Körperbewusstsein als Mann oder Frau unabhängig von der sexuellen Orientierung.

Diese drei Bereiche können bei homosexuellen Menschen verschieden ausgeprägt und auch unterschiedlich ausgerichtet sein (Griechisch »homo« bedeutet gleich, nicht männlich). Kommunikationsverhalten und Körpersprache reichen von sehr männlich bis sehr weiblich. Es gibt homosexuelle Männer, die in ihrem körperlichen und sprachlichen Ausdruck sehr weiblich sind, andere sind dezidiert männlich. Genauso unterschiedlich kann das Verhalten bei homosexuellen Frauen sein. Eigenwahrnehmung und Körperbewusstsein können dem eigenen oder anderen Geschlecht entsprechen. So kann ein Mann oder eine Frau eine sexuelle Präferenz für Frauen, Männer oder beide Geschlechter haben, in seinem Verhalten und Interessen männlich oder weiblich sein, und sich als Mann oder Frau fühlen. Diese Vielfalt ist nicht nur für heterosexuelle Menschen verwirrend. Auch homosexuelle Menschen scheinen oft große Mühe zu haben, sich zurechtfinden, insbesondere in der Pubertät. Im Umgang mit homosexuellen Menschen sollten wir davon ausgehen, dass ihre individuellen Ausprägungen genauso vielfältig sind wie die heterosexueller Menschen. Stereotype Vorstellungen werden ihnen nicht gerecht.

Diese Vielfalt ist wohl auch der Grund dafür, dass die Häufigkeit von Homosexualität in der Bevölkerung von Studie zu Studie sehr unterschiedlich angegeben wird.

Bestimmt. Zusätzlich gibt es eine Reihe weiterer Gründe wie etwa die gesellschaftliche Akzeptanz von Homosexualität und das Alter der Befragten, die dazu führen, dass Umfragen unterschiedlich ausfallen. Im Kinsey-Report von 1948 wird von unglaublichen 37 Prozent in der männlichen Bevölkerung berichtet, die seit der Pubertät homosexuelle Erfahrungen gemacht hätten (Kinsey 1964). Laut Asendorpf (1999) sind je 4 Prozent der deutschen Männer bi- beziehungsweise homosexuell sowie 4,5 Prozent der deutschen Frauen bisexuell und 1,6 Prozent homosexuell. In der Studie von TNS Emnid (2000) werden lediglich noch Häufigkeiten von etwa 1 Prozent für eine homosexuelle und etwa 2 Prozent für eine bisexuelle Orientierung angegeben. Immerhin 9 Prozent der Männer und 19 Prozent der Frauen berichten, das eigene Geschlecht übe eine gewisse erotische Anziehungskraft auf sie aus. Unter Adoleszenten wurden Häufigkeiten von 5 bis 15 Prozent für gleichgeschlechtliche sexuelle Erfahrungen erhoben, etwas häufiger bei Frauen als bei Männern (BZgA 2006). Aus den Studien geht nicht hervor, welcher Art die sexuellen Aktivitäten waren. Gemeinsames Masturbieren beispielsweise kommt unter Jungen recht häufig vor, was ich aber nicht als homosexuelles Verhalten bezeichnen würde.

Es heißt auch immer wieder, gleichgeschlechtliche Internatsschulen seien Brutstätten für homosexuelles Verhalten. Dort würden Jungen auf den falschen Weg gebracht. Ist die Prägung auf ein Geschlecht in der Adoleszenz entscheidend?

Unter der sogenannten situationsbedingten Homosexualität werden homosexuelle Aktivitäten unter Menschen verstanden, die keine homosexuelle oder bisexuelle Orientierung aufweisen, sich aber unter bestimmten Lebensbedingungen auf homosexuelle Aktivitäten einlassen (Gianoulis 2008, Kort 2008). Es handelt sich um Lebensbedingungen wie sie in Gefängnissen, Arbeitslagern, Klöstern und auch reinen Jungen- oder Mädcheninternaten vorkommen können. Wenn vor allem junge Menschen gleichen Geschlechts über eine längere Zeitperiode auf engstem Raum zusammenleben müssen, kann es zur Triebabfuhr in gleichgeschlechtlichen sexuellen Handlungen kommen. Mir ist nicht bekannt, ob sich daraus ein homosexuelles Verhalten entwickeln kann. Es scheint mir unwahrscheinlich zu sein. Ich würde erwarten, dass, sobald sich die Lebensbedingungen normalisiert haben, das heterosexuelles Verhalten wieder vorherrschend wird.

Beim Thema Homosexualität unter Jugendlichen geht es zumeist um Jungen. Was könnte der Grund dafür sein?
Für die Gesellschaft scheint weibliche Homosexualität weniger bedrohlich zu sein. Weibliche Homosexualität wird aber in wissenschaftlichen Studien und Büchern durchaus thematisiert (Dürmeier et al. 1991, Bührman 2000, Breisprecher 2005). Die Angaben zur Häufigkeit von homosexuellen Frauen entsprechen – wie bereits ausgeführt – in etwa denjenigen von homosexuellen Männern. Die Entwicklung verläuft bei homosexuellen Frauen wohl ähnlich wie bei homosexuellen Männern. Es gibt Mädchen, die sich bereits im Laufe der Pubertät mehr zu Frauen hingezogen fühlen. Andere Frauen werden sich ihrer homosexuellen Neigung erst im Verlauf ihres Lebens bewusst.

Für manche Eltern ist es immer noch ein Horror, wenn ihr Sohn homosexuell ist. Ich kenne einen Mann, der seinen Eltern erst mit 40 Jahren von seiner homosexuellen Neigung erzählte. Da stand er nicht nur schon mitten im Leben, sondern war noch dazu erfolgreich und zufrieden. Dennoch glaubte seine Mutter bis zu ihrem Tod, dass seine Homosexualität eine Krankheit und er nur zu störrisch sei, einen sinnvolleren Weg einzuschlagen.
Jahrhundertealte Wertsysteme werden nicht innerhalb von Jahren, sondern erst im Verlaufe von Generationen aufgelöst. Gegenwär-

tig erleben wir eine öffentliche Diskussion, in der nicht nur um neue Einstellungen gerungen, sondern auch nach den Ursachen der Homosexualität gefragt und geforscht wird. In der Vergangenheit waren Psychiater und Psychologen der Ansicht, Homosexualität sei die Folge einer frühkindlichen Fehlentwicklung und könne mit adäquater Therapie geheilt werden. Diese Meinung teilt die Mehrheit der Fachleute heute nicht mehr. In den letzten Jahren versuchte man die Homosexualität mit endokrinologischen Abweichungen zu erklären. Neurobiologen wiesen auf strukturelle Auffälligkeiten des Gehirns hin und natürlich wurde auch eifrig nach einem Gen für Homosexualität geforscht (Bischof-Köhler 2006). Neuerdings werden auch evolutionsbiologische Argumente in die Diskussion gebracht. Schließlich haben Verhaltensforscher darauf hingewiesen, dass homosexuelles Verhalten bei etwa 1500 höheren Tierarten wie Bonobos, Delfinen und Schwänen vorkommt (Bailey 2009). Das vorläufige Fazit der wissenschaftlichen Untersuchungen: Homosexualität ist im Wesentlichen anlagebedingt.

Für jungen Menschen ist es wirklich nicht leicht, wenn sie feststellen, dass sie homosexuell sind, oder wenn sie sich gar outen. Dazu ein Beispiel: Anne-Marie, 16 Jahre alt: »Meine Mutter wusste lange nicht, dass ich auf Frauen stehe. Ich hab geglaubt, die würde einen Anfall kriegen. Meine Mutter ist altmodisch. Ich hatte Angst vor ihrer Reaktion. Nicht dass sie mich nachher noch rausschmeißt. Ich würde mit echt wünschen, dass man mit ihr reden könnte. Ich brauche halt schon manchmal eine Ansprechperson, die erwachsen ist. Meine Freundinnen haben mich dann vor meiner Mutter geoutet. Eigentlich finde ich es gut so.« (Gafga 2008)

Die Pubertät ist eine Zeit der allgemeinen Verunsicherung und für viele Jugendliche ein überaus schwieriger Lebensabschnitt. Dies gilt ganz besonders für einen Jugendlichen, der bei sich eine homosexuelle Neigung feststellt. Anfänglich mag es lediglich eine dumpfe Ahnung sein, die sich langsam, manchmal über Jahre, zur Gewissheit verdichtet. Dabei geht es nicht nur um die sexuelle Präferenz, sondern auch um die Geschlechtsidentität und das geschlechtsspezifische Verhalten. Das Eingestehen der Homosexualität, das sogenannte innere Coming-out besteht nicht nur aus der Auseinandersetzung mit den eigenen Gefühlen, Fantasien und Ängsten. Es wird vor allem auch von den sozialen Erfahrungen bestimmt, die der Jugendliche macht. Cliquen haben eine eindeutig heterosexuelle Ausrichtung. Da passt der Jugendliche plötzlich nicht mehr hinein. Freundschaften gehen in die Brüche. Während einer oft jahrelangen Übergangsperiode wird es für den Jugendlichen schwierig, vertrauensvolle Beziehungen einzugehen. Er kann sozial vereinsamen und großen emotionalen Belastungen ausgesetzt sein. Schließlich geht es auch um seine sexuellen Bedürfnisse. Wo findet er Gleichgesinnte? Hat er sie gefunden, stehen oft erneut schmerzliche psychische und körperliche Erfahrungen an. Es ist daher verständlich, dass homosexuelle Jugendliche besonders suizidgefährdet sind, vor allem wegen der sozialen Ausgrenzung und Isolation, die sie erleiden. Anne-Marie hat da offenbar Glück, weil sie Freundinnen hat, die zu ihr stehen und sie unterstützen. Jugendliche mit einer homosexuellen Neigung sollten frühzeitig auf Beratungsstellen und verlässliche Kontaktadressen im Internet hingewiesen werden. Sie brauchen Aufklärung und Unterstützung bei gesundheitlichen Themen wie der Vorbeugung von Geschlechtskrankheiten und vor allem Aids, aber auch in sozialen und emotionalen Belangen.

Wie sollten Eltern reagieren, wenn sie den Verdacht haben, dass ihr Sohn oder ihre Tochter eine homosexuelle Neigungen hat?
Es gibt Kinder, bei denen bereits im Kleinkindalter der Verdacht aufkommt, sie könnten zur Homosexualität neigen. Dabei geht es nicht um eine frühzeitige homosexuelle Orientierung, sondern vielmehr um Rollenverhalten und Eigenwahrnehmung im Sinne der Geschlechtsidentität. Etwa zwei Drittel der Jungen mit Sissyboy-Syndrom weisen im Erwachsenenalter eine bi- oder homosexuelle Orientierung auf (Green 1987, Bailey et al. 1995). Das Sissyboy-Syndrom führt also häufig, aber nicht immer zur Homosexualität. Andererseits kommt das Syndrom als Vorläufer für spätere Homosexualität längst nicht bei allen homosexuellen Erwachsenen vor. Entsprechende Angaben für das Tomboy-Syndrom

deuten in die gleiche Richtung wie beim Sissyboy-Syndrom (Erhardt 1980). Bezüglich sexueller Orientierung scheinen sich die Frauen eher spät zu finden (Hines et al. 2004). Die meisten Eltern trifft es unvermutet, wenn sich bei ihrem Sohn oder ihrer Tochter im Verlauf der Pubertät eine Neigung zur Homosexualität herausstellt. Es ist verständlich, dass sie zumeist verängstigt reagieren, vor allem weil sie für ihr Kind, aber auch für sich selbst eine soziale Ausgrenzung befürchten. Sie zeigen Ablehnung und Verdrängung, was den Jugendlichen wiederum zusätzlich verunsichert. Es ist jedoch wichtig, dass die Eltern ihrem Sohn und ihrer Tochter unmissverständlich zu verstehen geben, dass sie ihm ihre Akzeptanz und Zuwendung wegen seiner homosexuellen Neigung nicht entziehen. Eltern, die sich dazu nicht in der Lage fühlen, sollten sich Unterstützung bei einer Beratungsstelle oder bei Fachleuten holen. Es ist für Jugendliche außerordentlich wichtig, dass sie sich der elterlichen Unterstützung sicher sein können. Eine weitere Herausforderung kommt auf den Jugendlichen und die Eltern zu, wenn sich ihr Sohn oder ihre Tochter für ein äußeres Coming-out entscheidet. Dabei ist es für den Jugendlichen wieder sehr wichtig, dass die Eltern in der Öffentlichkeit vorbehaltlos hinter ihm stehen.

Wie verhält es sich bei Travestie oder Transsexualität?

Es gibt homosexuelle Männer, die sich gerne als Frau verkleiden und als sogenannte Drag Queens beispielsweise in Bars auftreten. Genauso gibt es Frauen, die als Drag Kings ihre Auftritte haben. Travestiten stehen zu ihrem Geschlecht, auch wenn sie ein Bedürfnis haben, in die Rolle des anderen Geschlechts zu schlüpfen und damit zu schauspielern. Bei der sogenannten Transsexualität geht es um Menschen, die körperlich eindeutig dem männlichen oder weiblichen Geschlecht angehören, sich jedoch als Angehörige des anderen Geschlechts empfinden und auch so leben wollen. Sie haben daher das Bedürfnis, sich körperlich dem anderem Geschlecht so weit wie möglich anzunähern und dessen Lebensstil zu übernehmen. Dafür unterziehen sie sich hormonellen Therapien (zum Beispiel für eine weibliche Brust) und operativen Eingriffen (zum Beispiel Entfernung des Penis). Menschen, die körperlich männlich sind, aber eine weibliche Geschlechtsidentität haben, bezeichnen sich als Transfrauen, Menschen, die körperlich weiblich sind und eine männliche Identität aufweisen, nennen sich Transmänner. Die sexuelle Orientierung kann bei Transfrauen und -männern unterschiedlich sein. Die Häufigkeitsangaben für Transfrauen und -männer in der Literatur sind sehr unterschiedlich; die Angaben variieren von 1:1000 bis 1:100 000.

Schließlich gibt es noch Menschen, die sich als Hermaphroditen oder Zwitter bezeichnen.
Bei der sogenannten Sexualdifferenzierungsstörung oder Intersexualität handelt es sich um Menschen, die aus genetischen, endokrinologischen oder entwicklungsphysiologischen Gründen Anteile von weiblichen und männlichen Geschlechtsorganen und Geschlechtsmerkmalen aufweisen und damit organisch nicht eindeutig einem Geschlecht zugeordnet werden können. So gibt es beispielsweise Männer mit einem männlichen Chromosomensatz XY, die weisen äußerlich ein weibliches Geschlechtsorgan auf, aber ihre inneren Geschlechtsorgane sind nicht Eierstock und Gebärmutter, sondern Hoden (sogenannte testikuläre Feminisierung oder Reifenstein Syndrom). Die Häufigkeit von Menschen mit Intersexualität wird auf 1:1000 bis 1:5000 geschätzt. In der Vergangenheit ist man fälschlicherweise davon ausgegangen, dass mit einer frühen geschlechtsangleichenden Operation das Geschlecht psychisch festgelegt werden kann. Solche Operationen wurden auch auf Druck und Wunsch des sozialen Umfeldes ausgeführt und haben sich für die betroffenen Menschen fatal ausgewirkt. Geschlechtsspezifisches Verhalten und die Geschlechtsidentität lassen sich nicht medizinisch festlegen. Weil diese beiden Bereiche und die sexuelle Präferenz unterschiedlich entwickelt sein können, sollte man mit operativen Eingriffen in der Kindheit sehr zurückhaltend sein oder überhaupt darauf verzichten. Die psychische Entwicklung allein kann aufzeigen, wie sich geschlechtsspezifisches Verhalten, Geschlechtsidentität und sexuelle Orientierung ausbilden werden. Bei den meisten Kindern ist dies frühestens im Schulalter der Fall. Und vor allem: der betroffene Mensch muss mitbestimmen können. Es darf nicht mehr vor-

kommen, dass Eltern und Ärzte Entscheidungen fällen, die vom Betroffenen nicht mitgetragen werden. Eine umsichtige medizinische und psychologische Betreuung von Eltern und Kind sollte sicherstellen, dass das Kind nicht nur seine sexuelle Orientierung, sondern auch seine Geschlechtsidentität und sein geschlechtsspezifische Verhalten entwickeln und ausleben kann.

Ist eine veränderte Sichtweise nur deshalb wichtig, damit diese Randgruppen nicht diskriminiert werden, oder lässt sich daraus auch etwas für die sogenannten »normal« orientierten Jugendlichen ableiten?

Natürlich sollten wir uns vermehrt bemühen, Jugendliche – und Erwachsene übrigens auch – nicht mehr wegen ihrer sexuellen Orientierung zu diskriminieren. Aber das Problem ist weitaus größer. Wenn wir in stereotypen Vorstellungen von geschlechtsspezifischem Verhalten stecken bleiben, verkennen wir die große Vielfalt und Variabilität der sexuellen und geschlechtsspezifischen Entwicklung. Wir legen die Menschen auf ein ihrem Geschlecht entsprechendes Verhalten fest und vernachlässigen dadurch vieles, was ihrem Verhalten und ihren Bedürfnissen auch entspricht. Ich kannte einen Musiker, der als Kind gerne Theater spielte. Da er überaus sensibel war, hatten die Eltern Angst, er könnte homosexuell werden. Sie unterbanden also seine musischen Fähigkeiten so gut es ging und engagierten einen Erzieher, der ihm die Flausen austreiben sollte. Doch der Junge litt derart unter dem Drill und vor allem darunter, dass er keine Musik mehr machen durfte, dass er depressiv wurde und nicht mehr weiterleben wollte. Als die Eltern einsahen, was sie mit ihrer Angst angerichtet hatten, ließen sie den Jungen gewähren. So wurde ein großer Musiker und ein »normal« verheirateter Familienvater aus ihm – nicht ohne gehörige psychische Traumata. Auch die Gesellschaft als Ganzes würde profitieren, wenn Frauen und Männer auch in ihrer Geschlechtsidentität und ihrer sexuellen Orientierung so sein dürften, wie es ihrer Veranlagung entspricht – und zwar in allen Variationen.

Das Wichtigste in Kürze

1. Bei homosexuellen Menschen kommen verschiedene Kombinationen von sexueller Orientierung, geschlechtstypischem Verhalten und Geschlechtsidentität vor. So gibt es homosexuelle Männer, die in ihrer körperlichen Erscheinung und ihrem Verhalten ausgesprochen weiblich, während andere ausgesprochen männlich sind. Das Gleiche gilt für homosexuelle Frauen. Stereotype Vorstellungen werden homosexuellen Menschen daher nicht gerecht.

2. In der Vergangenheit wurde Homosexualität auf eine frühkindliche Fehlentwicklung zurückgeführt. Heute geht man davon aus, dass Homosexualität im Wesentlichen anlagebedingt ist.

3. Jugendliche mit einer homosexuellen Neigung haben es in der Pubertät besonders schwer. Neben dem inneren Eingeständnis der eigenen Homosexualität kann der Jugendliche sozial vereinsamen und großen sozialen Belastungen ausgesetzt sein. Homosexuelle Jugendliche sind besonders Suizid gefährdet. Sie brauchen besondere Unterstützung.

4. Eltern sollten ihrem Kind, wenn es eine homosexuelle Neigung zeigt, ihre Akzeptanz und Zuwendung keinesfalls entziehen. Fühlen sie sich dazu nicht in der Lage, sollten sie sich fachliche Hilfe suchen.

5. Unter Lebensbedingungen wie sie in Gefängnissen, Arbeitslagern, Klöstern und reinen Jungen- oder Mädcheninternatsschulen herrschen können, kann es zu situationsbedingten homosexuellen Handlungen kommen, ohne dass eine homo- oder bisexuelle Orientierung bei den Beteiligten vorliegt.

6. Bei Transsexualität handelt es sich um Menschen, die körperlich eindeutig dem männlichen oder weiblichen Geschlecht angehören, sich jedoch als Angehörige des anderen Geschlechts empfinden und auch so leben wollen.

7. Menschen, die sich als Hermaphroditen oder Zwitter bezeichnen, weisen Anteile von weiblichen und männlichen Geschlechtsorganen und Geschlechtsmerkmalen auf. Ihre körperliche Erscheinung kann daher nicht eindeutig einem Geschlecht zugeordnet werden (Sexualdifferenzierungsstörung oder Intersexualität).

8. Die Entwicklung des Menschen weist bezüglich Geschlechtsidentität, geschlechtsspezifischem Verhalten und sexueller Orientierung eine große Variabilität auf. Auf stereotype Haltungen und Vorstellungen sollten wir daher verzichten.

Sozialverhalten

Die 13-jährige Jana will mit ihren Klassenkameraden ins Kino gehen. Ihrer Mutter teilt sie den Plan mehr oder weniger beiläufig mit, in der Hoffnung, dass sie abwesend bloß »O. k., mach nur« sagen würde. Doch es kommt anders:

Mutter: »Mit wem gehst du ins Kino, Jana?«
Jana: »Mit dem und dem und dem halt.«
»Was seht ihr euch an und wann geht ihr?«
»Muss ich Lena fragen.«
»Ich möchte aber wissen, welchen Film ihr euch anseht und ob er eurem Alter angemessen ist.«
(schon etwas lauter): »Hast du kein Vertrauen zu mir, dass ich mir nichts Doofes anschaue?«
»Doch, aber du gehst ja nicht allein und ich weiß nicht, für was sich die anderen interessieren …«
»Ja, ja … ich ruf Lena ja schon an.«

Jana (nach dem Telefonat mit Lena): »Also wir sehen uns Harry Potter um 17.30 Uhr an.«
Mutter: »Und wann bist du dann zu Hause?«
(wieder genervt): »Wenn der Film fertig ist!«
»Und wann ist das?«
»So um halb acht oder so.«
»Ich möchte aber genau wissen, wann du zu Hause bist und mit wem du nach Hause gehst.«
»Was weiß ich, wann der Film zu Ende ist.«
»Dann ruf doch im Kino an und frag.«
»Nein, dass mach ich nicht, ich rede doch nicht mit Menschen, die ich nicht kenne.«
»Aber Jana, die reden immer mit Menschen, die sie nicht kennen, schließlich ist es ihr Job, dir Auskunft zu geben.«
(um Geduld bemüht): »Weißt du jetzt, wann der Film zu Ende ist?«

»So um 19 Uhr.«

»Und wann bist du dann zu Hause?«

»Weiß ich doch nicht, vielleicht reden wir ja noch.«

»ICH möchte es aber wissen. Weißt du denn, wann die anderen zu Hause sein müssen?«

»Nach dem Film irgendwann …«

(auch langsam genervt): »Ja, müssen denn die zu Hause nicht mitteilen, wann sie nach Hause kommen?«

(laut und genervt): »Neeeiiiin!«

(nun bestimmt): »O. k., ich möchte es aber wissen. Ich möchte, dass du nicht später als eine halbe Stunde nach dem Film den Bus nimmst. Ist das okay für dich?«

»Ja-a, wenn's sein muss.«

Wie sich Kinder von ihren Eltern ablösen

Janas Verhalten gibt exemplarisch wider, wie sich Teenager der elterlichen Kontrolle zu entwinden versuchen. Warum machen sie ihren Eltern eigentlich das Leben so schwer?
Weil Jana selbstständig Entscheidungen treffen und die Mutter nur noch dann in Anspruch nehmen will, wenn sie nicht darum herumkommt. Für Eltern hingegen ist das Gefühl, das Kind entgleitet ihnen, bedrohlich. Dieser Kontrollverlust ist eine Folge der Ablösung, die einen elementaren Bestandteil des Bindungsverhaltens darstellt. Nur durch die Ablösung wird der Jugendliche für eine eigene Partnerschaft reif und zur Integration in die Gesellschaft befähigt. Nur so kann die neue Generation ihre eigenen Regeln und den eigenen Lebensstil entwickeln. Wenn Eltern und andere Erwachsene die Mechanismen des menschlichen Bindungsverhaltens verstehen, können sie mit den Jugendlichen konfliktfreier umgehen, sie verstehen besser, welche Schritte notwendig sind, damit aus Kindern erwachsene, sozial kompetente Menschen werden, und wie diese Menschen zu moralischem Handeln befähigt werden. Deshalb wollen wir uns in diesem Kapitel zuerst mit dem Ablösungsprozess befassen. Anschließend wen-

den wir uns den beiden anderen wichtigen Aspekten der Sozial-
entwicklung zu, der Integration in die Gesellschaft und der Moralentwicklung.

**Man hätte es mir noch so oft sagen können, dass sich meine
Tochter in der Pubertät von mir lösen wird. Ohne es schmerzhaft
erlebt zu haben, hätte ich es nie verstanden oder innerlich zuge-
lassen. Eltern wissen zwar, dass ihre Kinder einmal aus dem Haus
gehen werden, aber dennoch haben sie keine Vorstellung davon,
was das bedeutet.**

Es macht Angst, einen geliebten Menschen loszulassen und darauf zu vertrauen, dass sich die Liebe wandelt, aber auf Dauer
nicht verloren geht. Doch die Ablösung ist nun einmal das zentrale
Thema der Pubertät. Um zu verstehen, was mit Ablösung genau
gemeint ist, müssen wir etwas ausholen. Lösen kann sich der
Jugendliche nur, weil er als Kind zuvor gebunden war. Das Bindungsverhalten, das wir Menschen mit allen Säugetieren gemeinsam haben, stellt sicher, dass ein Kind in der Nähe der Personen
bleibt, die sein Überleben und seine Entwicklung gewährleisten. Diese sogenannten Bezugspersonen, in erster Linie die Eltern,
umsorgen und beschützen es. Sie sozialisieren es und ermöglichen ihm die Erfahrungen, die es für seine Entwicklung braucht.
Ohne Bezugsperson würde das Kind nicht überleben und sich
entwickeln können. Dafür muss eine sehr starke gegenseitige Bindung vorhanden sein. Nicht nur das Kind bindet sich dabei an die
Eltern und andere Bezugspersonen, sondern die Bezugspersonen,
insbesondere die Eltern, binden sich auch an das Kind (Bowlby
1969, 1975). In den ersten Lebensjahren baut das Kind vor allem
zu den Eltern eine Bindung auf (Abbildung 20), in den Jahren danach auch zu anderen Erwachsenen wie Großeltern, Krippenerzie-
herin und Lehrer. Im Verlauf der Pubertät kommt es weitgehend
zur Auflösung der Bindung. Im Gegenzug nimmt das Bedürfnis
vertrauensvolle Beziehungen mit Gleichaltrigen einzugehen zu,
und das führt schließlich zu der Bereitschaft, sich an einen Partner zu binden. Die Entwicklung des Bindungsverhaltens ist in
Abbildung 20 als Fläche dargestellt, das heißt, die Bindungsstärke
ist von Kind zu Kind unterschiedlich groß. So gibt es Kinder, die

sehr viel Nähe und Zuwendung brauchen, um sich wohl zu fühlen, andere sind emotional weniger abhängig und damit selbstständiger. Das wichtigste Merkmal des kindlichen Bindungsverhaltens ist jedoch, dass das Kind nicht allein sein kann. Wird es alleingelassen, bekommt es Angst und sucht die Nähe einer vertrauten Person. Dieses Bedürfnis nach Nähe ist besonders in den ersten Lebensjahren ausgeprägt, bleibt aber während der ganzen Kindheit bestehen. So erwartet das Kind, dass es auch bei seiner Lehrerin Geborgenheit finden kann. Die Bindung des Kindes an die Eltern ist bedingungslos, das heißt, das Kind wird die Beziehung zu den Eltern oder die Eltern selbst nie in Frage stellen.

Auch nicht, wenn die Eltern das Kind schlecht behandeln oder vernachlässigen?
Auch dann bleibt es mit den Eltern treu verbunden. Das Kind hat innerlich keine Wahl. Die Eltern sind für das Kind immer die Größten. Selbst dann, wenn das Kind misshandelt wird, läuft es den Eltern nicht davon. Die Stärke der Bindung, mit der sich ein Kind auf eine Bezugsperson einstellt, hängt wesentlich vom Grad der Vertrautheit und damit von der Zeit ab, die das Kind mit einer Bezugsperson verbringt. Ein Kind ist also nicht umso stärker an die Eltern gebunden, je kompetenter sie sind. Die Qualität des elterlichen Verhaltens ist jedoch von ausschlaggebender Bedeutung für das Wohlbefinden des Kindes. Wenn die Eltern mit dem Kind fürsorglich und feinfühlig umgehen, fühlt es sich angenommen und geborgen. Wenn sie es schlecht behandeln oder vernachlässigen, wird das Kind in seinem Wohlbefinden beeinträchtigt. Es kann krank und verhaltensauffällig werden, von seinen Eltern lösen kann es sich dennoch nicht. Dies gilt in einem geringeren Maß auch für die Beziehungen, die das Kind mit anderen Bezugspersonen, beispielsweise den Lehrern, eingeht.

Warum muss sich die Bindung an die Eltern überhaupt auflösen? Schön wäre es doch, wenn Kinder und Eltern auf immer und ewig eng verbunden blieben. Ich kenne Frauen, die die Bindung zu ihren Eltern gar nicht aufgegeben haben. Sie haben gute Ehen

und Partnerschaften. Sie erweitern einfach nur ihre Ursprungsfamilie um die Familie ihres Mannes.

Der Sinn der Bindung liegt darin, sicherzustellen, dass das Kind sich entwickeln und wachsen kann, dass es überlebt, bis zu dem Zeitpunkt, wo es selber für sich sorgen kann. Dieser Zeitpunkt wird in der Pubertät erreicht. Nun muss der junge Erwachsene emotional unabhängig werden, damit er eine Paarbeziehung eingehen und längerfristig eine eigene Familie gründen kann. So ist es nicht nur bei höherentwickelten Tieren, sondern auch beim Menschen von der Natur vorgesehen. Bei den Tieren ist es für uns einsichtig und eine Selbstverständlichkeit, dass die Bindung gelöst werden muss. Für uns selbst wollen wir es nicht wahrhaben, weil wir dadurch einen massiven Kontroll- und Liebesverlust erleiden. Genauso wie sich Kinder unterschiedlich stark binden, sind auch bei Jugendlichen und Erwachsenen die verbleibenden Bindungen an die Eltern und der Freiheitsdrang verschieden groß. In konservativen Familien sollen Frauen nicht all zu unabhängig sein, früher hat die Erziehung auch alles daran gesetzt, dass sie ihren Freiheitsdrang nicht ausleben konnten. Für manche war dieses Modell stimmig. Frauen, die ausgebrochen sind, hat es jedoch immer gegeben. Die angepassten und innerlich unselbstständigen Frauen sind wohl durch die Emanzipation immer seltener geworden.

Janas Mutter kämpft darum, die Kontrolle über ihre Tochter nicht zu verlieren. Weshalb führt die Ablösung zu einem Kontrollverlust?

Während der Kindheit ist die emotionale Abhängigkeit das Erziehungsmittel, mit dem Eltern ihr Kind führen können. Das Kind gehorcht, weniger weil die Eltern so geniale Erzieher sind und so geschickt Grenzen setzen, sondern weil es dem Kind nicht möglich ist, die Liebe der Eltern in Frage zu stellen. Es will nicht abgelehnt werden. Nun entfällt diese emotionale Abhängigkeit in der Pubertät weitgehend. Wenn der Jugendliche den Eltern nicht gehorcht, ängstigt ihn das nicht mehr so sehr. »Nein, ich bin nicht schon um 23 Uhr wieder zu Hause«, widerspricht der Sohn oder denkt es nur und kommt eine Stunde später heim. Die meisten

Eltern erleben den Kontrollverlust als eine große Hilflosigkeit, die ihnen Angst einjagt und die sie anfangs nicht akzeptieren wollen. Eine Folge davon sind die berühmten Machtkämpfe, wie sie Jana und ihre Mutter in der Eingangsszene austragen.

> **Ich habe mit meiner Tochter über Jahre hinweg ein kleines Frage-Antwort-Spiel gespielt. »Wo und wie wirst du einmal wohnen, wenn du erwachsen bist«. Erst bekam ich wie selbstverständlich einen Platz in ihrem Haus, dann eine eigene Wohnung im Obergeschoss, und irgendwann meinte sie, dass es für mich doch vielleicht gemütlicher wäre, wenn ich eine eigene Wohnung irgendwo in der Nähe beziehen würde, sodass ich mich dann um ihre Kinder kümmern könnte.**

Deine Tochter löst sich eben nach und nach von dir und verabschiedet sich immer mehr aus dem gemeinsamen Leben. Für den Jugendlichen ist die Ablösung von den Eltern an sich nicht schmerzhaft, sondern der Verlust an Geborgenheit und die Suche danach. Ihnen fehlt jemand, dem sie sich bedingungslos anvertrauen können. Verlässliche Freunde, die zu ihnen stehen, müssen erst gefunden werden. Viele Eltern spüren dieses Wegdriften und müssen sich eingestehen, dass sie die Lücke nicht mehr zu füllen vermögen. Sie können ihrem Sohn und ihrer Tochter nur noch beistehen, sind aber – auch wenn sie sich noch so anstrengen – kein vollwertiger Ersatz für gleichaltrige Freunde oder gar einen Partner. Die Jugendlichen realisieren durchaus, dass die Eltern ihnen nicht mehr die Geborgenheit und Nähe geben können, die sie ihnen in der Vergangenheit gegeben haben. Die Geborgenheit der Kindheit ist ihnen definitiv abhanden gekommen.

> **Der Jugendliche legt also seine emotionalen Fesseln ab und ist frei.**

Keineswegs. Er hat die Geborgenheit der Kindheit verloren und muss sich nun auf die Suche nach einem neuen emotionalen Zuhause machen. Ein guter Gradmesser für diese Entwicklung ist die Bereitschaft des Jugendlichen, sein Innerstes anderen Menschen anzuvertrauen. Bisher waren diese Menschen seine Eltern

und vielleicht die Geschwister, nun sind es immer öfter die Gleichaltrigen, anfänglich die des gleichen, dann die des anderen Geschlechts. Die Jugendlichen tauschen ihre intimen Gedanken und
Gefühle nun mit einer Freundin oder einem Freund aus – den
oder die sie unter Umständen erst seit wenigen Wochen kennen.
Abbildung 21 zeigt schematisch, wie sich Jugendliche von den
Eltern ablösen und den Gleichaltrigen zuwenden. Die emotionale
Nähe zu den Eltern nimmt ab und jene zu den Gleichaltrigen
zu. Sie sollen dem Jugendlichen nun Geborgenheit geben, was
sie sehr oft nicht leisten können, sind sie doch selber emotional
noch nicht stabil. Die größte Bedrohung für den Jugendlichen ist
es, sich allein und verlassen zu fühlen. Wenn er verzweifelt ist
und nicht mehr weiter weiß, flieht er ins elterliche Nest zurück.
Aber nur solange bis es ihm wieder besser geht und er bei den
Peers eine neue Chance bekommt. Abbildung 21 zeigt auch, wie
sich Sohn, Tochter und Eltern Jahre später emotional wieder näher kommen – wenn auch nie mehr in dem Maß wie in der Kindheit.

Geheimnisse erfährt nur noch die beste Freundin

Eine neue Art der Geborgenheit zu finden ist für Jugendliche meist nicht leicht. Die ganze Unterhaltungs- und Popindustrie lebt von dieser Suche.

Es ist wahrlich keine leichte Aufgabe, tragfähige, verlässliche Beziehungen, zuerst mit Freunden, dann mit einem Partner, einzugehen. Wie aus Abbildung 21 ersichtlich, dauert es in der Regel Jahre und ist mit einem – oft schmerzhaften – Lern- und Suchprozess verbunden. Am Anfang der Pubertät bewegen sich Jugendliche in gleichgeschlechtlichen Gruppen (Abbildung 22). Dann finden sich die beiden Geschlechter, bleiben aber innerhalb der Clique während einer gewissen Zeit noch auf Distanz. Auf diese Weise können sie das andere Geschlecht gefahrlos kennenlernen. In einer nächsten Stufe mischen sich die Geschlechter, man lernt sich näher kennen. Schließlich kommt es zur Paarbildung; der Grad der Vertrautheit mit dem Partner wird deutlich höher als derjenige mit den Eltern (Abbildung 21). Selbstverständlich können Jugendliche auch Abkürzungen nehmen, früh eine Paarbeziehung eingehen und auf das Leben in der Clique verzichten. Das sind aber eher Ausnahmen, die häufig auch Risiken bergen, beispielsweise eine unverhoffte Schwangerschaft. Durch Paarbildung und Heiraten werden die Cliquen immer weniger wichtig, auch wenn freundschaftlich Banden durchaus bestehen bleiben können. Doch die Cliquen haben ihre Aufgabe erfüllt, übrig bleiben diejenigen, die keine Partner gefunden haben.

Das Wichtigste in Kürze

1. Das Bindungsverhalten, das der Mensch mit allen Säugetieren gemeinsam hat, stellt sicher, dass ein Kind in der Nähe der Personen bleibt, die sein Überleben, seine Entwicklung und Sozialisation gewährleisten. Nicht nur das Kind bindet sich an die Eltern, sondern die Eltern auch an das Kind.

2. Das Hauptmerkmal der Bindung ist: Das Kind kann nicht allein sein. Trennungsangst und Fremdeln halten es in der Nähe der Bezugsperson.

3. Die Bindungsstärke ist von Kind zu Kind unterschiedlich groß. Es gibt Kinder, die sehr viel Nähe und Zuwendung brauchen, und solche, die emotional unabhängiger und selbstständiger sind.

4. In der Pubertät löst sich die Bindung des Kindes an die Eltern weitgehend auf. Damit ist der junge Erwachsene emotional unabhängig und kann eine Partnerschaft eingehen, sich fortpflanzen und eine eigene Familie gründen.

5. Der Jugendliche wird durch die Ablösung von den Eltern emotional nicht autonom. Er muss nun die emotionale Sicherheit, die er bisher von den Eltern bekommen hat, bei den Gleichaltrigen und in einer Partnerschaft finden.

6. Die meisten Jugendlichen durchlaufen in Cliquen verschiedene Etappen der sozialen Integration: gleichgeschlechtliche Gruppen, gemischte Gruppen und schließlich Paarbeziehungen.

7. Das Schlimmste, was einem Jugendlichen passieren kann, ist keine Freunde zu haben und sich allein zu fühlen.

Der lange Marsch in die Gesellschaft

Am Ende der Pubertät steht als weiteres wichtiges Ziel die Integration des Jugendlichen in die Gesellschaft der Erwachsenen. Wie vollzieht sich dieser Prozess?

Damit der Jugendliche über die notwendigen Fähigkeiten für eine Integration in die Gesellschaft verfügt, muss er in der Kindheit sozialisiert werden. Diese Entwicklung beginnt in den ersten Tagen und Wochen nach der Geburt und findet in der Adoleszenz ihren vorläufigen Abschluss. Bei der Sozialisierung stellen sich der Familie und Schule im Wesentlichen die folgenden Aufgaben: Das Kind lernt, wie Menschen in der Gemeinschaft miteinander umgehen, es verinnerlicht die Regeln des zwischenmenschlichen Umgangs, teilt ihre Wertvorstellungen und übernimmt ihre Kulturtechniken. Dieser Lernprozess erfolgt weitgehend durch soziales Lernen oder Modelllernen (Bandura 1976). Das Kind kommt mit einer großen inneren Bereitschaft auf die Welt, so zu werden wie die Menschen, mit denen es aufwächst.

Das ist es also, was Karl Valentin meint, wenn er sagt: »Wir können Kinder nicht erziehen; die machen uns eh alles nach.«
Genau. Das Kind kann gar nicht anders werden als sein soziales Umfeld. Anfänglich verinnerlicht das Kind das Verhalten von Eltern und Geschwistern, dann das von anderen Bezugspersonen wie Verwandten, Nachbarn und Lehrern. Spätestens ab dem 2. Lebensjahr wächst seine Bereitschaft, sich auch am Verhalten anderer Kinder zu orientieren und dieses nachzuahmen. In der Pubertät werden die Peers zu dominierenden Vorbildern und bestimmen weitgehend, an welchen Verhaltensweisen und Wertvorstellungen sich ein Jugendlicher orientiert.

Ein soziales Wesen zu werden bedeutet ja auch, sich in andere Menschen hinfühlen zu können. Wie denken die anderen, warum handeln sie so, was bewegt sie gefühlsmäßig?
Auch die Entwicklung dieser Fähigkeit reicht weit in die Kindheit zurück. Im Alter von 18 bis 24 Monaten beginnt das Kind, sich als eigenständige Person zu begreifen und von anderen Personen abzugrenzen (Bischof-Köhler 1989). Dass es sich nun als Person wahrnimmt, äußert sich auch in der Sprache. Das Kind wird fähig, zuerst die Ich-, dann auch die Du- und Wir-Form zu verstehen und anzuwenden. Im 3. Lebensjahr beginnt es, an den Gefühlen anderer Menschen Anteil zu nehmen (Brooks-Gunn et al. 1984). Das Kind geht aber nach wie vor davon aus, dass andere Menschen so über die Welt denken und fühlen wie es selbst (sogenannter Egozentrismus nach Piaget 1975). Mit etwa 4 Jahren wird das Kind fähig, sich in andere Menschen hineinzuversetzen, sich in ihre Emotionen einzufühlen sowie ihre Gedanken und Denkweisen nachzuvollziehen. Es vermag also zwischen den eigenen Gedanken und denjenigen der anderen zu unterscheiden. Diese Fähigkeit wird in der Psychologie »Theorie des Denkens« oder »Theory of Mind« genannt (Premack et al. 1978; Bischof-Köhler 2000). Das Kind kann sich in einer begrenzten Weise in andere Menschen

hineinversetzen und so ihre Wünsche, Gedanken und Absichten erfassen. Es kann damit ihre Befindlichkeit, ihr Verhalten und ihre Handlungen besser verstehen und auch versuchen, sie vorherzusagen – natürlich ohne exakt so zu fühlen wie das Gegenüber. Erst die Einsicht in die eigene Befindlichkeit und die eigenen Gedanken (Introspektion) sowie in diejenigen anderer Menschen (Extrospektion) ermöglicht ein differenziertes Beziehungsverhalten.

Was können Eltern und Lehrer dazu beitragen, dass Kinder und Jugendliche zu einfühlsamen und sozial kompetenten Menschen werden?

Jedes Kind bringt dafür eine große Lernbereitschaft mit. Ein Verständnis für die Gefühle, die Gedanken und das Verhalten anderer Menschen kann es sich aber nur mit Hilfe ausreichender zwischenmenschlicher Erfahrungen aneignen. Es sind weniger erzieherische Regeln als vielmehr Vorbilder, welche die Kinder zu sozialen Wesen machen. Wenn Eltern und Lehrerinnen einfühlsam mit den ihnen anvertrauten jungen Menschen umgehen und ihre Gefühle und Gedanken respektieren, werden sie mit anderen Menschen genauso umgehen und sich empathisch verhalten. Müssen Jugendliche jedoch erleben, dass ihre Gefühle missachtet, ihre Gedanken entwertet und ihre Anliegen und Wünsche schlecht gemacht werden, werden sie sich im Umgang mit anderen Jugendlichen und Erwachsenen auch so verhalten. Je nach den Erfahrungen mit den Vorbildern lernt der Jugendliche sein Einfühlungsvermögen empathisch einzusetzen oder andere Menschen auszunützen und zu manipulieren. Jugendliche, deren Einfühlungsvermögen sich empathisch entwickelt hat, zeigen im Alltag eine höhere soziale Kompetenz und sind bei Gleichaltrigen in der Regel beliebter. Sie können ihre Gefühle und Vorstellungen besser ausdrücken und sich vermehrt nach den Bedürfnissen anderer richten. Sie haben stabilere Freundschaften als sozial weniger befähigte Kinder und nehmen in Kindergruppen häufig eine Schlüsselstellung ein (Slomkowski et al. 1996). Diese Fähigkeit, auch als soziale Kompetenz bezeichnet, hat unter Jugendlichen einen hohen Stellenwert. Dies gilt sowohl in Bezug auf das Ansehen beim gleichen als auch beim anderen Geschlecht.

Wir schauen uns an, lächeln oder wenden den Kopf zur Seite. Ständig kommunizieren wir miteinander, selbst wenn wir gar nichts sagen. Und nicht alle kommunizieren gleich. Manche Gesichter sind ein offenes Buch, andere bleiben ewig rätselhaft.

Mit Hilfe der sogenannten nonverbalen Kommunikation teilen wir einander unsere Grundstimmung, Kontaktbereitschaft und unsere Absichten mit. Die wichtigsten Elemente der nonverbalen Kommunikation oder Körpersprache sind Mimik, Blickverhalten, Berührung, Gestik, Körperhaltung, Stimme und Distanzverhalten (Morris 1986). Wie gut ein Kind die Körpersprache anderer Menschen lesen und auf ihr Verhalten reagieren kann, bestimmt daher seine soziale Kompetenz wesentlich mit. **Abbildung 23** zeigt, wie sich die Fähigkeit zum Erkennen von Mimik im Laufe der Kindheit entwickelt (Nowicki et al. 1994). Es gibt 7-jährige Kinder, die bereits die Fähigkeit von begabten Erwachsenen haben, andererseits gibt es Jugendliche, die mit 14 Jahren nicht kompetenter sind als ein durchschnittliches 7-jähriges Kind. Wie in anderen Entwicklungsbereichen auch gibt es Kinder mit sozialen Teilleistungsschwächen, also solche, die soziale Signale nur ungenügend lesen und nicht angemessen darauf reagieren können. An einer besonderen Form von visueller und sozialer Wahrnehmungsschwäche leiden Kinder, die unfähig sind, Menschen an ihren Gesichtern zu erkennen. Selbst die Gesichter von Mutter und Vater bleiben ihnen fremd (sogenannte Gesichtsblindheit oder Prosopagnosie). Etwa 1 Prozent aller Kinder und Erwachsenen – die bekannte Primatenforscherin Jane Goodall gehört auch dazu – sind von Gesichtsblindheit betroffen. Die anderen Elemente der Körpersprache wie etwa das Erkennen von Stimmen zeigen eine vergleichbare Entwicklung wie das Erkennen der Mimik und sind ebenfalls von Kind zu Kind unterschiedlich ausgeprägt.

Das ist etwas, das wir im Alltag eigentlich nie berücksichtigen: Nicht alle Menschen sind sozial gleich kompetent. Wer achtet schon darauf, dass beispielsweise die Wahrnehmung oder der Ausdruck von Mimik und Stimme bei einem Mitmenschen eingeschränkt sein könnte. Jugendliche haben also auch in diesem Punkt ganz unterschiedliche Startchancen.

Dieser Umstand ist wahrscheinlich für nicht wenige kommunikative Missverständnisse im Alltag verantwortlich. Ungenügendes oder falsches Reagieren kann vom Gegenüber als Ablehnung oder fehlendes soziales Interesse missdeutet werden. Beispielsweise wenn sich eine Person bei der Begrüßung nicht gleich erkannt fühlt. Alle Komponenten des Sozialverhaltens wie Einfühlungsvermögen, soziales Lernen oder Introspektion sind unter den Menschen unterschiedlich ausgeprägt, nur ist diese Vielfalt bisher noch kaum untersucht worden, unter anderem weil es methodisch kein einfaches Unterfangen ist. Jugendliche bringen also ganz unterschiedliche Voraussetzungen mit, wenn sie sich auf den Weg in die Gesellschaft machen.

Das Trainingsfeld für die Integration in die Gesellschaft ist die Clique. Die Bedeutung der Clique erklärt wohl auch den enormen Anpassungsdruck, dem Jugendliche ausgeliefert sind. Viele meinen, man müsse die richtige Jeans tragen, die richtige Musik hören und ein Handy der richtigen Marke besitzen, um cool zu sein und dazuzugehören.

Von den Peers ausgeschlossen zu werden kann das Wohlbefinden eines Jugendlichen massiv beeinträchtigen. Wo sich ein Jugendlicher sozial einordnet und wie weit er sich anpassen muss, hängt von seinen bisherigen Erfahrungen mit Gruppen sowie von seinen Kompetenzen ab. Je nach dem hat der Jugendliche eine Führungsstellung oder ist ein Mitläufer. Ein Jugendlicher mit sehr guten Leistungen in der Schule oder im Sport, kann es sich leisten, sich bewusst dem Gruppendruck zu widersetzen. Besser- und Anderssein kann geradezu sein Markenzeichen werden. Schwächere Jugendliche hingegen müssen sich anpassen, indem sie zum Beispiel die »richtigen« Kleider tragen. Es gibt Jugendliche, die ihre Peers bestechen, um dazuzugehören, oder große Risiken eingehen, um Eindruck zu schinden. Je nach Ausbildung seiner Kompetenzen, insbesondere auch den sozialen, sind für einen Jugendlichen Auftreten, Kleidung, Frisur, Schminke und Accessoires, später Motorrad und Auto für seine Stellung innerhalb der Clique von unterschiedlich großer Bedeutung.

Gemeinsam sind wir stärker – gemeinsam sind wir anders

**Es gibt aber auch Jugendliche, denen die Clique nicht so viel be-
deutet. Sie wollen sich weniger an anderen Menschen orientieren
als an sich selbst. Sie pfeifen auf Gemeinschaft und Gesellschaft,
segeln lieber alleine um die Welt oder verbringen die meiste Zeit
vor dem PC. Haben sie die Entwicklungsaufgaben der Pubertät
nicht richtig bewältigt?**

Das kann man so nicht sagen. Offenbar haben sie kein ausgepräg-
tes Bedürfnis nach sozialer Akzeptanz und Gemeinschaft. Das
kann, wenn die entsprechenden Befähigungen vorhanden sind, zu
großer Unabhängigkeit führen, aber auch zu Vereinzelung, zur
Abkoppelung von der Welt und den Menschen. Solche Einzelgänger gibt es, aber sie sind die Ausnahme. Im Allgemeinen wollen
sich Jugendliche in die bestehenden sozialen Strukturen integrieren und akzeptiert werden.

Das Wichtigste in Kürze

1. Die Sozialisierung beginnt bereits in den ersten Lebenswochen und findet in der Adoleszenz ihren vorläufigen Abschluss. Dabei lernt das Kind, wie die Menschen in der Gemeinschaft miteinander umgehen, verinnerlicht Regeln und Wertvorstellungen und erlernt die Kulturtechniken.

2. Mit etwa 4 Jahren beginnt das Kind, sich in andere Menschen hineinversetzten, und lernt ihre Wünsche, Gedanken und Absichten von seinen eigenen zu unterscheiden (»Theory of Mind«).

3. Wenn Eltern und Lehrer einfühlsam mit den ihnen anvertrauten Jugendlichen umgehen, werden sich auch diese emphatisch verhalten. Jugendliche mit gut entwickeltem Einfühlungsvermögen zeigen im Alltag eine höhere soziale Kompetenz und sind bei Gleichaltrigen beliebter.

4. Das Kind kann nicht anders werden als sein soziales Umfeld (soziales Lernen, Modelllernen). In der Pubertät werden die Peers zu dominierenden Vorbildern. Sie bestimmen weitgehend, an welchen Verhaltensweisen und Wertvorstellungen sich ein Jugendlicher orientiert.

5. Alle Komponenten des Sozialverhaltens wie Einfühlungsvermögen, soziales Lernen und nonverbale Kommunikation sind unter Menschen unterschiedlich ausgeprägt. Jeder Jugendliche bringt also ganz unterschiedliche Voraussetzungen mit, wenn er sich auf den Weg in die Gesellschaft macht.

6. Von den Peers akzeptiert zu werden und einen Platz in der Clique zu finden hat für die meisten Jugendlichen hohe Priorität. Die Clique ist das Trainingsfeld für die soziale Integration in die Gesellschaft.

Wie Jugendliche zur Moral kommen

»Moral ist immer die letzte Zuflucht derer, die die Schönheit nicht begreifen«, schrieb Oscar Wilde 1885 in seinem Essay »Die Wahrheit der Masken«. Das erinnert mich immer daran, dass man den Begriff Moral erst einmal definieren muss, bevor man darüber

spricht, wie Jugendliche zu moralischem Denken oder moralischen Werturteilen kommen. Was also bedeutet Moral?

Unter Moral verstehe ich die Wertvorstellungen, die wir uns im Laufe des Lebens über uns, das Zusammenleben mit anderen und die Welt als Gesamtes aneignen, sowie die kulturellen Sitten, die wir verinnerlichen. Es geht dabei nicht um ein Werturteil, sondern um ein Set von Vorstellungen und Handlungsweisen innerhalb einer bestimmten Kultur. Genau dieses Set entwickelt sich im Laufe der Kindheit und vor allem der Adoleszenz. Dabei unterliegt die Moralentwicklung zahlreichen Einflüssen, die frühesten entstehen durch die Beziehungen in der Lebensgemeinschaft, in der das Kind aufwächst. In den ersten Lebensjahren übernimmt es unbewusst Verhalten und Wertvorstellungen, die ihm Eltern und Lehrer, Geschwister und andere Kinder vorleben. Wenn es dann mit etwa 4 Jahren in der Lage ist, sich in andere hineinzufühlen, beginnt das Kind ein erstes fundamentales Gesetz zu begreifen: Wie du mir, so ich dir. Es realisiert, dass es auf andere Menschen einwirkt, und dass dadurch sein Verhalten wiederum auf das Kind zurückwirkt. Mit den Erfahrungen von Gehorsam und Strafe entstehen zwischen 4 und 6 Jahren die ersten Vorstellungen von Gut und Böse. Damit erwacht auch das Interesse an Märchen, in denen menschliches Verhalten in unzähligen Varianten von Gut und Böse abgehandelt wird. Märchen vermitteln moralische Werte, die für das Kind nie abstrakt, sondern immer im konkreten Erleben verhaftet bleiben. Das Kind bringt sie in Verbindung mit den eigenen Erfahrungen, die es mit Personen, Handlungen und Situationen im Alltag macht. Die Schwarz-Weiß-Vorstellungen von Gut und Böse differenzieren sich in den folgenden Jahren immer weiter aus, was menschliche Charakterzüge, unterschiedliche Verhaltensweisen und Lebenssituationen betrifft. In den griechischen Sagen personifizieren Götter und Göttinnen, Helden und Heldinnen archetypische Werte wie Weisheit, Gerechtigkeit oder Mutterliebe, aber auch Eifersucht, Hass oder Rache.

Aber heutige Jugendliche lesen doch keine griechischen Sagen mehr – es sei denn die Schule zwingt sie dazu. Sie ziehen *Harry Potter* vor, schauen sich *Herr der Ringe* oder *Avatar* an.

Auch bei *Harry Potter, Herr der Ringe* oder *Avatar* geht es um
Gerechtigkeit und Verrat, Treue und Rache, Sieg und Niederlage
oder Leben und Tod. Die Figuren sind zwar andere, aber die Werte
und Inhalte, die sie symbolisieren, sind die gleichen wie in den
griechischen Mythen. Sie haben ihre Aktualität und Deutungs-
macht bis heute bewahrt, weil sie den moralischen Vorstellungen
von Menschen über das zwischenmenschliche Zusammenleben –
unabhängig von Kultur und Zeitgeist – zutiefst entsprechen. Wie
attraktiv diese archetypischen Vorstellungen für Menschen jeden
Alters nach wie vor sind, belegen die zahllosen Filme und TV-
Produktionen, die immer neuen Variationen der immer gleichen
Konflikte, Lebensschicksale und menschlichen Werte zur Darstel-
lung bringen. In den ersten etwa 10 Lebensjahren verinnerlicht das
Kind moralische Vorstellungen über Personen, Handlungen und
Schicksale. Mit zunehmendem Verständnis für gesellschaftliche
Strukturen werden dann staatliche Einrichtungen und gesetzliche
Bestimmungen für das Kind bedeutungsvoll – daraus entsteht
dann eine Moral von Recht und Ordnung (Law and Order). Das
Kind verinnerlicht die Regeln, an die sich die Menschen in seiner
Lebensgemeinschaft zu halten haben. In der Pubertät schließlich
entwickelt der Jugendliche eine universelle Moral, in der Begriffe
wie Freiheit oder Gerechtigkeit ihren abstrakten Ausdruck finden
und die für alle Menschen auf der ganzen Welt Gültigkeit haben
soll **(Abbildung 24)**.

**Heißt das, die Jugend muss Fragen der Ethik und Moral immer
wieder aufs Neue stellen und beantworten?**
Jede Generation erfindet und definiert die Moral aufs Neue. Ein
eindrucksvolles Beispiel ist diesbezüglich das Schauspiel »Die
Räuber«. Der Drill an der Hohen Karlsschule des Erzherzogs Karl
Eugen von Württemberg hat Friedrich Schiller nicht davon abgehalten – vielleicht ihn sogar erst dazu gebracht –, das Stück im
Alter von 17 bis 20 Jahren zu schreiben. Wenn man berücksichtigt,
dass die Pubertät im 18. Jahrhundert mindestens 4 Jahre später
eingetreten ist als heute, so würde Schiller heute sein Theaterstück
im Alter von 13 bis 16 Jahren geschrieben haben. Er war also mitten in der Pubertät – buchstäblich im Sturm und Drang – als er

Die Welt ist bunt,
doch sie muss
verbessert werden

dieses Drama von Gerechtigkeit und Moral, autoritärer Macht und
Rebellion auf die Bühne brachte. Ich finde es einen Segen für die
menschliche Gesellschaft, dass jede Generation die Grundsätze
der bestehenden Moral hinterfragt und versucht, sie zu verbessern
und neu zu definieren. Beispiele dafür sind auch die Volksauf-
stände in den nordafrikanischen Staaten, die von jungen Menschen ausgelöst wurden. Sie haben noch die Zuversicht und den
Mut, Unterdrückung und Korruption zu bekämpfen und Mensch-
lichkeit in die Gesellschaft zurückbringen. Oder die 1989er Re-
volutionen in Mittel- und Osteuropa. In jeder Generation gibt es
Menschen, die für Menschenrechte eintreten. Selbst in einem
Land wie China, versammelten sich 1989 vorwiegend junge Menschen auf dem Tian'anmen-Platz, um friedlich zu demonstrieren.
Viele von ihnen bezahlten ihren Mut mit dem Leben. Die Jugend
ist der moralische Jungbrunnen der Gesellschaft.

**Und doch ist das Bild vorherrschend, dass den Jugendlichen von
heute das Interesse an Werten wie Gerechtigkeit, Brüderlichkeit,
Freiheit oder Demokratie abhanden gekommen ist.**
Ich denke, die Jugend interessiert sich mehr für diese Werte, als
allgemein vermutet wird. Ein diesbezügliches Beispiel ist Avaaz,
eine Vereinigung, die über das Internet Kampagnen zu Menschen-

rechten, Klimawandel und Armut lanciert. Fragen der Moral und Ethik begeisterten Jugendliche zu allen Zeiten. Aber nur dann, wenn sie einen Bezug zu ihrem Leben erkennen. Beispielsweise die Fragen: Was darf man, was darf man nicht? Wo hört die Freiheit des Einzelnen auf? Mich hat immer wieder beeindruckt, wie Jugendliche fasziniert sind, wenn sie feststellen, dass die Goldene Regel der Ethik in allen großen Kulturen und Religionen in den verschiedensten Jahrhunderten vorkommt:

Buddhismus, 6. Jahrhundert v. Chr.: »Verletze nicht andere auf Wegen, die dir selbst als verletzend erschienen.« (Udana-Varga 5, 18)

Konfuzianismus, 500 v. Chr.: »Tue anderen nicht, was du nicht möchtest, dass sie dir tun.« (Analekten des Konfuzius 15, 23)

Hinduismus, 4. Jahrhundert v. Chr.: »Man soll sich nicht auf eine Weise gegen andere betragen, die einem selbst zuwider ist. Dies ist der Kern aller Moral. Alles andere entspringt selbstsüchtiger Begierde.« (Mahabharata Anusasana Parva 113, 8; Mencius Vii, A, 4)

Zoroastrismus, 4. Jahrhundert v. Chr.: »Was alles dir zuwider ist, das tue auch nicht anderen an.« (Shayast-na-Shayast 13, 29 – Mittelpersische Schrift)

Judentum, 2. Jahrhundert: »Was dir selbst verhasst ist, das tue nicht deinem Nächsten an. Dies ist das Gesetz, alles andere ist Kommentar.« (Talmud, Shabbat 31a)

Islam, 13. Jahrhundert: »Keiner von euch ist gläubig, solange er nicht für seinen Bruder wünscht, was er für sich selbst wünscht.« (Buch der 40 Hadithe An-Nawawīs)

Christentum, M. Luther, 16. Jahrhundert: »Was du nicht willst, dass man dir tu, das füg auch keinem andern zu.« (Tobias 4,16 in den Apokryphen; revidierte Ausgabe von 1984)

Warum kommt die Goldene Regel in allen großen Religionen und Kulturen vor? Warum stellt sie gewissermaßen den Kern der Moral dar? Wieso appelliert die Goldene Regel so an unsere menschliche Vorstellungskraft, unser Einfühlungsvermögen, unser Bewusstsein für die Auswirkungen unseres eigenen Tuns? All das sind Fragen, die Jugendliche interessieren. Wie bereits erwähnt fordern sie ethische Werte nicht nur für ihre eigene Lebensgemeinschaft, sondern für alle Menschen und Kreaturen ein. Es sind diese jungen Erwachsenen, die sich für die Bekämpfung der Armut in den Entwicklungsländern, für Frieden und gegen Krieg, für den Klimaschutz oder den Artenschutz von Pflanzen und Tieren einsetzen. Sie sind sehr sensibel und überaus ansprechbar für solche Themen. Untersuchungen über die Moralentwicklung zeigen aber auch, dass das ethische Bewusstsein nicht bei allen Jugendlichen oder Erwachsenen gleich ausgeprägt ist (Kohlberg 1976) **(Abbildung 24)**. Nur eine Minderheit – selbst bei den Erwachsenen ist es noch so – orientiert sich an einer universellen Ethik. Die Mehrheit hält sich an eine Moral, die auf Ordnung und Recht beruht und deren Gültigkeit auf die eigene Gesellschaft (zum Beispiel Nation) beschränkt bleibt, oder gar nur an Regeln, die ihre zwischenmenschlichen Beziehungen in der eigenen Lebensgemeinschaft (zum Beispiel Sekte) bestimmen.

Wie genau verinnerlichen Kinder einen gesellschaftlichen Wert wie Recht und Ordnung – oder eben auch nicht?

Moralische Werte werden weniger durch Worte als vielmehr durch Vorbilder an das Kind weitergegeben. Das Kind macht seine ersten Lernerfahrungen in der Familie, dann mit anderen Kindern, wenn es zum Beispiel mit Regeln und Ritualen bei Gruppenspielen vertraut gemacht wird. Dabei werden ihm die Regeln mit zunehmendem Alter immer weniger von den Erwachsenen als von Gleichaltrigen beigebracht. Das Kind lernt, dass es nur mitspielen kann, wenn es sich an die Regeln hält. Das Schulkind entwickelt feste Vorstellungen davon, was beispielsweise Ordnung bedeutet und weshalb Ordnung wichtig ist. Diese Vorstellungen bleiben jedoch immer im Konkreten verhaftet: Müll gehört nicht auf den Pausenplatz, sondern in den Abfalleimer. Eltern und Lehrer können Regeln anordnen oder sie mit den Kindern zusammen erarbeiten. Letzteres ist nachhaltiger, weil es nicht nur zu Gehorsam, sondern auch zu Einsicht und solidarischem Verhalten führt. Rational begründete Einsichten stellen sich oft erst im Laufe der Pubertät ein. Im Umgang mit Peers und Cliquen realisiert der Jugendliche, wie wichtig Regeln des Zusammenlebens sind, die von allen mitgetragen werden. Basisdemokratische Erfahrungen in der Schule, aber auch in sozialen Gruppen zeigen den Jugendlichen auf, weshalb Regeln für das Zusammenleben in der Gemeinschaft notwendig sind. Solche Erfahrungen sind eine Vorbereitung auf ihr späteres Leben als mündige Bürger (Dewey 1993; Korczak 1989). Moralvorstellungen sind daher nicht nur schöngeistige Konstrukte, sie haben immer auch konkrete Auswirkungen auf Gesellschaft und Wirtschaft, beispielsweise bei Diskussionen und politischen Entscheiden über das Sozialwesen, Jugendkriminalität oder Managerlöhne.

Das Wichtigste in Kürze

1. Die Moralentwicklung setzt bereits im Kleinkindesalter ein. Mit etwa 4 Jahren begreift das Kind die einfache Regel: Wie du mir, so ich dir. Mit den Erfahrungen von Gehorsam und Strafe entstehen erste Vorstellungen von Gut und Böse. Im Schulalter entwickelt sich eine Moral von Recht und Ordnung. In der Pubertät stellt sich schließlich eine universelle Moral ein, die für alle Menschen Gültigkeit haben soll.

2. Nur eine Minderheit der Jugendlichen und Erwachsenen orientiert sich an einer universellen Ethik. Die Mehrheit orientiert sich an einer Moral von Recht und Ordnung mit Gültigkeit für die eigene Gesellschaft oder gar nur an Regeln, welche die zwischenmenschlichen Beziehungen in der eigenen Lebensgemeinschaft bestimmen.

3. Diskussionen über Moral, beispielsweise über die Goldene Regel der Ethik, können Jugendliche begeistern, aber nur dann, wenn sie einen Bezug zu ihrem Leben haben.

4. Basisdemokratische Erfahrungen in der Schule und in Freizeitgruppen zeigen den Jugendlichen auf, weshalb Regeln für das Zusammenleben in der Gemeinschaft notwendig sind.

5. Für die Gesellschaft ist es überaus wichtig, dass jede Generation aufs Neue das ethische Fundament der Gesellschaft hinterfragen und – bei Bedarf – Verbesserungen anbringen kann.

6. Die Jugend ist der moralische Jungbrunnen der Gesellschaft.

Sprache

Abwrackprämie – Rente

anatolischer Pullover – starke Brustbehaarung

Arschfax – Unterhosenetikett, das hinten aus der Hose hängt

Baumkuschler – Öko-Mensch

Bewegungslegastheniker – fauler, unsportlicher Mensch

Besoffenentaxi – Krankenwagen

Checker – kluge Person

chillen – entspannen

Chaya – cooles Mädchen

dissen – veräppeln, ärgern

Don Promillo – betrunkene Person

Emo – übertrieben emotionaler Mensch

Erzeugerfraktion – Eltern

Extremkuscheln – miteinander schlafen

Faltenparty – Familienfeier

flauschig bleiben – ruhig bleiben

Friedhofsgemüse – Senioren

Gruftspion, Grabverweigerer – Rentner

Hartz IV Smoking – Trainingsanzug

Hdgdl – hab dich ganz doll lieb (oder) hab dich gedisst, du loser

Honk – Idiot

Intelligenzfenster – geistiger Horizont

jacklässig – cool

Jesus-Chips – Hostien

Ketchupwoche – Menstruation

Knieschoner – Hängebusen

Kräuter der Bronx – Marihuana

LOHAS – Menschen, die auf Nachhaltigkeit und Umweltverträglichkeit achten

Mafiatorte – Pizza

Maschendraht – Zahnspange

Maurerbibel – Bild-Zeitung

MOF – Mensch ohne Freunde

Nahkampfsocke – Kondom

Nerd – Streber

Nullchecker – Dummkopf

Pubertätshelikopter – Mofa	Synapsenfasching – Verwirrungszustand	Vaginalbohrer – Tampon
Regenwürmer baden – angeln	tanken – Alkohol konsumieren	Verpeilt – vergesslich
Rentnerbravo – Apothekenumschau	telen – telefonieren	Vollhorst – Idiot
Restpostenparty – Ü-30 Party	Taschendisko – laute Musik, die vom Handy abgespielt wird	Vulkanzone – Pickel
Schädelficken – Kopfschmerzen		Wackelkandidat – Betrunkener
Schnecken checken – nach attraktiven Frauen Ausschau halten	unplugged – ungeschminkt	wegflexen – jem. umhauen
	upgraden – sich verbessern	wikipedieren, wikifizieren – etwas bei Wikipedia nachschauen

Jugendsprache 2011 (Langenscheidt 2011)

Jugendliche sprechen anders

Jugendliche haben ihre eigene Sprache. Vor wenigen Generationen galten die Slogans der Jugend noch als Sittenverfall. Heute interessiert sich sogar die Wissenschaft dafür. Wie kam es zu diesem Sinneswandel?

Viele Erwachsene haben ein geradezu beängstigend großes Bedürfnis nach Beständigkeit. Das gilt auch bei der Sprache. Was in aller Welt ist ein EMO oder eine Faltenparty? Die Erwachsenen regen sich auf, während die Jugendlichen ihre helle Freude an solchen Sprachschöpfungen haben. Die Ausdrücke sind so erfrischend originell und treffend, dass sie schließlich auch das Interesse der Sprachwissenschaftler weckten. Viele Erwachsene stört auch, dass sie oft nicht verstehen, was die Jugendlichen mit den Ausdrücken eigentlich meinen. Doch genau das ist beabsichtigt. Jugendliche wollen sich mit ihrer Sprache von den (langweiligen) Erwachsenen absetzen und sie natürlich auch provozieren. Noch dazu kann innerhalb der Cliquen eine eigene Form der Kommunikation dazu dienen, das Zusammengehörigkeitsgefühl zu stärken und sich von anderen Cliquen abzugrenzen.

Der Langenscheidt Verlag gibt regelmäßig ein kleines Wörterbuch mit der angesagten Jugendsprache heraus (siehe Tabelle). In dem Büchlein findet man als Jugendlicher nicht nur schnell heraus, wie »in« man ist. Man merkt auch schnell, wie alt man geworden ist, wenn sich die eigene Sprache nicht mehr darin findet. Die Ausdrücke von Jugendlichen ändern sich genauso schnell wie die Kleidermode und die Kosmetiktrends.

Jugendsprache muss sich ständig verändern, denn nur wenn sie in jeder Generation neu geschaffen und emotional aufgeladen wird, bleibt sie attraktiv. Die Ausdrücke werden durch den Zeitgeist bestimmt, ihr Reiz währt deshalb oft nicht länger als ein bis zwei Generationen oder sogar viel kürzer. Aber auch hier gilt: Keine Regel ist ohne Ausnahmen. Es gibt Slang-Worte aus dem 19. Jahrhundert, die sich bis heute gehalten haben. Zum Beispiel mogeln und anschleppen, Kneipe und Moneten. Die nachfolgende Tabelle zeigt überdies: Das Phänomen der Jugendsprache ist keineswegs neu. Ich kann mir gut vorstellen, dass schon in der Steinzeit Jugendliche die Erwachsenen mit ihren Sprachkreationen geärgert haben.

Zeitraum vor 1900	1900– 1930	1960– 1970	1970– 1980	1980– 1990	1990– 2000	Nach 2000
Ausdruck der Bewunderung famos, delicat, splendid	fabelhaft knorke, fein, tadellos	dufte, wonnig, flott	bombastisch, toff, hip	astrein, galaktisch, oberaffengeil	ultrakrass, verschärft, granatenmäßig	Fett, endgeil, verludert
Ausdruck der Missachtung impertinent, stokmiserabel	gemein, mies, scheußlich	abgelaufen, bescheuert, vergammelt	undufte, urinös, krank	fies, finster, ätzend	abgefuckt, beknackt, ungeil	assign, gaga, pissig
Jemanden umwerben backfischen, poussieren	anschwirren, balzen, schwärmen	aufreißen, anbohren	Süßholz raspeln, miezeln, aufreißen	angraben, anmachen, auf Hasenjagd gehen	anbaggern, anlabern, sich ranschmeißen	gruscheln, smirten, scannen
Bezeichnung für Frau flotter Besen, Grazie, Nymphen	Flamme, Schnalle, Maus	Biene, Mieze, steiler Zahn	Puppe, Schnecke, Torte	Braut, Sahneschnitte, Schnalle	Feger, Tussi, Perle	Chica, Chick, Keule
Bezeichnung für Mann Camuff, Laffe	Armleuchter, Dusel	Heini, Trottel, Macker	Knalltüte, Obertrottel, Hammertyp	Scheich, Hirni, Spasti	Nullchecker, Spacko, Lover	Looser, Honk, Opfer

Entwicklung der Jugendsprache in den letzten 100 Jahren (Janetzko et al. 2008)

Die Jugendsprache verändert sich nicht nur ständig, sie kann auch je nach sozialem Milieu oder Clique große Unterschiede zeigen. Etwa die Kiezsprache oder auch Kanak, eine Mischung aus türkischen oder arabischen Ausdrücken mit eingedeutschem Türkisch und einer eigenen Syntax. »Hast du U-Bahn?« – »Nein, ich habe Fahrrad.« Sind solche Einflüsse eine Quelle der Erneuerung für die deutsche Sprache?

In den 1990er Jahren konnte man auch in der Schweiz die Entstehung solcher Sprachmixturen beobachten. Während und nach dem Balkankrieg flüchteten viele Jugendliche mit ihren Familien aus Ex-Jugoslawien in die Schweiz. Da sie der deutschen Sprache kaum oder überhaupt nicht mächtig waren, entwickelten sie eine Art Balkan- oder Jugo-Deutsch. Während die Jugendlichen anfangs deswegen verhöhnt wurden, übernahmen die jungen Schweizer bald den Slang, weil die falschen Satzstellungen so lustig klangen und die deutschen Wörter auf so originelle Weise verdreht waren. Also radebrechten Schweizer Jugendliche wie die Einwanderer, was bei den Erwachsenen allgemeines Kopfschütteln auslöste, womit ein weiterer Zweck erfüllt war. Mittlerweile sind Balkan- und Türkischslang in Youtube, in der Comedy, im Theater und in der Musik, vor allem im Rapp, angekommen. Fremde Kulturen und Sprachen hatten schon immer eine subversive Kraft.

Komisch ist aber, dass sich der Anteil der Anglizismen offenbar nicht erhöht hat, wenn man einmal von den Ausdrücken in der Computer- und Internetwelt absieht. Das würde man doch eigentlich erwarten?

Die englische Sprache hatte über Generationen einen enormen Einfluss auf Jugendliche, und von allen Sprachen hat sie vermutlich immer noch die größte Bedeutung. Aber sie ist als Globalsprache immer mehr zu einem nüchternen Kommunikationsmittel geworden, zur Sprache der Finanzwelt, der Wissenschaft, der Kommunikation im Netz, der Technologie. Englisch – das weiß jedes Kind – braucht man einfach in unserer Welt. Vielleicht fehlt dem Englischen deshalb auch zunehmend die Frische, das Aufmüpfige, das Quere, das die Jugendlichen so lieben. Sie wollen nicht wie die Etablierten reden.

Wenn man das Jugendsprache-Lexikon liest, fallen ein paar Dinge besonders auf: Erstens gibt es eine unverhältnismäßig große Anzahl von unschmeichelhaften Ausdrücken für die älteren Generationen (Gruftspion, Grabverweigerer, Restpostenparty). Zweitens gibt es besonders viele Ausdrücke für Dummkopf und Idiot (Vollhorst). Viele Wendungen sind oft sozialdiskriminierend (Maurerbibel), andererseits auch wieder selbstironisch (Pubertätshelikopter). Was außerdem noch auffällt ist die Häufigkeit von Abkürzungen und das Prägnante dieser Sprache.

Sich von den Erwachsenen abzugrenzen, war schon immer ein großes Bedürfnis von Jugendlichen. Sich herablassend über sie zu äußern, ist eine Möglichkeit dazu, wobei man gerechterweise anfügen muss, dass die Erwachsenen verbal auch über die Jugendlichen herfallen. Viele Jugendliche wollen bei den Gleichaltrigen als stark gelten und glauben das mit herablassenden Ausdrücken erreichen zu können. Wenn ein Jugendlicher einen anderen als »Vollhorst« bezeichnet und die Freunde ihm auch noch zustimmen, kommt er sich klüger vor als der Abgewertete. SMS und Emails sind die dominierenden Kommunikationsformen geworden. SMS dienen nur zu einem kleinen Prozentsatz der eigentlichen Informationsvermittlung. In erster Linie sind sie ein Mittel, um Beziehungen aufzunehmen und aufrechtzuerhalten. Kein Wunder, dass sich Abkürzungen und Ikons einer großen Beliebtheit erfreuen, zumal SMS-Botschaften auf 160 Zeichen beschränkt sind.

Jugendliche erlernen Sprach- und Zeichencodes mit Leichtigkeit – nicht so Erwachsene. Letztere sind von der Komplexität und Geschwindigkeit der elektronischen Medien oft überfordert.

Es ist ja wirklich beeindruckend mit welchem Tempo SMS – vor allem von jungen Frauen – geschrieben werden. Dass dabei Beschwerden in den Daumengelenken auftreten können, erstaunt nicht. Erwachsene können dem Spaßfaktor, der Jugendlichen so wichtig ist, wenig abgewinnen. Schließlich befürchten viele Erwachsene eine Simplifizierung und Verluderung der Sprache durch das »Simsen«: Die Syntax verkümmert, grammatikalische und orthographische Regeln werden schwerwiegend verletzt.

Beziehungsmäßig
up to date sein

Sprachwissenschaftler haben sich der neuen Kommunikationsformen und eventueller negativer Auswirkungen angenommen –
und haben Entwarnung gegeben. Es gibt keine Anhaltspunkte für
einen Niedergang der deutschen Schriftsprache, so zeigen Untersuchungen von schriftlichen Schularbeiten. Den neuen Kommunikationsformen darf durchaus ein Kreativitätsschub in Wort- und
Formbildung attestiert werden, beispielsweise in einer poetischen
Verdichtung der Sprache (Dürscheid et al. 2010). Daraus sind neue
Formen der sprachlichen Gestaltung im Rap und als Poetry Slam
entstanden. Darunter gibt es höchst anspruchsvolle Texte, die in
ihrer formalen Gestaltung, ihrem Rhythmus, ihrer Wortwahl und
ihrem Inhalt kulturelle Neuerungen darstellen. Sie können auch
für ältere Generationen eine echte Bereicherung sein.

**Manche Jugendliche fangen in der Pubertät plötzlich an, Gedichte
zu schreiben und entpuppen sich dabei nicht selten als junge
Genies wie Arthur Rimbaud, der noch vor seinem 21. Lebensjahr
seine dichterischen Meisterwerke vollendete. Wieso kommt es in
der Pubertät zu solch einem sprachlichen Kreativitätsschub? Und
wie lange hält er an?**
Der Kreativitätsschub hängt damit zusammen, dass Jugendliche
im Sturm und Drang der Pubertät ein großes Mitteilungsbedürf-
nis haben. Überwältigende Gefühle und grandiose Ideen will der

junge Mensch loswerden. Offenbar hat dies Rimbaud so gründlich in seinen Gedichten gemacht, dass er nach seinem 21. Geburtstag nichts mehr mitzuteilen hatte und – was ich durchaus bemerkenswert finde – auch dazu gestanden ist. Wenn sich die seelischen Stürme der Pubertät beruhigt haben, versiegen auch manche, wenn auch nicht alle dichterischen Quellen. Friedrich Schiller hat im Gegensatz zu Rimbaud nach den Räubern erst so richtig Schwung aufgenommen, um zu einem großen Dichter mit einem vielschichtigen Œuvre zu werden.

Das Wichtigste in Kürze

1. Jede Generation schafft sich ihre eigene Sprache. Damit will sie sich einerseits von den Erwachsenen absetzen und andererseits den Zusammenhalt unter den Gleichaltrigen stärken.

2. Jugendsprache mit Anleihen im Migrationsmilieu wie Kiezsprache, Kanak, Balkan- und Türkischslang erfreuen sich großer Beliebtheit und haben in Comedy, Musik und YouTube Eingang gefunden. Fremde Kulturen haben die Jugendsprache schon immer bereichert.

3. SMS und E-Mails sind dominierende Kommunikationsformen geworden. Die Simplifizierung der Sprache mit Abkürzungen und vereinfachter Grammatik und Syntax beeinträchtigt die Kompetenz in der deutschen Schriftsprache nicht.

4. Die Kommunikation in den elektronischen Medien enthält durchaus kreative Elemente. Verdichtung und Rhythmisierung der Sprache hat unter anderem Poetry Slam hervorgebracht.

Wie sich die Sprachkompetenz verändert

Kinder lernen Sprache gewissermaßen von selbst. Jugendliche und Erwachsene haben diese Fähigkeit weitgehend verloren. Sie müssen grammatikalische Regeln auswendig lernen und Vokabeln pauken. Hat das etwas mit dem pubertierenden Gehirn zu tun?

Ja, durchaus. Die Pubertät schränkt den Spracherwerb tief greifend ein. Das Kind ist im Vergleich mit dem Jugendlichen und Erwachsenen diesbezüglich ein Lerngenie. Es pickt aus den langen Lautfolgen, die es hört, einzelne Wörter heraus und begreift ihre Bedeutung. Zwischen dem 2. und 5. Lebensjahr eignet sich ein Kind 1 bis 8 Worte pro Tag an. Sein Wortschatz wächst bis zum 5. Lebensjahr auf etwa 4000 Worte an. Zusätzlich macht sich das Kind mit den grammatikalischen Regeln der Wort- und Satzbildung vertraut. Es bildet mit etwa 2 Jahren Zwei-Wort-Sätze, mit 3 bis 4 Jahren Mehr-Wort-Sätze und kann sich im Alter von 5 Jahren in vollständigen Sätzen ausdrücken. Damit dieses Sprachwunder gelingen kann, braucht es zwei Grundvoraussetzungen. Die eine ist im Kind angelegt. Das Kind ist fähig, die Regeln der Sprache – oder die Tiefenstruktur, wie es der Linguist Noam Chomsky (1967) genannt hat – selbstständig abzuleiten. Das Kind eignet sich die phonologischen, syntaktischen und grammatikalischen Grundregeln der Erstsprache unbewusst an und erschließt sich mit seinen kognitiven Fähigkeiten den Sinn der Worte (Semantik). Es erfasst beispielsweise die Bedeutung der Präposition »in« zuerst in seinem Spiel. Es erkennt, dass ein Gegenstand in einem anderen Gegenstand enthalten sein kann. Diese räumliche Einsicht bringt es mit der Präposition »in« in Verbindung. Die Eltern kommentieren dabei laufend ihr Tun und benutzen immer wieder die Präposition »in«. Schließlich begreift das Kind, was das Wort »in« bedeutet, und wendet es einige Zeit später auch selber an.

Und die zweite Voraussetzung?

Zu der angeborenen Begabung benötigt das Kind in den ersten Lebensjahren einen intensiven sprachlichen Austausch mit den Eltern, anderen Bezugspersonen und vor allem mit Kindern. Dabei genügt es nicht, Sprache nur zu hören. Das Kind muss Sprache auch ausreichend erfahren. Das heißt, Sprache muss mit ganzheitlichem Erleben verknüpft sein. Nur wenn das Kind das Gehörte mit Handlungen und Situationen unmittelbar verbinden kann, lernt es, Sprache zu verstehen und schließlich auch zu sprechen. Die Sprache muss also in den Alltag des Kindes eingebettet sein und ständig in einem direkten Bezug zu seinen Erfahrungen stehen. Diese Voraussetzungen sind beispielsweise in einem Kindergarten erfüllt, wenn deutschsprachige Kinder von einer englischsprachigen Kindergärtnerin betreut werden. Nach einem Jahr werden die meisten Kinder recht gut Englisch verstehen und sprechen. Kinder eignen sich eine Fremdsprache also dann erfolgreich an, wenn sie jeden Tag einige Stunden in dieser Fremdsprache kommunizieren und die Sprache Teil ihres Alltag ist. Dieses sogenannte Immersionslernen ist deshalb so erfolgreich, weil es dem natürlichen Spracherwerb nachempfunden ist.

Warum können Jugendliche und Erwachsene eine Sprache nicht mehr wie Kinder lernen?

Die Art und Weise wie Kinder eine Sprache erlernen, bezeichnet man als sogenannten synthetischen Spracherwerb. Er ist in den ersten Lebensjahren am stärksten entwickelt und nimmt leider bis zur Pubertät immer mehr ab (Lenneberg 1967) **(Abbildung 25)**. Und so müssen die meisten Jugendlichen und Erwachsenen Fremdsprachen analytisch lernen. Sie können sich eine Sprache nur noch durch Auswendiglernen von Wörtern und formalen Elementen der Sprache wie Grammatik und Syntax aneignen. Dieses analytische Lernen führt meist nur noch zu einer beschränkten Sprachkompetenz, die charakteristischerweise mit einem Akzent behaftet ist.

Die Schulen gehen ganz offensichtlich davon aus, dass das Sprachenlernen mit zunehmenden Alter leichter wird. Demzufolge gibt es je höher die Klasse, umso mehr Fremdsprachenunterricht.
Diese Annahme stimmt – aber nur für den analytischen Spracherwerb. Eine Sprache wirklich gut zu lernen geht umso besser, je kleiner das Kind ist – sofern die Sprache kindgerecht vermittelt wird. Wenn wir unsere Kinder wirklich sprachkompetent machen wollen, dann müssen wir im frühen Alter beginnen und den Unterricht als Immersionslernen gestalten. **Abbildung 25** zeigt, wie mit dem Alter die Fähigkeit zum synthetischen Spracherwerb ab- und diejenige zum analytischen Spracherwerb zunimmt. So sind die Regeln der Grammatik und Syntax für die meisten Kinder bis ins Alter von 10 oder 12 Jahren ein Buch mit sieben Siegeln. Erst in

der Oberstufe begreifen die meisten – aber längst nicht alle – Schüler die formalen Gesetzmäßigkeiten der Sprache.

Ein sprachbegabter Journalistenfreund von mir hatte in seiner Schulzeit Englisch, Französisch, Latein und Russisch gelernt. Nach dem Studium ging er nach China und lernte Chinesisch, anschließend wurde er in ein arabisches Land geschickt und sprach alsbald Arabisch und Hebräisch. Als ich ihn kennenlernte, war er mit 40 Jahren gerade Korrespondent für Schwarzafrika geworden und natürlich dauerte es wieder nur ein halbes Jahr, bis er gut Kisuaheli sprach. Irgendwann machte ich mit ihm auch einen Tschechisch-Kurs. Nachdem ich mich dort schon Monate lang geplagt hatte, kam er in seine erste Stunde und las und übersetzte vom Blatt.

Solch beneidenswerte Menschen gibt es. Sie haben sich die Fähigkeit des synthetischen Spracherwerbs über die Pubertät hinaus bewahrt. Sie sind eine kleine Minderheit, der ich fürs Leben gern angehören würde. Sie eignen sich eine Sprache wie die Kinder in der alltäglichen Kommunikation weitgehend akzentfrei an, ohne Vokabeln und Grammatik büffeln zu müssen. Weshalb eine Minderheit die Fähigkeit des synthetischen Spracherwerbs nicht verliert ist meines Wissens nicht bekannt. Evolutionsbiologisch macht der Verlust des synthetischen Spracherwerbs insofern Sinn, als die Menschen dadurch der Lebensgemeinschaft, in der sie aufgewachsen sind, eher erhalten bleiben.

Ein großes Thema in der Bildungspolitik ist die ungenügende Lesekompetenz bei den Schulabgängern.

Dieser Missstand hat eine biologische und eine bildungspolitische Ursache. In Abbildung 26 wird dargestellt, wie sich die Lesekompetenz bei 3 Jungen entwickelt. Eldar zeigt eine durchschnittliche Entwicklung, er beginnt, sich mit 6 bis 7 Jahren für Buchstaben zu interessieren. Mit 16 Jahren ist seine Lesekompetenz durchschnittlich ausgebildet. Lars fängt bereits mit 3 bis 4 Jahren zu lesen an. Er verfügt mit 16 Jahren über eine Lesekompetenz, die deutlich höher ausfällt als diejenige von Eldar. Patrick schließlich begreift das Lesen nicht vor dem 10. Lebensjahr, seine Lesekompetenz bleibt auch mit 16 Jahren niedrig. Patrick verbleibt auf einem Niveau, das Eldar bereits mit 10 Jahren und Lars mit 7 bis 8 Jahren erreicht hatte. Die blaue Säule in **Abbildung 26** beschreibt die Variabilität der Lesekompetenz bei deutschen Schülern in der 9. Klasse, also im Alter von 15 Jahren (PISA-Studie 2006). Während 20 Prozent der Schüler einen komplexen Text verstehen (Grad 4 bis 5), verfügen 15 bis 20 Prozent über eine Lesekompetenz, die sich auf das Lesen eines sehr einfachen Textes oder einzelner Worte beschränkt (Grad 1 bis 2). Diese Jugendlichen haben in der 9. Klasse eine Lesekompetenz, wie sie durchschnittliche Schüler in der 4. bis 5. Klassen aufweisen. In allen Ländern, auch in Finnland, ist die Lesekompetenz in der Bevölkerung sehr unterschiedlich ausgebildet. Allerdings ist der Prozentsatz von Jugendlichen mit sehr schwacher Lesekompetenz in Deutschland, Österreich und der Schweiz weit höher als in Finnland. Bildungswissenschaftler sind sich einig, dass der Anteil von 15 bis 20 Prozent mit geringer Lesefähigkeit mit geeigneten pädagogischen Maßnahmen auf 6 Prozent reduziert und damit eine erhebliche Benachteiligung bei der beruflichen und sozialen Integration beseitigt werden könnte.

Das Wichtigste in Kürze

1. Das Kind hat die Fähigkeit, sich das Vokabular und die Grundregeln der Sprache selbstständig und unbewusst anzueignen (synthetischer Spracherwerb). Voraussetzung dafür ist, dass es die Sprache eingebettet in seinen Alltag, in Verbindung mit Personen, Handlungen und Situationen erlebt (Immersionslernen). Bis zur Pubertät nimmt die Fähigkeit zum synthetischen Spracherwerb immer mehr ab, nur wenigen Erwachsenen bleibt sie erhalten.

2. Der analytische Spracherwerb – Vokabeln und Regeln der Grammatik und Syntax auswendig lernen – führt nur noch zu einer beschränkten und nicht akzentfreien Sprachkompetenz. Die Fähigkeit zum analytischen Spracherwerb nimmt im Verlauf der Kindheit zu.

3. Die Lesekompetenz ist bei Jugendlichen sehr unterschiedlich ausgebildet. Im Alter von 15 Jahren verstehen 20 Prozent aller Jugendlichen einen komplexen Text, während weitere 15 bis 20 Prozent lediglich fähig sind, einen sehr einfachen Text oder gar nur einzelne Worte zu lesen. Letztere sind bei der sozialen und beruflichen Integration stark benachteiligt.

4. Die geringe Lesekompetenz vieler Jugendlicher könnte durch geeignete pädagogische Maßnahmen erheblich verbessert werden.

Logisch-mathematisches Denken

Tobi geht in die 8. Klasse eines bayrischen Gymnasiums, und zwar in die Förderklasse für Hochbegabte. Er ist 2 Jahre jünger als seine Schulkameraden, dafür aber um einige Klassen besser in Mathe und Physik. »Der Tobi und der Physiklehrer reden über Formeln und Zahlen wie Wissenschaftler eben«, sagen vor allem die Mädchen der Klasse. Mit zweieinhalb Jahren konnte Tobi zweistellige Zahlen lesen und mit 3 benützte er die Legosteine im Kindergarten, um seinen Namen damit zu schreiben. Für die Mathematikschularbeit am Ende des ersten Halbjahres der 8. Klasse haben er und sein Freund nicht gelernt – wie üblich. Auch die Trapezflächenformel nicht. Als der Mathelehrer die Schularbeiten einige Tage später zurückgab, hatten die beiden trotzdem ihre Eins. Das Problem mit der Trapezflächenformel haben sie gelöst, indem sie die Formel kurzerhand aus dem hergeleitet haben, was sie über Flächen und Linien wussten. Zumindest war ihnen auf diese Weise endlich einmal nicht langweilig.

Wie Jugendliche Zahlen verstehen

In welchem Alter entwickeln Kinder ein Verständnis für Zahlen? Wie gut können Jugendliche rechnen?

Ein Zahlenverständnis, das über die Zahl 3 hinausgeht, entsteht bei den meisten Kindern erst nach dem 5. Lebensjahr. Es gibt zwar 3- und 4-Jährige, die bis 20 oder noch weiter zählen können, doch erbringen die meisten lediglich eine Sprach- und Gedächtnisleistung. Sie zählen genauso, wie sie einen Kinderreim aufsagen, ohne jedes Verständnis für den Zahlenraum. Während der Schulzeit weitet sich der Zahlenraum rasch aus. Es stellt sich ein Verständnis für die Beziehungen zwischen den Zahlen ein, und damit für Rechenoperationen wie Addition und Subtraktion, Division und Multiplikation. In der Pubertät nimmt das Zahlenverständnis nochmals kräftig zu, aber längst nicht bei allen Jugendlichen.

Bei manchen Jugendlichen bleibt das Zahlenverständnis so beschränkt, dass sie beim Einkaufen einen bestimmten Geldbetrag nicht richtig abzählen können. Sie zahlen deshalb immer mit großen Noten, wie Touristen, die mit der ausländischen Währung ungenügend vertraut sind. Bruchrechnen oder Algebra bleibt für manche Menschen ein Buch mit sieben Siegeln. Die Mehrheit der Schüler lernt im Mathematikunterricht ein mechanisches Vorgehen auswendig, um damit Prüfungen zu bestehen. Ihre mathematische Kompetenz, bleibt langfristig auf Prozent- und Zinsrechnungen sowie den Dreisatz beschränkt. Begabte Gymnasiasten und Berufsschüler, die Differenzial- und Integralrechnungen, Statistik und Wahrscheinlichkeitslehre wirklich begreifen, sind eine Minderheit, mathematische Genies wie Tobi und Marc eine Seltenheit. Ein echtes mathematisches und vor allem nachhaltig vorhandenes Verständnis gibt es nur bei wenigen Erwachsenen. Leserinnen und Leser sind herzlich eingeladen, in der nachfolgenden Zusammenstellung diejenigen mathematischen Operationen aus der Gymnasialzeit anzustreichen, die sie immer noch verstehen und auch ausführen können.

- Rechnen mit Zahlen (Addition etc.)
- Bruchrechnen
- Planimetrie (Flächenberechnung)
- Stereometrie (Körperberechnungen)
- Prozent-, Zins- und Rentenrechnung
- Algebra
- Mengenlehre
- Gleichungen (lineare, höheren Grades, mehrere Unbekannte)
- Potenzen und Wurzeln
- Goniometrie
- Logarithmen (dekadische, natürliche)
- Fehler- und Genauigkeitsrechnung
- Folgen, Reihen und Grenzwerte
- Statistik
- Wahrscheinlichkeitslehre
- Differenzialrechnung
- Integralrechnung
- Vektorrechnung

Es heißt, in der Pubertät entwickeln sich nicht nur Körper und Sexualität, sondern vor allem auch das logische Denken. Nun könne der junge Mensch abstrakte Schlussfolgerungen ziehen und Probleme analysieren.

Logisches Denken gibt es bereits vor der Pubertät, aber es ist immer konkret, also auf Erfahrungen bezogen. Die sogenannte Invarianz von Volumina (Piaget 1975) ist ein gutes Beispiel für konkret-operationales Denken. Bis ins frühe Schulalter haben die Kinder eine unzureichende Vorstellung von der Konstanz von Mengen und Volumina. Sie gehen davon aus, dass Flüssigkeitsmengen in Gefäßen deren Flüssigkeitsspiegel unterschiedlich hoch sind, auch unterschiedlich groß sind. Sie berücksichtigen bei ihren Überlegungen nur die Höhe des Flüssigkeitsstandes, nicht aber die anderen beiden Dimensionen, die das Flüssigkeitsvolumen mitbestimmen. Zu einem Verständnis für die drei Raumdimensionen kommen die Kinder erst, wenn sie sich durch wiederholtes Umgießen der Flüssigkeiten mit der Beziehung zwischen Form und Inhalt von Gefäßen praktisch auseinandergesetzt haben. Durch diese Erfahrungen gelangen sie zur Einsicht, dass Höhe, Breite und Tiefe der Gefäße gleichermaßen von Bedeutung sind. Nun begreifen sie auch die abstrakte Aussage, dass das Volumen von Flüssigkeiten und Gefäßen aus dem Produkt von Länge, Breite und Höhe berechnet werden kann. Ein solcher Lernprozess lässt sich durch Belehrungen der abstrakten Art oder das Auswendiglernen der Formel nicht abkürzen. Dieses konkret-operationale Denken ist nicht nur bei Kindern vorherrschend. Wir unterschätzen häufig die Menge an Erfahrungen, die Jugendliche und selbst Erwachsene machen müssen, bis sie einen abstrakten Zusammenhang wirklich verstanden haben. Dabei ist das Ausmaß an Erfahrungen, das dazu notwendig ist, von Individuum zu Individuum – wie immer – unterschiedlich groß.

Welche Ausweitung erfährt das logisch-mathematische Denken nun in der Pubertät?

In der Pubertät kommt das logisch-mathematische Denken zur vollen Blüte, aber auch zu seinem Abschluss. Es macht mit dem Einzug des formal-operationalen Denkens (Piaget 1975) geradezu

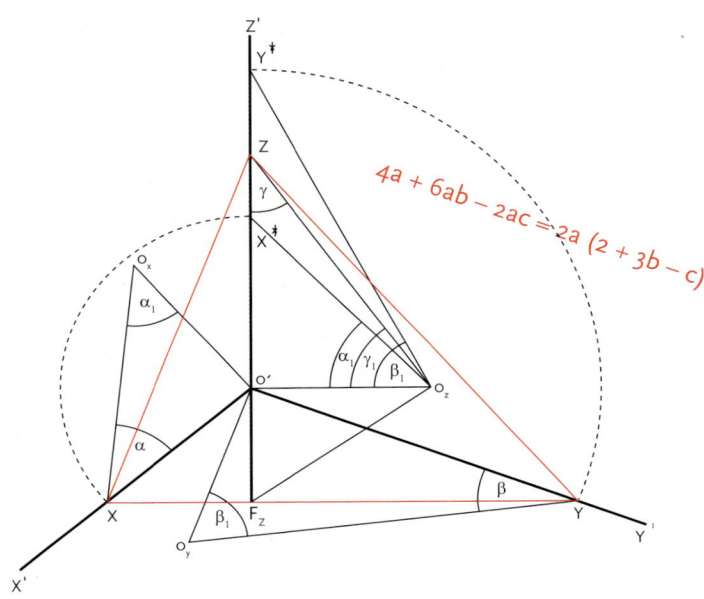

$$4a + 6ab - 2ac = 2a\,(2 + 3b - c)$$

Abstraktes leuchtet nicht allen gleichermaßen ein

einen Quantensprung. Dieses Denken beinhaltet Formen des logischen Schließens und kombinatorischen Denkens oder des Denkens in Wahrscheinlichkeiten. Damit stellt sich auch ein Verständnis für eine abstrakte, sich nicht mehr in erster Linie an Zahlen orientierende Mathematik wie Algebra und Differenzial- oder Integralrechnungen ein. Das logisch-mathematische Denken ist nie leistungsfähiger und kreativer als in der Adoleszenz. Mathematische Entdeckungen werden fast ausnahmslos im Alter von 15 bis 20 Jahren, weniger häufig zwischen 20 und 30 Jahren und kaum je später erbracht. Logisch-mathematische Höchstleistungen sind offensichtlich dann am ehesten möglich, wenn die Hirnentwicklung ihren Höhepunkt, aber auch ihren Abschluss gefunden hat. Sie sind also nicht die Frucht jahrzehntelanger Erfahrungen. Blaise Pascal (1623–1662) hat im Alter von 19 Jahren die erste mechanische Rechenmaschine entwickelt. Er wollte damit seinen Vater, einen königlichen Kommissar und obersten Steuereintreiber, unterstützen. Carl Friedrich Gauß (1777–1855) stellte im Alter von 14 Jahren erste Überlegungen über eine nicht-euklidische Geometrie an. Mit 18 Jahren entwickelte er die Methode der kleinsten Quadrate, aus der die Gauß'sche Glockenkurve der Normalverteilung hervorging. Im Alter von 19 Jahren gelang es ihm, die Konstruierbarkeit des regelmäßigen Siebzehnecks zu beweisen, was seit der Antike niemandem gelungen war. Albert Einstein publizierte die spezielle Relativitätstheorie und seine berühmte Formel $E = mc^2$ im Alter von 26 Jahren. In den folgenden Jahrzehnten hat er sich weiterhin intensiv mit Mathematik und theoretischer Physik auseinandergesetzt. Weitere bahnbrechende Einsichten blieben ihm jedoch verwehrt. Auch heute werden große Neuerungen in der Informatik, wie sie bei Google und Facebook zum Einsatz kommen, nicht von erfahrenen, ergrauten Professoren gemacht, sondern von hippen Teenagern.

In den PISA-Studien erbringen Jungen im Alter von 15 Jahren regelmäßig die besseren mathematischen Leistungen als gleichaltrige Mädchen. Sind Jungen mathematisch begabter?
Nicht unbedingt. Die meisten Untersuchungen zeigen Resultate wie die PISA-Studien (2006). Eine neue Studie jedoch belegt, dass kein Geschlechtsunterschied mehr nachweisbar ist, wenn die Bedeutung der Mathematik im Unterricht und die Motivation der Mädchen für Mathematik verbessert werden (Guiso et al. 2008). Ein Unterschied, der sich hingegen bestätigt hat, ist: Jungen neigen stärker zu den Extremen. Ausgesprochene Rechenschwäche und ausgesprochene mathematische Begabung finden sich häufiger bei Jungen. Die Diskussion über mögliche Geschlechtsunterschiede führt immer wieder dazu, dass die Koeduktion hinterfragt wird, weil man annimmt, dass Mädchen motivierter und leistungsfähiger in Mathematik und naturwissenschaftlichen Fächern wären, wenn sie nicht in Konkurrenz zu den Jungen stünden. Pädagogisch viel bedeutsamer sind jedoch die interindividuellen Unterschiede, die weit größer sind als der Gruppenunterschied zwischen den Geschlechtern.

Das Wichtigste in Kürze

1. Die logisch-mathematische Kompetenz umfasst verschiedene Aspekte des logischen Denkens sowie Vorstellungen über Zahlen und deren operationale Beziehungen.

2. Die Unterformen des logischen Denkens wie Kategorisieren, analytisches und deduktives Denken entwickeln sich bereits in der frühen Kindheit. Ein Zahlenverständnis tritt bei den meisten Kindern erst im Schulalter auf.

3. In der Pubertät entwickelt sich aus dem konkret-operationalen Denken (im Umgang mit Gegenständen und Zahlen) das formal-operationale Denken (wie Algebra oder deduktives Schlussfolgern). Mathematisch-logische Höchstleistungen werden mehrheitlich im Alter von 15 bis 25 Jahren erbracht.

4. Das Verständnis für Zahlen und mathematische Operationen ist unter Jugendlichen sehr unterschiedlich ausgebildet. Die interindividuelle Variabilität reicht von Jugendlichen, die mit 16 Jahren nur über ein sehr beschränkten Zahlenverständnis verfügen, bis zu Jugendlichen, die bereits im frühen Schulalter zu mathematischen Höchstleistungen fähig sind, die weit über den durchschnittlichen Leistungen von Erwachsenen liegen.

5. Jungen erbringen tendenziell etwas bessere Leistungen in Mathematik als Mädchen. Der mittlere Geschlechtsunterschied ist aber deutlich kleiner als die Unterschiede innerhalb des gleichen Geschlechts. Jungen neigen vermehrt zu einer mathematischen Begabung, aber auch zu extremer Rechenschwäche.

Figural-räumliches Denken

Erstklässler sollen einen Berg zeichnen. Erwartungsgemäß kommt dabei ein Hügel heraus, auf dem ein Haus oder eine Fahne oder beides thront. Beides viel zu groß für den kleinen Hügel. Einer der Schüler will aber mehr. Janick zeichnet einen Aufriss vom Säntis, dem Hausberg seines Kantons Appenzell. Dabei überträgt er von der Landkarte die Höhenlinien und konstruiert daraus die Silhouette des Berges.

Zeichnen und gestalten

Unser Zeitalter kann ohne Übertreibung als das visuelle bezeichnet werden. Jeden Tag und überall sind wir einer immensen Bilderflut in Fernsehen, PC, Internet, Film und Fotografie ausgesetzt. Mit visuellen Informationen umzugehen, ist eine der wichtigsten Fähigkeiten geworden.

Die intensiven Erfahrungen, die Kinder heute von klein auf mit stehenden und bewegten Bildern machen, wirken sich beschleunigend auf ihre figural-räumliche Entwicklung aus. In wissenschaftlichen Studien hat man die visuelle Gestaltwahrnehmung und die Raumorientierung untersucht und dabei festgestellt, dass Kinder darin heute höhere Leistungen erbringen als vor 30 Jahren. Sie können rascher Figuren und Muster wiedererkennen und räumliche Zusammenhänge erfassen. Die Bilderflut hat also nicht nur negative Folgen, wie von Lehrern und Eltern immer wieder befürchtet wird. Bei vielen Erwachsenen löst die Bildlawine Ängste aus, weil sie sich von den neuen Medien überfordert fühlen, während Kinder und Jugendliche kaum Berührungsängste haben und ganz locker damit umgehen. Mancher 6-Jährige weiß besser als seine Eltern, wie die Fernbedienung des Fernsehers funktioniert.

Der Entwicklungspsychologe Robert Fantz hat in den 1960er Jahren zeigen können, dass bereits das Neugeborene an der Welt visuell interessiert ist. Es kann zuverlässig Formen und Muster erkennen. Das Kind ist ein Augenwesen.

Am Ende des 1. Lebensjahres ist die visuelle Wahrnehmung so weit fortgeschritten, dass das Kind Personen anhand ihrer Gesichter unterscheiden und feinste mimische Regungen erkennen kann. Auch seine gegenständliche Umwelt kennt es bis ins Detail. Im 2. Lebensjahr eignet es sich erste räumliche Vorstellungen an, die es in seinem Spiel zum Ausdruck bringt. Im 3. Lebensjahr macht das Kind bereits die ersten Versuche, seine inneren Bilder gestalterisch wiederzugeben, sei es durch Zeichnen oder Bauen mit Bauklötzen und Legosteinen. Da die motorischen Fähigkeiten deutlich weniger weit entwickelt sind als die figural-räumliche Wahrnehmung, was übrigens im Erwachsenenalter immer noch gilt, sind die Darstellungen immer einfacher gestaltet als das, was das Kind wahrzunehmen vermag. Zwischen 3 und 6 Jahren verbringen Kinder viel Zeit damit, gestalterisch tätig zu sein; sie malen und zeichnen, setzen Puzzles zusammen oder bauen Hütten aus Tischen, Stühlen und Tüchern. Die Merkfähigkeit für Formen und räumliche Beziehungen ist im frühen Schulalter bereits so gut entwickelt wie bei Erwachsenen, was Eltern mit Erstaunen zur Kenntnis nehmen, wenn sie mit ihren Kindern Memory spielen. Beim Zeichnen und Schreiben werden enorme interindividuelle Unterschiede deutlich. Es gibt Kinder, die sich das Schreiben mit 4 Jahren weitgehend selber beibringen, während manche 8-Jährige sich mit jedem Buchstaben noch abplagen müssen.

Bis ins Schulalter eignet sich das Kind sehr viel an figural-räumlicher Kompetenz an. Was bleibt da noch für die Pubertät?

Es geschieht Vergleichbares wie beim logisch-mathematischen Denken. In der Pubertät stellt sich die Fähigkeit zum abstrakten Umgang mit Form und Raum ein. Das räumliche Vorstellungsvermögen und somit auch das Verständnis für darstellende Geometrie oder den Satz des Pythagoras bildet sich dabei unter den Jugendlichen sehr unterschiedlich aus. Auch hier bleiben die Unterschiede bis ins Erwachsenenalter bestehen. In einer Studie, an der 40 Akademiker beteiligt waren, wurde ein Aspekt der figural-räumliche Kompetenz untersucht **(Abbildung 27)**. Die Teilnehmer wurden gebeten, die sogenannte Rey-Figur von einer Vorlage abzuzeichnen. 15 Minuten später mussten sie die Figur aus dem Gedächtnis noch einmal zeichnen. Die beste Leistung erbrachte ein Radiologe, er gab die Vorlage weitgehend richtig wider. Die schwächste Leistung kam von einem leitenden Arzt. Sie entsprach lediglich der durchschnittlichen Leistung eines 10-jährigen Kindes. Das Lesen von Bauplänen und Landkarten beispielsweise variiert unter Jugendlichen und Erwachsenen von einem nur ansatzweise vorhandenen bis zu hochgradig ausgebildeten Vorstellungsvermögen. Es erstaunt deshalb nicht, dass Navigationsgeräte wie das GPS für manche Autofahrer ein unverzichtbares Orientierungsmittel geworden sind.

Es gibt Jugendliche, die über hoch entwickelte Fähigkeiten im Umgang mit virtuellen Räumen verfügen, sei es in der räum-

Porträt à la Andy Warhol

lichen Orientierung bei Computerspielen oder beim computer-
gestützten Konstruieren von komplexen räumlichen Gebilden
(CAD; Computer Aided Design).
Diese Fähigkeiten stellen neue, innovative Berufschancen dar. In
allen Bereichen der Berufswelt, wo gestalterisches Arbeiten eine
Rolle spielt, sei es in der Architektur, im Maschinenbau, im Mode-
design oder selbst in der zahnmedizinischen Technik, wird heute
fast ausschließlich mit Computern gearbeitet. Was für den Großvater die euklidische Geometrie war, ist für den Enkel der virtuelle
Raum des PCs. Der Einsatz der elektronischen Medien eröffnet neue pädagogische Möglichkeiten, wie Jugendliche sich gestalterisch ausdrücken und mit technischen, formalen, inhaltlichen
und ästhetischen Aspekten auseinandersetzen können.

Das Wichtigste in Kürze

1. Im Laufe der Kindheit entwickeln sich die Grundfähigkeiten des figural-
räumlichen Denkens sowie der gestalterischen Fertigkeiten. In der Pubertät stellt sich die Fähigkeit zum abstrakten Umgang mit Form und
Raum ein (zum Beispiel darstellende Geometrie, CAD).

2. Kinder und Jugendliche erbringen heutzutage bezüglich visueller Gestaltwahrnehmung und Raumorientierung höhere Leistungen als Kinder und Jugendliche vor 30 Jahren. Die beschleunigte figural-räumliche
Entwicklung ist den Erfahrungen mit den audiovisuellen Medien zuzu-
schreiben.

3. Das figural-räumliche Denken und die gestalterischen Fähigkeiten sind
unter Jugendlichen sehr unterschiedlich ausgebildet. So gibt es Jugendliche, die über große, bisher weitgehend ungenutzte Fähigkeiten verfügen, mit visuellen Informationen und virtuellen Räumen umzugehen.
Andere haben Mühe, einfachste Pläne und Landkarten zu lesen.

Motorik

Silke Grabinger hat schon mit 4 Jahren nur einen Wunsch gehabt, zu tanzen. Wenn andere spielten oder redeten, tanzte sie. Den Ballettunterricht besuchte sie nur kurz, er erschien ihr zu langweilig. Lieber tanzte sie für sich, auf der Straße, vor ihren Freunden und Eltern. Sie tanzte und tanzte und erfand ihren eigenen Stil. Als sie mit der Schule fertig war, war sie bereits eine gefeierte Breakdancerin. Sie wurde für die Beatles-Show »Love« des Cirque de Soleil ausgewählt und zog nach Las Vegas. Mit 25 zog es sie zurück nach Linz in Österreich, wo sie nun als Tänzerin und Choreographin eigene Stücke auf die Bühne bringt. Über Bewegung, Tanz, körperlichen Ausdruck sagt sie: »Tanzen ist für mich wie Leben ... es ist die Ausdrucksweise, die ich am besten beherrsche und in der ich mich am besten verwirklichen kann.«

Mehr oder weniger geschickt und bewegungsaktiv

Es gibt Jugendliche wie Silke Grabinger, die sich sehr motorisch ausdrücken und sich viel bewegen wollen. Die Motorik scheint jedoch in der Pubertät kein großes Thema zu sein. Jugendliche wirken häufig ungelenk. Kommt die motorische Entwicklung in der Pubertät zum Stillstand?

Die Ausreifung der Motorik kommt nach etwa 15 Jahren Entwicklung tatsächlich zum Abschluss. Abbildung 28 gibt ein Beispiel, wie sich eine bestimmte motorische Tätigkeit bis zur Pubertät ausbildet. Wird einem Kleinkind ein Ball zugeworfen, wartet es mehr oder weniger unbeweglich, bis ihm der Ball in die Arme fällt. Es kann sich auf den ihm entgegen fliegenden Ball nicht einstellen. Im Schulalter gelingt es dem Kind immer besser, die Flugbahn, die Geschwindigkeit und die Größe des Balls einzuschätzen. Um den Ball im Flug aufzufangen, neigt es den Körper leicht nach vorne, beugt die Arme und passt die Handstellung der Größe des

Balles an. Der Jugendliche schließlich stellt ein Bein vor und streckt dem Ball die Arme entgegen. Er bremst den Flug des Balls mit einer Rückwärtsbewegung von Körper und Armen ab. Eine vergleichbare Differenzierung des Bewegungsablaufes ist beim Werfen eines Balles zu beobachten. Das Kleinkind wirft den Ball mit einer kurzen heftigen Bewegung aus dem Unterarm. Sein Körper bewegt sich kaum. Das Schulkind macht einen Schritt nach vorn und holt mit dem Wurfarm nach hinten aus. Die Wurfbewegung kommt nun aus dem Schultergelenk und wird durch eine leichte Rotation und Vorwärtsbewegung des Körpers unterstützt. Der Jugendliche setzt beim Werfen seinen ganzen Körper ein. Der Wurfarm holt weit nach hinten aus und der gegenseitige Arm wird zum Ausgleich nach vorne gestreckt. Die Kraft der Wurfbewegung wird durch eine Rotationsbewegung des Rumpfes zusätzlich verstärkt. Differenzierung und Steigerung der Effizienz sind bei allen motorischen Fertigkeiten, die sich Kinder über Jahre aneignen, zu beobachten. Die motorischen Funktionen wie Koordination, Haltung und Gleichgewicht entwickeln sich im Laufe der Kindheit ständig weiter und werden den motorischen Aktivitäten laufend angepasst. Zusätzlich müssen sie mit den Sinnesorganen abgestimmt werden. Wenn das Kind einen Ball fangen will, muss es Flugbahn, Geschwindigkeit und Größe des Balls in Sekundenbruchteilen richtig einschätzen und seine Motorik entsprechend koordinieren. Damit Kinder ihre Motorik möglichst gut ausbilden können, sollten sie bis zur Pubertät vielfältige und ausgedehnte grob- und feinmotorische Erfahrungen machen können. Dieser Reifungsprozess der Motorik wird im Verlauf der Pubertät im Wesentlichen abgeschlossen.

Ist das nur eine hypothetische Aussage oder lässt sich das Ende des Reifungsprozesses wissenschaftlich nachweisen?

Wir haben im Rahmen der Zürcher Longitudinalstudien eine Reihe von motorischen Funktionen vom Kindergartenalter bis ins Alter von 50 Jahren untersucht (Largo et al. 2001 a, b, 2002). Eine der Funktionen, die wir getestet haben, war die Abfolge von sequentiellen Fingerbewegungen. Wie Abbildung 29 zeigt, fallen die Kurven im frühen Schulalter steil ab, die Kinder werden Jahr für

Jahr flinker. Im mittleren Schulalter werden die Kurven zunehmend flacher und münden während der Pubertät in ein Plateau. In den Studien haben wir nachweisen können, dass danach bis ins Alter von 50 Jahren keine Verbesserung, aber auch kaum eine Verschlechterung der Leistungsfähigkeit festzustellen ist. Nicht alle motorischen Funktionen reifen indes im gleichen Alter aus. Es gibt welche, deren Entwicklung bereits mit 12 bis 14 Jahren abgeschlossen ist, bei andere Funktionen ist dies erst mit 20 und mehr Jahren der Fall.

In Sportarten wie Kunstturnen oder Eiskunstlaufen, die eine sehr gut entwickelte Koordination erfordern, sind die Topathleten und -athletinnen häufig ausgesprochen jung, oftmals deutlich weniger als 20 Jahre alt.

Die Motorik und ihre Ausreifung ist dann tatsächlich auf einem Höchststand angelangt. Bevor diese jungen Sportler jedoch Topleistungen erbringen können, haben sie mit erheblichen Schwierigkeiten zu kämpfen. Die körperlichen Veränderungen in der Pubertät beeinträchtigen die Motorik und damit auch das Leistungsvermögen beträchtlich. Der Rumpf und die Extremitäten machen einen Wachstumsschub durch und dies in unterschiedlichem Alter (siehe »Körperliche Entwicklung«). Dadurch verändern sich die Körperproportionen, was zusammen mit der großen Zunahme des Körpergewichts Koordination und Gleichgewicht erheblich beeinträchtigt. Jugendliche wirken dadurch unsicher und unbeholfen. Schließlich nimmt die Muskelkraft, vor allem bei den Jungen, stark zu. Körperhaltung und Bewegungsabläufe müssen daher neu kalibriert werden. Erfahrene Sporttrainer kennen diesen Leistungseinbruch und ermutigen die Jugendlichen dieses Tief durchzustehen. Erst wenn die Sportler all diese Anpassungsleistungen erbracht haben, sind sie zu Höchstleistungen fähig. Es gibt andere Sportarten wie Langstrecken- oder Fahrradrennen, bei denen die höchste Leistungsfähigkeit erst viele Jahre später erreicht wird. In diesen Sportarten müssen weitere Organe wie Herz und Lunge über viele Jahre trainiert werden.

Dennoch kommt die Entwicklung der motorischen Fähigkeiten in der Pubertät zum Abschluss. Heißt das, dass man nach der Pubertät keine neue Sportart mehr erlernen kann?

Doch, kann man durchaus. Aber man muss mehr Aufwand leisten und wird nie mehr die Kompetenz erreichen, wie wenn man die Sportart bereits als Kind gelernt hat. Skifahren, Radfahren oder Skateboardsurfen ist im Kindesalter leichter zu lernen, und es entwickelt sich besser. Im Erwachsenenalter ist die Verbesserung von motorischen Funktionen wie die sequentiellen Fingerbewegungen unglaublich aufwendig. Selbst bei einfachen Bewegungen braucht man bis zu 100 000 und mehr Bewegungseinheiten bis überhaupt eine Beschleunigung nachweisbar ist (Burton et al. 1998, Kottke et al. 1978). Die Anpassung eines Bewegungsablaufes an veränderte äußere Gegebenheiten gelingt im Erwachsenenalter ebenfalls weniger leicht. Die motorischen Funktionen sind mehr oder weniger festgelegt, jede Anpassungsleistung ist daher mit einem großen Aufwand verbunden. Hinzu kommt, dass Bewegungsabläufe mit der visuellen und taktil-kinästhetischen Wahrnehmung sowie dem Gleichgewicht im Erwachsenenalter nicht mehr so effizient vernetzt werden können wie in der Kindheit. Verbindungen zwischen Hirnarealen zu erstellen ist ein elementarer Bestand der Entwicklung und mit der Pubertät weitgehend abgeschlossen.

Sehr auffällig ist auch, wie unterschiedlich geschickt Jugendliche sind.

Wie variabel die motorische Leistungsfähigkeit in der Kindheit und Jugend ist, zeigt wiederum Abbildung 29. Im Alter von 7 Jahren schaffen die flinksten Kinder die 5 Bewegungsabläufe in 7 bis 9 Sekunden, während die langsamsten 22 und mehr Sekunden benötigen. Manche Kinder erbringen bereits mit 7 Jahren eine Leistung, die durchschnittlich entwickelte Kinder erst mit 10 bis 11 Jahren, und einige nicht vor 16 Jahren erreichen. Mit 18 Jahren schaffen die flinksten Jugendlichen den Test in 3 bis 4 Sekunden, andere brauchen dazu 8 und mehr Sekunden. Was die Abbildung ebenfalls zeigt ist, dass Mädchen feinmotorisch etwas geschickter sind als Jungen. In den Zürcher Studien konnten wir zeigen, dass diese großen interindividuellen Unterschiede wie die Unterschiede zwischen den Geschlechtern bis ins Alter von 50 Jahren bestehen bleiben.

Jugendliche scheinen sich nicht nur unwohl in ihrer Haut zu fühlen, viele wollen sich auch nicht mehr bewegen, ganz im Gegensatz zu früher, wo manche ständig in Bewegung waren.

Lange Zeit war es lediglich ein subjektiver Eindruck, dass die Bewegungsfreude in der Pubertät abnimmt. Nun gibt es objektiv erhobene Daten, die den Eindruck bestätigen. Die motorische Aktivität steigt in den ersten Lebensjahren stark an, erreicht im frühen Schulalter ein Maximum und nimmt im Verlauf der Pubertät wiederum ab **(Abbildung 30)**. Mit 6 bis 10 Jahren sind Kinder am bewegungsfreudigsten, genau in dem Alter, wo sie gefälligst ruhig in der Schulbank sitzen sollten. Jungen sind in jedem Alter motorisch aktiver als Mädchen. Erheblich größer als dieser Unterschied ist jedoch die interindividuelle Variabilität. Jugendliche mit einem großen Bewegungsdrang sind etwa dreimal aktiver als diejenigen, die sich wenig bewegen. Die motorische Aktivität nimmt bis ins dritte Lebensjahrzehnt weiter ab und mündet schließlich in ein Plateau. Eine große Variabilität bleibt im Erwachsenen- und selbst im Seniorenalter aber bestehen. So gibt es 60-Jährige, die sich nur noch zwischen Küche, Wohn- und Schlafzimmer hin und her bewegen, während selbst 80-Jährige sich noch der Herausforderung eines Marathons stellen.

Bei dieser großen Variabilität sowohl bezüglich motorischer Geschicklichkeit wie auch motorischer Aktivität erscheinen generelle Ratschläge für sportliche Betätigungen nicht sehr sinnvoll.

Jeder Jugendliche muss selber herausfinden, was ihm am Besten liegt: Skateboard, Fußball, Schwimmen, Tanzen, Wandern, Golf … es gibt so viele Sportarten. Dabei geht es nicht nur um motorische Geschicklichkeit. Andere Fähigkeiten spielen oft eine ebenso große Rolle. Beim Tennis geht es beispielsweise darum, die Flugbahn des Balles einzuschätzen, sich im Raum darauf einzustellen und den Bewegungsablauf mit dem Tennisschläger daran anzupassen. Die Körpersprache des Gegenübers richtig zu deuten ist eine weitere wichtige Fähigkeit. Je besser ein Spieler Körperhaltung, Bewegungen, Blickverhalten und Mimik des Gegenübers zu lesen vermag, desto rascher kann er den nächsten Ballwechsel antizipieren. Beim Fußball geht es um Spielstrategie, Raumaufteilung und Teamfähigkeit, beim Orientierungslauf um räumliches Orientierungsvermögen und beim Ballett um Musikalität. Motorische Aktivitäten sorgen nicht nur für einen fitten Bewegungsapparat, sie sind für die gesamte Entwicklung von Bedeutung. Sie halten den Kreislauf in Schwung, fördern die Verdauung und regulieren den Schlaf-Wach-Rhythmus mit. Bewegung steigert in einer umfassenden Weise das körperliche und psychische Wohlbefinden. Regelmäßige, nicht nur sporadische motorische Aktivität trägt zur Regulation des Körpergewichts bei und beugt Übergewichtigkeit vor (Saris 1986). Es gibt Hinweise, dass Jugendliche, die sich sportlich betätigen, bessere Schulleistungen erbringen. Schließlich spielt der Sport, insbesondere der Mannschaftsport, im Jugendalter eine große soziale Rolle. Vor allem Jungen, aber auch manche Mädchen wollen sich untereinander messen und als Gruppe gegeneinander antreten. Sport leistet einen wichtigen Beitrag zur Sozialisierung von Jugendlichen. Damit Jugendliche nicht nur vor dem PC und Fernseher sitzen, muss es jedoch attraktive Angebote in Schule und Freizeit geben.

Das Wichtigste in Kürze

1. Die Ausreifung von motorischen Funktionen wie Koordination, Körperhaltung und Gleichgewicht wird während der Pubertät abgeschlossen. Damit Jugendliche ihre Motorik möglichst gut ausbilden, sollten sie auch noch in der Pubertät vielfältige grob- und feinmotorische Erfahrungen machen können.

2. Die Variabilität motorischer Fähigkeiten bleibt auch in der Pubertät groß.

3. Die Bewegungsaktivität nimmt in den ersten Lebensjahren stark zu, erreicht im frühen Schulalter ein Maximum und nimmt während der Pubertät ständig ab.

4. Kinder und Jugendliche mit großem Bewegungsdrang sind mindestens 3-mal aktiver als solche, die sich wenig bewegen.

5. Motorische Aktivitäten halten den Bewegungsapparat fit, tragen zum psychischen Wohlbefinden bei, regulieren den Schlaf-Wach-Rhythmus und fördern die sozialen Kompetenzen (zum Beispiel beim Mannschaftssport).

Musikalische Fähigkeiten

Just have a little patience
I'm still hurting from a love I lost
I'm feeling your frustration
Any minute all the pain will stop.

Just hold me close inside your arms tonight
Don't be too hard on my emotions.

'Cause I
Need time
My heart is numb, has no feeling
So while I'm still healing
Just try and have a little patience.

I really wanna start over again
I know you wanna be my salvation
The one that I can always depend.

I'll try to be strong
Believe me I'm trying to move on
It's complicated but understand me.

'Cause the scars run so deep
It's been hard but I have to believe
Just have a little patience

Have a little patience
My heart is numb, has no feeling
So while I'm still healing
Just try and have a little patience

Musizieren, konsumieren und träumen

Kinder sind vielseitig. Sie basteln und malen, spielen Lieder auf der Flöte und bezaubern ihre Eltern beim Schülertheater. Auch wenn sie nicht herausragend begabt sind, sind sie doch meist vielfältig zu interessieren. Wenn sie in die Pubertät kommen, wird das anders. Einige wenige Jugendliche entwickeln ein echtes Talent. Sie schreiben mit 15 Jahren ihren ersten Fantasy-Roman, gründen eine Musikband oder entdecken das Theater. Fehlt den Jugendlichen jedoch die große Leidenschaft, dann betätigen sie sich kaum noch musikalisch oder anderweitig künstlerisch.

Jugendliche sind auf der Suche nach sich selbst und dem, was aus ihnen einmal werden wird. Wenn sie ein Talent bei sich entdecken, ist das eine große Befriedigung. Sie entfalten ihr Talent oft explosionsartig. Musische Aktivitäten hingegen, die Jugendliche bloß zum Zeitvertreib oder nur unter elterlichem Druck betrieben haben, werden in der Pubertät fallen gelassen. Dann hängen die Jugendlichen lieber mit Gleichaltrigen herum oder hören Musik.

Musikalische Höchstleistungen gibt es schon im Kindesalter. Mehr als bei allen anderen Künsten tummeln sich bei musikalischen Talentwettbewerben Kinder. Reift das musikalische Talent besonders schnell? Wie entwickelt es sich überhaupt und was passiert in der Pubertät?

Ich glaube nicht, dass musikalische Begabungen besonders rasch heranreifen, auch kommen sie nicht häufiger vor als andere musische Begabungen. Sie werden jedoch stärker wahrgenommen. Echte Begabungen sind die Extreme der normalen Variabilität und daher per definitionem selten. Ausgesprochen selten ist eine Begabung wie sie bei Amadeus Mozart vorlag. Er war fähig, sich eine zweistündige Oper anzuhören und danach aus dem Gedächtnis alle Stimmen und Instrumente niederzuschreiben. Die musikalische Begabung hat viele Facetten. Es gibt Menschen, die ein Instrument spielen, aber nicht tanzen oder singen und solche, die ein großes musikalisches Verständnis haben, aber selbst nicht musizieren können. Zeigt sich das musikalische Talent sehr früh und ist das Kind auch feinmotorisch begabt, kann mit ausreichender Förderung ein kleines Wunderkind werden. Musikalische Kompetenz zeigt sich auch noch in anderen Bereichen, sie kann sich beispielsweise mit mathematischer oder sprachlicher Kompetenz verbinden. Schriftsteller behandeln Sprache oft wie Musik. Musik spielt – neben anderen kreativen Fähigkeiten – bei Theater- und Filmemachern eine wichtige Rolle. Das sind wiederum Bereiche, die meist erst Jugendliche für sich entdecken. Charakteristisch für die Pubertät ist jedoch, dass Musikhören, vor allem die Popmusik – ob der Jugendliche nun musikalisch ist oder nicht –, zu einem wesentlichen Bedürfnis des jungen Menschen wird.

Viele Eltern versuchen die musikalischen Fähigkeiten ihrer Kinder zu fördern, indem sie sie ein Instrument lernen lassen. Klavier-, Querflöte- oder Geigestunden gehören noch zum Lebenslauf in bildungsnahen Familien.

Und die meisten Kinder hören in der Pubertät wieder damit auf. Wenn den Eltern die Druckmittel abhanden kommen, üben die Jugendlichen nicht mehr. Es wird zwar ein großer Wert darauf gelegt, dass Kinder ein Instrument erlernen, aber das Erlebnis, die Freude an der Musik wird leider oft nicht vermittelt. Ob ein Jugendlicher seine musikalische Kompetenz weiter ausbildet und die Freude am Spielen eines Instrumentes behält, hängt aber nicht nur von seiner Begabung ab, sondern auch vom Stellenwert, der der Musik in Familie und Schule eingeräumt wird. Gehen die Eltern mit den Kindern ins Konzert? Wird in der Familie musiziert und gesungen? Fakt ist: Nur etwa 10 bis 20 Prozent aller Jugendlichen macht auf Dauer selbst Musik. Der große Rest konsumiert.

Es ist ein großer Unterschied, ob man Musik nur konsumiert oder selbst musiziert. Wenn man ein Instrument spielt oder singt, erschließt sich einem eine ganz eigene Welt. Insofern ist ja schon viel gewonnen, wenn jemand als Kind einige Jahre ein Musikinstrument lernt und es dann in der Pubertät wieder sein lässt.

Das stimmt, solange es selbst gewollte, erfüllende Erfahrungen sind und nicht einfach ein Übungsprogramm, das abgearbeitet werden muss. Es gibt durchaus Lernerfahrungen, die man eine

Weile lang macht und dann sein lässt, und die einem trotzdem bereichern können. Wenn wir uns vergegenwärtigen, wie sehr Jugendliche Musik brauchen, fällt es schwer zu verstehen, warum ihnen von Seiten der Familie oder der Schule nicht mehr und adäquatere Angebote gemacht werden. Die Jugendlichen hören Musik, laufen ständig mit i-Pods herum und gehen auf Popkonzerte. Da sind große Bedürfnisse vorhanden, die von den Schulen besser genutzt und gefördert werden könnten.

Mädchen hören eher Musik, während Jungen Musik machen. Stimmt diese Unterteilung?
Es gibt tatsächlich mehr Jungen, die in einer Band spielen oder sogar eine gründen. Ob das ein Beweis dafür ist, dass Jungen musikalisch talentierter sind? Um eine Band zu gründen, braucht es weit mehr als musikalisches Talent. Es bedarf einer großen Risikofreude, die bei Jungen meist stärker ausgeprägt ist als bei Mädchen, einer gewissen Unangepasstheit und Selbständigkeit, auch eine gehörige Portion Organisationstalent gehört dazu. Gut denkbar, dass aus dem einstigen Bandleader später mal ein kreativer Unternehmer wird. Die Mädchen sind aber im Kommen. Immer mehr Mädchen besuchen Musikschulen, singen und beteiligen sich an Musikwettbewerben. Dennoch stimmt, was du eingangs gesagt hast: Mädchen hören eindeutig mehr Musik.

Als sich Robbie Williams 1996 von der Band Take That trennte, richtete die Berliner Jugendverwaltung ein Sorgentelefon ein. Eine Woche lang war die Hölle los, die Sozialarbeiter am Telefon mussten mit unzähligen Selbstmorddrohungen fertig werden. 90 Prozent der Anrufer waren Mädchen. Viele von ihnen hatten sich in ihrer Fantasie ein Leben mit Robbie Williams eingerichtet. Wieso gibt es in der Adoleszenz diese Massenhysterien?
Boygroups und ihre irrationale Verehrung sind typisch weibliche Jugendphänomene. Die gab es schon bei den Beatles und natürlich sind auf Robbie Williams längst jüngere Stars, etwa Justin Bieber – der auf Twitter derzeit 5,5 Millionen zumeist weibliche Fans hat – gefolgt. Die Stars und ihre Konzerte sind ideale Ventile, um eine ganze Reihe von Emotionen gefahrlos auszuleben. Lie-

Popkonzert: Gefahrlos
Gefühle ausleben

besgefühle in all ihren Variationen vom Schwärmen, Verliebtsein, Enttäuschtwerden bis zur kollektiven Verzweiflung und übermächtigen Trauer. Gefühle der Bewunderung können hemmungslos in die Musik und den angehimmelten Star hineinprojiziert werden. Dabei laufen diese Massenphänomene immer stereotyp ab. Geschrei und Hysterie treten in jeder Generation aufs Neue und auf identische Art und Weise auf.

Das Schwärmen für einen bestimmten Star oder eine Boygroup geht bei Mädchen ja manchmal so weit, dass ihr Idol zur ersten großen – unerreichbaren – Liebe wird. Sie kleiden ihr Zimmer mit Postern der Band aus und erträumen sich ein Leben mit ihrem Lieblingssänger so als wäre er echt da. Manchmal reicht das bis zu sexuellen Fantasien. Eine Art Zwischenstadium auf dem Weg zu einem wirklichen Partner?

Es geht nicht wirklich – was jedoch viele Erwachsene annehmen – um Sexualität. Im Vordergrund steht die Sehnsucht nach Geborgenheit, ineinander aufgehen, gemeinsamen Erleben, Hand in

Hand durch eine Blumenwiese laufen, sich über Gott und die Welt unterhalten. Da kommt es der jugendlichen Mädchenpsyche geradezu gelegen, dass der Star unerreichbar ist. Noch darf die Liebe ein Traum bleiben, der für diese Mädchen so spannend ist wie das wirkliche Leben selbst.

Popmusik begleitet als ständiges Hintergrundgeräusch das Leben der Jugendlichen. S-Bahnfahren ohne i-Pod ist undenkbar Aufstehen ohne die neueste Hip-Hop-Playliste zum Scheitern verurteilt, Hardrock-Gedröhn am Nachmittag ein Muss, um das Leben überhaupt aushalten zu können. Viele Jugendliche unterlegen auch die Erledigung ihrer Hausaufgaben mit Musik.
Und können sich dabei meistens auch noch gut konzentrieren. Jugendliche haben ein ganz anderes Verhältnis zur Musik als Erwachsene, zumindest zur Unterhaltungs- und Popmusik. Die Jugendlichen sind musikalisch auf dem Laufenden. Sie kennen die Hit-Listen und Namen der neuesten Sänger und Boygroups, bevor ihre Eltern auch nur begreifen, wo sie die Listen und Namen herbekommen haben.

Wieso schaffen es die meisten Erwachsenen nicht, up to date zu bleiben, während ihre jugendlichen Kinder an ihnen vorbeiziehen? Haben die Jugendlichen eine raschere Auffassungsgabe und eine erhöhte musikalische Kreativität?
Ganz eindeutig. Das gilt auch für alle anderen musischen Fähigkeiten. Viele Jugendliche schreiben Gedichte und Songtexte, mal so zwischendrin, gestalten ihre Facebook-Seite mit selbst bearbeiteten Fotos oder gar eine Homepage im Handumdrehen. Ganz generell ist die Pubertät eine Zeit erhöhter Kreativität, der Geist ist auf Neues und Experimentelles eingestellt. Es herrscht eine Probieren-geht-über-Studieren-Mentalität. Evolutionsbiologisch macht das auch Sinn, denn es sind nun einmal die jungen Menschen, die für Innovationen sorgen und neue künstlerische Wege einschlagen.

Das zeigte sich auch bei der Geschichte mit dem Sorgentelefon und Robbie Williams. Manche Fans wurden durch die Krise krea-

tiv und aktiv. Sie meldeten sich beim Jugendamt und wollten beim Sorgentelefon mithelfen. Und sehr schnell wurde die ganze Sache dann auch noch zum Kult. Wenn man dazu gehören wollte, dann musste man täglich beim Sorgentelefon anrufen; einfach nur, um Neuigkeiten zu erfahren. Um aus dem Ganzen wieder herauszukommen, war das Jugendamt gezwungen eine Presse-meldung lancieren, wonach es keine Anrufe mehr gäbe und sie deshalb die Hotline einstellen würden. Nur dadurch hörten die Anrufe schließlich auf.

Daran sieht man, worum es Jugendlichen in erster Linie geht: Sie wollen dazugehören, vor den Gleichaltrigen gut dastehen, sie suchen einen Ersatz für Geborgenheit und Zugehörigkeit, und sie identifizieren sich mit dem Ereignis, der Band – oder eben dem Sorgentelefon, das von den Jugendlichen kurzerhand in einen virtuellen Treffpunkt umfunktioniert wurde. Da geht es um enorme emotionale Energien, die frei gesetzt werden, und die ein Ventil brauchen. Nach ähnlichem Prinzip verlaufen jugend-liche Hausbesetzungen, Demos und natürlich alle Musik- und Tanzereignisse.

Pop, Punk, Hip-Hop. Heute wechseln auch die Musikmoden schneller als man sich ihre Namen merken kann. Wenn ich meine Tochter darauf anspreche, komme ich mir wie jemand vor, der in Zeitlupe lebt. »Mich darfst du nicht fragen, ich höre nicht das, was die anderen hören.« »Du hörst nicht die Hit-Liste.« »Doch, aber zum Beispiel auch Robbie Williams.« »Ah, ich dachte, der ist ein Megastar.« »Für die Oldies.« »Verstehe ... und was also hört man dann so.« »Ach Mami ...«, seufzt es neben mir und ich weiß, was im Kopf meiner Tochter abläuft. Bis die das kapiert hat, sind die Songs und Bands doch längst wieder out.

Hinter dem Bedürfnis nach Popmusik steckt eine gigantische Unterhaltungsindustrie, die diese Bedürfnisse bedient. Immer schneller, immer greller, immer zynischer auch. Songs und Sänger werden am Reißbrett entworfen und auf die Wünsche und Bedürf-nisse der Zuhörer – insbesondere junger Mädchen – zugeschnit-ten. Zu jeder Band gehört ein ganzes Arsenal an Merchandising-Produkten, die samt der Musik direkt im Internet zu beziehen sind. Zu jeder Musikrichtung gibt es die dazugehörige Mode und Zeitschriften. Einige Dutzend Fernsehkanäle, unzählige Radiosender und vor allem das Internet sorgen für einen Unterhaltungsoverkill, in dem sich Jugendliche – siehe deine Tochter – jedoch bestens auszukennen scheinen. Man schätzt das jugendliche Konsumpotential in Deutschland auf etwa 15 Milliarden Euro pro Jahr (Farin 2001, Hamm 2003). Dass die Unterhaltungsindustrie ein derartiges Ausmaß annehmen kann, ist wohl am ehesten mit dem gewaltigen emotionalen Bedürfnis der Jugendlichen zu erklären.

Warum ist es für Jugendliche so wichtig, Popmusik zu hören, mit dieser Musik zu leben?
Die größte Wirkung von Musik besteht darin, dass sie Gefühle und Erinnerungen hervorzurufen vermag. Sie wirkt wie ein Katalysator auf unser emotionales Innenleben. Die Popmusik bedient sich dieser Wirkung auf eine sehr massenwirksame und auf ein jugendliches Lebensgefühl zielende Weise. Mit eingehenden Melodien und immer gleichen Rhythmen löst sie ein hohes Maß an Vertrautheit aus. Romantische Liebe, die Sehnsucht nach einem Partner, Sexualität, Glück, aber auch Wut und Ärger oder Trauer und Hoffnungslosigkeit. Die Texte sind meist zweitrangig und voller Schlüsselbegriffe oder Standardsätze, etwa: » *Paradise, desire, forever together, I'll be there for you, joy and pain, sunshine and rain etc.* « (Hauck 1999) Die Eltern können diesen Gefühlsüberschwang und seine Einseitigkeit nicht mehr nachvollziehen, sie sollten aber deshalb diese Musik nicht lächerlich machen. Die Musik spiegelt die emotionalen Umwälzungen der Pubertät; Jugendliche müssen sich vom Kindsein verabschieden und zum Erwachsensein entwickeln, sich von den Eltern lösen und bei den Gleichaltrigen ankommen. Dabei entstehen zahllose Träume und Sehnsüchte und perfekt ausgemalte Vorstellungen von einer Welt, in der sie leben möchten. All dem gibt die Popmusik eine Stimme.

Wäre das Verhalten der Jugendlichen anders, wenn es diesen enormen Konsumdruck der Unterhaltungsindustrie nicht gäbe?
Die Unterhaltungsindustrie kann diese Gefühle nur ausnutzen, weil sie so stark sind. Ich glaube auch nicht, dass die Unterhal-

tungsindustrie andere Interessen verdrängt. Es gibt Jugendliche, die sich für eine gewisse Zeit nur noch für Popmusik und Facebook interessieren, während andere nach wie vor eigenen Aktivitäten nachgehen.

Eine Freundin von mir hatte eine ganz einfache Regel: Fernsehen schauen durften die Jugendlichen nur am Wochenende, dann dafür ausgiebig. Ich habe diese Regel für meine Tochter übernommen. Das Erstaunliche daran war, dass es nicht nur funktionierte, sondern durch den wegfallenden Konsumzwang auch Platz für andere Aktivitäten frei wurde. Hätte ich die Regel nicht aufgestellt, wären viele andere Beschäftigungen wohl verkümmert. Das Gleiche müsste eigentlich auch in allen anderen Bereichen der Unterhaltungsindustrie funktionieren.

Die Lösung besteht, denke ich, weniger darin, etwas zu verbieten, als vielmehr darin, Alternativen anzubieten. Bei dir hat das funktioniert, weil deine Tochter attraktive Alternativen zum Fernsehkonsum hat. Viele Eltern sind aber selbst Opfer ihres Konsumverhaltens und sitzen beispielsweise mehrere Stunden täglich vor dem Fernsehgerät. Warum sollen sich da die Jugendlichen bezüglich Fernsehen, Computer und Musikhören anders verhalten? Es geht also darum, den Jugendlichen nicht nur alternative Angebote zu machen, sondern vor allem auch Alternativen vorzuleben.

Das Wichtigste in Kürze

1. Musikalische Fähigkeiten sind unter Jugendlichen sehr unterschiedlich ausgeprägt und können unterschiedlich zum Ausdruck kommen.

2. Nur etwa 10 bis 20 Prozent der Jugendlichen sind und bleiben auch nach der Pubertät musikalisch aktiv. Die große Mehrheit der Jugendlichen konsumiert Musik nur noch.

3. Musik unterstützt Jugendliche bei der Suche nach sich selbst und dem, was sie einmal werden wollen. Musikhören stärkt die Zusammengehörigkeit unter Gleichaltrigen.

4. Musik ist für Jugendliche deshalb so wichtig, weil mit der Umstellung vom Kindsein auf das Erwachsensein eine Flut von Träumen und Sehnsüchten verbunden ist, welche die Popmusik zum Ausdruck bringt.

5. Massenhysterien bei Popkonzerten sind typische Jugendphänomene, die es seit den Beatles gibt. Es sind ideale Ventile, um eine Vielzahl von Gefühlen gefahrlos auszuleben, wie Liebe in all ihren Variationen, aber auch Verzweiflung und Trauer.

Schlafverhalten

»Ich kann morgens nicht aufstehen, weil ich ohnmächtig bin. So fix und fertig müde. Dann weckt mein Vater mich 3-mal. Ich wünsche mir einen Wecker wie bei Star Wars, der hat einen roten Zielpunkt und eine kleine Strahlenpistole dabei, mit der musst du den Wecker ausschießen. Und wenn du nicht triffst, kriegst du einen Elektroschock in die Hand. Dann wird man wach.« (Michael, 13)

Jugendliche sind Eulen – sie können nichts dafür

Die Klagen sind vielfältig: Jugendliche gehen zu spät ins Bett, wollen am Morgen nicht aufstehen und schleppen sich mit einem chronischen Schlafdefizit durch die Woche. Eltern klagen, dass sie sie abends nicht ins Bett bekommen und morgens nicht aus den Federn und in die Schule. Lehrer klagen über müde Schüler, mangelnde Aufmerksamkeit und lausige Schulleistungen. Da kann doch etwas nicht stimmen.

Alle leiden. Die Jugendlichen auch, wie Michaels flehendlicher Wunsch nach dem rabiaten Star-Wars-Wecker zeigt. In einer gesamtschweizerischen Umfrage gaben 61 Prozent der Mädchen und 54 Prozent der Jungen im Alter von 15 bis 20 Jahren an, sich tagsüber häufig oder gar ständig müde zu fühlen. Jugendliche versuchen sich deshalb mit allerlei Mittelchen wachzuhalten. Sehr beliebt sind die sogenannten Energy Drinks, die neben Süßstoffen erhebliche Mengen an Koffein enthalten. Bettzeit und Aufstehzeit in Abbildung 31 und 32 zeigen, dass Jugendliche während der Pubertät immer später zu Bett gehen und wegen des frühen Schulbeginns zu immer weniger Schlaf kommen. Damit vergrößert sich das Schlafdefizit von Jahr zu Jahr. Den Sonntag verschlafen manche Jugendliche weitgehend, um das Defizit zu kompensieren.

Eulen schlafen tagsüber

Verantwortlich für diese Misere sind aus Sicht der Eltern die Jugendlichen selbst. Würden sie früher zu Bett gehen, wären sie tagsüber wacher und würden bessere Schulleistungen erbringen. Seit etwa 20 Jahren wissen wir, dass dem nicht so ist. Jugendliche können – auch wenn sie sich noch so bemühen – aus biologischen Gründen nicht früher einschlafen. Forscher haben die folgenden Umstellungen im Schlafverhalten während der Pubertät festgestellt:

- *Phasenverschiebung der inneren Uhr.* Sämtliche Prozesse in unserem Körper weisen einen 24-Stunden-Rhythmus auf. Sie unterliegen den sogenannten circadianen Rhythmen (*circa*: ungefähr; *dies*: Tag). Die biologische Uhr, die dafür verantwortlich ist, wurde im nucleus suprachiasmaticus in der Nähe der Überkreuzung der Sehnerven lokalisiert. Bis zur Pubertät wird der circadiane Rhythmus um etwa eineinhalb Stunden nach hinten verschoben. Damit verbunden ist eine spätere Ausschüttung des Schlafhormons Melatonin.
- *Verlängerung der inneren Periode.* Der circadiane Rhythmus entspricht nur bei etwa der Hälfte der Menschen genau 24 Stunden, bei etwa 30 Prozent ist er länger. Menschen mit einem längeren Rhythmus werden häufig als »Nachteulen« bezeichnet, weil sie eine Neigung haben, abends länger aufzubleiben, und morgens Mühe mit dem Aufstehen haben. Menschen, deren innere Periode kürzer als 24 Stunden ist, nennt man »Lerchen«. Sie werden am Abend vorzeitig müde und springen dafür früh-

morgens putzmunter aus dem Bett. In der Pubertät werden die meisten Jugendlichen zu »Eulen«. Sie bleiben abends deutlich länger wach und haben am Morgen Mühe aufzustehen.

- *Lichtempfindlichkeit der inneren Uhr.* Der wichtigste Taktgeber für die innere Uhr ist der Tag-Nacht-Wechsel. In der Pubertät erhöht sich auch die Lichtempfindlichkeit. Helles Licht verzögert das Einschlafen.
- *Schlafdauer.* In der Pubertät nimmt schließlich der *Schlafbedarf* um etwa 2 Stunden ab (Abbildung 33). Die Abbildung zeigt zudem, dass es Jugendliche gibt, die mit weniger als 6 Stunden Schlaf pro Nacht auskommen, während andere mehr als 9 Stunden benötigen.

All diese biologischen Mechanismen lassen uns verstehen, weshalb die elterlichen Bemühungen, ihre pubertierenden Kinder früher ins Bett zu bekommen, chancenlos sind. Eltern und Schulen müssen lernen, mit der Situation anders umzugehen.

Warum stellt die Natur die innere Uhr denn überhaupt um? Wohl kaum um die Eltern zu ärgern.

Darüber lässt sich nur spekulieren. Meine Vermutung ist, dass damit den jungen Erwachsenen Gelegenheit gegeben werden soll, sich abends zu treffen, sich kennenzulernen und Beziehungen einzugehen. Hinzu kommt, dass im Verlauf der Nacht Hemmschwellen niedriger werden, so wird es leichter, sich beispielsweise auf sexuelle Erfahrungen einzulassen. Wohl auch ein Grund dafür, dass Eltern so darauf beharren, dass Sohn und Tochter beim Ausgehen möglichst frühzeitig nach Hause kommen.

Was bedeutet all das dann für die Eltern und die Schule?

Wenn wir diese Umstellungen als biologische Realitäten akzeptieren, müssen wir unsere Einstellung ändern und unser Verhalten anpassen. Als Erste haben die Schulbehörden im amerikanischen Staat Minnesota in den 90er Jahren die Konsequenzen daraus gezogen. Sie haben den Schulbeginn in der Oberstufe eineinhalb Stunden später angesetzt, mit dem Resultat, dass die Schüler aufmerksamer waren, die Schulleistungen besser wurden sowie Schulverspätungen und Schulabsenzen zurückgingen (Wahlstrom 2002a, 2002b). Die Skeptiker hatten erwartet, dass die Jugendlichen nur abends noch länger aufbleiben würden, da sie später aufstehen konnten – doch das hat sich nicht bewahrheitet. In der Zwischenzeit haben immer mehr US-Staaten den Schulbeginn später angesetzt. Unsere Schulen sollten den zu frühen Schulbeginn ebenfalls überdenken.

Bis dahin wird noch einige Zeit vergehen. In Deutschland und der Schweiz beginnt die Schule nach wie vor zwischen 7.30 und 8.00 Uhr. Was kann man Eltern und vor allem Jugendlichen also hierzulande raten?

Das Schlafmanko lässt sich etwas vermindern, wenn Jugendliche und Eltern die folgenden 5 Punkte beachten:

- Möglichst immer zur gleichen Zeit zu Bett gehen und aufstehen. Das stabilisiert den Schlaf-Wach-Rhythmus.
- Starke Lichtexposition vor dem Zu-Bett-Gehen vermeiden. Licht am Abend hält wach.
- Das Bett nur zum Schlafen benutzen.
- Das Schlafzimmer abdunkeln.
- Koffeinhaltige Getränke und Alkohol am späteren Nachmittag und abends meiden. Sie beeinträchtigen den Ablauf und die Tiefe der Schlafzyklen.

Zum Abschluss kommt der Clou des pubertären Schlaf-Dramas: Nach dem 22. Lebensjahr beginnt sich die innere Uhr wieder zurückzudrehen (Roenneberg et al. 2004). Den jungen Menschen fällt es zunehmend schwerer, den Nightclub-Besuch bis zur Morgendämmerung durchzustehen. Und so freuen sich die Eltern, wenn ihre erwachsen gewordenen Kinder dann plötzlich wieder früher und besser gelaunt am Frühstückstisch erscheinen.

Das Wichtigste in Kürze

1. Jugendliche gehen während der Pubertät immer später zu Bett und kommen wegen des frühen Schulbeginns zu immer weniger Schlaf. Den Sonntag verschlafen sie häufig, um das Schlafdefizit zu kompensieren.

2. Jugendliche können – auch wenn sie sich noch so bemühen – aus biologischen Gründen nicht früher einschlafen. Der Grund dafür liegt in einer vorübergehenden Umstellung der Schlafphysiologie in der Pubertät.

3. Darüber hinaus nimmt der Schlafbedarf in der Pubertät um etwa 2 Stunden ab. Manche Jugendliche kommen mit weniger als 6 Stunden aus, während andere mehr als 9 Stunden benötigen.

4. Um das Schlafmanko möglichst klein zu halten, sollten Jugendliche möglichst immer zur gleichen Zeit zu Bett gehen, starke Lichtexposition am Abend vermeiden, das Bett nur zum Schlafen benutzen, das Schlafzimmer abdunkeln und vor allem koffeinhaltige Getränke und Alkohol ab dem späten Nachmittag meiden.

5. Verschiedene US-Staaten haben den Schulbeginn um eineinhalb Stunden nach hinten verschoben. In der Folge waren die Schüler aufmerksamer, die Schulleistungen besser und die Schulabsenzen gingen zurück. Dabei blieben die Jugendlichen nicht – wie anfangs befürchtet – abends noch länger auf. Unsere Schulen sollten den zu frühen Schulbeginn ebenfalls überdenken.

Teil II
Jugendliche und ihre Entwicklungs- aufgaben

Geborgenheit

Totale Hingabe

Der Film Twilight spiegelt die Gefühlswelt Pubertierender sehr genau wieder. Bella ist unsterblich in Edward verliebt. Er ist für sie Bedrohung, Verführung, Erlösung, aber auch totaler Schutz. Sie schwelgt in ihren Gefühlen und verspürt einen unheimlichen, beängstigenden, aber auch faszinierenden Sog: Sie will sich Edward ganz hingeben und ihn an sich binden. Dafür ist sie bereit, mit ihm überall hinzugehen. Das Schlimmste für Bella wäre, von ihm verlassen zu werden. Nicht mehr bei den Eltern sondern bei Edward sucht Bella umfassende Geborgenheit. Ihre Liebe zu ihm ist so absolut wie einst ihre kindliche Liebe zu den Eltern.

Edward ist ein intellektueller, etwas kalt wirkender Adonis und Vampir, eine Art James Dean, der auf Bella appellativ melancholisch wirkt. Obwohl Vampir, will er Bella keinesfalls verletzen. Er will sie beschützen, aber auch besitzen.

Sexualität

Bella und Edward schlafen nicht miteinander. Doch das ist nicht unbedingt ein Ausdruck konservativer Werte. Vielmehr ist die Sexualität für die beiden weniger wichtig als sich mit all der Erotik, die dazu gehört und die durch die sexuelle Enthaltsamkeit noch verstärkt wird, unsterblich zu verlieben und damit aneinander zu binden.

Angst vor der Zukunft

Die seltsamen Landschaften von Twilight, der unheimliche Wald, das weite Meer, die steilen Klippen – alles übersteigert und verfremdet – sind Metaphern für eine fremde, bedrohliche Zukunft, die den Jugendlichen Angst macht. Nur durch die Liebe ist diese Welt zu bewältigen. In ihrer unbedingten und ersehnten Abhängigkeit reist Bella mit Edward durch die Lüfte, in ihrem gemeinsam entrückten Erleben überblicken sie die Welt aus den Wipfeln einer Tanne. Als Edward weggeht, verfällt Bella in tiefe Trauer, sie will über eine Klippe springen und sterben – und wird von Edward gerettet.

Rolle der Eltern

Bellas Vater fühlt sich hilflos und machtlos. Er nimmt Edward als Bedrohung wahr. Seine Bemühungen, Bella zu beschützen – er ist bezeichnenderweise Polizist – sind im Vergleich zum Schutz, den Edward verspricht, in den Augen Bellas bedeutungslos. Die Mutter, die mit ihrer neuen Beziehung beschäftigt ist und Tausende Kilometer weit weg lebt, vermisst Bella nicht. Die Eltern haben keine Ahnung, welch tödlichen Gefahren ihre Tochter ausgesetzt ist. Sie nehmen an Bellas Gefühlswelt nicht mehr teil.

Bedeutung der Clique

Bella muss entscheiden, ob sie zu den Menschen, Vampiren oder Werwölfen gehört und was die jeweilige Zugehörigkeit bedeutet. Jede Gruppe hat unterschiedlich gute und böse Qualitäten und Wertvorstellungen. In jeder Bande gilt unbedingte Loyalität zur Bande und Schutz vor den anderen Cliquen. Edward und sein Gegenspieler Jacob, der zu den Werwölfen gehört und Bella von Kindesbeinen an kennt, kämpfen für die Existenz und die Werte ihrer Lebensgemeinschaft. Die Cliquen sind Metaphern für die Gesellschaft. Wo gehöre ich hin, wo finde ich soziale Akzeptanz und Anerkennung? Welche Gruppe teilt meine Wertvorstellungen? Aber auch: Woher komme ich?

Wie sich Jugendliche emotional neu orientieren

Die Pubertät ist für die Jugendlichen eine emotionale Achterbahn. Erwachsenen, insbesondere Eltern, bereitet es oft große Mühe, sich in die Gefühlswelt der Jugendlichen einzufühlen. Sie neigen deshalb dazu, die emotionale Befindlichkeit der Heranwachsenden falsch einzuschätzen und ihre Gefühlsausbrüche zu entwerten. Was kann Eltern helfen, ihre Kinder besser zu verstehen?
Um die Befindlichkeit und die Gefühlswelten von Jugendlichen, ihre Sehnsüchte und Ängste besser zu begreifen, kann für Eltern

und alle Erwachsenen ein Film wie *Twilight* hilfreich sein. Er zeigt die Gefühle und Nöte der Jugendlichen und hilft, sie ernst zu nehmen, selbst wenn sie aus der Sicht der Erwachsenen völlig realitätsfern sind. Dazu müssen die Erwachsenen die Perspektive der Jugendlichen einnehmen und auf ihre eigenen Gefühlskategorien verzichten. So können sie in Filmen wie *Twilight* so ziemlich alle Elemente entdecken, die Heranwachsende umtreiben. Etwa den emotionalen Überschwang dieser Filme. Er hat gute verhaltensbiologische Gründe. Er verschafft den jungen Menschen die notwendige Energie, damit sie es wagen, ihre Herkunftsfamilie zu verlassen, neue Beziehungen einzugehen und sich den Herausforderungen der Gesellschaft zu stellen.

Twilight blickt aus der Perspektive jugendlicher Mädchen auf die Welt, auch wenn man darin Einiges über die Lebenswelt der Jungen erfährt. Gibt es beim Bedürfnis nach Geborgenheit Unterschiede zwischen Jungen und Mädchen? Was brauchen wir, um die jungen Männer besser zu verstehen?

Zugegebenermaßen findet man eher liebeskranke Frauen als Männer, Männer lassen einen derartigen Gefühlsüberschwang weniger zu. Es gibt aber durchaus auch liebeskranke Männer vom Typ des jungen Werthers von Goethe, also Jungen, die unsterblich aber hoffnungslos verliebt sind, weil die Angebetete nicht zu haben ist. Der Film *Goethe* aus dem Jahr 2010, der die Werther-Geschichte zum Thema hat, zeigt, dass sensitive Männerfiguren ihren Platz auch in der jugendlichen Welt von Heute haben. Was junge Männer aber vor allem umtreibt, wird in Filmen wie *Herr der Ringe* dargestellt: Abenteuer, die man mit Freunden besteht, in die Welt hinausziehen (siehe Seite 168 f.). Filme wie *Twilight* oder *Herr der Ringe* sind im Grunde genommen neu erzählte archaische Geschichten, und die gibt es schon seit den griechischen Tragödien und Shakespeares »Romeo und Julia«.

Das Kind ist während der ganzen Kindheit bedingungslos an die Eltern und andere Bezugspersonen gebunden. Sein emotionales Wohlbefinden hängt in einem hohen Maß von der Qualität dieser Beziehungen ab. In der Pubertät kommt es jedoch zum Bruch.

Die kindliche Bindung löst sich weitgehend auf. Geborgenheit und Zuwendung muss der Jugendliche nun bei den Gleichaltrigen und in der Folge bei einem zukünftigen Partner finden (siehe »Sozialverhalten«). Ist die familiäre Geborgenheit aber nicht weiterhin wichtig für die Heranwachsenden?

So schmerzhaft es klingen mag: Für den Jugendlichen haben die Eltern nie mehr die emotionale Bedeutung wie in der Kindheit. Eine junge Frau erzählte mir folgende Begebenheit. Mit 16 Jahren zerbrach ihre erste große Liebe. Als sie nach Hause kam, bemerkte der Vater, der ihr immer sehr nahe stand, sofort, dass sie überaus unglücklich war. Er nahm die Tochter in die Arme und versuchte sie zu trösten. Dabei wurde der jungen Frau schmerzhaft bewusst, dass seine Worte für sie nicht mehr die Bedeutung hatten wie früher. Der Vater fühlte sich bei der Umarmung auch anders an. Und so wurde ihr mit einem Schlag klar, mein Vater kann mich nicht mehr wie früher trösten. Diese Einsicht ist hart für das Kind wie für den Vater: Die Tochter fühlt sich allein und der Vater hilflos. Die unbedingte Geborgenheit und Zuwendung, die Eltern ihren Kindern früher geben konnten, gibt es so nicht mehr.

Ich habe aufgehört, meine Tochter immer zu fragen, wie es ihr geht, und angefangen, sie mehr zu beobachten. Dabei habe ich gemerkt, wie viel ich, auch ohne dass sie mir etwas erzählt, über sie weiß. Ich sehe ihr an der Nase an, ob mit den Freundinnen alles gut läuft, ob sie verliebt ist oder ihr etwas Sorgen bereitet. Ich versuche also ihre Abnabelung zu respektieren und erhalte dabei die gute Beziehung zu ihr.

Wenn die Beziehung des Jugendlichen zu seinen Eltern gut bleibt oder – was häufiger der Fall ist – nach einigen turbulenten Jahren wieder gut wird, gibt es auch eine neue Form der Liebe, wie sie unter erwachsenen Menschen möglich ist. Fakt bleibt, dass dem Jugendlichen selbst die liebevollste und verständnisvollste Eltern-Kind-Beziehung nicht mehr ausreicht, er muss außerhalb der Familie Geborgenheit suchen und finden. Das zeigt sich schon im beschränkten Zugang, den die Eltern zur Gefühlswelt der Jugendlichen haben. Vor ihren besten Freuden und Freundinnen hingegen haben sie keine Geheimnisse und teilen buchstäblich alles. Den Beziehungsknatsch, die intimsten Gefühle, Erfahrungen mit Sexualität, Alkohol oder Drogen. All das sind Dinge, die Jugendliche kaum noch mit ihren Eltern besprechen. Als Vater war ich erstaunt und fühlte mich außen vor, als ich zufällig mitbekam, dass eine meiner Töchter seit kurzem eine neue Freundin und diese bereits in ihre intimsten Geheimnisse eingeweiht hatte. Was sie wirklich innerlich bewegte, haben weder ich noch ihre Mutter je zu hören bekommen. Wenn die Eltern das Vertrauen des Jugendlichen jedoch erzwingen wollen, zieht er sich noch mehr zurück. Françoise Dolto (2005) hat Jugendliche gefragt, was ihnen ihre Eltern noch bedeuten. Hier ihre Antworten:

- Ich liebe die Eltern nicht mehr so, wie ich sie als Kind geliebt habe.
- Ich will ihnen nicht mehr alles anvertrauen.
- Ich nehme sie mit anderen Augen wahr.
- Ich kann sie nicht mehr idealisieren.
- Ich habe eine Illusion verloren: Eltern sind Menschen wie andere auch.
- Ich brauche das Gespräch mit ihnen, aber nicht ihre Ratschläge.

Die Aussagen – auch wenn sie nicht für jeden Jugendlichen gleichermaßen gelten – machen eine weitere tief greifende Veränderung in der Eltern-Kind-Beziehung deutlich: Die Eltern werden entzaubert. Für ein Kind sind die Eltern die Größten, unabhängig davon, wie liebevoll sie mit dem Kind umgehen – einfach deshalb, weil es seine Eltern sind. Diese Sichtweise ist mit dem Eintritt in die Pubertät vorbei.

Was bedeutet das für den Jugendlichen selbst? Auch ihm müssen die Ablösung und der Verlust der emotionalen Sicherheit Probleme bereiten. Fühlen sich deshalb viele Jugendliche zeitweise einsam und sind emotional verunsichert?
Der Jugendliche spürt: Ich kann nicht mehr zurück, und so beginnt er, emotionale Zuwendung außerhalb der Familie zu suchen. Anfänglich bei gleichgeschlechtlichen Freundinnen und Freunden, dann beim anderen Geschlecht und schließlich bei einem potentiellen Partner (siehe »Sozialverhalten«). Die Erwar-

Sich geborgen fühlen wie als Kind

tungen, die Jugendliche an ihre Freundinnen und Freunde stellen, sind dabei sehr hoch. Sie erwarten von ihnen Beständigkeit, Treue, Solidarität, Großmütigkeit und größtmögliche Verschwiegenheit. Sie suchen eine Doppelgängerin, eine verwandte Seele, ein Alter Ego. Sie wollen mit ihrem Freund oder ihrer Freundin gefühlsmäßig verschmelzen, allen Kummer teilen, eine unzerstörbare Beziehung eingehen. Sie wollen sich genauso aufgehoben fühlen wie damals als Kind bei den Eltern. Ihre Bereitschaft, sich Hals über Kopf zu verlieben, hilft ihnen, Beziehungen einzugehen und durchzustehen. Die sprichwörtliche Blindheit des Verliebtseins macht sie glauben, dass sie tatsächlich die Geborgenheit der Kindheit wiedergefunden haben, bis dieser Traum Risse bekommt, und die Beziehung ihren Realitätstest bestehen muss, und aus dem kindlichen Geborgenheitswunsch hoffentlich ein gereiftes Bedürfnis nach einer langfristigen, tragfähigen Beziehung wird. Manche Jugendliche müssen auf dem Weg dorthin leidvolle Erfahrungen machen und Enttäuschungen hinnehmen, was sich wiederum negativ auf die Leistungsbereitschaft in der Schule oder im Beruf auswirken kann. Null-Bock-Stimmungen bei den Jugendlichen sind nicht einfach grundlose, neurobiologisch bedingte Verstimmungen. Sie haben sehr oft handfeste Gründe, von denen häufig weder Eltern noch Lehrer etwas erfahren.

Welche Rolle spielt dabei die Sexualität?

Wenn die Beziehung gut ist, trägt die Sexualität zum gemeinsamen Glück bei. Oft spielt die Sexualität aber auch eine zwiespältige Rolle. So kann sie gegenseitig abhängig machen. Vor allem für Mädchen kann sie ein Pfand sein, um den Partner zu binden. Auf jeden Fall kann die Sexualität nie allein das herstellen und gewährleisten, was in der Beziehung angestrebt wird, nämlich Geborgenheit. Sie kann immer nur einen Beitrag zur Beziehung leisten.

Schlimm ist es, wenn es keinen Freund oder Freundinnen gibt, oder – noch schlimmer – wenn man von ihnen enttäuscht wird. Dann fühlen sich Jugendliche plötzlich sehr allein, der Boden scheint unter ihren Füßen weggezogen zu sein. Wem sollen sie nun ihre Gefühle mitteilen, wo Unterstützung erhalten?

Dies ist eine der ganz großen Nöte im Jugendalter. Es ist fast so schlimm, wie wenn ein Kind seine Eltern verliert. Wenn Erwachsene das einmal verstanden haben, begreifen sie auch, dass ein Jugendlicher, der sich alleine fühlt, depressiv werden kann, die schulischen Leistungen nicht mehr zu erbringen vermag oder sogar krank wird. Auch für die Eltern kann dieser Zustand sehr belastend sein. Sie fühlen sich ohnmächtig, können sie ihrer Tochter oder ihrem Sohn doch ihre beste Freundin oder den besten Freund nicht zurückbringen. Eltern haben aber immer noch eine wichtige Aufgabe: Der verzweifelte Jugendliche braucht die Eltern und ihre Unterstützung.

Aber warum ist das Alleinsein für Jugendliche so besonders schlimm?

Kinder und Jugendliche brauchen mindestens einen Menschen, der sie vorbehaltlos akzeptiert – um nicht zu sagen liebt –, wie auch immer sie sich verhalten. Die Eltern können diese Aufgabe nur noch bedingt erfüllen. Das Bedürfnis nach emotionaler Sicher-

Allein – der Albtraum jedes Jugendlichen

heit ist zwar von Jugendlichem zu Jugendlichem unterschiedlich groß, aber für die meisten ist es ein sehr wesentlicher Bestandteil ihres Wohlbefindens. Daher ist es auch verständlich, dass ein Umzug der Familie, der zum Verlust der Freunde führt, einer Katastrophe gleichkommen kann. Auch wenn sich die Eltern trennen, geht es für den Jugendlichen oft weniger um die Frage, ob er sich bei Mutter oder Vater wohler fühlt, sondern vielmehr darum, bei wem ihm sein Freundeskreis erhalten bleibt. Aus den gleichen Gründen kann auch ein Schulwechsel für Jugendliche eine enorme Belastung sein. Verliert er dadurch gute Freunde, kann der Wechsel zu einer großen Verunsicherung führen. Waren die Beziehungen hingegen nicht gut, kann der Wechsel auch einen Neuanfang bedeuten.

Bietet eine glückliche Kindheit Schutz vor negativen Erfahrungen mit der ersten Partnerschaft?

Wenn ein Kind in Geborgenheit aufgewachsen ist, ist das eine gute

Voraussetzung, aber leider keine Garantie für eine gelungene Partnerschaft. Die Pubertät ist beziehungsmäßig ein Versuchsfeld mit himmelhochjauchzenden Hochs und abgrundtiefen Tiefs. Geborgenheit in der Kindheit trägt zu einem guten Selbstbewusstsein, emotionaler Stabilität und einer inneren Bereitschaft für Beziehungen bei. Das schützt aber nicht vor Enttäuschungen. Ein Mädchen mit einer behüteten Kindheit erwartet verständlicherweise, dass der erste feste Freund mit ihr genauso behutsam und umsichtig umgeht wie damals die Eltern. Wenn dem aber nicht so ist, fällt es aus allen Wolken und sucht die Gründe bei sich selbst. Hält es an der unglücklichen Beziehung fest, wird es über Monate oder Jahre belastende Erfahrungen machen und sich vergeblich mit der Beziehung abmühen. Dabei kann das Mädchen derart verunsichert werden, dass es glaubt, beziehungsunfähig zu sein.

Ein Kind braucht Geborgenheit, es braucht Bezugspersonen, die ständig verfügbar sind, es braucht eine liebevolle Sorge und kann nicht allein sein. Was passiert mit einem Jugendlichen, wenn er in der Kindheit zu wenig Geborgenheit bekommen hat?

Wenn ein Jugendlicher in der Kindheit wenig Geborgenheit erlebt hat, kann sich dies auf seine Beziehungsfähigkeit in der Pubertät erschwerend auswirken – je nachdem wie der Jugendliche seine Kindheit erlebt und welche Persönlichkeit er mitbekommen hat. Geborgenheit kann er vermisst haben, weil sich seine Eltern ständig gestritten und eine zerstörerische oder gar gewalttätige Ehe geführt haben. Es kann aber auch sein, dass ein Elternteil krank war oder verstorben ist oder dass die Betreuung aus anderen Gründen unzureichend war und das Kind dadurch emotional vernachlässigt wurde. Je nachdem, aus welchen Gründen und auf welche Weise der Jugendliche als Kind Geborgenheit entbehren musste, kann seine Beziehungsfähigkeit als junger Erwachsener ganz unterschiedlich beeinträchtigt sein.

Wie reagieren Jugendliche darauf?

Es gibt Mädchen, die sehr früh aus der Familie ausziehen und sich überstürzt in eine Beziehung flüchten, in der Hoffnung, endlich die Geborgenheit zu finden, die sie jahrelang entbehren mussten.

Einige werden früh schwanger und hoffen, den Partner durch das Kind so an sich zu binden, dass er sie nicht mehr verlassen kann. Es gibt aber auch junge Menschen, die in der Kindheit den Glauben verloren haben, dass man sich in einer Beziehung geborgen fühlen kann. Sie binden sich nur flüchtig und ziehen sich zurück, wenn die Gefühle des Partners allzu stark werden, weil sie damit nicht umgehen können und Angst haben, emotional wieder verletzt zu werden. Dann gibt es junge Menschen, die sich auf Grund ihrer Kindheitserfahrungen vornehmen, es anders und besser als die Eltern zu machen. Das kann durchaus gelingen. Eine Herausforderung kann es dann werden, wenn sie sich und den Partner dabei überfordern oder schließlich doch wieder in Verhaltensmuster zurückfallen, die sie bei ihren Eltern erlebt haben.

Was geschieht mit den Menschen, die, unabhängig davon wie ihre Kindheit verlaufen ist, eine Beziehung gar nicht mehr wagen wollen oder ganz aufgegeben haben, an Liebe und Partnerschaft zu glauben?
Auch daraus entstehen unterschiedliche Lebensentwürfe. Etwa der Folgende: Anne wohnte bis zu ihrem 28. Lebensjahr bei ihren Eltern. Obwohl sie über eine gute Ausbildung und ein ausreichendes Einkommen als Lehrerin verfügte, machte sie sich nicht selbständig. Sie ging auch nie eine feste Beziehung ein und ihr soziales Netz an Freundinnen war sehr klein. Eines Tages verließ sie – ohne Ankündigung und ohne Abschied zu nehmen – das Elternhaus. Dann sind zwei Jahre vergangen, ohne dass Anne mit ihren Eltern ein einziges Mal Kontakt aufgenommen hat. Was ist geschehen? Anne hat einen Kurs für Esoterik besucht. Die Kursleiterin muss auf sie stark charismatisch gewirkt haben. Auf jeden Fall lebt Anne seither in der Wohngemeinschaft dieser Leiterin und hat die Beziehung zu ihrer Herkunftsfamilie vollständig abgebrochen. Anne scheint in der Leiterin eine Art Ersatzmutter gefunden zu haben und zu einer kindlichen Beziehungsform zurückgekehrt zu sein. Esoterische Gruppierungen, Sekten und Freikirchen bieten immer mehr Jugendlichen eine trügerische Geborgenheit. Die Jugendlichen fühlen sich in der Gemeinschaft akzeptiert und erleben im stark ritualisierten und nach strengen

Regeln ablaufenden Leben der Gemeinschaft emotionale Sicherheit. Der Preis dafür ist die Aufgabe von Eigenständigkeit im Denken und Handeln. Sie bekommen – wie früher von ihren Eltern – bis ins kleinste Detail vorgeschrieben, was für ein Leben sie zu führen und an welchen Wertvorstellungen sie sich zu orientieren haben. Sie geben die Verantwortung für ihr Leben ab und erleben dies mindestens anfänglich als große Entlastung.

Es gibt offensichtlich viele Formen, eine unglückliche Kindheit zu verarbeiten.

Vielleicht so viele, wie es Menschen gibt? Prostitution beispielsweise in Verbindung mit unglücklichen Lebensumständen kann eine nachteilige Folge von zu wenig Geborgenheit in der Kindheit sein. Eine wahrscheinlich recht häufige Form der Kompensation, vor allem unter Männern, ist die Flucht in eine möglichst erfolgreiche berufliche Karriere und Reichtum. Ein berühmter Film, in dem ein solches Schicksal überaus eindringlich dargestellt wird, ist *Citizen Kane* von Orson Wells. Es mag auf den ersten Blick erstaunen, aber auch eine karitative, selbstlose Tätigkeit für Arme und Schwache kann aus einem Mangel an Geborgenheit in der Kindheit herrühren. Von Bedürftigen gebraucht zu werden und von ihnen angenommen zu sein, kann durchaus eine Lebensform sein, um Zuwendung und emotionale Nähe zu erhalten.

Interessanterweise haben die beiden großen christlichen Kirchen nur noch wenig Bindungsmacht. Ihre Bedeutung für Jugendliche ist – zumindest laut Shell Jugendstudie – nicht gestiegen, während beispielsweise Werte wie Familie und Freunde ganz oben auf der Skala stehen. Warum eigentlich? Hätten die Kirchen nicht eine wichtige Aufgabe, Lebenssinn, Identität und Gemeinschaftsgefühl zu stiften?

Die Kirchen mit ihren Ritualen wie Firmung und Konfirmation, die den Jugendlichen früher aus der Geborgenheit der Familie in die Geborgenheit der Gemeinschaft überführt haben, haben ihre Kraft leider weitgehend verloren. Dafür haben Freikirchen und Sekten auf manche Jugendliche eine große Anziehungskraft – weniger wegen der Religion an sich als vielmehr durch die Geborgenheit und Zuwendung, die sie zu vermitteln vorgeben: Wir gehören alle zusammen, bei uns bist du aufgehoben, wir helfen dir, wenn du in Nöten bist. Aber auch: Wir sagen dir genau, wie du dein Leben zu leben hast, was erlaubt ist und was nicht. So geben diese Gruppen vermeintliche Antworten auf Fragen, die die Jugendlichen beschäftigen. Sie stellen sich geschickt auf die vielfältigen Verunsicherungen, aber auch auf den Lebensstil der jungen Menschen ein, indem sie Musik und Rituale, die in der Teenagerszene beliebt sind, in ihre Veranstaltungen einbauen.

Das Wichtigste in Kürze

1. Die Gefühlswelt von Jugendlichen ist für Erwachsene schwer zu verstehen. Filme wie *Twilight* oder *Herr der Ringe* können ihnen helfen, deren Sehnsüchte und Ängste besser zu begreifen.

2. Die größte Veränderung in der Pubertät betrifft das Bindungsverhalten. Das Kind ist bedingungslos an die Eltern gebunden und in seinem Wohlbefinden von ihnen abhängig. In der Pubertät wird diese Bindung weitgehend aufgelöst.

3. Weil die Eltern dem Jugendlichen nicht mehr die notwendige Nähe und Zuwendung geben können, sucht er Geborgenheit bei den Gleichaltrigen und später bei einem Partner.

4. Von seinen Freunden und seinem Partner erwartet der Jugendliche unbedingte Treue, Verlässlichkeit und letztendlich Geborgenheit wie er sie in der Kindheit erfahren hat.

5. Alleinsein ist für Jugendliche der Albtraum schlechthin. Den Freund oder die Freundin zu verlieren kann genauso schlimm sein wie für ein Kind der Verlust der Eltern.

6. Von den Eltern erwartet der Jugendliche nach wie vor, vorbehaltlos angenommen zu werden, vor allem auch dann, wenn er die emotionale Sicherheit bei den Gleichaltrigen nicht finden kann.

7. Wenn ein Kind in Geborgenheit aufgewachsen ist, ist das eine gute Voraussetzung aber keine Garantie für eine gelungene Partnerschaft.

Wenn ein Jugendlicher in der Kindheit hingegen wenig Geborgenheit erlebt hat, kann sich dies auf seine Beziehungsfähigkeit in der Pubertät erschwerend auswirken.

8. Die Kirchen, die den Jugendlichen früher aus der Geborgenheit der Familie in die Geborgenheit der Gemeinschaft überführt haben, haben ihre Kraft weitgehend verloren. Dafür haben Freikirchen und Sekten eine große Anziehungskraft gewonnen.

Clique und Peers

Herr der Ringe: Die Gefährten

Hinaus in die Welt
Die Verfilmung der Geschichte von Frodo Beutlin enthält viele Elemente des Erwachsenwerdens. Frodo lebt mit seinen Hobbit-Freunden im paradiesischen Auenland, ab und zu ein paar Streiche, gutes und reichliches Essen und die umfassende Geborgenheit in einer überhöht harmonischen Gemeinschaft symbolisieren die Kindheit. Doch dann verlässt Bilbo, der seinen Neffen Frodo einst aufgenommen hat, sein Adoptivkind. Er überlässt Frodo einen magischen, unheilvollen Ring, den er, um das Auenland vor dem Untergang zu retten, außer Landes bringen soll. Frodo muss sich also auf Wanderschaft begeben, die Kindheit verlassen, erwachsen werden. »Es ist eine gefährliche Sache, Frodo, aus deiner Haustür rauszugehen, du betrittst die Straße und wenn du nicht auf deine Füße aufpasst, kann man nicht wissen, wohin sie dich tragen«, hat ihm Bilbo einst mit auf den Weg mitgegeben.

Die Peers
»Wenn ich noch einen Schritt mache, bin ich so weit von Zuhause fort wie nie zuvor«, sagt Frodos bester Freund und Begleiter Sam. Hinaus in die Welt zu gehen, macht Angst, doch wer mit seinen Freunden – noch zwei weitere Hobbits gesellen sich zu den beiden – hinauszieht, kann immer wieder Mut schöpfen und gemeinsam das Abenteuer Leben bestehen. Zu bestehen sind nicht nur die Kämpfe gegen das Böse, sondern auch die Verlockungen der Erwachsenenwelt: Kaum haben die vier Freunde die Grenze des Auenlandes überschritten, verschlägt es sie auch schon in eine Kneipe, wo – wie könnte es auch anders sein – Bier getrunken werden muss.

Die erwachsenen Helfer
Auf dem Weg zum Erwachsenwerden sind die Jungen jedoch nicht allein. Bald gesellen sich erwachsene Führer zu ihnen, Aragorn, der

rechtmäßige Erbe des Throns von Gondor oder der weise Zauberer Gandalf. Diese Helfer symbolisieren die Bezugspersonen außerhalb der Familie, die die Jugendlichen auf ihrem Weg begleiten. Nach und nach werden sie wieder verschwinden. »Du musst dir selbst vertrauen«, sagt Gandalf zu Frodo, um ihn weiter in seine Unabhängigkeit zu stoßen.

Das Ziel – ein eigenständiger Mensch werden

»Ich bin nicht wie du, Bilbo«, sagt Frodo beim Wiedersehen mit seinem Adoptivvater. »In der Kindheit wollte ich zusammen mit dir Abenteuer bestehen. Mein eigenes Abenteuer sah dann aber ganz anders aus«. Frodo hat die Aufgabe, erwachsen zu werden, ein wichtiges Stück weit bestanden, aber viele Abenteuer werden noch folgen.

Wieso die Gemeinschaft der Gleichaltrigen so wichtig ist

Der Weg der Jugendlichen in die Gemeinschaft ist ein großes Thema, das seit Jahrtausenden in allen mögliche Formen des Erzählens abgehandelt wird. Bereits im Alten Testament findet sich die von Thomas Mann wieder aufgegriffene Geschichte von Jacob und seinen Brüdern. »Parzival« von Wolfram von Eschenbach ist auch so ein Urmythos. Inwieweit spiegeln sich in diesen Geschichten die Entwicklungsaufgaben des jungen Menschen? Und was für eine Rolle spielen dabei die Peers?

Die Aufgabe für den Jugendlichen besteht darin, die Welt verstehen zu lernen, sich in gefährlichen und widrigen Situationen zu bewähren und sich Kompetenzen, soziales Verhalten und ethische Vorstellungen anzueignen. Diesen Weg kann und soll der junge Erwachsene nicht allein gehen, er braucht dazu Gleichaltrige als Verbündete, aber auch erwachsene Bezugspersonen als Berater. Der Film *Herr der Ringe* von Peter Jackson nach dem Roman von J. R. R. Tolkien gibt die Herausforderungen und Gefahren, Freuden und Leiden des Erwachsenwerdens eindrücklich wieder und hilft uns zu verstehen, welche Entwicklungsaufgaben die Jugendlichen zu bewältigen haben.

In der Pubertät werden die Gefährten, die Peers, wichtiger als alles andere. Plötzlich stehen die Gleichaltrigen über allen Interessen, es geht nur noch darum, welche Stellung man innerhalb der Gruppe hat und was man miteinander erlebt. Warum ist das so?

Die Lebensphase mit den Gleichaltrigen ist für die Jugendlichen gewissermaßen eine Zwischenetappe auf dem Weg von der Familie in die Gesellschaft. In den Cliquen wird Vieles gelernt, was in der Familie nicht erworben werden kann, aber für die Stellung in der Gesellschaft wichtig sein wird. Die Eltern-Kind-Beziehung war geprägt durch ein Oben-Unten-Verhältnis. In einer Clique, einem Verein oder einer Wohngruppe sind nicht alle gleich, aber mehr oder weniger gleichwertig. Wie gehen wir miteinander um? Wer hat das Sagen? Welches Verhalten und welche Wertvorstellungen gibt es in der Gruppe? Was wird von den Mitgliedern toleriert und was nicht? Welche gemeinsamen Aktivitäten werden unternommen? All das muss in der Gruppe ausgehandelt werden – so wie später in der Gesellschaft auch. Dabei geht es um adäquates Sozialverhalten, Wertvorstellungen oder zeitgemäße politische Ansichten, die intensiv diskutiert und gelebt sein wollen. Diese Lebensphase dauert unterschiedlich lang, sie kann bereits im 12. Lebensjahr beginnen und bis über das 30. Lebensjahr andauern. Die Adoleszenz als Vorzimmer zur Gesellschaft wird dann verlassen, wenn sich der junge Erwachsene in der Gesellschaft etabliert hat, existentiell unabhängig ist und eine eigene Familie gründet.

Warum spielt die richtige Kleidung, die modischste Frisur und das angesagteste Handy in der Clique eine so große Rolle?

Jugendliche müssen vor allem zwei wichtige Aufgaben bewältigen: Erstens dazugehören und zweitens den richtigen Platz in der Clique finden. Dazugehören bedeutet je nach Clique auch das Tragen bestimmter Kleider, Frisuren und Accessoires, oft gehört das neueste Handy dazu, weil es seinen Besitzer als »cool« und »in« erscheinen lässt. Aber auch spezielle Verhaltens- oder Ausdrucksweisen sind wichtig. Manchmal entwickeln Cliquen einen besonderen Jargon mit eigenem Vokabular (siehe »Sprache«). Be-

Clique – Vorzimmer der Gesellschaft

stimmte Vorlieben, zum Beispiel für Heavy Metal Musik, oder ausgesuchte Lokale oder Anlässe, können ein Merkmal der Clique sein. Andere Cliquen wiederum definieren sich über die Zugehörigkeit zu Fangruppen beispielsweise von Fußballclubs. Viele Jugendliche stehen unter einem großen Anpassungsdruck, sie tun fast alles, um akzeptiert zu werden. Oft führt das zu Konflikten mit den Eltern, zum Beispiel wenn sich die Tochter ein Tattoo machen lässt oder der Sohn sich eine Irokesenfrisur zulegen will. Die Konsumgüterindustrie bedient einen riesigen und immer weiter wachsenden Markt mit jugendlichen Zugehörigkeitssymbolen und bewirbt sie auf allen verfügbaren Kommunikationskanälen. Dadurch können Jugendliche unter erheblichen finanziellen Druck geraten. Ich kann mich an einen 15-Jährigen erinnern, der sich in der Schule quergelegt und jegliche Leistung verweigert hat. Im Gespräch fand sein Lehrer heraus, dass er durch sein Verhalten einen Schulausschluss provozieren wollte, um anschließend bei einem Pizzabäcker arbeiten zu können. Mit dem lausigen Lohn wollte er dann endlich all die Dinge anschaffen, die in seiner Clique so wichtig waren, zuallererst ein Handy. In diesem Fall gelang es dem Lehrer, den Jungen davon zu überzeugen, dass ein regulärer Schulabschluss für seine Zukunft wichtiger und auch finanziell lohnender sein würde, und ein Onkel versprach ihm für den erfolgreichen Schulabschluss ein Handy. Es gibt aber auch Jugendliche, die auf die mehrheitlich äußerlichen Attribute als Statussymbole innerhalb der Clique überhaupt nicht oder nur wenig angewiesen sind. Sie kleiden sich einigermaßen modisch, ihren Platz in der Gruppe stellen sie aber mit ihren Fähigkeiten sicher. Sei es, weil sie besonders sozial kompetent sind – das ist vor allem eine Domäne der Mädchen –, sei es, dass sie in der Schule, im Sport oder bei einer Freizeitaktivität überzeugende Leistungen erbringen.

Ein Freund von mir war seit seinem 10. Lebensjahr im Internat. Das wichtigste, so erzählte er mir, war, nach den Ferien möglichst als Erster wieder dort zu sein. Dann konnte man nicht nur das beste Bett für sich reservieren, sondern man wusste bereits über alles Bescheid, bevor die anderen eintrafen. So hatte man die Gruppe von Anfang an in der Hand.

Das wäre nun ein Beispiel für die zweite Aufgabe: Wie finde ich meinen Platz in der Gruppe. Die Mittel und Strategien sind dabei sehr verschieden. Es will auch nicht jeder Anführer werden, sondern einfach eine Stellung einnehmen, die ihm entspricht. Viele Jugendliche fühlen sich als Mitläufer durchaus wohl, sie wären als Anführer überfordert. Hauptsache ist, sie gehören dazu. Mädchen und Jungen haben unterschiedliche Strategien und natürlich ändern sie sich, sobald die Gruppe aus Mädchen und Jungen besteht.

Wichtig bei beiden Geschlechtern sind die richtige Kommunikation und die richtigen Kommunikationsmittel.

Ein Jugendlicher ohne Handy hat es in der Gruppe der Gleichaltrigen schwer. Er weiß ja nicht einmal, wo sich die Gruppe am Nachmittag trifft. 95 Prozent der 12- bis 19-Jährigen haben in Deutschland aber ein Handy, man spricht von einer Handy-Vollversorgung (JIM-Studie 2009). Aber auch ohne Facebook ist man mittlerweile aufgeschmissen. Wer halbwegs »in« ist, schreibt weniger SMS, dafür twittert er und pflegt möglichst viele Facebook-Freundschaften, von wo auch immer er gerade ins Netz geht. Die Mehrheit der

Jugendlichen bedient sich heutzutage elektronischer Medien (JIM-Studie 2009). Das heißt aber nicht, dass sie für alle Jugendlichen die gleiche Bedeutung haben. Es gibt Jugendliche, die in einem hohen Maß von virtuellen Kontakten abhängig sind, während andere zwar mitmachen, ihre Bestätigung und ihren Ausgleich aber in realen Beziehungen und Aktivitäten finden. Zum wirklichen Problem kann die Benutzung dieser Medien dann werden, wenn Jugendliche ihr Wohlbefinden und Selbstwertgefühl ausschließlich von virtuellen Welten abhängig machen.

Sind virtuelle soziale Netzwerke wie Facebook oder Twitter einfach nur ein Ausdruck dafür, dass sich Jugendliche eben sehr für soziale Kontakte interessieren oder ist das verharmlosend gedacht?

Derzeit haben sich mehr als 500 Millionen Menschen auf Facebook eingetragen. Offenbar können unsere Lebensgemeinschaften das Bedürfnis der Jugendlichen nach Beziehung nicht mehr ausreichend befriedigen. In der virtuellen Welt kann man sich zudem so darstellen, wie man sein möchte. Man kann sich besser in Szene setzen als im realen Leben. Wenn man sich etwas einsam fühlt, kann man jederzeit Kontakt zu jemandem aufnehmen oder neue Kontakte knüpfen. Man fühlt sich umso wichtiger, je mehr »Freunde« man hat. Die negativen Auswirkungen solcher sozialen Netze gibt es leider auch. Das Medium kann zu einer Offenherzigkeit in Text und Bild verführen, die man später unter Umständen tief bereut. Sogenanntes Cybermobbing kann im schlimmsten Fall zum Suizid führen. Bei Stellenbewerbungen schauen sich die Arbeitnehmer immer häufiger den Lebenswandel der Kandidaten und Kandidatinnen auf Facebook an. Meine Sorge gilt aber vor allem der Zeit, die in virtuellen Beziehungen vertrödelt anstatt in konkreten Beziehungen gelebt wird. Nur, was sollen die Jugendlichen machen, wenn es zu wenig reale Alternativen zur virtuellen Welt gibt? Was sie ja letztlich alle möchten und ihnen das Internet nur vorgaukelt, aber nicht bieten kann: Beziehungen zu leben. Die virtuelle Welt ist für manche Jugendlichen so verlockend, dass sie es versäumen, Beziehungen einzugehen. Schlimmstenfalls vereinsamen sie dadurch auf Dauer.

Ob Einzelgänger oder Cliquentyp – Migrantenkinder und Kinder aus sozial schwachen Elternhäusern haben es meist besonders schwer.

Die soziale Herkunft hat zu allen Zeiten eine wichtige Rolle gespielt. Auch wenn Kinder aus der Oberschicht nicht mehr zwangsläufig einen Bonus unter den Gleichaltrigen haben, so haben sie doch ein Leben lang Vorteile, das beweisen nicht nur die Ergebnisse der PISA-Studie (Bertram 2008). Ausreichend Taschengeld zur Verfügung zu haben, spielt beispielsweise ebenfalls eine wichtige Rolle. Kinder aus bildungsfernen Familien sind auf vielfache Weise, nicht nur was Bildung und materielle Absicherung betrifft, benachteiligt. Sie haben es auch deshalb schwer, weil sie oft von Haus aus in einem Niemandsland leben. Wenn ihre Eltern nicht in die Gesellschaft integriert sind, bekommen die Jugendlichen von ihnen wenig oder gar keine Unterstützung, wenn sie Kontakte mit Gleichaltrigen zu knüpfen versuchen. In Migrationsfamilien kommt es immer wieder zu schwerwiegenden Konflikten, wenn Eltern versuchen, den Kontakt mit den einheimischen Jugendlichen zu unterbinden sowie Beziehungen und selbst Heiraten ausschließlich auf den eigenen Kulturkreis zu beschränken. Viele Jugendliche fragen sich daher: Gehöre ich überhaupt in diese Gesellschaft, in der ich mich fremd fühle? Will ich überhaupt in dieser Gesellschaft leben? Deshalb ist die Bedeutung der Cliquen so groß. Sie kann einen wesentlichen Beitrag zur sozialen Integration leisten. Wenn die Integration nicht gelingt, sei es, weil es die Jugendlichen selbst nicht schaffen oder weil sie ausgegrenzt werden, können sie sich Randgruppen zuwenden, die so zu Sammelbecken von jungen Menschen werden, wie in den Banlieus der französischen Großstädte. Diese Randgruppen können wiederum zu einer Bedrohung für die gesamte Gesellschaft werden. Auch deshalb ist es so außerordentlich wichtig, dass die Integration der Kinder bereits im Vorschulalter beginnt und in der Schule weitergeführt wird, und dass auch die Eltern in die Integrationsbemühungen miteinbezogen werden.

Ein Beispiel aus meinem Bekanntenkreis: Eigentlich ist er ein netter Junge, ein bisschen zu blond vielleicht und zu verträumt.

Deshalb wird er von den anderen oft »schwul« genannt, wogegen er sich schlecht wehren kann. Das führt dazu, dass er zart besaitet und schnell beleidigt ist, was die anderen in ihren Vorurteilen bestätigt und ihn weiter hänseln lässt. Was machen Jugendliche, die sozial einfach nicht ankommen?

Zuerst vergrößern sie ihre Anstrengungen, zum Beispiel bezüglich ihres Aussehens und ihres Auftretens. Mädchen schminken sich auffällig, tragen extravagantere Kleidung, legen Wert auf ein besonders teueres Handy. Manche versuchen die Gleichaltrigen, die sich noch nicht von ihnen abgewendet haben, zu manipulieren. Sie verhalten sich besonders dominant und versuchen, Schwächere an sich zu binden oder sich bedingungslos unterzuordnen. Ab einem bestimmten Alter können auch feste Beziehungen und sexuelle Erfahrungen unter den Jugendlichen zu Prestigefaktoren werden. Man muss eine gewisse Standfestigkeit haben, um als Mädchen dazu zu stehen, dass man mit 17 Jahren immer noch Jungfrau ist.

Bei all dem sozialen Schaulaufen kann man auch als spezieller Typ punkten, als Spaßmacher, Allein-Unterhalter, Leithammel oder sympathischer Mitläufer. Und nicht jeder, der sich dem Gruppendruck verweigert, wird sozial zum Outsider. Einige können gerade durch ihre Unabhängigkeit von den anderen Punkte sammeln.

Solche Jugendliche verfügen über bestimmte Stärken, beispielsweise im Sport und werden deswegen von den anderen bewundert. So können sie es sich leisten, »anders« zu sein. Aber so unabhängig sind, wie schon gesagt, die wenigsten. Wenn alle Anstrengungen erfolglos sind, greifen manche Jugendliche zu Ersatzstrategien. Sie sind in der Schule besonders fleißig und klammern sich an gute Noten. Oder sie ergreifen verbissen eine Aktivität, beispielsweise im Sport, die sie mit Gleichaltrigen zusammenbringt. Risikoverhalten mit Imponiergehabe ist eine häufig gewählte Strategie unter jungen Männern. Auf dem Skateboard abschüssige Straße hinunterrasen, macht bei den Freunden Eindruck. Wenn nichts mehr hilft und dem Jugendlichen die Strategien ausgehen, kann er auf vielfältige Weise reagieren. Er kann sich in Alkohol oder Drogen flüchten, krank, magersüchtig oder depressiv werden. Wir werden später ausführlich darauf zu sprechen kommen.

Irgendwann ist die Zeit der Clique zu Ende. Ihre Funktion ist erfüllt. Was passiert mit den Jugendlichen, die im Vorzimmer der Gesellschaft verloren gehen?

Je mehr die jungen Menschen den Sprung in die eigene Familie und Gesellschaft schaffen, desto mehr schwindet die Bedeutung der Clique. Häufig bleiben Beziehungen zu einzelnen Mitgliedern erhalten, aber außerhalb der Clique. Ein Beispiel dafür, wie es denjenigen ergehen kann, die in der Clique zurückbleiben, ist die Geschichte von Markus. Er war ein schwacher Schüler, ganz im Gegensatz zu seinem Bruder, der geistig und sozial sehr kompetent war. Er absolvierte eine Lehre und war bei der Arbeit auf einen wohlwollenden Arbeitgeber angewiesen. Markus hatte nie eine feste Freundin. Sein Ein und Alles war der Fanclub seines Fußballvereins. Die Spieler mit den anderen Fans beim Training und am Wochenende bei den Meisterschaftsspielen zu begleiten und zu unterstützen war sein Lebensinhalt. Im Laufe der Jahre heirateten immer mehr Kollegen und gründeten eine Familie. Dadurch wurde der Fanclub immer kleiner und Markus vereinsamte zusehends. Verzweifelt versuchte er über Anzeigen eine Frau aus Osteuropa oder aus den Philippinen zu finden. Als dies misslang, erlag er in seinem Elend dem Alkohol und Medikamentenmissbrauch und wurde schließlich in eine psychiatrische Klinik eingewiesen. Markus ist ein Extrembeispiel, das aber zeigt, wie bedeutend Peers für einen jungen Menschen sein können. Für solche Menschen macht ein Leben ohne Clique buchstäblich keinen Sinn. Mit wem sollen sie reden, mit wem ausgehen, mit wem die viele Zeit verbringen, die im Wartesaal Jugend so reichlich vorhanden ist? Hinzu kommt, dass viele Beziehungen, die schließlich zur Familiengründung führen, aus den Cliquen heraus entstehen. Aber nicht für alle Jugendlichen sind Cliquen wichtig, schon gar nicht überlebenswichtig. Es gibt durchaus Einzelgänger, die zufrieden sind, wenn sie ihre Ruhe haben. Gerade Jungen können mit einem besten Freund auskommen und sich ansonsten mit

Sport oder dem Computer beschäftigen. Bei Mädchen ist gewolltes Einzelgängertum seltener als bei Jungen, aber es gibt auch Mädchen, die ihren Hobbys und Interessen nachgehen und wenig mit Gleichaltrigen unternehmen wollen. Zu bedauern sind nicht die gewollten Einzelgänger, sondern die erzwungenen. Sie können unter ihrem Schicksal schrecklich leiden. Sie verdienen unsere besondere Aufmerksamkeit.

Das Wichtigste in Kürze

1. Cliquen sind das Vorzimmer zur Gesellschaft. Unter den Gleichaltrigen werden Sozialverhalten, Wertvorstellungen und politische Denkweisen erprobt, die in der Gesellschaft wichtig sein werden.

2. Soziale Anerkennung und eine ihnen entsprechende Stellung in der Gruppe sind für die meisten Jugendlichen sehr wichtig. Die richtige Kleidung und Schminke, wer hat schon einen Freund, das angesagte Handy und die Anzahl der Bekanntschaften auf Facebook sorgen für soziales Kapital.

3. Jugendliche mit besonderen Stärken, zum Beispiel im Sport, können sich dem Gruppenzwang entziehen. Die Mehrheit der Jugendlichen muss sich dem Druck beugen.

4. Jugendliche aus Migrationsfamilien haben es besonders schwer, Eingang in Cliquen einheimischer Jugendlicher zu finden, und suchen daher Zuflucht in Randgruppen. Dieser Gefahr kann am besten mit einer möglichst frühzeitigen Integration begegnet werden.

5. Der Konsum von Drogen und Alkohol sowie riskantes Verhalten unterliegen in der Clique einem hohen sozialen Druck. Nicht mitmachen fällt vor allem schwächeren Jugendlichen schwer.

6. Die Bedeutung der Clique schwindet, wenn sich die jungen Erwachsenen sozial und beruflich in der Gesellschaft etablieren und eine eigene Familie gründen.

Selbstverwirklichung

Harry Potter

Über Hindernisse zur Selbstverwirklichung

Die Geschichte vom Zauberlehrling ist eine Paradegeschichte über jugendliche Selbstverwirklichung. Nicht umsonst spielt sie im Zauberinternat Hogwarts. Jeder der sieben Bände und Filme beschreibt ein Schuljahr, in dem Harry seine Fähigkeiten als Zauberer entwickelt, um sie im Kampf gegen das Böse (Lord Voldemort) einsetzen zu können.

Die Kraft der eigenen Begabung

»Du bist ein Zauberer, Harry«, sagt Rubeus Hagrit, der Schlüsselbewahrer von Hogwarts, als er Harry bei den Dursleys, seinen nichtmagischen und übler Verwandten abholt, um ihn ins Zauberinternat zu bringen. »Was? Bestimmt verwechselst du was, ich bin NUR Harry«, antwortet der Junge, und damit ist auch schon das ganze Programm dieser fantastischen Geschichte abgesteckt. Harry ahnt seine Begabung bloß – manchmal passieren ihm seltsame Dinge, die die Dursleys unterdrücken wollen – doch nun wird diese Begabung sein Leben bestimmen.

Die eigenen Stärken entwickeln – bei sich selbst ankommen

Alles, was Harry für das Zauberinternat braucht, wird in der berühmten Winkelgasse verkauft. Sie ist ein Eldorado für Werkzeuge, Bücher, Utensilien, die Harry zur Entwicklung seines Talents – und damit auch seines Selbst – braucht. Sie ist ein Universum voller Verlockungen, ein Ort, der Harry viel gemäßer ist als sein unmagisches Zuhause. Er ist, sowohl hier als auch später in Hogwarts, bei sich selbst angekommen. »Willkommen zu Hause Mr. Potter« rufen ihm (sic!) die Passanten der Winkelgasse zu.

Selbstverwirklichung braucht Schulung und Entwicklung

»Ich sehe bei dir sehr viel Mut, im Köpfchen hast du auch was, dazu Talent und den Drang, dich zu beweisen«, spricht der Hut, der die Erst-

klässler bestimmten Internatshäusern zuweist. Harry und seine Freunde Ron Weasley und Hermine Granger landen in Gryffindor, für das sie von nun an Punkte sammeln und auch wieder verlieren können. Beurteilt wird dabei nicht nur das Beherrschen von Zaubersprüchen und magischem Wissen – es wird von sehr unterschiedlichen, guten und bösen Lehrer in Hogwarts vermitteln – sondern auch Mut, Loyalität, Eigenständigkeit und moralisches Handeln, selbst wenn es gegen die Gesetze des Internats verstößt.

Mut, vor allem braucht es Mut, wenn man sich selbst verwirklichen will
Schon für den Übergang aus der nichtmagischen in die magische Welt, braucht es Mut, denn die Schüler müssen mit ihren Gepäckwägen gegen eine Ziegelwand am Bahnhof Kings Cross fahren, auf deren anderer Seite sich das 9¾ Gleis befindet – und der Zug nach Hogwarts. Auch das traditionelle Quidditch, eine Art Rugby für Hexenbesenflugexperten, verlangt Mut, ganz abgesehen natürlich von all den Abenteuern und Herausforderungen, mit denen Harry und seine Freunde zu kämpfen haben. Den Troll im Mädchenklo bekämpfen sie anfangs noch recht ungelenk und die Zaubersprüche fließen ihnen erst nach reichlichem Nachdenken aus dem Mund, doch aus den talentierten Anfängern werden Meister und aus den Zauberzöglingen ernstzunehmende Mitglieder der magischen Welt.

Der Kampf gegen das Böse
Die Auseinandersetzung mit der Autorität ist sowohl positiv (Albus Dumbeldore, der Internatsleiter, ist Harrys Mentor, Sirius Black, sein Pate, Harrys wichtigste Bezugsperson außerhalb Hogwarts) als auch negativ (Lehrer Severus Snape, Valdemort etc.) besetzt. Dass Harry auf Gedeih und Verderb dem Kampf gegen das Böse (Lord Valdemort) ausgesetzt ist, zeigt sich indes schon bei der Wahl seines Zauberstabs. »Der Zauberstab sucht sich den Zauberer, man ist für ihn bestimmt, wobei doch sein Bruder (der Zauberstab Valdemorts) dich mit der Narbe gezeichnet hat«, sagt Mr. Ollivander erschrocken, als Harry endlich seinen Stab in Händen hält. Sieben Bände später wird Harry das Böse dann endgültig besiegt haben.

Was ich werden will

Was verstehen wir unter Selbstverwirklichung?

Selbstverwirklichung darf nicht mit dem Erreichen von Höchstleistungen in Schule, Beruf, Sport oder in einem anderen Tätigkeitsfeld verwechselt werden. Außerordentliche Leistungen erbringen nur wenige. Unter Selbstverwirklichung ist die Befriedigung zu verstehen, die alle Menschen empfinden, wenn sie ihre individuellen Begabungen realisieren können. Darunter fallen auch durchschnittliche oder gar unterdurchschnittliche Leistungen, wenn sie den Fähigkeiten des jungen Menschen entsprechen. Unsere Gesellschaft und vor allem die Medien orientieren sich zu sehr an Hochbegabungen. Dadurch werden nur noch überdurchschnittliche Leistungen gelobt und eine falsche Vorstellung von Selbstverwirklichung bedient. Die Mehrheit der Jugendlichen kann da nicht mithalten. Anerkennung durch Eltern, Lehrer und das ganze soziale Umfeld sollte dem individuellen Bemühen gelten und damit der Person in ihrer Einzigartigkeit, mit ihren jeweiligen Fähigkeiten – nicht der absoluten Leistung.

Mir scheint, die Selbstverwirklichung kommt bei vielen Jugendlichen zu kurz. Für sie sind Freunde das einzig wichtige. Ich glaube, das liegt auch daran, dass Eltern und Schule nicht genug oder einfach die falschen Anregungen geben. Oft gibt es in einer Klasse nur ein bis zwei Jugendliche, die Hobbys oder andere Interessen als Shopping, Fernsehen und Computerspiele verfolgen.
Ich denke, der Grund dafür liegt eher bei den Jugendlichen selbst. Für viele ist das Zusammensein und gemeinsame Erleben mit Gleichaltrigen tatsächlich wichtiger als die eigenen Begabungen. Dies wird in der Schule deutlich, wenn sich die Jugendlichen kaum mehr bemühen, ihre Leistungen zu steigern, was wiederum Ärger bei Eltern und Lehrern hervorruft. Doch was die Erwachsenen einsehen müssen, ist, dass man Jugendlichen bestenfalls noch Gelegenheit geben kann, ihre Kompetenzen möglichst gut auszubilden. Man kann sie aber nicht mehr dazu zwingen oder argumentativ davon überzeugen.

Wieso kann man Jugendliche weniger gut motivieren als Kinder?
Ein Kind, das man zum Lesen animieren will, bemüht sich dem
Erwachsenen zuliebe – selbst wenn es noch nicht dazu bereit ist.
Die meisten Jugendlichen jedoch sabotieren die Aufforderungen
der Erwachsenen. Neben der Tatsache, dass sie sich aufgrund des
veränderten Bindungsverhaltens sowieso nicht mehr erziehen lassen, hat das aber auch damit zu tun, dass viele Jugendliche einfach
ausgeschult sind. Während ein Kind noch ein Grundbedürfnis
zum Lernen hat und sich deshalb Bezugspersonen zuwendet, die
ihm etwas beibringen können, sind viele Jugendliche nicht mehr
bereit, sich weiter belehren zu lassen. Sie haben ihre Fähigkeiten,
so gut sie konnten, entwickelt. Selbstverwirklichung als Wissens-
zuwachs hat für sie darum keine Priorität mehr. Hingegen wollen
sie etwas in dieser Gesellschaft bewirken, ihre Fähigkeiten praktisch anwenden, sich in einem Beruf beweisen. Es gibt aber immer
noch eine starke Minderheit von Jugendlichen, die ihre Begabungen mit großem Aufwand weiterentwickeln wollen und dafür
Peers und Clique hintanstellen. Diese Jugendlichen bilden sich –
oft autodidaktisch – zu Computerspezialisten aus, betreiben exzes-
siv Sport, spielen oder singen in einer Band oder sind sehr gut in
der Schule. Sie beziehen einen großen Teil ihres Wohlbefindens
und ihres Selbstwertgefühls aus der Verwirklichung ihrer Begabungen, aus dem Zuwachs an Fertigkeiten und Wissen. Eltern und
Lehrer hätten gern, alle Jugendlichen wären genauso wissbegierig,
interessiert und initiativ. Nur, für die meisten Jugendlichen – wie
übrigens auch Erwachsenen – ist diese Art des Sich-verwirklichen-
Wollens kein Anliegen mehr. Was sie – einmal erwachsen – anstreben, ist ein ausreichendes Einkommen und ein gutes Leben.

**Und dann gibt es – wie im späteren Leben auch – all jene, die
Leistungen hauptsächlich für soziale Anerkennung erbringen.
Wieso kompensieren sie auf diese Art?**
Viele Aktivitäten werden vor allem aus sozialem Engagement
unternommen und weniger wegen der Aktivität an sich, etwa in
Vereinen. Das muss noch nicht heißen, dass diese Menschen kom-
pensieren. Das Hauptinteresse ist eben ein soziales. Und dann
gibt es ohne Zweifel auch diejenigen, die mit ihren Begabungen

hauptsächlich Anerkennung ernten und einen sozialen Status erringen wollen. Mit Leidenschaft etwas zu tun, innerlich getrieben und seinen Begabungen ausgeliefert zu sein, diese Art des inneren Feuers verspüren nur wenige. Und die lassen sich auf Dauer durch fehlende oder spärliche soziale Anerkennung für ihre Leidenschaft auch nicht davon abbringen. Wichtig ist, dass jeder Jugendliche das macht, was ihm entspricht.

Welche Bedeutung haben Eltern und Lehrer als Vorbilder?

Authentisch zu sein, sich selbst sein zu dürfen, sollte das Ziel sein – kein leichtes in unserer Gesellschaft und bestimmt auch kein einfach zu erreichendes für Jugendliche. Um ihnen dabei zu helfen, sollten Eltern und Lehrer Jugendliche in ihrer Persönlichkeit bestärken, sollten sie ermutigen, ihren Interessen und Begabungen zu folgen, und es tunlichst vermeiden, ihnen irgendwelche Karrieren nahezulegen, die ihnen finanziell oder bezüglich des sozialen Prestiges als besonders attraktiv erscheinen. Denn ein Jugendlicher wird sein Leben am besten bewältigen, wenn er es auf seine Stärken aufbauen und seinen Beruf selbst bestimmen kann. Leider sind die Erwachsenen den Jugendlichen in dieser Hinsicht oft keine idealen Vorbilder. Sie üben Berufe aus, die sie nicht gewählt hätten, wenn sie nicht durch die Eltern oder die wirtschaftlichen Gegebenheiten dazu gezwungen gewesen wären. Sie haben sich, als sie jung waren, nicht um ihre Selbstverwirklichung bemüht, sondern nur um eine bestimmte Art der gesellschaftlich sanktionierten Leistung und nun geben sie vor, etwas zu sein, was sie nicht sind, oder laufen ihr Leben lang einem diffusen Lebensentwurf hinterher, weil sie selbst nicht gelernt haben, zu sich zu stehen. Dann träumen sie höchstens noch davon, ein berühmter Schriftsteller oder angesehener Politiker zu sein, oder irgendwann doch noch die eigene Bestimmung oder den richtigen Beruf zu finden. Jugendlichen lassen sich von Eltern und Lehrern kaum für einen eigenständigen und individuellen Weg motivieren, wenn sie feststellen müssen, dass die Erwachsene selbst die eigene Selbstverwirklichung längst aus den Augen verloren haben. Jugendliche schätzen es jedoch sehr, wenn die Eltern bei sich selbst sind und bereit sind, mit ihnen über die gelungenen und misslungenen Seiten des eigenen Lebensentwurfs zu sprechen. Das schafft Glaubwürdigkeit, denn authentisch zu sein, ist eine schwierige Aufgabe und sie währt ein ganzes Leben lang.

Was sind die Gründe dafür, dass manche Jugendliche nicht das werden können, was sie möchten oder wozu sie fähig wären?

In Teil I haben wir gesehen, wie vielfältig die Begabungen unter den Jugendlichen verteilt sind. Um möglichst allen gerecht zu werden, müsste das berufliche Angebot in Gesellschaft und Wirtschaft genauso vielfältig sein. Dem ist leider nicht so. Wir sind, was unsere Arbeitswelt betrifft, eine sehr einseitige Gesellschaft geworden. 70 Prozent der Wirtschaft besteht aus Dienstleitungsunternehmen wie Banken, Versicherungen oder Ämtern. Kommunikative Fähigkeiten und Sprachkenntnisse sind dort sehr gefragt. Was aber ist mit all den jungen Menschen, die handwerklich begabt sind und körperlich arbeiten wollen? Handwerkliche Berufe gibt es immer weniger und man kann nur schwer davon leben. Körperliche Arbeit wird zusehends von Maschinen erledigt. Heutzutage reinigt eine einzige Maschine die Straßen, die früher von einem Trupp Männer sauber gehalten wurden. Das gilt genauso für Arbeiten in der Bau- und Forstwirtschaft. Diese wirtschaftliche Entwicklung benachteiligt besonders die Männer, während Frauen in einer Dienstleistungsgesellschaft mit ihren Kompetenzen eher im Vorteil sind. Ein erfolgreicher Banker erzählte mir kürzlich die folgende Geschichte: Nachdem sein Sohn mit Ach und Krach das Gymnasium geschafft hatte, versuchte er sich erfolglos in einem Rechtswissenschafts- und anschließend in einem Geschichtsstudium. Daraufhin verlangte der Vater, dass er eine Banklehre absolviert, die der Sohn lustlos antrat. Auf einer Ferienreise kam er dann zufälligerweise mit der indischen Goldschmiedekunst in Kontakt. Dieses Handwerk faszinierte ihn so sehr, dass er nach seiner Rückkehr in die Schweiz bei einem bekannten Goldschmied in Lehre ging. Heute hat er sein eigenes Geschäft und der Vater bemerkte es stolz – verdient genauso viel wie ein Banker. Der Soziologe Richard Sennett hat in seinem Buch »Handwerk« (2008) ein wahres Loblied auf das Handwerk angestimmt. Er fordert, dass dem Eigenwert der individuellen Arbeit wieder mehr

Beachtung geschenkt wird. Ich finde, er hat recht. Das Handwerk bekommt in unserer Gesellschaft nicht die Wertschätzung, die es eigentlich verdienen würde. Die Arbeit von Möbelschreinern, Töpfern, Gärtnern und vielen anderen handwerklichen Berufen lässt sich nicht gänzlich automatisieren, und sie sollte nicht in Billiglohnländer ausgelagert werden. Erfreulicherweise entstehen durch den rasanten technologischen Fortschritt ständig neue Berufe beispielsweise in der Energie- und Umwelttechnologie. Eine Gesellschaft, die nur noch aus Dienstleistung besteht, scheint mir hingegen nicht nur in wirtschaftlicher Hinsicht ein hohes Risiko einzugehen, sie wird vor allem der Vielfalt der Menschen überhaupt nicht gerecht. Bei allen ökonomischen und gesellschaftlichen Zwängen sollten wir nie vergessen, dass die Menschen ihr Leben dann am besten bewältigen, wenn sie ihre Begabungen entwickeln und auf ihre Stärken setzen können. Deshalb sollten wir uns bemühen, die Jugendlichen in ihren Kompetenzen zu fördern und ihnen eine berufliche Tätigkeit zu ermöglichen, die ihren Talenten entspricht.

Natürlich haben es bei der Selbstverwirklichung Jugendliche aus Migrationsfamilien wieder einmal besonders schwer.
Wie ihnen ergeht es auch Kindern aus niederen sozialen Schichten. Studien zeigen, dass Kinder aus bildungsfernen Familien in ihrer schulischen Karriere erheblich benachteiligt werden (PISA 2006, Coradi Vellacott et al. 2005), nicht, weil sie weniger intelligent wären, sondern aus einer Vielzahl von Gründen, die in Familie, Schule und Gesellschaft zu suchen sind. Dazu gehören eine ungenügende Förderung in der frühen Kindheit und überforderte Eltern, im Schulalter mangelnde Sprach- und Sozialkompetenz und nicht zuletzt auch die Vorurteile von Lehrern und Behörden. Junge Menschen, die schulisch benachteiligt werden, fühlen sich verständlicherweise betrogen und können mittelfristig zu einem Problem für die Gesellschaft werden. Irgendwann realisieren sie, dass es in dieser Gesellschaft keine Chancengerechtigkeit gibt. Sie steigen aus der Gesellschaft aus und können einen Hass auf die Gesellschaft entwickeln, die sie für ihr Versagen verantwortlich machen (siehe »Schule« und »Gesellschaft«). Möglichst alle Ju-

gendlichen darin zu unterstützen, ihre individuellen Begabungen auszuschöpfen und in der Wirtschaft sinnvoll einzusetzen, bietet die sicherste Gewähr für eine umfassende soziale und berufliche Integration – und eine gewaltfreie Gesellschaft.

Das Wichtigste in Kürze

1. Selbstverwirklichung bedeutet, die individuellen Begabungen zu verwirklichen. Dabei geht es nicht um Höchstleistungen, sondern darum, dass jeder Jugendliche seine Leistungsfähigkeit seinen Begabungen entsprechend ausbilden kann. Er wird sein Leben dann am besten bewältigen, wenn er auf seine Stärken setzt.

2. Eine schulische Ausbildung und Weiterbildung, die auf die individuellen Bedürfnisse Rücksicht nimmt, bietet die größte Gewähr für berufliche und soziale Integration möglichster aller Jugendlichen.

3. Nicht alle Jugendlichen wollen sich schulisch noch entwickeln. Manche sind ausgeschult. Sie wollen ihre Fähigkeiten praktisch einsetzen und einen Beitrag für die Gesellschaft leisten.

4. Eine Minderheit will ihre Begabung über die reguläre Schulzeit hinaus weiterentwickeln.

5. Unsere Wirtschaft ist zu sehr auf Dienstleistung ausgerichtet. Sie sollte auch für Menschen mit anderen, beispielsweise handwerklichen Fähigkeiten eine berufliche Eingliederung gewährleisten.

Auf der Suche nach sich selbst

»Manchmal denke ich mir, es wäre schön, wieder 3 oder 5 Jahre alt zu sein. Da macht man einfach alles, ohne groß darüber nachdenken zu müssen. Das ist angenehm. Wenn man kein Kind mehr ist, ist das nicht mehr so. Nur manchmal, wenn ich zu Hause bin, kann ich immer noch so selbstvergessen sein«, sagte einmal meine Tochter. Jugendliche stehen mit einem Bein in der

Kindheit, mit dem anderen schon im erwachsenen Leben. Oft sind sie ganz erwachsen, dann wieder wie Kinder.

Jugendliche verbringen einige Jahre in einer Art Zwischenwelt. Es ist so, als würde man einen Lichtschalter an und aus knipsen: Kindheit »aus«, Erwachsenenwelt »ein«, und zurück. Die Jugendlichen fragen sich ständig: Bin ich nun ein Kind oder ein Erwachsener? Dieses Hin und Her ist für sie anstrengend und verwirrend. Sie fallen in die Kindheit zurück auf der Suche nach Geborgenheit und Vertrautheit, aber auch, weil sie auf der Suche nach sich selbst sind. Diese Zwischenwelt dauert so lange, bis der Jugendliche sich einigermaßen selbst gefunden und seine eigene Identität entwickelt hat.

Worum geht es bei der jugendlichen Identitätssuche? Es ist ja nicht so, dass kleine Kinder keine Identität hätten. Oftmals ist das Ich-Gefühl und das damit verbundene Selbstwertgefühl in der Kindheit sogar besonders stark. In der Pubertät wirken die gleichen Kinder plötzlich verunsichert.

Das Kind nimmt sich früh, nämlich bereits mit 18 bis 24 Monaten, als eigenständige Person wahr (siehe »Sozialverhalten«). Es realisiert, es gibt mich und die anderen. Diese Unterscheidung und damit das Ich-Gefühl bildet sich während der Kindheit immer mehr aus und erreicht in der Pubertät seine endgültige Differenzierung. Durch die Ablösung von den Eltern erhält die Selbstwahrnehmung eine neue Dimension. Der junge Erwachsene wird emotional weitgehend unabhängig, ist aber in seinem Selbstverständnis noch keine eigenständige Person. Potentielle Bezugspersonen sind nun nicht mehr nur die Familie und vertraute Menschen, sondern auch Fremde – etwas überspitzt gesagt, alle Menschen dieser Welt. Der junge Erwachsene ist nun innerlich bereit, die Familie zu verlassen und in jedem Winkel dieser Welt zu leben, auch wenn er noch nicht weiß, wer er wirklich ist und was er zu bewirken vermag.

Und das Selbstwertgefühl?

Das Selbstwertgefühl beruht auf Erfahrungen, die dem Kind das Gefühl geben, wichtig und wertvoll zu sein. In der Kindheit hängt

Wer bin ich? Woher komme
ich? Wer werde ich einmal
sein?

das Selbstwertgefühl stark von der Zuwendung und Akzeptanz
durch die Eltern und andere vertraute Personen ab, mit zunehmendem Alter auch von der Bestätigung durch Gleichaltrige. In
der Pubertät verlieren die Bezugspersonen aus der Kindheit an Bedeutung, während Freunde und Peers, aber auch andere Erwachsene immer wichtiger werden. Diese Wandlungsprozesse verlangen nach einer neuen Bestätigung des Selbstwertgefühls: Wer sagt
mir nun, dass er mich mag und gut findet? Zusätzlich hängt das
Selbstwertgefühl auch von der Selbstverwirklichung ab: Wie gut
kann ich meine Kompetenzen entfalten? Kann ich das lernen und
werden, was ich möchte? Befriedigt mich meine Leistung? Kann
ich mich mit meinen Kompetenzen und meinem Können bewähren und Anerkennung finden? In Beziehungen aber auch in der
Schule oder im Beruf versucht sich der Jugendliche zu bestätigen.
Jeder tut das auf seine eigene Weise.

**In der Pubertät sind die Fenster in beide zeitliche Richtungen
offen – in die kindliche Vergangenheit und in die erwachsene
Zukunft. Der Jugendliche kann schon erkennen, wohin die Reise
geht, und die damit verbundenen Hoffnungen, Sehnsüchte und
Wünsche erahnen, aber er hinterfragt auch, woher er kommt.**

Kinder stellen solche Fragen auch, aber sie leben weit mehr im Hier und Jetzt und fühlen sich darin aufgehoben. Es ist eine Eigenheit der Pubertät, dass sich viele Jugendliche sehr für ihre Vergangenheit interessieren. Nicht nur für ihre eigene, sondern auch für die der Familie. Woher komme ich? Wo sind meine Wurzeln? Es gibt Jugendliche, die betreiben richtige Ahnenforschung. Sie fragen bei den Eltern nach, nicht wenige gehen soweit, sogar ihre biologische Herkunft in Frage zu stellen. Diese Suche und die Antworten darauf helfen zu klären, wer sie sind.

Warum stellen sich diese Fragen gerade in dieser Lebensphase?
Die Frage nach der Herkunft ist einerseits Ausdruck der Ablösung von den Eltern und andererseits ein Bedürfnis nach Selbstfindung. Die Herkunft bestimmt ja immer auch die Persönlichkeit: Bin ich wie meine Eltern oder bin ich jemand ganz anderes? Das Hinterfragen der eigenen Herkunft kann sich steigern bis zum Gefühl: Das sind nicht mehr meine Eltern, zumindest nicht mehr die, die sie in der Kindheit waren. Und von da ist es nicht mehr weit zu Fragen wie: Stamme ich von ihnen ab? Sind sie überhaupt meine biologischen Eltern? Wenn der Pubertierende adoptiert worden ist, bekommen diese Fragen zusätzliche Brisanz. Wachsen Adoptivkinder in einer vertrauensvollen und tragfähigen Beziehung zu den Adoptiveltern auf, fühlen sie sich grundsätzlich angenommen und wird die Beziehung nie in Frage gestellt, verläuft die Ablösung weitgehend wie bei biologischen Eltern. Ist die Beziehung zu den Adoptiveltern jedoch nicht immer verlässlich, kann sich in der Pubertät eine besonders große Verunsicherung einstellen. Die Jugendlichen brechen dann oft radikal mit ihren Adoptiveltern und stürzen sich in eine Unabhängigkeit, die sie überfordert. Häufig suchen sie nach ihren biologischen Eltern, was ein Abenteuer mit ungewissem Ausgang sein kann. Das weit verbreitete Interesse an der eigenen Herkunft hat dazu geführt, dass Adoptivkindern vom Gesetzgeber ein Anrecht eingeräumt wurde, zu erfahren, wer ihre biologischen Eltern sind. Auch für Kinder, die durch künstliche Befruchtung mit einem anonymen Spender gezeugt worden sind, kann sich diese Frage in der Pubertät drängend stellen.

Ich kann mich noch gut an Fantasien erinnern, in denen ich mir vorgestellt habe, dass ich in Wirklichkeit ein Findelkind bin. Ich habe meine Augen studiert, die etwas Asiatisches haben, und mir Geschichten dazu ausgedacht. Irgendwann einmal hat meine Großmutter etwas von einem Zigeunervorfahren erzählt und ich habe mir eine noch sagenhaftere Herkunft zusammengebastelt.
Solche Fantasien sind häufig, sie werden jedoch nur selten ausgesprochen, man will die Eltern ja nicht verletzen. Als Kind italienischer Einwanderer habe ich erlebt, wie schwierig die Identitätsfindung für Kinder aus Migrationsfamilien sein kann. Mein Vater ist Schweizer geworden und hat sich auch als solcher gefühlt, was mir die Identitätsfindung sehr erleichtert hat. Wenn die Eltern im Einwanderungsland jedoch nicht verwurzelt sind, ist die Verunsicherung für den Jugendlichen groß. Bin ich nun ein Deutscher oder ein Türke? Gehöre ich nach Deutschland oder ins Land meiner Vorfahren? Haben die Eltern eine ambivalente oder gar ablehnende Haltung dem Einwanderungsland gegenüber und sehnen sich zurück in ihr Heimatland, können auch bei ihren Kinder Rückkehrträume ins Herkunftsland und in die Religion der Eltern entstehen, insbesondere dann, wenn sie sich von Schule und Gesellschaft abgelehnt fühlen. Solche Sehnsüchte können die Identitätsentwicklung beeinträchtigen und die soziale und berufliche Integration erschweren, aber gelegentlich auch kreativ, zum Beispiel künstlerisch verarbeitet werden.

Jugendliche blicken nicht nur in die Vergangenheit und fragen nach ihrer Herkunft, sondern sie blicken auch in die Zukunft. Dabei empfinden viele Jugendliche die Zukunft zunehmend als unsicher, haben Sorgen bezüglich ihres beruflichen Fortkommens und fragen sich, welchen Platz es in dieser Gesellschaft für sie eigentlich gibt. (Hurrelmann et al. 2006, 2010)
Wir leben in einer Zeit der großen wirtschaftlichen und gesellschaftlichen Umwälzungen und da wundert es nicht, dass viele Jugendliche sorgenvoll in die Zukunft blicken. Thriller und Katastrophenfilme dienen manchen als Projektionsfläche für die eigenen Befindlichkeiten. Sie sind Metaphern für die Angst vor der Zukunft, die die Jugendlichen – so ihr Gefühl – allein bewältigen

müssen. Solche Filme bestätigen den Jugendlichen: Jawohl, diese Gefühle gibt es und du bist nicht alleine damit. Aber auch: Mit diesen Gefühlen umzugehen und die Angst zu besiegen kannst du lernen. Je mehr sich der junge Mensch selbst gefunden hat, desto mehr nimmt die Zukunftsangst ab, und die bedrohlichen Szenarien in Büchern und Filmen verlieren ihre Wirkung. Das Leben ist machbar geworden. Dass dem wirklich so ist, kann der Jugendliche nur durch Erfahrungen im realen Leben lernen. Ich werde akzeptiert so wie ich bin. Ich kann mich mit meinen Begabungen durchsetzen.

Das Wichtigste in Kürze

1. Selbstwahrnehmung und Selbstwertgefühl erfahren in der Pubertät eine Neuorientierung. Jugendliche leben einige Jahre lang in einer Art Zwischenwelt zwischen Kind- und Erwachsensein.

2. Der junge Erwachsene wird mit der Ablösung emotional weitgehend unabhängig, ist aber in seinem Selbstverständnis noch keine eigenständige Person.

3. Das Selbstwertgefühl wird im Laufe der Pubertät immer weniger durch die Anerkennung in der Familie und immer mehr durch die Anerkennung von den Gleichaltrigen und der Erwachsenenwelt bestimmt. Sein Verhalten und seine Tätigkeiten muss der Jugendliche nun selber verantworten.

4. Die Ablösung von den Eltern und die Suche nach der eigenen Persönlichkeit bringt viele Jugendliche dazu, ihre Herkunft zu hinterfragen. Adoptivkinder und Kinder, die durch künstliche Befruchtung gezeugt worden sind, haben in dieser Lebensphase ein besonders großes Bedürfnis zu erfahren, wer ihre biologischen Eltern sind.

5. Je mehr der junge Mensch zu sich selbst gefunden hat, desto mehr nehmen seine Zukunftsängste ab. Der junge Mensch hat sich gefunden, wenn er sich sagen kann: Ich werde akzeptiert so wie ich bin. Ich kann mich mit meinen Begabungen durchsetzen und habe einen Platz in der Gesellschaft gefunden.

Gefahren und Risiken

Denn sie wissen nicht, was sie tun

Der Außenseiter

Die Geschichte über den Außenseiter Jim Stark – der Film machte James Dean endgültig zum Jugendidol – erzählt geradezu parabelhaft von jugendlichem Risikoverhalten und wie es dazu kommen kann.

»Die Eltern kapieren nix. Sie glauben, ich könnte Freunde finden, nur wenn wir umziehen«, erzählt Jim dem Inspektor für Jugendstraftaten im Polizeikommissariat. Der kennt den jungen Mann schon, der immer wieder mit zu viel Alkohol im Blut hier landet. Im Eisschrank des elterlichen Hauses hat Jim bezeichnenderweise seine »Milchflasche«, deren Inhalt mit Milch wenig zu tun hat. Wenn er nach Hause kommt, trinkt er daraus – ein einsames, alleingelassenes Kind. Die Eltern streiten immer wieder, die Mutter ist ein Tyrann, der Vater ein Hasenfuß – ein Schwächling, vor dem Jim keinen Respekt hat.

Das erzieherische Credo der beiden lautet »umziehen«, wenn der Junge Probleme macht. Kein Wunder also, dass Jim keine Freunde hat. Seine Lebenssituation, durch Eltern und Gesellschaft verursacht, macht ihn zum Außenseiter.

Die Jugendgang

An der neuen Schule muss Jim seinen Platz erkämpfen. Judy, das Mädchen aus der Nachbarschaft, auf das er längst ein Auge geworfen hat, wird von einer Bande Halbstarker umschwärmt. Die haben auf so einen wie Jim nur gewartet und darauf, ihn systematisch zu provozieren. Zuerst lassen sie die Luft aus einem Reifen seines Autos, dann zwingt ihn der Anführer der Gang zu einem Messerkampf. Schließlich kommt es zur sogenannten Hasenfußjagd. Dabei rasen die beiden Rivalen mit gestohlenen Autos auf die Klippen über dem Meer zu. Der, der sich früher aus dem fahrenden Auto wirft, ist der Hasenfuß – der ultimative Feigling. Während Jim im letzten Augenblick springt, bleibt Buzz, der Anführer der Gang, mit dem Jackenärmel am Türgriff hängen und stürzt mit dem Auto in die Tiefe.

Etwas richtig machen

»Nur einmal in meinem Leben möchte ich etwas richtig machen.« Das ist es, was Jim in Wirklichkeit will. All die Probleme, all die Nöte, der Alkohol und die Gewalt sind bloß Reaktionen auf sein Umfeld. Nach dem Unfall von Buzz möchte Jim sich daher selbst anzeigen. Doch die Eltern teilen seinen Gerechtigkeitssinn nicht und verschanzen sich lieber in ihrer gutbürgerlichen Welt der kleinen und großen Lügen. So kommt es schließlich zum Showdown, einer Spirale von Risikoverhalten und Gewalt.

Johns Amoklauf und Jims Erwachsenwerden

Jim und Judy, die mittlerweile ein Paar sind, flüchten vor der Gang in eine alte Villa. Der Einzelgänger John (auch Plato genannt), der in Jim einen Freund gefunden hat, folgt ihnen. Als die Bande das Versteck der drei Freunde entdeckt, läuft Plato Amok. Mit dem Revolver seiner Mutter verletzt er ein Bandenmitglied und bald darauf einen eingetroffenen Polizisten. Dann verbarrikadiert er sich in der dunklen Sternwarte. Jim will seinem Freund helfen und endlich »einmal etwas richtig machen«. Er zwingt Plato zum Aufgeben, um das Drama der eskalierenden Gewalt zu beenden. Aber als die Jugendlichen die Sternwarte verlassen, erschießt einer der Polizisten Plato, der mit seiner entschärften Pistole herumspielt. Die Erwachsenenwelt weiß eben nicht, was sie tut, sie gibt Jim keine Chance zu einer guten Tat. Doch zum Glück hat er nun Judy. Er stellt sie seinen Eltern vor und weiß, dass damit für ihn und Judy ein neues Leben beginnt. »Wir werden nie mehr allein sein.«

Warum Drogen und Gewalt verführen

Die Pubertät ist definitiv eine Gefahrenzone. Wie kommen Jugendliche da unbeschadet hindurch?

Die epidemiologischen Zahlen zeigen es deutlich. Ab 12 Jahren steigen Alkohol- und Haschkonsum in allen westlichen Gesellschaften an **(Abbildung 34)**. Der Häufigkeitsgipfel liegt zwischen 18 und 24 Jahren. Die Mehrheit der Jugendlichen probiert dies und jenes aus, die einen intensiver und länger, andere interessieren sich weniger dafür. Das war schon immer so, nur die Erwachsenen wollen es nicht wahrhaben. Sie klagen, die heutigen Zustände seien viel schlimmer als früher, die Jugend in einem bedrohlichen Ausmaß verdorben. Sie regen sich auf, fordern strenge Maßnahmen und sind überzeugt, dass sich diese Auswüchse vermeiden ließen. Dabei vergessen sie, dass sie in ihrer Jugend genauso waren. Fast jeder Erwachsene kann sich daran erinnern – und nicht wenige sind stolz darauf – Alkohol im Übermaß getrunken, Haschisch geraucht oder bei einem Jugendstreich über die Stränge geschlagen zu haben. Einerseits also ist es eine Tatsache, dass die Jugendlichen alles Mögliche ausprobieren. Und andererseits gibt es auch einige, die damit wirklich Probleme bekommen. Wenn die Medien über den Alkohol- und Drogenkonsum der Jugend herziehen, dann meinen die Autoren und Kommentatoren nie den großen Prozentsatz der Jugendlichen, der hinterher eine ganz normale und vernünftige Entwicklung nimmt, sondern die wenige Prozent oder gar Promille von Jugendlichen, die ein extremes Verhalten zeigen und langfristig Probleme bekommen. Die Wahrheit ist aber heute wie früher: Nach einigen Jahren ist der Spuk vorbei, die meisten Jugendlichen werden durchaus vernünftige Erwachsene.

Heißt das, dass Alkohol- und Drogenkonsum einfach zur Pubertät dazugehören? Geht es also nicht darum, Verführungen auszuschalten, sondern darum, Jugendliche fit zu machen für den Umgang mit diesen Gefahren und Verlockungen?
Man sollte nicht bagatellisieren. Aber wenn man sich nur an den Auswüchsen orientiert, das Verhalten aller Jugendlichen damit verteufelt und meint, durch das Schüren von Ängsten könnten Gefahren wirksam bekämpft oder gar vermieden werden, dann scheint mir das die falsche Strategie zu sein. Ich möchte stattdessen für Verständnis plädieren. Wir sollten wissen, weshalb sich Jugendliche diesen Gefahren aussetzen, aber auch weshalb diese Versuchungen irgendwann ihre Anziehungskraft verlieren.

Warum überstehen die meisten Jugendlichen die risikoreichen Jahre gut und nur einzelne scheitern daran? Viel lehrreicher, als immer wieder die negativen Entwicklungen zu analysieren, ist doch die Frage, warum die große Mehrheit der Jugendlichen nicht im Alkohol- und Drogenkonsum untergeht.

Das klingt befreiend. Wenn man einmal die ganze Panikmache beiseite lässt, erkennt man, dass Alkohol für viele Jugendliche ein wichtiges Mittel ist, um Ängste und Bedrohungen temporär zu vergessen, aber auch, um Unsicherheit und Schüchternheit gegenüber den Gleichaltrigen zu überwinden und leichter Beziehungen zu knüpfen.

Fairerweise müssen wir doch sagen, nicht nur Jugendliche verhalten sich so, auch viele Erwachsene. Alkohol ist ein weit verbreitetes Mittel, um Ängste herunterzuspülen oder bei einer Veranstaltung gelöster aufzutreten und leichter Kontakte zu knüpfen. Darüber hinaus spielt der Gruppendruck eine wichtige Rolle. Gerade was Alkohol und Drogen aber auch Risikoverhalten anbelangt, ist es für die meisten Jugendlichen kaum möglich, sich den Usancen der Gruppe entgegenzustellen und nicht mitzumachen. Sie befürchten oft zu Recht, ausgegrenzt oder fallen gelassen zu werden. Es braucht sehr viel Charakter und Eigenständigkeit, sich da rauszuhalten.

Was neuerdings die Öffentlichkeit beunruhigt, sind Massenbesäufnisse, sogenannte Botellons. Jugendliche versammeln sich vornehmlich an den Wochenenden zum gemeinsamen Alkoholkonsum und Feiern an öffentlichen Plätzen. Aufgekommen ist dieser Trend Anfangs der 1990er Jahre in Spanien. 2004 trafen sich bei solch einem Event in Sevilla 70 000 Jugendliche.

In Zürich wurde über die Internetplattform Facebook für den 29. August 2008 zu einem Botellon aufgerufen, woraufhin sich innerhalb weniger Tage rund 1800 Teilnehmer zusammenfanden. Hinterher hieß es in den Medien, dass mit zunehmendem Alkoholkonsum die Aggressivität gestiegen und es zu tätlichen Auseinandersetzungen gekommen sei. 22 Personen mit unterschiedlichen Verletzungen seien in die umliegenden Spitäler eingeliefert worden. Die mit Glassplittern übersäte und teilweise mit Erbrochenem verschmutzte Wiese an der Seepromenade hätte in der Folge für die Bevölkerung gesperrt werden müssen. Das war wieder einmal eine sinnlose Empörungsreaktion. Und die Lösungsvorschläge von Behörden und Politikern waren repressiv: Alkoholische Getränke sollen verteuert und deren Verkauf an minderjährige Jugendliche strenger kontrolliert werden. Sogar ein Versammlungsverbot für solche Anlässe wurde in Erwägung gezogen. Die Erwachsenenwelt wollte einmal mehr bestimmen, unter welchen Rahmenbedingungen sich die Jugendlichen wie und wo treffen können. Kollektives Rauschtrinken stößt auf allgemeines Unverständnis in der Öffentlichkeit und ist gewissermaßen eine weitere Bestätigung dafür, wie unvernünftig Jugendliche sein können. Unterschwellig spielt dabei die Angst mit, eine solche Bewegung könnte sich zu einem Flächenbrand entwickeln. Daher, wehret den Anfängen. Nur, verhalten sich die Erwachsenen am Oktoberfest wirklich vernünftiger? »Alkoholleichen«, die von Sanitätern abtransportiert werden müssen, sind als Bestandteil des Spektakels fest akzeptiert.

Was aber wollen die jungen Menschen wirklich mit ihren Botellons?

Jugendliche, die sich in Zürich zu dem Botellon trafen, wurden befragt, weshalb sie daran teilnehmen. Sie sagten, man komme leichter in Kontakt mit anderen Jugendlichen, vor allem mit dem anderen Geschlecht, und habe noch dazu das kribbelnde Gefühl, etwas Verbotenes zu tun. Viel wichtiger als der Alkohol sei ihnen aber, mit Freunden zu quatschen, einen Ort für sich zu haben, um neue Leute kennen zu lernen und von den Erwachsenen unbehelligt zu sein. Bei den Botellons würden sie die Getränke selber einkaufen und könnten so nicht – wie bei offiziellen Veranstaltungen üblich – finanziell ausgenommen werden. Die eigentlichen Ursachen, dass es zu Botellons kommt, sind also weniger der Alkoholkonsum, als vielmehr die fehlenden Freiräume und eine kommerzielle Ausplünderung der Jugendlichen. Jugendliche haben origineller Weise im vergangenen Herbst in Zürich über das Internet zu einem Caquelon aufgerufen. Mehrere hundert Jugendliche

Caquelon statt Botel on – Jugendlichen brauchen Freiräume

kamen mit ihren Fonduetöpfen und haben friedlich zusammen Käsefondue gegessen.

Ein origineller Aktionismus, um auf die fehlenden Freiräume für Jugendliche aufmerksam zu machen. Weil Freiräume fehlen, müssen die Jugendliche in öffentliche Räume ausweichen, in Bahnhofshallen und Shoppingcenter, oder sie sind gezwungen, in extrem teure Discos oder Openair-Spaces zu gehen.

Dringend nötig wären mehr Begegnungsstätten für Jugendliche ohne kommerzielle Ausbeutung, Orte, an denen sich die jungen Menschen ohne Aufsicht kennenlernen und sinnvolle Erfahrungen machen können. Jugendliche brauchen solche Freiräume, um Gemeinschaften mit Ritualen, Wertvorstellungen und gemeinsamen Interessen bilden zu können (siehe »Gesellschaft«).

Was geschieht mit den Jugendlichen, die auf die schiefe Bahn geraten, die tatsächich dem Alkohol verfallen oder drogensüchtig werden?

Es gibt Jugendliche wie übrigens auch Erwachsene, die an einer Alkoholsucht leiden, und die kann ihr Leben zerstören. Junge Menschen, die wegen ihrem Alkoholkonsum sozial untragbar werden, keiner Arbeit nachgehen und in der Folge verwahrlosen, brauchen differenzierte fachliche Unterstützung, damit sie lernen, mit ihrer Suchtneigung umzugehen. Vor allem aber geht es darum, ihnen eine Lebensperspektive zu bieten, insbesondere eine berufliche Zukunft. Und dann gibt es Jugendliche, die aus Leichtsinn Wettbesäufnisse veranstalten und mit lebensgefährlichen Alkoholvergiftungen auf Notfallstationen landen. Für die meisten Jugendlichen ist eine solche Erfahrung eine bleibende Warnung. Die meisten jungen Menschen lernen, mit Alkohol so umzugehen, dass er sie im Alltag nicht beeinträchtigt. Dazu müssen sie die negativen Auswirkungen des Betrunkenseins aber erst einmal erfahren. Sie müssen Katerstimmung, Übelkeit und Kopfschmerzen erlebt haben. Der wichtigste Grund dafür, dass Alkohol seine Attraktivität verliert, ist jedoch, dass das Angst- und Versagenspotential sowie Beziehungsängste bei den meisten jungen Erwachsenen mit der Zeit abnehmen und damit auch das Bedürfnis, sich zu betäuben. Sie haben es geschafft, tragfähige Beziehungen im Freundeskreis und eine Partnerschaft aufzubauen. Sie haben ihre Ausbildung erfolgreich abgeschlossen, haben eine Arbeitsstelle gefunden und sind existentiell unabhängig geworden. Sie nehmen ihre Verantwortung in der Gesellschaft wahr und sind erfolgreich in die Arbeitswelt integriert. Nicht der Umgang mit dem Alkohol ist die große Herausforderung, sondern die Bewältigung des Lebens und die Bewährung in der Gesellschaft.

Was ist mit den weichen Drogen, vor allem Haschisch? Man hört immer wieder, Haschisch sei gesundheitsschädigend, eine Einstiegsdroge für harte Drogen und könne psychische Krankheiten auslösen.

Epidemiologisch richten Tabak und Alkohol sehr viel mehr gesundheitliche Schäden an als der Haschischkonsum. Da Letzterer aber nicht ein Laster des rauchenden und trinkenden Establishments ist, darf er als große Gefahr gebrandmarkt werden. Es ist richtig, dass es junge Erwachsene gibt, die zuerst Haschisch rauchen und später von Heroin oder Kokain abhängig werden. Es ist aber eine unzulässige und falsche Annahme, davon auszugehen, dass Haschisch zwangsläufig zu Heroin und Kokain führen muss. Es ist richtig, dass erheblicher Haschischkonsum die Wahrnehmung, beispielsweise beim Autofahren beeinträchtigen kann. Genauso wie beim Alkohol ist daher ein Konsumverbot beim Autofahren berechtigt. Es ist auch richtig, dass manche Menschen, die später an psychischen Problemen oder gar an einer Psychose wie Schizophrenie leiden, Haschisch konsumiert haben. Nur, was ist das Huhn, was das Ei? Hat das Haschisch die Psyche verändert oder aber – was mir wahrscheinlicher erscheint – haben diese Menschen ihre psychischen Schwierigkeiten, die typischerweise in der Pubertät erstmals auftreten, mit Haschisch zu bekämpfen versucht? Wir sollten uns einmal mehr fragen: Was ist mit all den jungen Erwachsenen – in den Großstädten sind es wahrscheinlich deutlich mehr als 50 Prozent – die Haschisch rauchen und es nach einiger Zeit wieder aufgeben? Die Erklärung dafür ist die gleiche, die wir bereits beim Alkoholkonsum angeführt haben.

Einerseits haben wir überall ein sehr rigides Rauchverbot, das ein gesteigertes Bewusstsein gegenüber Drogen widerspiegelt. Auf der anderen Seite nimmt der Konsum von Kokain und Partydrogen wie Ecstasy und diversen Pillen immer weiter zu. Je nach Land haben zwischen 0,5 und 14,6 Prozent der befragten 15- bis 34-Jährigen schon einmal Ecstasy genommen. Tschechien und England gelten als Vorreiter in Sachen Glückspillen (Europäische Beobachtungsstelle für Drogen und Drogensucht. Jahresbericht 2010). Sind diese sogenannten Partydrogen auch so harmlos? Auch hier sollte man nicht nur von den Drogen sprechen, welche die jungen Menschen einnehmen. Manche dieser Drogen sind mit Medikamenten eng verwandt, die von Erwachsenen jeden Alters konsumiert werden. Ein Beispiel dafür sind Amphetamine, die von Jugendlichen konsumiert werden, und Modafinil, das hauptsächlich von Erwachsenen wie gestressten Bankern, aber auch überforderten Müttern und Hausfrauen geschluckt wird, weil es die Wachsamkeit und Arbeitsleistung erhöht. Ich finde die zunehmende Abhängigkeit von diesen Drogen und Medikamenten bei

Jugendlichen und Erwachsenen höchst bedenklich, weil es offenbar immer mehr Menschen gibt, die mit sich und ihrem Leben so unzufrieden oder überfordert sind, dass sie es nur noch mit Drogen beziehungsweise Medikamenten durchstehen. Verhängnisvolle psychische und körperliche Abhängigkeiten sind die Folgen.

Dann sind Partydrogen also im Unterschied zu Haschisch wirklich gefährlich?

Ich schätze die Gefahr aus verschiedenen Gründen als gefährlicher ein. Der Konsument von Partydrogen hat keine Kontrolle darüber, was er wirklich einnimmt. Hinzu kommt, dass die Drogen oft mit giftigen Substanzen, beispielsweise Rattengift, gestreckt werden. Eine weitere große Gefahr besteht darin, dass diese Drogen zu irrationalem und unkontrollierbarem Verhalten führen können – und zwar viel ausgeprägter als Haschisch oder Alkohol. Eine diesbezügliche Erfahrung habe ich vor einigen Jahren selbst gemacht. Ein Freund hatte mir empfohlen, für den Nachtflug von Boston nach Zürich eine Tablette Mogadon, ein Schlafmittel, das in der Szene ebenfalls weit verbreitet ist, einzunehmen und mir zusätzlich einen Whiskey zu genehmigen. So würde ich auf dem ganzen Flug göttlich schlafen. Beim Einchecken schluckte ich nur eine halbe Tablette Mogadon, auf den Whiskey habe ich verzichtet. Nach fünf Stunden Flug wachte ich auf und ärgerte mich, weil ich das Abendessen verschlafen hatte. Ich fragte die Stewardess, ob sie mir ein Sandwich bringen könnte. Sie reagierte erstaunt, schien mich zudem bestens zu kennen, während sie selbst mir fremd war. Auf mein Nachfragen stellte sich heraus, dass ich an Board gut gespeist und mich mit der Stewardess ausführlich unterhalten hatte. Ich wusste von all dem nichts mehr. Eine Woche später berichteten mir zwei Wissenschaftler, die für einen Kongress nach Zürich gereist waren, sie hätten einen ganzen Tag beim Sightseeing in der Stadt verbracht – ohne ein Quentchen Erinnerung daran zu behalten. Die beiden hatten in der Nacht zuvor ein dem Mogadon verwandtes Medikament auf ihrem Flug nach Zürich eingenommen. Man stelle sich einmal vor: eine halbe Tablette Mogadon enthält gerade einmal 0,5 Milligramm Wirksubstanz, die sich auf den ganzen Körper verteilt. Solche Medikamente wie auch die Designerdrogen haben eine sehr spezifische Wirkung auf das Gehirn!

Davor warnen neuerdings auch die Hirnforscher. Die biochemischen Reaktionen auf Ecstasy und verwandte Drogen führten zu Gedächtnisproblemen, die auch dann noch lange anhalten würden, wenn keine Drogen mehr konsumiert werden. Als Spätfolge gilt eine höhere Wahrscheinlichkeit, im Alter an Demenz zu leiden. Klingt alles ziemlich schlimm und abstoßend.

Diese Substanzen und Medikamente haben tatsächlich erhebliche und langfristige Nachwirkungen – wie man sie allerdings auch beim Alkoholkonsum feststellen kann. Besonders bedenklich bei den Designerdrogen ist meines Erachtens, dass sie das Denkvermögen und Verhalten tief greifend verändern können, ohne dass der Konsument es wahrnimmt. Unerklärliche Ereignisse, wie etwa von einem Balkon fallen, die Kontrolle beim Autofahren verlieren, nackt durch die Straßen laufen oder ohne jede Erinnerung in einem fremden Bett aufwachen, können solche fatalen Auswirkungen sein. In den USA gab es in den letzten Jahren Gerichtsprozesse, wo die Täter auf Grund der Einwirkung solcher Drogen jede Schuld an einem Unfall oder Verbrechen bestritten haben. Höchst bedenkliche Varianten sind die sogenannten K.O.-Tropfen wie Benzodiazepine (Dormicum) oder Gamma-Hydroxy-Buttersäure (»Liquid Ecstasy«), die eine stark narkotisierende Wirkung haben. Sie werden bei Sexual- und Eigentumsdelikten den Opfern unbemerkt in die Nahrung oder Getränke gemischt, um sie zu betäuben und wehrlos zu machen. Nach dem Erwachen können sich die Opfer häufig aufgrund einer sogenannten anterograden Amnesie (Gedächtnislücke für die Wirkungszeit) nicht mehr an den Tathergang erinnern.

Neben den Partydrogen gibt es ja auch noch die Klassiker unter den harten Drogen: Kokain, Heroin oder Crack (Abbildung 35). Sind alle Jugendlichen gleichermaßen gefährdet oder gibt es Unterschiede und wodurch entstehen sie?

Zweifellos gibt es Menschen, die eine körperlich bedingte Suchtneigung haben und deshalb den harten Drogen verfallen. Die

Suchtneigung besteht wegen einer Besonderheit des Stoffwechsels und/oder einer spezifischen Sensibilität des Gehirns auf eine bestimmte Droge. Hinter vielen Biographien von Schwerstsüchtigen steckt aber immer auch viel persönliches Leid und erschwerende Lebensumstände, dafür sollten wir uns interessieren und uns fragen, wie sie zu vermeiden sind. Wie tragisch ein junges Leben verlaufen kann, ohne dass man jemandem die Schuld dafür zuschreiben kann, habe ich bei Anja erlebt. Anja wurde als Nachzüglerin in eine Akademikerfamilie hineingeboren. Ihre Eltern waren beide Professoren, ihre ältere Schwester hat Kunstgeschichte studiert. Anja hatte bei der Geburt einen Sauerstoffmangel erlitten, der sich nicht massiv, aber doch nachteilig auf ihre Entwicklung auswirkte. Ihre Erscheinung war – im Gegensatz zu derjenigen der Schwester – wenig attraktiv. Ihre Bewegungen waren etwas plump und ungeschickt. Ihre geistige und sprachliche Entwicklung verlief langsam. Sie wurde bei der Einschulung zurückgestellt und musste während der ganzen Schulzeit immer wieder mit Nachhilfestunden unterstützt werden. Die Eltern bemühten sich sehr um ihre Tochter. Dennoch hatte Anja während der ganzen Kindheit nie das Gefühl, wirklich zur Familie zu gehören. So konnte sie bei Gesprächen am Familientisch nicht mithalten. Nach der Schule gelang es ihr auch mit großer Unterstützung der Eltern nicht, eine Lehrstelle zu bekommen. Sie zog von Zuhause aus und verschwand in der Drogenszene. Sie wurde jedoch nicht drogenabhängig! So hatte sie in der Szene ihre Rolle als »Sozialarbeiterin« gefunden. Man nannte sie liebevoll »Mutter Anja« in Anlehnung an Mutter Teresa. Ihre einzigen und wirklichen Stärken waren ihre sozialen und fürsorglichen Kompetenzen. Nach drei Jahren in der Szene schickten die Eltern Anja – in der wohlmeinenden Absicht sie damit aus der Szene herauszuholen – in ein streng geführtes Heim. Nach einem Jahr kam Anja zurück – heroinabhängig. Sie war im Heim so unglücklich gewesen, dass sie der Droge nicht mehr widerstehen konnte. Ich finde Anjas Lebensweg deshalb exemplarisch, weil er deutlich macht: Jeder junge Mensch möchte sich geborgen fühlen und angenommen sein, eine gesicherte Stellung in einer Gemeinschaft haben und sich sinnvoll betätigen können. Wird ihm dies verwehrt, kann er in seiner Verzweiflung zu Drogen greifen oder auf eine andere Art unglücklich werden.

Gewalt unter Jugendlichen wird häufig mit Alkohol und Drogen in Verbindung gebracht.

Die altersmäßige Verteilung von Gewaltdelikten ist recht ähnlich wie beim Alkohol- und Drogenkonsum **(Abbildung 36)**. Eine eindeutige Zunahme der Gewaltdelikte in den letzten Jahren wird immer wieder postuliert, ist aber nie belegt worden. In der Schweiz wurde sogar eine Abnahme festgestellt. Immer noch strittig ist, ob die schweren Gewaltdelikte unter Jugendlichen zugenommen haben. Jugendliche sind aus hirnphysiologischen Gründen impulsiver und verlieren leichter die Kontrolle über ihr Verhalten als Kinder oder Erwachsene. Dies erhöht auch ihre Bereitschaft, in Konfliktsituationen oder sogar grundlos Gewalt anzuwenden. Alkohol und Drogen können diese Bereitschaft enorm verstärken. Die Mehrheit der Gewaltdelikte, die vor Gericht kommen, sind unter Alkohol- und/oder Drogeneinfluss begangen worden. Einmal mehr tragen aber nicht nur die Persönlichkeit und der Drogenkonsum, sondern immer auch die individuellen Lebensumstände dazu bei, wenn es zu Gewaltausbrüchen kommt.

Das Wichtigste in Kürze

1. Ab dem Alter von 12 Jahren steigt der Alkohol- und Haschischkonsum in westlichen Gesellschaften an. Der Häufigkeitsgipfel liegt zwischen 18 und 24 Jahren. Danach nimmt der Konsum wieder ab.

2. Alkohol und Drogen sind weit verbreitete Mittel, um emotionale Unsicherheit und Beziehungsängste zu dämpfen. Deren Konsum untersteht einem großen Gruppendruck.

3. Designerdrogen und Medikamente sind deshalb gefährlich, weil der Konsument oft keine Kontrolle darüber hat, was er wirklich einnimmt. Zudem können sie irrationales Verhalten und psychische Abhängigkeiten auslösen.

4. Die große Mehrheit der jungen Menschen lernt im Laufe der Adoleszenz mit Alkohol umzugehen und auf Drogen zu verzichten.

5. Eine kleine Minderheit wird von Alkohol und Drogen abhängig. Die Gründe sind anlagebedingte Suchtneigungen und fehlende Lebensperspektiven bezüglich Freundeskreis und Partnerschaft, Ausbildung und existentieller Unabhängigkeit.

6. Die altersmäßige Verteilung von Gewaltdelikten unter Jugendlichen ist ähnlich wie beim Alkohol- und Drogenkonsum und hat ihren Häufigkeitsgipfel zwischen 18 und 24 Jahren.

7. Jugendliche sind aus hirnphysiologischen Gründen impulsiver und verlieren leichter die Kontrolle über ihr Verhalten als Erwachsene, insbesondere unter Alkolhol- und Drogeneinfluss. Dies erhöht die Bereitschaft, in Konfliktsituationen, aber auch grundlos Gewalt anzuwenden.

8. Neben Persönlichkeit und Drogenkonsum sind es vor allem die individuellen Lebensumstände, die Jugendliche gewalttätig werden lassen. Alkohol und Drogen können die Gewaltbereitschaft zusätzlich erhöhen.

Weshalb Jugendliche das Risiko suchen

Risikoreiches Skateboardfahren, Bunjeejumping und Autorasen – Jugendliche suchen ganz offensichtlich die Herausforderung. Was ist der Grund für das typische Risikoverhalten in der Pubertät? Sind es Angstgefühle, die kompensiert werden müssen? Familiäre Probleme, von denen abgelenkt werden soll? Oder ein Mangel an Selbstkontrolle, der durch den Umbau im Gehirn verursacht wird?

Erklärungen wie mangelnde Selbstkontrolle oder familiäre Probleme greifen zu kurz. Häufig wird auch argumentiert, die Jugendlichen wollten damit die Eltern provozieren und Grenzen austesten; die meisten Eltern wissen aber gar nicht, was ihre Jugendlichen so alles anstellen. Nein, Jugendliche sind grundsätzlich waghalsig. Sie wollen Vieles ausprobieren und fühlen sich bestätigt, wenn sie eine Herausforderung gemeistert haben. Riskantes Verhalten hat auch etwas sehr lustvolles. Wie weit kann ich gehen? Wie kann ich meine Angst überwinden und dadurch den Adrenalinpegel anheben? Wenn wir Erwachsene uns einmal ehrlich an unsere eigene Jugend erinnern, stoßen die meisten in ihrer Biographie auf riskantes Verhalten. Ein Beispiel aus meiner eigenen Jugendzeit: Im Alter von etwa 15 Jahren sind wir mit unseren Fahrrädern eine steile Straße heruntergefahren, um dann mit etwa 50 Stundenkilometern über vier Geleise eines Bahnüberganges zu brettern. Die besonders Waghalsigen unter uns haben dabei das Lenkrad losgelassen. Es war eine Mutprobe, die ohne weiteres tödlich hätte ausgehen können. Auch als junger Autofahrer habe ich wiederholt gefährliche Situationen provoziert, bei denen mir wohl irgendwelche Schutzengel beigestanden sind oder ich einfach schieres Glück hatte. Manche Erwachsene scheinen eine Erinnerungslücke zu haben und nehmen für sich in Anspruch, sie wären als Jugendliche immer vernünftig gewesen.

Jugendliche haben im Vergleich zu Kindern oder Erwachsenen über 30 also eine erhöhte Risikobereitschaft. Wozu soll das gut sein?

Ohne die Bereitschaft zum Risiko wäre es der 16-jährigen Australierin Jessica Watson gar nicht möglich gewesen, mutterseelenallein ein Jahr lang rund um die Welt zu segeln. Als 30-Jährige wird ihr das Wagnis womöglich als unvernünftig erscheinen. Die Risikobereitschaft von Jugendlichen ist aus verhaltensbiologischer Sicht keine Fehlschaltung, sondern durchaus sinnvoll und von der Natur so gewollt. Sie gibt den jungen Menschen die Kraft und den Mut, zu neuen Ufern aufzubrechen, nicht nur geographisch sondern auch geistig. Junge Menschen sollen selbstständig werden und Neues anpacken. Und was die Gesellschaft angeht: Innovationen sind ohne Risiken nun einmal nicht zu haben.

Diese Lust über die Stränge zu schlagen, erleichtert es den Jugendlichen also, sich von der Kindheit loszureißen und etwas Neues zu wagen. Hirnforscher, machen dafür bestimmte Areale

Lust am Risiko

**im Gehirn, insbesondere im Frontalhirn, verantwortlich. Eine ver-
zögerte Entwicklung dieser Areale führe zu einem erhöhten Risikoverhalten.**

Damit bestätigt die Hirnforschung etwas, das Eltern und Lehrer
seit langem wissen. Diese Ergebnisse helfen uns hoffentlich auch,
Risikoverhalten als Realität zu akzeptieren und den Jugendlichen
beizustehen, möglichst sinnvoll damit umzugehen. Beispielsweise, wenn Risiken auf Druck der Peers eingegangen werden:
Wenn du das nicht tust, bist du ein Weichei. James Deans letzter
Film (siehe Seite 190) ist ein gutes Beispiel dafür, wie sich das ab-
spielen kann. Risiken, die eingegangen werden, weil man als Jugendlicher akzeptiert sein will, nicht aus der Gruppe herausfallen
will, oder aber in einen Wettbewerb gezwungen wird, sind besonders gefährlich. In solchen Situationen wird der Jugendliche dazu
verführt, seine Fähigkeiten zu überschätzen und seine berechtig-
ten Ängste zu missachten.

**Dieser Peer-Effekt scheint vor allem bei Autorasern fatale Aus-
wirkungen zu haben. Da geht es ja häufig darum, etwa durch
schnelles Autofahren das Selbstwertgefühl zu erhöhen.**

Je schlechter das Selbstwertgefühl eines Jugendlichen ist, desto größer ist die Versuchung, aufs Gaspedal zu drücken. Schnelles Autofahren weckt Allmachtsgefühle. Dieser Verführung ist auch Samir erlegen. Er ist das einzige Kind türkischer Eltern, die sich nie wirklich in die Gesellschaft integriert haben, wollten sie später doch in ihr Herkunftsland zurückkehren, wo sie mit dem Ersparten ein Haus gebaut hatten. In der Kindheit hat sich die Großmutter um Samir gekümmert, während die Eltern in einem Reinigungsinstitut in Schicht gearbeitet haben. Samir war ein schwacher Schüler, seine ungenügenden Sprachkenntnisse haben ihn während der ganzen Schulzeit zusätzlich behindert. Sozial war er nie richtig integriert, er verbrachte die meiste Zeit mit Kindern, deren Familien ebenfalls aus der Türkei oder dem Balkan stammten. Nach der Schule arbeitet er für einen Hungerlohn auf dem Bau. Es reichte dennoch für ein Auto, das er liebevoll pflegte, denn es verschaffte ihm ein gewisses Ansehen bei seinen Freunden. Beim Autofahren fühlte er sich das erste Mal so richtig gut, hatte das Gefühl, Herr der Lage zu sein und selbst bestimmen zu können. Vielleicht, sagte er sich, komme ich so auch zu einer Freundin. Ist es da nicht verständlich – wenn auch nicht entschuldbar –, dass er zur Raserei neigte und in einem Autorennen mit Freunden einen schweren Unfall verursachte?

Die Gesellschaft ruft auf Grund solcher Vorfälle immer häufiger nach restriktiven Maßnahmen wie verschärften Geschwindigkeitskontrollen, Entzug des Fahrausweises und des Autos. Das Alter, in dem die Fahrbewilligung erteilt wird, soll ebenfalls angehoben werden.
Mir erschiene es vernünftiger, wenn das Alter für die Erteilung des Führerscheins nicht herauf-, sondern auf 16 Jahre herabgesetzt würde, mit der Auflage, dass Jugendliche zwei Jahre nur in Begleitung fahren dürfen. Die Risikobereitschaft bei vielen jungen Fahrern entsteht nämlich häufig aus mangelnder Fahrpraxis. Sie überschätzen ihr Können und unterschätzen die Gefahren. Wenn sie Tausende von Kilometern bis zum 18. Lebensjahr gefahren sind, haben sie die meisten Risiken und Grenzsituationen kennengelernt, die ihnen zum Verhängnis werden können.

Was Autoraser wie Samir nicht unbedingt davon abgehalten hätte, zu rasen.

Die meisten Unfälle sind durch mangelnde Fahrpraxis bedingt. Aber es stimmt: Bei Samir ging es nicht nur um seine fahrerische Kompetenz. Wenn wir solche Tragödien künftig vermeiden und ihnen vorbeugen wollen, dann geht es nur über eine umfassende Integration, nicht erst der Jugendlichen, sondern bereits der Kinder und ihrer Familien.

Das Wichtigste in Kürze

1. Risikoreiches Verhalten ist aus verhaltensbiologischer Sicht keine Fehlschaltung, sondern von der Natur so gewollt. Es gibt den jungen Menschen Mut und Kraft, Neues zu wagen.

2. Gefahr droht besonders dann, wenn mit erhöhter Risikobereitschaft ein schwaches oder gar fehlendes Selbstwertgefühl kompensiert werden muss. Gefährdet sind vor allem Jugendliche, die in verschiedener Hinsicht ungenügend integriert und sozial akzeptiert sind.

3. Gruppendruck kann die Risikobereitschaft zusätzlich verstärken. Ein schnelles Auto zum Beispiel kann zu erhöhtem sozialen Ansehen bei den Gleichaltrigen führen, aber auch zum Autorasen verleiten.

4. Die Gefährdung wird herabgesetzt, wenn es gelingt, die jungen Menschen beruflich und sozial zu integrieren.

Internet und Computerspiele

Neuntklässler spielen laut einer Erhebung des Kriminologischen Forschungsinstituts Niedersachsens (Pfeiffer et al. 2007, Lampert et al. 2007) durchschnittlich 2 Stunden täglich Computerspiele von den »Sims« einem virtuellen Familienrollenspiel bis zu Gewalt- und Ego-Shooterspielen. Die Gesellschaft diskutiert leidenschaftlich Auswirkungen und Gefahren solcher Computerspiele.

Vergleichbare Zahlen werden auch aus Süddeutschland berichtet (Abbildung 37 und 38). Über 90 Prozent der Jugendlichen im Alter von 12 bis 18 Jahren verbringen mehr als 2 Stunden pro Tag vor dem Computer. Das führt immer wieder zu heftigen Debatten darüber, wie man den Medienkonsums der Jugendlichen einschränken könnte. Die sich empörenden Erwachsenen sind jedoch wenig glaubwürdig, sitzen sie doch selbst im Durchschnitt beinahe 4 Stunden pro Tag vor dem Fernseher und schauen sich sehr oft Filme mit gewalttätigen Inhalt an. Was Abbildung 38 ebenfalls zeigt, ist die geschlechtsspezifische Nutzung von Medien; dabei fällt vor allem auf, dass Mädchen deutlich mehr Bücher lesen als Jungen.

Ist es nicht jammerschade um die kostbare Zeit? Im Laufe eines Jahres verbringen Jugendliche bis zu 1000 und mehr Stunden an der Spielkonsole und vor dem Computer.

Dem kann ich nur zustimmen. Viele andere Aktivitäten kommen zu kurz, weil der Medienkonsum in unserer Gesellschaft eine so große Rolle spielt. Computerspiele aber grundsätzlich zu verteufeln, scheint mir ein Ausdruck von fehlendem Verständnis oder gar Ignoranz zu sein. Die meisten Jugendlichen spielen ja nicht deshalb Gewaltspiele, weil sie Menschen umbringen wollen. Die Videogames fordern sie in verschiedenster Hinsicht heraus. Eine schnelle Auffassungsgabe sowie ein gutes Koordinations- und Reaktionsvermögen sind gefragt. Stundenlanges Spielen fördert das Kombinationsvermögen und ist ein richtiges Konzentrationstraining. Beim Spiel in Netzwerken geht es um Wettbewerb und Teamwork. Bei den »Sims« können Jugendliche durchaus ihre sozialen Kompetenzen verbessern. Es ist also nicht so, dass sie bei diesen Spielen gar nichts lernen und keine Leistung erbringen. Natürlich wäre es wünschenswert, wenn Jugendliche in ihrer Freizeit unterschiedlichen Tätigkeiten nachgehen, und wenn sie daraus lernen würden, miteinander umzugehen. Dafür müssten ihnen von Seiten der Familie, der Schule und der Gesellschaft alternative Angebote gemacht werden.

Mädchen spielen eher »Sims«, also virtuelle Familie, oder »Farm-Ville«, ein Landwirtschaftsspiel mit hoher Realitätssimulation. Ihnen geht es darum, sich auszutauschen oder wie im späteren Leben für eine Familie oder ein virtuelles Tier zu sorgen. Jungen hingegen spielen Abenteuer- oder Kampfspiele.

Es gibt Mädchen, die Gewaltspiele spielen. Dennoch bleibt der Geschlechtsunterschied in der Präferenz der Spiele gewaltig. Die Neigung von Mädchen zu sozialen Spielen bestätigt, dass Mädchen eine höhere soziale Kompetenz aufweisen und am sozialen Leben deutlich interessierter sind als Jungen. In »Sims«, einem sehr erfolgreichen Computerspiel, interagieren die Spieler mit Babys, Kindern und Erwachsenen, die alle zusammen leben, Konflikte austragen und Partys feiern. Im Garten kann etwas angepflanzt, und Tiere können gefüttert und gepflegt werden. Selbstverständlich werden auch Dates durchgespielt. Mädchen chatten auch häufiger als Jungen, was ihren sozialen und kommunikativen Bedürfnissen ebenfalls sehr entgegenkommt. Ob sich die Jugendlichen da nicht etwas holen, was sie in Familie und Schule nicht ausreichend bekommen? Dass Jungen Kampf und Auseinandersetzung den Rollenspielen vorziehen, sollte ein vordringliches Thema für die Gesellschaft sein. Welche konkreten Erfahrungen fehlen den Jungen, sodass sie diese Bedürfnisse am Computer ausleben müssen? Nur dadurch, dass die Gesellschaft Gewalt verurteilt, wird das Verlangen von Jungen nach Wettbewerb und körperlicher Auseinandersetzung nicht zum Verschwinden gebracht. Beides dient einem verhaltensbiologischen Zweck, genauso wie das soziale Engagement der Mädchen. Die Frage ist nur, ob diese Bedürfnisse auch in unserer heutigen Gesellschaft noch sinnvoll befriedigt werden können. Es ist doch verständlich, dass solche Spiele eine enorme Anziehungskraft haben, wenn das eigene Leben zu wenig entsprechende Herausforderungen bietet.

»World of Warcraft« gilt als erfolgreichstes Massen-Mehrspieler-Online-Rollenspiel. In einer Fantasywelt kann man mit anderen Spielern gemeinsam kämpfen, Handel treiben, sich mittels zusammengebastelter Identität auf immer höhere Anforderungsstufen bringen.

Spiele wie »World of Warcraft« scheinen einen besonderen Sog zu entfalten, vor allem auch deshalb, weil man sie nicht allein, sondern mit virtuellen Partnern auf der ganzen Welt spielen kann. Dabei erreicht man nie alles, das Spiel hat kein Ende. Hat man in der Spielwelt Erfolge, ist die Genugtuung groß, hat man Misserfolge, will man sie wieder kompensieren – dies alles unter dem hohen sozialen Druck der Mitspieler. Außerdem sind diese Videogames teuflisch gut gemacht, sie entführen in wunderbare Fantasiewelten, ähnlich gestaltet wie in Filmen vom Zuschnitt der *Herr der Ringe*-Trilogie. Sie strotzen vor Emotionen, vor fantastischen Einfällen, vor spannenden Abenteuern und Herausforderungen. Wo gibt es gleichwertig Schönes und emotional Intensives in der realen Welt für einen Schüler oder Lehrling? Besteht da sogar die Gefahr, dass er darob die reale Welt vergisst oder mindestens vernachlässigt?

Machen Computerspiele denn nun eigentlich süchtig?

Es gibt Jugendliche – genauso wie Erwachsene –, die von Computerspielen und Surfen im Internet so abhängig werden, dass sie ihr Leben nicht mehr bewältigen können. Aus Japan und China wird von Jugendlichen berichtet, die nur noch vor dem Bildschirm sitzen, den ganzen Tag im dunklen Zimmer verbringen, keine sozialen Kontakte mehr haben, die Schule nicht mehr besuchen und keiner anderen Tätigkeit mehr nachgehen. In den Medien wird von dieser Sucht wie von einer ansteckenden Krankheit berichtet, so als würden im Internet Infektionskeime lauern, die nur darauf warten, User anzufallen. Irgendwann ist der Jugendliche dann so stark infiziert, dass er sich willenlos dem Medium ergibt. Wenn dem wirklich so wäre, hätten wir es tatsächlich mit einer echten Bedrohung für die Menschheit zu tun. Auf die Gefahr hin, mich zu wiederholen: Für die große Mehrheit der Jugendlichen ist entscheidend, dass sie sich geborgen fühlen, über ein intaktes Beziehungsnetz verfügen, ihre Kompetenzen entwickeln und eine Leistung erbringen können, die sie befriedigt und ihnen Anerkennung bringt. Nicht das Computerspiel selbst macht sie süchtig. Computersüchtig werden Jugendliche – genauso wie diejenigen, die dem Alkohol oder irgendwelchen Drogen verfallen –, wenn sie mit ihrem Leben nicht mehr zurecht kommen. Jugendliche, die nicht über tragfähige Beziehungen und ein soziales Netz mit Gleichaltrigen verfügen, laufen Gefahr, ihre emotionalen und sozialen Bedürfnisse virtuell zu befriedigen. Jugendliche, die in Schule und Berufsausbildung überfordert sind und nur Niederlagen einstecken, möbeln ihr Selbstwertgefühl bei Ego-Shooter-Spielen auf oder lenken sich durch Gewalt- und Horrorfilme ab.

Einige Studien zeigen auch, dass sich die Noten von Jugendlichen, je nachdem wie lange sie täglich am Computer spielen, verschlechtern. Seit 2005 können Eltern bei »World of Warcraft« deshalb auch die Spielzeit im Account beschränken. Sind das sinnvolle Maßnahmen?

Es handelt sich meines Erachtens um Scheinmaßnahmen. Die meisten Erwachsenen wissen nicht einmal, worüber sie sich Sorgen machen. Die große Mehrheit der Eltern und Lehrer hat sich noch nie mit einem Computerspiel beschäftigt und ist nur beschränkt medienkompetent. Bei einer Fortbildungsveranstaltung, zu der ich kürzlich eingeladen wurde, verfügten gerade mal 15 von 350 Lehrern über einschlägige Erfahrungen mit den von ihnen so heftig verteufelten Medien. Wir haben es also durchaus mit irrationalen Ängsten zu tun und mit Erwachsenen, die vom Fortschritt der Informationstechnologie überfordert sind. Wie sollen diese Erwachsenen glaubwürdig mit Jugendlichen über Medien diskutieren und deren Medienkonsum einschränken wollen, wenn sie selbst in der Sache weit weniger oder überhaupt nicht Bescheid wissen? Die Eltern sollten sich vielmehr um die Befindlichkeit der Jugendlichen kümmern, als ihre Spielzeit zu kontrollieren. Sie sollten sich fragen, ob ihr Kind Freunde hat? Wie es um sein soziales Netz bestellt ist? Ob es in der Schule befriedigende Erfahrungen machen kann? Ob die Berufsausbildung seinen Kompetenzen und Begabungen entspricht? Das ist zugegebenermaßen weit schwieriger und aufwendiger als die Medien zu verteufeln und sich in Verbote zu flüchten, – die sich doch nicht durchsetzen lassen.

Ego-Shooter-Spiele sind Computerspiele, bei denen der Spieler aus der Egoperspektive in einer frei begehbaren, dreidimensionalen Spielwelt agiert und mit Schusswaffen andere Spieler oder computergesteuerte Gegner bekämpft. Die vom Spieler gelenkte Spielfigur ist menschlich oder menschenähnlich. Diese Spiele werden auch als First-Person-Shooter-Spiele bezeichnet, weil der Spieler dann gewinnt, wenn er als Erster schießt und den Gegner trifft. Sie wurden ursprünglich von der amerikanischen Armee erfunden, um bei den Soldaten die Schwelle für die angeborene Tötungshemmung herabzusetzen und sie ans Töten zu gewöhnen. Nun gibt es immer mehr Studien, die zeigen, dass solche Computerspiele die Hemmschwelle für aggressives Verhalten herabsetzen und damit die Wahrscheinlichkeit für Gewalt bei Jugendlichen erhöhen (Pfeiffer et al. 2007).

Es kann nicht erstaunen, dass Kinder und Jugendliche, unmittelbar nachdem sie ein Gewaltvideospiel gespielt haben, vermehrt aggressives Verhalten zeigen – Erwachsene übrigens auch. Mir ist jedoch keine Studie bekannt, die mittel- und langfristig eine erhöhtes Aggressionspotential nachweisen konnte. Soziales Verhal-

Big brother is watching you: Jugendliche beim Computerspielen

ten, wie in Teil I ausgeführt, wird in erster Linie durch soziales Lernen und Vorbilder verinnerlicht. Während der ganzen Kindheit leben Eltern, Lehrer und ältere Kinder dem Kind vor, wie Menschen miteinander umgehen. Diese konkreten zwischenmenschlichen Erfahrungen sind für die zukünftige soziale Kompetenz entscheidend, ihnen sollten wir unsere ganze Beachtung schenken. Ich glaube nicht, dass Ego-Shooter-Spiele die Kraft haben, langjährige soziale Erfahrungen auszulöschen und das Gewaltpotential zu erhöhen. Oder nochmals anders gesagt: Wenn ein Jugendlicher die notwendigen sozialen Erfahrungen machen und sich an guten Vorbildern orientieren konnte, vermögen Gewaltvideos keinen Schaden anzurichten. Fatale Auswirkungen können gewalttätige Videogames jedoch haben, wenn den Jugendlichen die Vorbilder fehlten, wenn sie nicht sozialisiert wurden und in Familie und Gesellschaft physische und psychische Gewalt erlebten. Wenn sie auf Grund solcher Erfahrungen selbst zu Gewalt neigen, können Videogames und Horrorfilme ihnen beispielhaft zeigen, wie Gewalt konkret ausgeübt werden kann.

In periodischen Abständen fordert die Gesellschaft Verbote für eine Reihe von Computerspielen – jeweils gestützt auf Wissenschaftler und ihre Studien. Nur: Es kommt nie dazu, so wie es trotz aller Wertediskussionen zu keinem anderen Umgang mit Mediengewalt kommt. Was läuft da falsch bzw. warum werden dann überhaupt Forderungen nach Verboten laut?

Wenn ich bestreite, dass Gewaltvideos Jugendliche gewalttätig machen, bedeutet das nicht, dass ich sie auch gut heiße. Ich verstehe nicht, weshalb unsere Gesellschaft Spiele für Kinder, Jugendliche UND Erwachsene zulässt, bei denen geschossen, gebombt und Menschen getötet werden – und zwar um zu gewinnen und dabei eine Befriedigung zu empfinden. Wie lässt sich das mit unserer Ethik vereinbaren? Auch wenn Gewalt-Videospiele keine mittel- und langfristige Aggressionszunahme bewirken, kann es doch nicht sein, dass diese Art von Unterhaltung, die unsere Gesellschaft dominiert, akzeptiert wird. Warum verbieten wir solche Videogames nicht, und zwar nicht nur deshalb, weil sie möglicherweise Gewalt erzeugen, sondern auch aus einer moralischen Überzeugung heraus? »Call of Duty« ist derzeit eines der erfolgreichsten Ego-Shooter-Spiele. Bis November 2009 wurden insgesamt über 55 Millionen Spiele verkauft, wodurch die Serie Gesamteinkünfte von über 3 Milliarden US-Dollar erzielte. Kann es sein, dass die Ökonomie über unsere Wertvorstellungen dominiert?

Vielleicht weil wir stillschweigend akzeptieren, dass Gewalt nun einmal zur menschlichen Natur gehört und wir darin letztendlich nicht besser geworden sind als die Menschen zu Zeiten der Kreuzzüge?
Wir tun den Jugendlichen Unrecht, wenn wir davon ausgehen, sie verlangten nach Gewalt. Die Welt der Erwachsenen ist selbst voller Gewalt. Gewalt gibt es nicht nur in Computerspielen, sondern überall in den Medien, insbesondere im Fernsehen. In Fernsehfilmen und -serien werden jedes Jahr Tausende von Menschen umgebracht. Ohne all die unzähligen Krimiserien, gewalttätigen Dramen und Horrorfilmen würden die Menschen offenbar nicht vor dem Fernseher sitzen. Die ganze Gesellschaft ist an dieser gewalttätigen Art von Unterhaltung beteiligt. Bemerkenswerterweise schauen mindestens so viele Frauen Krimiserien wie Männer. Weshalb fasziniert uns Gewalt dermaßen? Warum ist das Böse, Gefährliche, Vernichtende so anziehend? Dass wir dabei eine Kartharsis durchleben, reicht mir als Erklärung nicht aus, dafür ist die Gewalt in den Medien zu verbreitet. Ich habe also keine vernünftige Erklärung, bin aber überzeugt, dass die Gründe für das Interesse an Gewalt bei Jugendlichen und Erwachsenen die gleichen sind. Mit anderen Worten: Wenn die Erwachsenen für sich selbst Gewalt nicht ablehnen, werden sie den Jugendlichen Gewalt nie glaubwürdig ausreden und verbieten können.

Das Wichtigste in Kürze

1. Mehr als 90 Prozent der Jugendlichen verbringen über 2 Stunden pro Tag vor dem Computer.

2. Die meisten Jugendlichen spielen nicht Gewaltvideospiele, weil sie Gewalt ausüben wollen, sondern weil das Spiel sie bezüglich Auffassungsgabe, Koordinations-, Reaktions-, Kombinationsvermögen und Schlussfolgern herausfordert.

3. Computersucht entsteht bei Jugendlichen hauptsächlich dann, wenn es ihnen nicht gelingt, vertrauensvolle Beziehungen einzugehen, einen Platz unter den Gleichaltrigen zu finden sowie sich schulisch und beruflich durchzusetzen.

4. Videogames haben wahrscheinlich auch deshalb eine große Anziehungskraft auf Jugendliche, weil ihnen das reale Leben keine gleichwertigen, beispielsweise sozialen Erfahrungen bietet.

5. Gewaltvideogames steigern das Aggressionspotential bei Jugendlichen nur kurz-, nicht aber langfristig. Sie können einen Jugendlichen jedoch negativ beeinflussen, wenn ihm Vorbilder fehlen, seine Sozialisierung ungenügend war und er selbst Gewalt erfahren musste.

6. Die Mehrheit der Erwachsenen ist nicht ausreichend medienkompetent, nur eine Minderheit hat Erfahrungen mit Videogames. Erwachsene sind deshalb für Jugendliche unglaubwürdig, wenn sie die Videogames und generell die elektronischen Medien verteufeln und Verbote durchsetzen wollen.

7. Der Kampf gegen Gewalt in den elektronischen Medien, kann nur dann erfolgreich sein, wenn Gewalt nicht nur für Jugendliche, sondern auch für Erwachsene als ethisch verwerflich abgelehnt wird.

An der Pubertät leiden

Black Swan
Totaler Erfolg oder Untergang
Der Film zeigt bis zum Horror übersteigert, woran Jugendliche – in diesem Fall die Ballerina Nina Sayers – leiden können, und findet eindrückliche Bilder für die Schwierigkeiten auf der Suche nach Geborgenheit, sozialer Akzeptanz und Selbstverwirklichung.

Nicht in der Clique angekommen

Das Ballettensemble des Lincoln Center in New York ist eine verschworene Clique. Nach dem Training plaudern die Mädchen in den Umkleideräumen, sie verabreden sich, schäkern mit den Jungs, haben ähnliche Interessen, die gleichen Pläne und gemeinsame Träume. Nur Nina steht meist abseits, redet nicht mit, bleibt allein. Dabei schließen die anderen sie nicht etwa aus, sie selbst findet keinen Zugang zu den Gleichaltrigen und zieht sich zurück. Sie fühlt sich anders, nicht zugehörig und zu ernst. Ein Mädchen, das noch nicht im Leben der Erwachsenen angekommen ist. Stattdessen wohnt sie im rosaroten Zimmer ihrer Kindheit.

Perfekt sein

Da kündigt der französische Ballettmeister Thomas an, eine neue Variante des Ballettklassikers »Schwanensee« auf die Bühne bringen zu wollen. Der weiße und der schwarze Schwan sind die Traumrollen jeder Ballerina. Auch Nina hofft auf die große Chance. Sie ist fleißig, gewissenhaft, perfektionistisch und sie braucht die Selbstbestätigung mehr als die anderen. Das weiß auch Thomas, als er sie auswählt. Keine andere im Ensemble würde er bis zum Äußersten treiben können, keine würde ihm und seinem Anspruch, das Leben der Kunst zu opfern, so bereitwillig folgen. Dazu will Thomas von Nina jedoch nicht nur Perfektion, sondern auch Leidenschaft bis zum Äußersten. Nina soll nicht nur den weißen, sondern auch den schwarzen Schwan tanzen, die unschuldig hehre Odette und die lustvoll laszive Odile, für die sie ihre

Kontrolliertheit und ihre Angst vor dem Leben aufgeben muss. An der Herausforderung zerbricht Nina, wenn sie auch künstlerisch zur Meisterschaft gelangt.

Dem Abgrund entgegen

Immer tiefer gerät Nina in einen unheilvollen Kreislauf psychischer Nöte. Sie leidet an Bulimie und wirkt magersüchtig. Dann beginnt sie sich auch noch selbst zu verletzen – sie kratzt sich bis aufs Blut, um sich zu spüren, aber auch um dem immensen Leistungsdruck ein Gefühl entgegenzusetzen. Je mehr ihre Nerven blank liegen, desto tiefer gerät sie in die Paranoia. Sie halluziniert, Albtraum und Wirklichkeit gehen ineinander über, während sie versucht, den schwarzen Schwan in sich Gestalt annehmen zu lassen. Ein fragiles, rehäugiges und innerlich zerrissenes Kind, dem das Leben wie ein unbewältigbares Horrorszenario erscheint. Ein trauriges Mädchen, dessen Einsamkeit ausweglos wirkt. Die Mutter leidet mit der Tochter und kann doch nichts tun, um ihr Kind vor dem Abgrund zu retten. Sie ahnt, dass ihr künstlerischer Triumph – der sterbende Schwan – auch ihr Abschied vom Leben sein wird.

Wenn Essen zum Problem wird

In der Pubertät treten schwerwiegende Essstörungen wie Magersucht (Anorexie) und Ess-/Brechsucht (Bulimie) auf. Für Eltern einer schlanken Tochter lauert das Schreckgespenst Anorexie hinter jeder nicht gegessenen Suppe, jeder abgelehnten Mahlzeit und jeder Abmagerungskur.

Jedes Lebensalter hat seine spezifischen Entwicklungsstörungen. Säuglinge schreien vermehrt, Kleinkinder nässen ein, und Schulkinder leiden an Einschlafstörungen. In der Pubertät sind es Störungen, die auf den ultimativen Entwicklungsschub des Organismus, insbesondere des Gehirns, zurückzuführen sind. Am Schweregrad der Störungen können wir ermessen, welch schwierige Lebensphase manche Jugendliche durchmachen müssen. Essstörungen etwa gibt es auch im Kindesalter, aber fast ausschließlich in Form von Übergewichtigkeit. Anorexie und Bulimie haben hingegen etwas mit der Entwicklung in der Pubertät zu tun.

10 bis 15 Prozent der weiblichen Adoleszenten in Deutschland zeigen ein gestörtes Essverhalten (Herpertz-Dahlmann et al. 2000). Je 0,3 bis 1 Prozent der 15- bis 24-Jährigen leiden an Anorexie oder Bulimie (Holling et al. 2007, Currin et al. 2005, Hoek et al. 2003, Lucas et al. 1999). Der Häufigkeitsgipfel der Anorexie liegt bei 14 Jahren.

Magersucht ist keine Krankheit unserer Zeit, wie gerne behauptet wird. Es gibt sie schon lange. Seit dem Mittelalter sind Beschreibungen von magersüchtigen Menschen überliefert. Ob die Magersucht in unserer Zeit zugenommen hat, ist unklar und eine Frage der Definition. Die heute angewandten diagnostischen Kriterien, etwa der BMI, waren früher nicht bekannt und Statistiken wurden ebenfalls keine geführt (*Body Mass Index* = Körpergewicht (kg)/ Körpergröße (m)^2). Fällt der BMI-Wert unter 17,5, liegt aus medizinischer Sicht eine Anorexie vor.

Warum ist nur alles so schwierig?

Anorexie wird auch gern als Modekrankheit bezeichnet. Sie sei Ausdruck des Schönheits- und Schlankheitswahns unserer Konsumwelt. Schon in der Grundschule sei jedes zweite Mädchen und mehr als jeder dritte Junge unzufrieden mit der eigenen Figur. Können Diäten oder mangelhafte Ernährung, wie oft behauptet wird, wirklich eine Essstörung auslösen?

Die körperliche Erscheinung spielt bei der sozialen Wertschätzung und dem Ansehen in der Gruppe eine große Rolle. Dabei geht es aber nicht nur um das Schlanksein, sondern auch um das Gesicht, die Haare, die Körpergröße und viele weitere körperliche Merkmale. Die spindeldürren Modells auf den Laufstegen in Mailand und Paris sowie die blutjungen und oftmals auch sehr mageren Kandidatinnen in den TV-Talentshows haben dennoch nicht den Einfluss auf die jungen Mädchen, der ihnen zugeschrieben wird. Wenn dem so wäre, müsste es ganze Legionen von magersüchtigen Mädchen geben. Eine starke Zunahme ist aber weniger bei den mageren als vielmehr bei den übergewichtigen Jugendlichen festzustellen – obwohl Adipositas keine Wertschätzung genießt und keine positiven Vorbilder dafür vorhanden sind. Ich glaube nicht daran, dass vorsätzlich durchgeführte Diäten Magersucht auszulösen vermögen. Sie können vorübergehend zu einer Gewichtsabnahme führen, die aber nur bei Mädchen mit einer Disposition für Magersucht gefährlich werden kann.

Was also, glaubst du, ist die Ursache von Magersucht?
Ich gehe im Gegensatz zu der gängigen Lehrmeinung davon aus, dass Magersucht und Bulimie eine – wenn auch nicht ausschließliche – organische Ursache haben. Eine solche Ursache ist zwar beim Menschen wissenschaftlich schwierig zu belegen, scheint mir aber dennoch die plausibelste Erklärung für diese Essstörungen zu sein. In tierexperimentellen Untersuchungen konnte bei Ratten ein Regulationszentrum für das Gewicht im sogenannten Nucleus dorsomedialis des Hypothalamus nachgewiesen werden (Bernardis et al. 1986, 1987, Mosier 1989). Das Zentrum reguliert das Appetit- und Sättigungsgefühl wie auch das Körpergewicht (sogenannter *set point for weight*). Wird die Funktion dieses Zentrums experimentell gestört, verändern sich Essverhalten und Körper-

gewicht. Dieses Regulationszentrum ist mit einem Thermostat vergleichbar, der die Raumtemperatur über den Zufluss des Heizungswassers reguliert. Der Mechanismus, mit dem das Regulationszentrum die Gesamtmenge des Fettgewebes erfassen kann, ist noch ungenügend geklärt, wahrscheinlich spielt das Gewebehormon Leptin, das vom Fettgewebe ausgeschüttet wird, dabei eine wichtige Rolle (Exner et al. 2000). Da über den Regulator auch das Appetit- und Sättigungsgefühl justiert werden, wirkt sich eine ungenügende Feinabstimmung auch auf das Essverhalten aus. Manche Mädchen essen viel und werden adipös. Andere verspüren keinen Hunger und essen zu wenig. Wieder andere schwanken zwischen Adipositas und Anorexie. Ihr Regulator ist labil, und damit sind auch ihr Appetit- und Sättigungsgefühl unstet. Mädchen mit Bulimie leiden an Heißhunger und Widerwillen gegen die Speisen, die sie eben verschlungen haben, also erbrechen sie sie wieder.

Demnach gibt es also einen Zusammenhang zwischen Magersucht, Bulimie und Fettsucht.
Nicht wenige Mädchen machen alle drei Formen durch. Sie sind beispielsweise zuerst übergewichtig, nehmen dann übermäßig ab und werden schließlich bulimisch. Dieses unstete Verhalten ist gut verständlich, wenn wir davon ausgehen, dass allen drei Essstörungen eine Regulatorstörung als Ursache zugrunde liegt, die sowohl zu Unter- wie Überfunktion führen kann.

Weshalb dekompensiert der Regulator gerade in der Pubertät?
Die Regulatorfunktion kann bereits im Säuglingsalter beeinträchtigt sein. Während der Schwangerschaft wird das Körpergewicht des Kindes von der Mutter bestimmt. Nach der Geburt muss das Kind seine Körperfunktionen – auch diejenigen von Größe und Gewicht – zum ersten Mal selbst regulieren. Es gibt Säuglinge, insbesondere solche, die untergewichtig geboren werden, bei denen das Regulationszentrum nicht richtig zu arbeiten beginnt. Die Folge ist anorektisches Verhalten mit mangelndem Hungergefühl, das so lange andauert, bis sich die Regulation eingestellt hat. In der Pubertät wird das Regulationszentrum erneut

störungsanfällig, weil es sich innerhalb kurzer Zeit neu einstellen muss. Das Körpergewicht und die Körpergröße nehmen rasant zu und die Beziehung zwischen Körpergewicht und Körpergröße verändert sich rasch und tief greifend (siehe »Körperliche Entwicklung«).

Weshalb sind besonders Mädchen von Essstörungen betroffen? Was macht der Regulator bei den Jungen? Und wann hat er sich neu eingestellt?

Anorexie und Bulimie kommen bei Mädchen wesentlich häufiger vor als bei Jungen (10 bis 12 Mädchen auf 1 Jungen; Herpetz-Dahlmann et al. 2000). Während die Magersucht bei Jungen also selten ist, tritt Adipositas hingegen recht häufig auf. Für die Unterschiede zwischen den Geschlechtern ist wahrscheinlich das Fettgewebe verantwortlich, das bei Mädchen in einem weitaus größeren Maß zunimmt. Fettgewebe kann zudem – im Gegensatz zu anderen Geweben – rasch auf- und abgebaut werden, was die Regulation zusätzlich erschwert. Jungen bauen deutlich weniger Fettgewebe, dafür umso mehr Knochen-, Binde- und Muskelgewebe auf. Was bei Jungen stark zunimmt ist der Appetit, insbesondere auf eiweißhaltige und energiereiche Speisen. Es gibt Jungen, die in der Pubertät nachts den Kühlschrank regelrecht plündern. Wie lange der Regulator benötigt, um sich auf den Organismus eines Erwachsenen einzustellen, ist nicht bekannt. Klinische Beobachtungen legen nahe, dass der Regulator von Individuum zu Individuum unterschiedlich lange braucht, bis er sich definitiv eingestellt hat. Dieser Prozess kann bis ins dritte Dezennium andauern.

Forscher beobachteten bei Magersüchtigen eine verzerrte Körper- und Geschmackswahrnehmung.

Ein instabiler Regulator beeinträchtigt das Appetit- und Sättigungsgefühl, dadurch werden Geruch und Geschmack von Speisen anders oder überhaupt nicht mehr wahrgenommen. Die Forscher haben auch einen gestörten Stoffwechsel, vermehrte feine Körperbehaarung (Lanugobehaarung), Ausbleiben der Menstruationsblutungen und Schrumpfung des Gehirns in bildgebenden Verfahren nachgewiesen. Alle diese Veränderungen sind reversibel. Sie sind nicht die Auslöser, sondern vielmehr die Auswirkungen der Magersucht.

Magersüchtige Mädchen werden als besonders intelligent bezeichnet. Ist da etwas daran?

Ihr Intelligenzquotient ist nicht höher als der anderer Mädchen. Sie sind jedoch sehr oft fleißig und angepasst, was ihnen zu guten Schulnoten verhilft. Dies hat ihnen auch den Ruf eingetragen, Streber mit einer rigiden Persönlichkeit zu sein. Viel wichtiger aber scheint mir folgendes: Magersüchtige Mädchen tun sich fast ausnahmslos schwer, Freundinnen und Freunde zu finden sowie in einer Peergroup unterzukommen. Sie leiden an der fehlenden emotionalen Zuwendung und Akzeptanz durch die Gleichaltrigen. Als Kompensation versuchen sie oftmals mit größten Anstrengungen ihr Selbstwertgefühl und ihr Ansehen unter den Gleichaltrigen mit sehr guten Schulleistungen hochzuhalten. Beziehungsprobleme und vor allem soziale Isolation verursachen Stress, der sich bei entsprechender individueller Disposition negativ auf den *set point for weight* auswirken kann.

Es wird immer wieder auf eine familiäre Komponente bei magersüchtigen Mädchen hingewiesen. Etwa eine unheilvolle Mutter-Kind-Beziehung oder ein sehr dominanter Vater. Ist da etwas dran?

Ich möchte ein kräftiges Wort für die geplagten Eltern einlegen: Magersucht kommt auch in den – im wahrsten Sinne – besten Familien mit sehr fürsorglichen Eltern vor. Ich kenne Familien, in denen die Magersucht der Tochter in keiner Weise mit irgendwelchen familiären Konflikten zu erklären war. Genauso wenig verständlich ist es, weshalb in Familien mit mehreren Töchtern nur eine magersüchtig wird. Deshalb sind viele Eltern auch hochgradig verunsichert. Sie fühlen sich schuldig, auch wenn sie sich in keiner Weise erklären können, was sie falsch gemacht haben. Bis in die 1970er Jahre waren Mediziner und Psychologen überzeugt, dass Magersucht die Folge einer gestörten Eltern-Kind-, insbesondere Mutter-Kind-Beziehung sei. Aufwendige analytische Psychotherapie galt damals als Mittel der Wahl zur Lösung des

Problems. Sie wurde von der Systemtheorie abgelöst, die das ganze Familiensystem unter die Lupe nahm. Die weit verbreitete Annahme, dass bestimmte familiäre Beziehungsmuster wie Überbehütung und Konfliktvermeidungsverhalten zu den Essstörungen führen, hat sich auch nicht bewahrheitet (Kog et al. 1987, Patton et al. 2007). In einer kürzlich veröffentlichten Publikation werden die folgenden therapeutischen Maßnahmen empfohlen: somatische Rehabilitation, Psychoedukation, Einzelpsychotherapie, Einbezug der Familie und medikamentöse Therapie (Bühren 2011, Hahn et al. 2002). Dieser Rundumschlag an Therapien deutet darauf hin, dass keine von ihnen einen durchschlagenden Erfolg vorweisen kann und auch kein überzeugendes Krankheitsmodell existiert. Bemerkenswerterweise gibt es einen Faktor, der unabhängig von der Art der Behandlung, wirkt: eine vertrauensvolle Beziehung zwischen dem magersüchtigen Mädchen und der Therapeutin. Positiv können wir auch vermerken, dass die Heilungsrate in den letzten Jahrzehnten auf 70 bis 80 Prozent angestiegen ist (Steinhausen 1997, Herpertz-Dahlmann et al. 2001). Und die Sterblichkeitsrate hat sich von 2,2 auf unter 0,5 Prozent verringert (Steinhausen et al. 2000, 2002, Herpertz-Dahlmann et al. 2001).

Dennoch klingt diese Erklärung wenig ermutigend: Ein Regulator ist für die Essstörungen verantwortlich. Betroffene Mädchen und Eltern sind dem Regulator also ausgeliefert, denn eine verlässliche Therapie gibt es nicht.

Ganz so schlimm ist es nicht. Die Regulator-Erklärung verstehen Eltern auch als Entlastung. Sie fühlen sich weniger schuldig. Hilflos dem Regulator ausgeliefert sind aber weder Tochter noch Eltern. Der Regulator wird von der psychischen und körperlichen Befindlichkeit und von den Umweltfaktoren erheblich beeinflusst. Wir alle haben je nachdem, ob wir uns wohl fühlen, krank oder gestresst sind, ein unterschiedliches Essverhalten und unser Körpergewicht kann zu- oder abnehmen. Mädchen mit einer Disposition zur Magersucht sind auf Stress besonders anfällig. Stress – und von dem haben junge Mädchen reichlich – wirkt sich negativ auf die Regulation des Appetit- und Sättigungsgefühls aus. Stress in der Familie, mit den Peers, dem Freund oder in der Schule kann dazu führen, dass bei jungen Mädchen der ohnehin labile Regulator außer Kontrolle gerät. Dies bedeutet, dass Eltern sich weniger um das Essverhalten und Körpergewicht ihrer Kinder als vielmehr um ihr Wohlbefinden und ihre Lebenssituation kümmern sollten, was eine große Herausforderung sein kann.

Das bedeutet aber ein ziemliches Umdenken. Weg von der Gewichtskontrolle und hin zur Lebenssituationsoptimierung. Kannst du, weil es so wichtig ist, noch einmal zusammenfassen, was Eltern und andere Erwachsene im Fall von Essstörungen tun können? Eltern haben einen angeborenen Drang, dafür zu sorgen, dass ihr Kind gut isst. Diesen Drang können sie nur schwer unterdrücken. Nahrungsverweigerung löst bei ihnen daher Ängste aus, die übermächtig sind. Eltern sind auf jedes Kilo Körpergewicht mehr oder weniger fixiert. Ich habe es jedoch noch nie erlebt, dass sich der Druck, den Eltern auf ihre magersüchtige Tochter ausüben, positiv auf ihr Essverhalten ausgewirkt hat. Im Gegenteil, je größer der elterliche Druck, desto mehr entzieht sich das Mädchen der elterlichen Kontrolle. Selbst im Krankenhaus unter strengster Überwachung ist eine Kontrolle des Essverhaltens und Gewichts meiner Erfahrung nach kaum möglich, da Jugendliche immer einen Dreh finden, Ärzte und Pflegepersonal zu täuschen. Eltern müssen einsehen, dass sie keine Therapeuten sind, und frühzeitig Hilfe für ihr Kind, aber auch für sich selbst bei Fachleuten suchen. Sie sollten alles, was mit Essverhalten und Ernährung zu tun hat, an sie delegieren. Ihre Aufgabe ist es, der Tochter – soweit sie es vermögen – Geborgenheit und Zuwendung zu geben. Das ist nur möglich, wenn sie sich nicht als Gewichtskontrolleure verstehen und das Essverhalten ihrer Tochter nicht ständig kritisieren. Die Betreuung von Mädchen mit schweren Essstörungen darf sich außerdem nicht auf eine rein medizinische Überwachung und psychotherapeutische Betreuung beschränken. Eine Unterstützung in allen Lebensbereichen, die für Jugendliche wesentlich sind – emotionale Sicherheit, Beziehungen zu Gleichaltrigen und Selbstverwirklichung –, ist ausschlaggebend: Wem kann sich das Mädchen anvertrauen? Hat es tragfähige Beziehungen zu Gleichaltrigen? Wie gut ist es in der Gruppe der Gleichaltrigen integriert? Wie groß ist die soziale Akzeptanz in der Schule? Welche Rolle und Stellung nimmt es da ein? Wie kann es seine Persönlichkeit und seine Kompetenzen verwirklichen? Fragen, die weit wesentlicher sind als ausgefallene Mahlzeiten.

Das Wichtigste in Kürze

1. 10 bis 15 Prozent der weiblichen Jugendlichen in Deutschland zeigen ein gestörtes Essverhalten. Je 0,3 bis 1 Prozent der 15- bis 24-Jährigen leiden an Anorexie oder Bulimie. Die bei weitem häufigste Essstörung bei Jungen und Mädchen ist Adipositas.

2. Anorexie und Bulimie kommen bei Mädchen wesentlich häufiger vor als bei Jungen (10 bis 12 Mädchen auf 1 Jungen).

3. Essstörungen wie Magersucht und Bulimie sind nicht Ausdruck unserer durch Schönheits- und Schlankheitswahn geprägten Konsumgesellschaft.

4. Die weit verbreitete Annahme, dass bestimmte familiäre Beziehungsmuster wie Überbehütung und Konfliktvermeidungsverhalten zu Essstörungen führen, hat sich nicht bewahrheitet.

5. Die wahrscheinlichsten Ursachen für Magersucht und Bulimie liegen im Stoffwechsel und vor allem in einer Regulationsstörung im Gehirn. Ein Regulator im Hypothalamus ist für Appetit- und Sättigungsgefühl sowie für die Gewichtsregulation (sogenannter set point of weight) verantwortlich.

6. Der Regulator kann sich in der Pubertät nicht immer genügend rasch an die körperlichen Veränderungen anpassen, insbesondere nicht an die starke Zunahme von Körpergewicht und Fettgewebe bei den Mädchen.

7. Mädchen mit einer Disposition für Essstörungen sind stressanfällig. Stress beeinträchtigt bei den betroffenen Jugendlichen das Appetit- und Sättigungsgefühl sowie die Regulation des Körpergewichtes. Stress in der Familie, mit den Peers, dem Freund oder in der Schule kann dazu führen, dass bei jungen Mädchen der ohnehin labile Regulator außer Kontrolle gerät.

8. Die Betreuung von Mädchen mit schweren Essstörungen darf sich nicht auf eine medizinische Überwachung und psychotherapeutische Betreuung beschränken. Eine Unterstützung in allen Lebensbereichen, die für Jugendliche wesentlich sind – emotionale Sicherheit, Beziehungen zu Gleichaltrigen und Selbstverwirklichung –, ist ausschlaggebend.

Warum Jugendliche psychisch erkranken

Gewisse psychische Störungen wie Depression, Schizophrenie oder das Borderlinesyndrom kommen in der Kindheit kaum oder gar nicht vor. Sie treten erstmals in der Pubertät auf. Warum ist das so?

Die Pubertät löst in manchen Bereichen der Entwicklung tief greifende Veränderungen aus, was sich wiederum auf das Verhalten der Jugendlichen auswirkt. Noch immer wissen wir nur wenig über diese Entwicklungsprozesse und können die psychische Labilität und die sich daraus ergebenden Gefahren nur ungenügend oder überhaupt nicht erklären. Die Hirnforschung liefert zwar ständig neue Befunde, doch die bestätigen lediglich, dass Verhaltensauffälligkeiten und -störungen eine neurobiologische Grundlage haben. Sie belegt damit eigentlich nur Phänomene, die längst bekannt sind, was immerhin helfen kann, Jugendliche und ihre Nöte endlich ernster zu nehmen. Für mich sind die Umstellungen im Bindungs- und Beziehungsverhalten mögliche Ursachen für das Auftreten von psychischen Störungen in der Pubertät.

Depressionen sind die häufigste psychische Störung in der Pubertät. Je nach Studie leiden bis zu 10 Prozent der Jugendlichen darunter. Wie kann man sie feststellen?

Die Häufigkeitsangaben sind sehr unterschiedlich, weil die diagnostischen Kriterien nicht einheitlich sind. Zusätzlich erschwerend wirkt sich aus, dass Stimmungsschwankungen, Anfälle von Antriebslosigkeit und Lustlosigkeit zur Pubertät gehören. Wann also liegt eine Depression vor, die therapeutischer Hilfe bedarf? Wenn die depressive Verstimmung über Wochen und Monate andauert? Wenn der Leidensdruck beim Jugendlichen und bei den Eltern zu groß wird? Der zuverlässigste Gradmesser ist die fehlende Befriedigung der drei Grundbedürfnisse nach dem Fit-Konzept: Der Jugendliche zieht sich zurück, fühlt sich alleingelassen und ist emotional für die Eltern und andere Bezugspersonen nicht mehr erreichbar. Er hat keinen Kontakt mehr mit Gleichaltrigen, geht nicht mehr aus, telefoniert nicht mehr. Seine Schulleistungen fallen ab, eine allgemeine Interessen- und Lustlosigkeit stellt sich ein. Schließlich können auch psychosomatische Symptome wie Schlaf- und Essstörungen sowie Alkohol- und Drogenkonsum hinzukommen.

Wie entstehen Depressionen im Jugendalter?

Die häufigste Form von Depression in der Pubertät ist die sogenannte reaktive Depression, die durch schwierige Lebenssituationen ausgelöst wird. So war es beispielsweise bei Marianne. Innerhalb eines Jahres verlor Marianne ihre beste Freundin, die mit der Familie nach Neuseeland ausgewandert war. Sie schaffte die Aufnahmeprüfung für das Gymnasium nicht, was für sie selbst, aber auch für die Eltern eine große Enttäuschung darstellte. Ihre Eltern trennten sich, der Vater verließ die Familie, und Marianne blieb bei der Mutter, mit der sie sich häufig stritt. Marianne schaffte es nicht, all diese Rückschläge zu verkraften, und fiel in eine depressive Verstimmung. Sie verkroch sich in ihr Zimmer, stopfte sich mit Süßigkeiten voll und wurde immer aggressiver zu ihrer Mutter, die mit ihrer großen Besorgtheit die Tochter noch mehr gegen sich aufbrachte. Schließlich verweigerte Marianne die Schule, woraufhin sich der schulpsychologische Dienst einschaltete. Eine Psychologin half ihr wieder auf die Füße, weniger mit einer Therapie, als vielmehr durch ein Coaching, in dem sie gemeinsam herausfanden, wie Marianne ihre Lebenssituation neu gestalten konnte. Marianne entschloss sich, zum Vater und damit auch in eine andere Stadt zu ziehen. Sie begann wieder Fußball zu spielen und trat einem Verein bei, wo sie Gleichaltrige kennenlernte und neue Kontakte knüpfen konnte. Schließlich entschied sie sich dafür, die Prüfung fürs Gymnasium zu wiederholen. Bei den reaktiven Depressionen reicht eine psychotherapeutische oder medikamentöse Behandlung nicht aus. Der Jugendliche braucht eine umfassende Unterstützung bei der Bewältigung seiner schwierigen Lebenssituation.

Was ist mit den sogenannten endogenen Depressionen, unter denen Jugendliche auch leiden können. Wie sieht da eine wirksame Hilfe aus?

Die endogenen Depressionen sind weit seltener als die reaktiven, treten häufig erst nach der Pubertät auf und sind wahrscheinlich vererbt. Für Eltern kann es schwierig sein – selbst wenn Familienangehörige bereits unter dieser Krankheit leiden –, die Depression als solche zu erkennen und vor allem zu akzeptieren. Dabei ist es gerade bei endogenen Depressionen wichtig, dass die Betroffenen frühzeitig eine fachärztliche Betreuung erhalten. Dies gilt auch für andere Psychosen wie Schizophrenie und manisch depressives Kranksein. Diese betroffenen Jugendlichen fallen vor allem dadurch auf, dass sie in ihrem Denken, ihren Gefühlsäußerungen und ihrem Handeln nicht mehr nachvollziehbar sind. Sie wirken fremd, bizarr, unkontrolliert. Eltern, Lehrer, aber auch Freunde können sich in ihre Befindlichkeit und ihr Verhalten nicht mehr einfühlen.

Was in den letzten Jahren deutlich zugenommen hat, ist das Ritzen. Warum?

Diese Zunahme ist genauso schwierig zu erklären wie die Häufung von hysterischen Anfällen und Ohnmachten im 19. Jahrhundert unter jungen Frauen. Selbstverletzendes Verhalten kommt vor allem bei Mädchen vor. Sie ritzen sich an Armen und Beinen mit Rasierklingen, Messern oder anderen scharfen Gegenständen. Das Ritzen wird von ihnen als eine Abfuhr von Spannung, Wut und Selbsthass erlebt. Die Ursachen können vielfältig sein: unerträgliche Spannungszustände in schwierigen Lebenssituationen, Missbrauchserfahrungen, Depressionen oder Persönlichkeitsstörungen. Ritzen wird gehäuft auch bei Mädchen mit Essstörungen wie Anorexie und Adipositas beobachtet. Alkohol und Drogen spielen als unmittelbare Auslöser eine wichtige Rolle, indem sie die Hemmschwelle zur Selbstverletzung herabsetzen.

Gibt es noch andere psychische Störungen, die für die Pubertät typisch sind?

Eine weitere psychische Besonderheit in der Pubertät sind die sogenannten Konversions- oder dissoziativen Störungen. Mädchen, weniger Jungen, können auf Lebensumstände, die sie überfordern, mit den folgenden Symptomen reagieren: Erinnerungsverlust, Trance- und Besessenheitszustände, Krampfanfälle und Ohnmacht, Sensibilitätsstörungen und Lähmungen. Ich kann mich an ein 14-jähriges Mädchen erinnern, das wegen Beinlähmungen »nicht mehr gehen« konnte, und ein 12-jähriges, das für mehrere Wochen »erblindet« war. Es war selbst für Fachärzte nicht einfach, herauszufinden, ob bei diesen Mädchen ein organisches Leiden oder eine psychische Störung vorlag. Ich erkläre mir diese Störungsbilder so: Die Mädchen haben eine angeborene Disposition, auf übermächtigen und nicht mehr zu bewältigenden Stress mit einer Lähmung oder Blindheit zu reagieren. Die »Krankheit« bringt sie gewissermaßen aus der Gefahrenzone (sogenannter Aktualgewinn). Das 14-jährige Mädchen hat mit der »Lähmung« und einem mehrwöchigen Krankenhausaufenthalt erfolgreich verhindert, dass ihr Vater sie aus der Schweiz, wo sie aufgewachsen war, in sein Heimatland Tunesien entführen konnte. Das »erblindete« Mädchen versuchte, seine Eltern daran zu hindern, sich zu trennen. Es wollte mit dem Blindsein erreichen, dass sich sowohl Vater als auch Mutter vermehrt um es kümmern und dabei wieder zueinanderfinden.

Die zweithäufigste Todesursache in der Pubertät neben Unfällen ist die Selbsttötung. Die Suizidrate nimmt ab einem Alter von 14 Jahren dramatisch zu (Abbildung 39). Wie ist das zu erklären?

Die Pubertät kann für Jugendliche so schwierig und belastend werden, dass sie in ihrer Verzweiflung bereit sind, ihr Leben wegzuwerfen. Die Entwicklungsaufgaben, emotionelle Sicherheit zu finden, ein tragfähiges Beziehungsnetz aufzubauen und existentiell unabhängig zu werden, erleben diese Jugendlichen als totale

Überforderung. Dabei handelt es sich oft nicht um real übermä-
ßige Belastungen, die Herausforderungen werden vielmehr sub-
jektiv als unüberwindbar wahrgenommen. Ich kann mich an
einen Mitstudenten erinnern, der sich erschoss, weil er bei der
ersten Prüfung im Medizinstudium durchgefallen war. Für ihn
selbst und die Familie war die Beschämung so groß, dass er sie
nicht aushalten konnte. Für uns war sein Verhalten unverständ-
lich, hatte er doch lediglich in einer Prüfung versagt. Er hätte noch
sein ganzes Leben vor sich gehabt.

**Dreimal so viele Männer als Frauen nehmen sich unter 20 Jahren
das Leben. Woran liegt das?**
Man könnte daraus schließen, dass es Männern schlechter ergeht
als Frauen. Dem ist aber nicht so. Frauen unternehmen sogar
mehr Suizidversuche als Männer. Männer wenden aber häufiger
Methoden an, die mit größerer Wahrscheinlichkeit zum Tod führen. Sie erschießen sich, springen von Hochhäusern oder erhän-
gen sich. Frauen nehmen hauptsächlich Medikamente zu sich,
was weitaus seltener zum Tod führt. Bei den Frauen ist ein Selbst-
mordversuch häufig eine Art letzter Hilfeschrei: Begreift ihr endlich, wie schlecht es mir geht?

**Internetchats oder TV-Filme zum Thema können einen soge-
nannten »Werther-Effekt« auslösen, also zum Nachahmen verführen. Was können Eltern und Lehrer dagegen tun?**
Der Werther-Effekt wird seit Goethe zu allen Zeiten und in unterschiedlichsten Erscheinungsformen immer wieder beobachtet. Da
tragen die Medien eine große Verantwortung. Wenn sie beispielsweise ein Ereignis wie – prominente Person wirft sich vor den
Zug – reißerisch aufmachen, stehen Nachahmer bereit. Bei Chats
im Internet, aber auch bei E-Mails und SMS, besteht die Gefahr,
dass Jugendliche zu viel von sich preisgeben und dadurch erpresst
oder gemobbt werden können, nicht mehr ein noch aus wissen
und sich schließlich selbst töten. Cybermobbing scheint mit der
Ausweitung sozialer Netze zuzunehmen.

Welche Anzeichen sind ernst zu nehmen? Schon die Tatsache, dass sich ein Jugendlicher mit dem Thema Tod auseinandersetzt, darüber redet oder Bücher liest, in denen Tod eine Rolle spielt?
Wenn dies verlässliche Indikatoren wären, stünden praktische alle Jugendlichen unter Verdacht, denn zur Pubertät gehört die Auseinandersetzung mit dem Tod genauso wie die Beschäftigung mit der Herkunft. Entscheidend ist vielmehr ihre Lebenssituation. Es kommt darauf an, ob und wie sehr ein Jugendlicher seine Bedürfnisse in den Bereichen Geborgenheit, soziale Akzeptanz und Selbstverwirklichung realisieren kann und in welchem Ausmaß das nicht möglich ist. Es ist daher wichtiger, sich der Lebenssituation eines Jugendlichen anzunehmen und Hinweisen für eine mögliche Beeinträchtigung seiner Grundbedürfnisse nachzugehen, als darauf zu achten, ob er sich für den Tod interessiert, einschlägige Literatur dazu liest oder Horrorfilme sieht. Ein Suizid kann ohne Vorwarnung geschehen, wird aber häufig angekündigt. Oftmals äußert der gefährdete Jugendliche sich nur gegenüber Gleichaltrigen, beispielsweise einem guten Freund, manchmal aber auch gegenüber einer erwachsenen Vertrauensperson. Gibt es eindeutige Hinweise für einen Suizid, sollten Eltern und Lehrer unverzüglich Hilfe suchen (Beratungsstellen). Warnsignale, die auf ein erhöhtes Suizidrisiko hindeuten, sind: Einengung des Denkens und Fühlens, Aggressionshemmung oder Aggressionen gegen andere oder sich selbst und Suizidfantasien.

Für Eltern sind solche Situationen zum Verzweifeln: Sie sehen, dass es ihrem Kind nicht gut geht, aber der zum kratzbürstigen Jugendlichen herangereifte, einstmals leicht erziehbare Sprössling lässt sich nicht helfen. Was können sie tun?
Wenn der Jugendliche im Gleichgewicht ist, er seine Bedürfnisse nach Geborgenheit, sozialer Akzeptanz und Selbstverwirklichung im Wesentlichen befriedigen kann, dann sollten sich die Eltern in Gelassenheit üben. Eltern müssen nicht alles wissen, was den Heranwachsenden durch den Kopf geht, was sie bedrückt, und auch nicht wie sie ihre Probleme zu lösen versuchen. Schließlich besteht die wichtigste Entwicklungsaufgabe der Pubertät ja gerade darin, selbstständig zu werden und das Leben alleine zu meis-

tern. Wenn es dem Sohn oder der Tochter aber nicht gut geht, wenn er oder sie zu den Eltern noch mehr auf Distanz geht, dann sollten sich die Eltern um Hilfe bei Vertrauenspersonen und Fachleuten bemühen, nicht nur für ihr Kind, sondern auch für sich selbst. Jugendliche brauchen ihre Eltern als letzte Rückzugsmöglichkeit.

Das Wichtigste in Kürze

1. Schwere psychische Krankheiten wie Depressionen, Schizophrenie und Borderlinestörungen können erstmals in der Pubertät auftreten.

2. Depressionen gehen mit Antriebs- und Lustlosigkeit sowie Stimmungsschwankungen einher. Sie können reaktiver Natur sein, das heißt durch eine schwierige Lebenssituation ausgelöst werden, oder aber endogen, das heißt anlagebedingt sein.

3. Jugendliche, die an Schizophrenie und manisch depressivem Kranksein leiden, sind in ihrem Denken, ihren Gefühlsäußerungen und ihrem Handeln nicht mehr nachvollziehbar und einfühlbar.

4. Bei sogenannten Konversions- oder dissoziativen Störungen reagieren Jugendliche auf Lebensumstände, die sie überfordern, mit Symptomen wie Erinnerungsverlust, Krampfanfällen oder Ohnmacht.

5. Selbstverletzendes Verhalten kommt vor allem bei Mädchen vor. Sie ritzen sich an Armen und Beinen mit Rasierklingen oder anderen scharfen Gegenständen. Das Ritzen wird von ihnen als eine Abfuhr von Spannung, Wut und Selbsthass erlebt. Die Ursachen sind vielfältig.

6. Selbsttötungen sind nach Unfällen die zweithäufigste Todesursache in der Pubertät. Das Suizidrisiko nimmt ab einem Alter von 14 Jahren stark zu. Frauen unternehmen tendenziell mehr Selbsttötungsversuche, Männer bringen sich jedoch dreimal häufiger um als Frauen.

7. Warnsignale, die auf ein erhöhtes Suizidrisiko hindeuten, sind: Einengung des Denkens und Fühlens, Aggressionshemmung oder Aggressionsumkehr und Suizidfantasien.

8. Wenn es dem Sohn oder der Tochter schlecht geht, sollten die Eltern nicht selber zu Therapeuten werden, sondern frühzeitig außerhalb der Familie Unterstützung und allenfalls bei Fachleuten Hilfe für ihr Kind, aber auch für sich selbst holen.

Teil III
Jugendliche und ihr Umfeld

Eltern

Slipping through my fingers
Schoolbag in hand
She leaves home in the early morning
Waving goodbye
With an absent-minded smile
I watch her go
With a surge of that well-known sadness
And I have to sit down for a while.
The feeling that I'm losing her forever
And without really entering her world
I'm glad whenever I can share her laughter
That funny little girl.
Slipping through my fingers all the time
I try to capture every minute
The feeling in it
Slipping through my fingers all the time
Do I really see what's in her mind
Each time I think I'm close to knowing
She keeps on growing
Slipping through my fingers all the time.
Sleep in our eyes her and me at the breakfast table
Barely awake, I let precious time go by
Then when she's gone there's that odd melancholy feeling
And a sense of guilt I can't deny.
What happened to the wonderful adventures
The places I had planned for us to go
Well some of that we did but most we didn't
And why I just don't know.
Sometimes I wish that I could freeze the picture
And save it from the funny tricks of time
Slipping through my fingers.

Von der Kindesliebe Abschied nehmen

Die Pubertät wird zu einer Art Abschied für uns Eltern. Ein Gefühl, das der Song *Slipping through my fingers* von Abba sehr berührend zum Ausdruck bringt. Es ist ein Abschied, der Vater und Mutter aufgezwungen wird, weil er von den Jugendlichen ausgeht. Plötzlich sind sie gefühlsmäßig weit weg – und wir Eltern leiden unter unserem Abschiedsschmerz.

Wir leiden, weil es nicht nur ein Abschiednehmen, sondern auch ein Liebesverlust ist. Als meine Töchter in die Pubertät kamen, wurde mir als Vater bewusst, wie viel Zuwendung ich von ihnen in den vergangenen Jahren erhalten hatte, oft einfach so, ohne etwas dafür zu leisten. Mir wurde einmal mehr klar, welch großes Geschenk diese bedingungslose Liebe der Kindern für uns Eltern ist. Ich musste lernen, den Anspruch auf ihre kindliche Liebe aufzugeben, zumindest auf den bedingungslosen Teil dieser Liebe zu verzichten, und hoffen, dass eine neue partnerschaftliche Beziehung zwischen uns entstehen würde. Versuchen wir Eltern hingegen die Zuwendung bei den Kindern einzufordern und machen ihnen gar Vorwürfe, laufen wir Gefahr, dass sie sich nur noch mehr von uns abwenden. Wenn Kinder in die Pubertät kommen, müssen wir Eltern nicht nur umdenken, sondern auch umfühlen.

»Ich bin nicht dein Ein und Alles. Ich bin Lisa.« Dieser Satz eines heranwachsenden Mädchens verdeutlicht knapp und präzise die Not der Eltern. Für Eltern bleiben die Kinder ihr »Ein und Alles«, selbst wenn es Eltern sind, die nicht an ihren Kindern hängen, sondern in ihrem eigenen Leben und Beruf Erfüllung finden. Schon Hegel hat erkannt, dass Eltern ihre Kinder mehr lieben als umgekehrt.

Vor einigen Jahren hätte Lisa das auch niemals gesagt. Im Gegenteil, sie wollte unbedingt das »Ein und Alles« ihrer Eltern sein, und sie ging davon aus, dass sie es auch wirklich ist und bis in alle Ewigkeit bleiben wird. In der Pubertät löst sich der Jugendliche von den Eltern ab, ohne dass es ihm selbst weh tut, oft ist es ihm nicht einmal bewusst. Schmerzhaft wird ist es hingegen für die Eltern. Sie sind verunsichert und beziehen die emotionale Distanz des Jugendlichen auf sich selbst. Sie fühlen sich nicht mehr geliebt, oftmals sogar abgelehnt.

Die Pubertät beraubt Eltern auch ihrer Sonderstellung. Sie sind nun nicht mehr das »Ein und Alles« für ihre Kinder, sondern höchst normale, fehlbare Mitmenschen.

Die Eltern verlieren nicht nur die vorbehaltlose Zuwendung ihrer Kinder, sie verlieren auch ihren Sonderstatus. Durch die enge Bindung des Kindes an die Eltern sind Vater und Mutter in der Kindheit die Größten, unabhängig davon, wie kompetent sie sind und wie gut sie das Kind umsorgen. Im Verlauf der Pubertät werden die Eltern für den Jugendlichen zu Menschen wie alle anderen auch. Sie werden buchstäblich entmystifiziert. Dabei ist es aber mitnichten so, dass die Eltern dem Jugendlichen gar nichts mehr bedeuten würden. Viele Jugendlichen sind immer noch dankbar, wenn sie nicht allein zu Hause sein müssen, selbst wenn sie beim Nachhausekommen nur knapp grüßen und schnellstens in ihr Zimmer entschwinden. Sie schätzen es, dass jemand Vertrauter da ist. Sie brauchen immer noch die Nähe der Eltern und manchmal auch das Gespräch mit ihnen – aber auf eine neue Art und Weise. Dosiert, distanzierter und mit Respekt für ihre Eigenständigkeit, sowie ihre Privat- und Intimsphäre.

Fiona, 16 Jahre alt, ging für ein Austauschjahr nach Amerika. Ihr war etwas mulmig zumute, schließlich wusste sie nicht, was sie dort erwarten würde. Abschiedsschmerz aber empfand sie nicht. Gelitten haben nur die Eltern, vor allem der Vater. Als er beim Abschied auf dem Flughafen einige Tränen verdrückte, fragte sich Fiona mit schlechtem Gewissen, ob sie nicht etwas mehr Emotionen hätte zeigen müssen.

Gott sei Dank gibt es heutzutage Skype. So können die Eltern jedes Wochenende mit ihrer Tochter sprechen und sie dabei sogar sehen. Die Leichtigkeit, mit der Fiona weggeht, ist typisch für viele Jugendliche. Es verändert sich aber nicht nur ihre gefühlsmäßige Befindlichkeit, ihr Verhalten verändert sich mit – bei den Mädchen mehr als bei den Jungen. Als Vater habe ich unter diesem Wandel gelitten. Meine Töchter schauten mich weniger oft und weniger lange an. Bei der jüngsten Tochter war es besonders ausgeprägt. Am Morgen grüßte sich mich kaum und schaute an mir vorbei. Als ich sie schließlich darauf ansprach und fragte, ob ich etwas falsch gemacht hätte, sah sie mich erstaunt an. Nein, gar nicht, befand sie und fuhr fort mit ihrem Blickvermeidungsverhalten. Die Töchter lächelten weniger und gingen körperlich auf Distanz. Ihr Interesse für Gespräche mit uns Eltern tendierte gegen Null. Sie zogen sich in ihr Zimmer zurück, waren den ganzen Abend nicht mehr zu sehen und besprachen ihre Freuden und Sorgen stundenlang am Telefon mit ihren Freundinnen. Diese Beschreibung trifft nicht auf alle Jugendlichen gleichermaßen zu. Nicht alle Pubertierenden verändern ihr Verhalten derart ausgeprägt. Es gibt durchaus Töchter, die immer noch körperliche Nähe bei ihrem Vater suchen und mit der Mutter lange Gespräche führen. Nur, die Regel sind sie nicht.

Die 25-jährige Desiree resümierte ihre Pubertät einmal so: »Das mit den Eltern war eigentlich kein Problem. Das Problem hat man mit sich selbst.« Tatsächlich praktizierten ihre Eltern einen überaus partnerschaftlichen Erziehungsstil, boten ein sicheres Zuhause, eine glückliche Partnerschaft und jeder in der Familie hatte seine eigenen Aufgaben und Pflichten.

Eine solch positive familiäre Erfahrung möchte man allen Jugendlichen wünschen. Die Umstellung von einer Oben-unten-Beziehung in der Kindheit zu einer partnerschaftlichen Beziehung schaffen aber nur wenige Familien ohne größere Auseinandersetzungen. Diese Anpassungsschwierigkeiten wurden in der Vergangenheit weitgehend umgangen, indem die jungen Menschen nach der Schule in die Welt hinausgeschickt wurden. Jahre später kamen sie dann gereift zurück und wurden als Erwachsene wieder in die Familie aufgenommen. Es gab die Wanderjahre, die heute manchmal auf eine nostalgische Weise nachgelebt werden, etwa wenn Jugendliche ein Jahr mit dem Rucksack um die Welt reisen. In der Schweiz werden bis heute – wenn auch immer weniger – junge Mädchen als Au-pair und Haushaltshilfen in die Romandie geschickt, um Französisch zu lernen, aber auch um erwachsen zu werden. Ein Aufenthalt in einem Internat kann eine ähnliche Wirkung haben. Nach einem einjährigen Auslandsaufenthalt im Rahmen eines Schüleraustausches kommt mancher Gymnasiast buchstäblich um Jahre gereift aus der Fremde zurück. Auch wer für die Lehre oder das Studium von Zuhause wegzieht, kann sich die Ablösung erleichtern – und das gilt nicht nur für die Jugendlichen, sondern auch für die Eltern.

Für Jugendliche werden die Gleichaltrigen plötzlich so wichtig, wie es früher die Eltern waren. Da ist es für Eltern oft nicht leicht, ein paar Schritte zurückzutreten, den Kindern und deren Freunden Raum zu geben.

Unbewusst reagieren die meisten Eltern eifersüchtig. Zum Beispiel wenn es ums Ausgehen geht oder der Jugendliche nicht mehr mit seinen Eltern, sondern mit seinen Freunden in die Ferien fahren will, was verständlich ist, wenn man bedenkt, dass der Jugendliche Nähe und Zuwendung nicht mehr bei den Eltern, sondern bei den Gleichaltrigen sucht. Manche Eltern wählen jedoch klugerweise eine Vorwärtsstrategie. Sie unterstützen ihre Söhne und Töchter im Kontakt mit den Peers. Sie bieten den Jugendlichen an, in ihrer Wohnung eine Party zu veranstalten, und verreisen für das Wochenende. Dafür ist der Jugendliche ihnen dankbar. Es verbessert seine Beziehung zu den Eltern. Und, was Sohn und Tochter wahrscheinlich kaum im Voraus bedacht haben, sie lernen Verantwortung zu übernehmen – beispielweise für die Organisation der Party und das Mobiliar der Eltern. So schlägt man drei Fliegen mit einer Klappe. Man lässt los, erntet dafür Dankbarkeit und Liebe und fördert eine neue, erwachsene Form von Verantwortung.

Ich komme aus einer Großfamilie und erinnere mich noch genau, dass ich als Jugendliche die familiären Zusammenkünfte plötzlich nervend fand. Die Tanten, die jedes Mal stereotyp zu sagen pflegten, »Herrje bist du aber groß geworden. Schon eine richtige Dame. Als ich dich das letzte Mal gesehen habe, warst du noch ein Kind.« Oder: »Sag mal, wie heißt du denn? Du bist

doch die Tochter vom Vinzi? Dass der schon so große Kinder hat.« Alles unheimlich nervig, aber je älter man wurde, auch ein liebenswertes Ritual: »Tante Rosi, ich bin schon längst mit dem Studium fertig.« – »Tatsächlich?« – »Oh ja, ich bin mittlerweile sogar Mutter. Dort drüben, das ist meine Kleine.«

Familie sollte genau das bieten – auch Jugendlichen: Vertrautheit und das Gefühl, dass es einen sicheren Hafen gibt, den man bei Schwierigkeiten anlaufen kann. Oft können Familien das jedoch nicht mehr leisten. Sie sind zu Schrumpffamilien geworden und haben kein belastungsfähiges Beziehungsnetz von Verwandten und Bekannten zur Verfügung. Wenn Eltern die Teilnahme von Sohn und Tochter an Familienanlässen erzwingen, dann dürfen sie sich nicht wundern, wenn sie sich mit sauertöpfischen Wesen herumschlagen müssen, die ihnen zur Last fallen und vielleicht sogar zur Peinlichkeit werden. Sich von der Familie abzulösen heißt für viele Jugendliche eben auch, aus der Verwandtschaft auszusteigen – mindestens für einige Jahre. Dabei mag der Jugendliche durchaus ein vertrauensvolles Verhältnis zu einer bestimmten Tante, dem Großvater oder einer Cousine haben und den Kontakt zu ihnen aufrechterhalten.

Ein anderer Bereich, bei dem es zwischen Eltern und Jugendlichen nahezu zwangsläufig zu Konflikten kommt, sind gemeinsame Ferien.

Eltern spüren es zwar, möchten es aber nicht wahrhaben: Jugendliche wollen nicht mehr mit ihnen in die Ferien fahren. Und so versuchen sie sie mit möglichst attraktiven Zielen wie New York oder die Malediven zu verführen, was durchaus gelingen kann. Eine Woche mit Gleichaltrigen in den Alpen oder auf einem Segeltörn können sie aber dennoch kaum toppen. Doch auch diese Erfahrung müssen Eltern machen. Sie müssen lernen, die Bedürfnisse der Jugendlichen zu respektieren, auch wenn diese Bedürfnisse für sie selbst in keiner Weise einsichtig und nachvollziehbar sind. Ein Vater hat mir kürzlich folgende kleine Episode erzählt. Es gelang ihm, seine Töchter für Ferien in der Türkei zu gewinnen. Eines Tages war der Besuch eines antiken Bauwerkes aus der Zeit der Hethiter angesagt. Die jüngere Tochter, 11 Jahre alt, war interessiert und kam ohne Widerspruch mit. Die 15-Jährige weigerte sich. Sie wollte auf ihrem Zimmer bleiben, was beim Vater Kopf-schütteln auslöste. Schließlich ließ er sie aber doch gewähren. Bei der Rückkehr war die ältere Tochter richtig zufrieden und zum Erstaunen des Vaters keineswegs frustriert. Sie hatte den Tag mit Lesen, Musikhören und SMS-Schreiben verbracht, wofür man – der Vater war weise genug, seine Meinung für sich zu be-halten – nicht in die Türkei hätte fliegen müssen. Das Abendessen verlief dann überaus angenehm, und der Vater hatte seine Lektion gelernt: Die Tochter weiß sehr wohl, was ihr guttut, auch wenn es für ihn nicht nachvollziehbar ist. Hätte der Vater ihr statt der Hethiter einen Kitesurfkurs oder etwas Ähnliches angeboten, hätte sie das Abenteuer wohl dem Lesen und SMS-Schreiben vorgezo-gen, bei dem Kurs womöglich die Bekanntschaft eines gleichalt-rigen Jungen gemacht und die Ferien anschließend zum Coolsten erklärt, was sie seit langem erlebt hat. Vielleicht hätte sie dann anstandshalber auch einen Nachmittag für die Hethiter geopfert, aber nur nachdem sie sich davor gebührend am Swimmingpool gebräunt hätte, schließlich wollte sie ja nicht bleich aus der Türkei zurück zu ihren Freunden kommen. Wenn Eltern in die Ferien fahren, soll es der Erholung und Erbauung dienen. Wenn Jugend-liche reisen, soll es etwas Abenteuerliches haben oder, wenn das nicht drin ist, dann wollen sie oft einfach in Ruhe gelassen werden und chillen.

Noch in der Schulzeit haben viele Jugendliche ihren ersten Freund oder ihre erste Freundin. Und die oder den nehmen sie dann mit in ihr Zimmer und behalten ihn oder sie über Nacht bei sich.
Es kann sehr peinlich für Eltern sein, wenn eines Morgens ein fremder Mann aus dem Zimmer der Tochter tritt und mitfrüh-stücken will. Damit es nicht dazu kommt, dürfen die Eltern die Kinder über ihre Beziehungen nicht ausfragen oder gar kontrol-lieren wollen. Sie sollten ihnen vielmehr zu verstehen geben, dass sie ihr Privatleben respektieren. Dann stehen die Chancen auch gut, dass die Eltern den Freund oder die Freundin rechtzeitig kennen- und hoffentlich auch schätzen lernen und solch unange-nehme Vorkommnisse vermieden werden. Das Gleiche gilt natür-

lich auch für die Söhne. Als Vater war es für mich mit den Freunden meiner drei Töchter immer eine Gratwanderung. Mit Kommentaren war ich sehr vorsichtig, denn die wurden allzu leicht als Urteil missverstanden. Negative Bemerkungen versuchte ich zu vermeiden, da sie leicht dazu führten, dass die jeweilige Tochter umso verbissener an ihrer Beziehung festhielt. Andererseits wollte ich den Freund auch nicht gleich als zukünftigen Schwiegersohn in die Familie aufnehmen. Also habe ich versucht, den jungen Männern mit Wohlwollen und Offenheit zu begegnen. Immer wieder Mühe bereitet hat mir die Rivalität, die zwischen mir als Vater und dem jeweiligen Freund sehr rasch entstehen konnte. Am ehesten war dies zu vermeiden, wenn ich ein ernsthaftes Interesse für den Freund zeigte und mich auf ihn einließ. Ähnliche Erfahrungen machen wohl auch Mütter mit den Freundinnen ihrer Söhne.

Da die meisten Jugendlichen ihre erste Partnerschaft noch in der Schulzeit erleben, findet die Sexualität de facto in der Familie statt.

Inwiefern Eltern dabei eine Rolle spielen und wie sie einen positiven Part übernehmen können, erklärt folgende Geschichte. Cornelia war ein frühreifes Mädchen. Sie bekam die Regel mit 11 und mit 14 Jahren war sie körperlich und emotional voll entwickelt. So war es für die Eltern nur eine Frage der Zeit, bis sie mit ihrem 19-jährigen Freund Martin schlafen würde. Anstatt Cornelia den sexuellen Kontakt jedoch zu verbieten, was die Tochter kaum befolgt hätte, wählten die Eltern eine Vorwärtsstrategie. Sie schickten Cornelia zu einer Gynäkologin, die ihr nach zwei ausführlichen Gesprächen die Pille verschrieb. Die Eltern nahmen dabei in Kauf, gegen das Gesetz zu verstoßen. Das schweizerische Strafgesetz verbietet nämlich Geschlechtsverkehr mit Minderjährigen, wenn der Altersunterschied mehr als zwei Jahre beträgt. Die Eltern waren jedoch überzeugt, dass Cornelia die Verantwortung für sich übernehmen konnte. Die frühe sexuelle Beziehung hat Cornelia nicht geschadet, ihre erste Partnerschaft hielt mehrere Jahre. Sie machte eine Lehre als Friseurin und entwickelte sich zu einer zufriedenen erwachsenen Frau. Normvorstellungen über das

Sexualverhalten können Jugendlichen wegen der großen Variabilität nie gerecht werden. Was für ein 14-jähriges Mädchen richtig sein mag, kann für ein 17-jähriges falsch sein (siehe »Sexualverhalten und Geschlechtsidentität«).

Manche jungen Menschen fiebern danach, nach der Schule endlich zu Hause auszuziehen. Fakt ist aber, dass viele recht gern im »Hotel Mama« bleiben, das zudem meist von eher antiautoritären oder zumindest partnerschaftlich erziehenden Eltern angeboten wird. In den Mittelmeerländern hat das »Hotel Mama« sogar Tradition.

Es ist ein durch die Medien verbreiteter Irrglaube, dass junge Erwachsene einfach deshalb zu Hause wohnen bleiben, weil das »Hotel Mama« so gut ist. Es mag zwar solche geben, die sich aus Bequemlichkeit von den Eltern verköstigen und umsorgen lassen. Aber in den meisten Fällen, wo junge Erwachsene noch jahrelang bei ihren Eltern wohnen, sind es vor allem finanzielle Zwänge, die ihnen einen Wegzug unmöglich machen. So arrangiert man sich miteinander. Jeder lebt sein eigenes Leben. Die jungen Erwachsenen ziehen sich in ihr Zimmer zurück, verfügen dort über Fernseher und Computer. Die Kommunikation mit den Eltern reduziert sich oftmals auf ein Minimum und die sozialen Kontakte finden weitgehend außerhalb der Familie statt.

Nicht einmal ein Drittel aller 30-Jährigen erfüllt alle 3 Kriterien, die sie in soziologischer Hinsicht als Erwachsene definieren: die Schule hinter sich haben, eigenes Geld verdienen und nicht mehr bei den Eltern wohnen. Deshalb haben Experten jetzt eine neue Definition vorgeschlagen: Erwachsen ist, wer freiwillig wieder früher ins Bett geht.

Wenn es nicht so ernst wäre, könnte man das Thema damit beschließen. Doch das Grundproblem des »Hotel Mama« ist vor allem ein finanzielles. Oft müssen Eltern über Jahre hinweg für das Studium und den Lebensunterhalt ihrer Kinder aufkommen. Die finanzielle Abhängigkeit der jungen Erwachsenen von den Eltern sorgt dabei häufig für Konfliktstoff. Wollen die Kinder durch einen Zusatzverdienst eine gewisse Unabhängigkeit erreichen, kann dies wieder um den Abschluss des Studiums verzögern. Auch nach der Ausbildung haben viele junge Erwachsene kein ausreichendes Einkommen, um unabhängig zu werden, selbst nach dem 30. Lebensjahr. Sei es, weil sich das Studium hinzieht, sei es, weil sie arbeitslos sind. Hinzu kommt, dass selbst wenn die jungen Erwachsenen eine Arbeitsstelle ergattern, ihr Lohn oft so knapp bemessen ist, dass er für Miete und Lebensunterhalt nicht ausreicht. In Italien oder Spanien sind die Löhne selbst für Akademiker und höhere Berufe so niedrig, dass viele sich keine eigene Wohnung leisten und keine eigene Familie gründen können. In Deutschland und in der Schweiz erlauben Eltern ihren Kindern auch deshalb immer häufiger einen vorzeitigen Zugriff auf das Erbe.

Es ist eine schwierige Aufgabe für Eltern, ihr Kind loszulassen, ihm ein eigenes Leben und die Verantwortung dafür zuzugestehen, anstatt es durch ewiges Festhalten zu vertreiben.
Loslassen hat für Eltern eine stark emotionale Seite. Es ist nicht einfach, zu akzeptieren, dass die Beziehung zum Jugendlichen für einige Jahre den Charakter einer Einbahnstraße bekommt: Wenn es ihm gut geht, hören sie nichts von ihm und sehen ihn kaum. Wenn er in Schwierigkeiten gerät und nicht mehr weiterweiß, dann landet er bei den Eltern. Dem Jugendlichen die Tür jederzeit offen zu halten ist eine undankbare, aber enorm wichtige Aufgabe der Eltern. Wenn sich der Jugendliche darauf verlassen kann, wird er seinen Eltern – auch noch im Rückblick – sehr dankbar sein.

Wenn Kinder in die Pubertät kommen, überfallen viele Eltern große Verlustängste. Sie haben das Gefühl, die Kinder kommen ihnen für immer abhanden.
Das ist auch verständlich. Die Jugendlichen gehen auf Distanz, sind immer weniger zu Hause, sie berichten kaum mehr über das, was sie beschäftigt, wen sie treffen und was sie erleben. Sie wollen immer weniger mit der Familie zusammensein und sind mit ihren Gedanken und Sehnsüchten meilenweit von den Eltern entfernt. Da kann bei Eltern schon das Gefühl aufkommen: Wir haben un-

ser Kind für immer verloren. Doch das stimmt – in den meisten Familien – so nicht. Kind und Eltern werden sich irgendwann in der Zukunft wieder näherkommen und es wird sich eine neue Form von Vertrauen einstellen. Bis es aber so weit ist, sollten sich die Eltern gedulden. Die jungen Erwachsenen müssen sich zuerst in ihrem eigenen Leben etablieren und ihre eigene Persönlichkeit finden, erst dann können sie zurückkommen. Wie lange diese Durststrecke für die Eltern dauert, ist sehr unterschiedlich. Es gibt junge Menschen, die brechen den Kontakt zu den Eltern über einige Jahren vollständig ab, was für die Eltern sehr hart sein kann, insbesondere dann, wenn sie von Dritten zu hören bekommen, ihrem Sohn gehe es nicht gut, er sei arbeitslos, oder ihre Tochter sei unglücklich in einer Beziehung oder sie sei in die Fänge einer Sekte geraten. Es gibt aber auch Jugendliche, die kaum auf Distanz zu den Eltern gehen oder die sich über Jahre und ohne große Brüche ablösen.

Wenn Eltern versuchen, ihre Kinder mit allen Mitteln festzuhalten, kommen sie später dann nicht wieder?

Wenn der Jugendliche das Gefühl hat, er wird von den Eltern vereinnahmt, dann wird er noch mehr auf Distanz gehen und nur zögerlich den Kontakt zu ihnen wieder aufnehmen. Wenn die Eltern dann auch noch vergrämt oder gar aggressiv reagieren, ihren Anspruch auf Zuneigung und Beziehung vehement geltend machen, treiben sie ihren Sohn oder ihre Tochter noch weiter weg. Dann kann ein Anruf zum Geburtstag oder ein Besuch an Weihnachten über Jahre ausbleiben. Es gibt aber auch Kinder, die durch das Festhalten der Eltern nie selbstständig werden. Meine Eltern haben sich für mein Empfinden vorbildhaft verhalten. Dafür war ich ihnen sehr dankbar und habe mich bemüht, es ihnen gleichzutun. Sie haben sich über jeden Besuch sehr gefreut, aber mir nie zu spüren gegeben, sie hätten ein Anrecht auf regelmäßige Besuche. Sie versuchten auch nicht, Anrufe einzufordern. So habe ich mit meinen Kindern meine Eltern immer gerne besucht. Ich kenne Familien, da waren die Eltern so einnehmend und fordernd, dass ihre Kinder im Geheimen geheiratet haben. In anderen Familien kamen Enkelkinder zur Welt, ohne dass die Großeltern auch nur benachrichtigt wurden. Es ist schon richtig, Eltern haben sehr viel für ihr Kind getan, davon dürfen sie aber keinen Anspruch ableiten. Denn sie haben in all den Jahren auch sehr viel von ihrem Kind bekommen. Forderungen vertreiben die Kinder, Dankbarkeit, Respekt und Unterstützung bringen sie zu den Eltern zurück. Wie eng und gut die Beziehung später zwischen den Eltern und ihren erwachsenen Kindern sein wird, hängt davon ab, wie das Kind seine Kindheit erlebt hat und vor allem, wie gut Eltern und Kind die Pubertät miteinander durchgestanden haben. Letzteres ist wiederum von Faktoren abhängig wie: Wie gehen die Eltern mit dem Liebesverlust und ihren Ängsten um? Hinterfragen sie ihre eigene Lebenssituation kritisch und bemühen sich um eine aktive Lebensplanung?

Und dann gibt es natürlich auch handfeste Gründe, weshalb Kinder den Kontakt mit ihren Eltern wieder enger gestalten.

Beispielsweise wenn Sohn oder Tochter heiraten und finanzielle Unterstützung für den Kauf einer Wohnung brauchen. Oder wenn die Kinder ihre Eltern zu Großeltern gemacht haben und nun auf ihre Hilfe bei der Kinderbetreuung angewiesen sind. In der Schweiz leisten die Großeltern 100 Millionen Betreuungsstunden pro Jahr. Auf Deutschland umgerechnet wären das etwa 1,4 Milliarden Stunden. Eine unglaubliche Leistung, die Großeltern für ihre Kinder und Enkelkinder erbringen. Enkelkinder bieten eine wunderbare Gelegenheit, den eigenen Kindern wieder näherzukommen. Ich genieße es, wenn die Enkelkinder ein Wochenende oder gar eine ganze Woche bei uns verbringen – auch wenn es zugegebenermaßen sehr anstrengend sein kann. Und ich freue mich auch daran, wenn meine Töchter mit ihren Kindern erzieherisch besser umgehen als wir damals als Eltern. Rückblickend kommt mir die Pubertät meiner Kinder wie die Metamorphose eines Schmetterlings vor. Das Kind verpuppt sich, macht einen geheimnisvollen Entwicklungsprozess durch, den es nur selber leisten kann, und eines Tages schlüpft ein neues Wesen.

Das Wichtigste in Kürze

1. Während der Kindheit lieben Kinder ihre Eltern bedingungslos. Mit dem Einsetzen der Pubertät erleben die Eltern die emotionale Ablösung ihrer Kinder als Liebesverlust.

2. Jugendliche gehen zu ihren Eltern körperlich auf Distanz, sind weniger gesprächsbereit und ihre nonverbale Kommunikation wirkt oft abweisend. Manche Mädchen zeigen ein Blickvermeidungsverhalten. Solche Verhaltensänderungen sind bei den Jugendlichen unterschiedlich ausgeprägt.

3. In der Pubertät verlieren Eltern ihre Sonderstellung und werden für den Jugendlichen zu ganz normalen Menschen. Sie werden gewissermaßen entmystifiziert.

4. Eltern sollten ihren Kindern die Tür für eine Rückkehr in rauen Zeiten stets offen halten.

5. Für viele Jugendliche bedeutet, sich von der Familie abzulösen, auch, für einige Jahre aus der Verwandtschaft auszusteigen. Eltern sollten die Teilnahme der Jugendlichen an familiären Zusammenkünften nicht erzwingen.

6. Auf Familienferien verzichten die meistens Jugendlichen liebend gerne. Sie ziehen es vor, mit ihren Freunden zu verreisen. Wenn sie dennoch mit der Familie Urlaub machen, wollen sie etwas Abenteuerliches erleben, Leute kennenlernen oder in Ruhe chillen.

7. Eltern sollten nicht eifersüchtig auf die Freunde ihrer Kinder reagieren. Sie sollten den Jugendlichen und ihren Freunden vielmehr Raum für ihre Beziehungen gewähren.

8. Eltern sollten die Privatsphäre von Sohn und Tochter respektieren. Dann ist die Chance am größten, dass sie den Freund der Tochter, die Freundin des Sohnes rechtzeitig kennenlernen und sich so alle wohlfühlen.

9. Immer mehr junge Erwachsene können aus finanziellen Gründen nicht zu Hause ausziehen. Das »Hotel Mama« wird – wie bereits in Südeuropa – ein ernsthaftes gesellschaftliches Problem.

10. Kinder gehen ihren Eltern mit der Ablösung nicht für immer verloren. Wenn sie sich eigene tragfähige Beziehungen aufgebaut, sich sozial und beruflich in der Gesellschaft integriert haben, kommen sie zurück und eine neue Form von Beziehung entsteht.

11. Wie vertrauensvoll die zukünftige Beziehung zwischen Eltern und erwachsenen Kindern sein wird, hängt davon ab, wie das Kind seine Kindheit erlebt hat und wie gut Eltern und Kind die Pubertät miteinander durchgestanden haben. Forderungen vertreiben die Kinder, Dankbarkeit, Respekt und Unterstützung bringen sie zurück.

Kontrolle abgeben

Wenn Eltern versuchen, die Kontrolle über ihre Söhne und Töchter in der Pubertät beizubehalten, wollen sie nicht nur ihre Stellung als Erziehende untermauern, sondern die Jugendlichen auch vor Gefahren und Risiken wie Alkohol, Drogenkonsum oder Gewalt bewahren.

Auf diese Ängste mit vermehrter Kontrolle zu reagieren ist sehr verständlich. Ängste sind jedoch kein guter Ratgeber. Da es zudem kaum mehr möglich ist, einen Jugendlichen wirksam zu kontrollieren, führen Kontrollversuche allzu leicht zu Konfrontationen, sie lösen falsche Reaktionen bei den Eltern und Abwehr bei den Jugendlichen aus. Es kommt zum Machtkampf, den die Eltern auf Dauer verlieren müssen. Daher ist es viel ratsamer, sich als Eltern um ein Verständnis der Nöte und Sorgen der Jugendlichen zu bemühen. Dadurch lässt sich auch weitaus konstruktiver mit den Risiken und konfliktträchtigen Situationen umgehen als durch rigide Kontrolle. Außerdem sollten sich die Eltern auch selbst hinterfragen: Was macht uns Angst und warum? Warum fühlen wir uns so ohnmächtig und was können wir dagegen tun? Aber auch: Wie glaubwürdig sind wir als Vorbilder, beispielsweise beim Alkoholkonsum oder beim Autofahren? Verlangen wir unter Umständen eine Disziplin von unserem Kind, die wir selbst nicht aufbringen?

Ein Klassiker unter den Konflikten sind die zähen Auseinandersetzungen, wenn Jugendliche abends auszugehen beginnen. Vor allem die Streitfrage, wann der Sohn oder die Tochter wieder zu Hause sein muss, belastet fast jede Beziehung zwischen Eltern und ihren jugendlichen Kindern. Dabei sind die meisten Eltern überzeugt, dass sie mit Sanktionen reagieren müssen, weil sie sonst in ihren Erziehungsbemühungen unglaubwürdig werden.

Kinder und vor allem Jugendliche lernen nicht durch Strafen und Belehrungen, sondern in erster Linie aus den eigenen Erfahrungen. Der erste Rausch ist so eine Erfahrung, die für die Tochter hilfreicher sein kann als alle Sanktionen und Vorhaltungen. Um unnötige Konflikte zu vermeiden, sollten Eltern ferner zu verstehen versuchen, was dem Jugendlichen wichtig ist, zum Beispiel beim Zu-spät-nach-Hause-Kommen. Der Sohn nimmt eher in Kauf, seine Eltern zu vergrämen, als sich bei den Peers mit einem

»Um 23 Uhr bist du zu Hause.« Die Mutter würde gern daran glauben.

vorzeitigen Abgang zu blamieren. So können sich Eltern unfruchtbare und wirkungslose Auseinandersetzungen ersparen. Außerdem haben sie häufig keine guten oder überhaupt keine Argumente. Warum muss der Sohn um 23 und nicht bereits um 22 Uhr oder aber erst um 24 Uhr zu Hause sein? Oft bekommt man das Gefühl, den Eltern geht es nur darum, den Freiheitsdrang und das Vergnügen der Jugendlichen einzuschränken, damit sie nicht uferlos feiern. Doch das genügt einfach nicht. Manche Eltern meinen auch einfach, dass sie ihre Glaubwürdigkeit durch Strenge und eherne Grenzen untermauern müssen. Jugendliche haben aber ein hochempfindliches Sensorium für die Argumentationsschwächen ihrer Eltern. Wenn die Eltern keine überzeugenden Argumente haben, sind die Jugendlichen nicht bereit nachzugeben, sondern fühlen sich in ihrem Widerstand auch noch bestätigt. Ich halte hier kein Plädoyer für eine Laisser-faire-Haltung, mir geht es um ein Verständnis dafür, warum Jugendliche nun mal so sind. Kinder akzeptieren ein kategorisches Nein, ohne nach den Gründen zu fragen, Jugendliche hingegen wollen überzeugt werden. Viele Eltern haben lediglich ein diffuses, unbestimmtes Gefühl, sie müssten Grenzen setzen und sich gegen die überbordenden Ansprüche ihrer halbwüchsigen Kinder behaupten. Damit wollen sie dem Jugendlichen klarmachen, dass sie immer noch das Sagen haben. Doch sie sollten sich gründlich überlegen, warum sie Nein sagen. Das macht sie bei Sohn und Tochter glaubwürdiger – was aber dennoch nicht bedeutet, dass diese ihren Rat dann auch befolgen werden.

Das Handy ist eine große Hilfe. Eltern fühlen sich sicherer, wenn sie ihr Kind anrufen können, aber auch von ihm angerufen werden, um zu erfahren, wo es gerade ist und wann es nach Hause kommt.

Eltern wird dadurch zumindest ein Teil der schlaflosen Nächte erspart. Ihr Sohn kann anrufen, wenn ihm der letzte Bus vor der Nase davongefahren ist. Schlaue Jugendliche schicken ihren Eltern schon einmal eine SMS, dass sie es leider, leider wegen irgendwelcher, keineswegs gefährlicher (!) Umstände nicht schaffen würden, zur vereinbarten Zeit zurückzukommen – und dann stellen sie das Handy ab. Mir ist folgende Episode nachhaltig in Erinnerung geblieben: Unsere beiden jüngeren Töchter, damals 12 und 14 Jahre alt, wollten unbedingt zu einem Konzert der Band »New Kids on the Block«. Sie standen bereits um 14 Uhr vor der Kasse, um einen möglichst guten Platz zu ergattern. Das Konzert begann um 19 Uhr und war um 21 Uhr zu Ende. Wir hatten vereinbart, dass wir sie um 21.30 Uhr abholen würden. Doch unsere Töchter erschienen nicht zur vereinbarten Zeit beim Treffpunkt, stattdessen kam eine SMS: »Wir fahren mit der Tram ins Sheraton Hotel, um die Boys der Band privat zu treffen.« Einige Zeit später kam eine weitere SMS: »Die Tram ist zu langsam, wir sitzen im Taxi.« Bei uns Eltern gingen sämtliche Warnlampen an und wir machten uns schleunigst ebenfalls auf den Weg in das ominöse Hotel. Was war geschehen? Die Bodyguards der Band hatten unsere beiden Töchter, die direkt an der Bühne standen, aus der Menge gepflückt und sie eingeladen, nach dem Konzert ins Hotel zu kommen. Als wir im Hotel aufkreuzten, waren unsere Töchter zwar ein wenig peinlich berührt, aber auch erleichtert. So verlief der Abend dann ganz angeregt und harmlos. Um 1 Uhr morgens waren die Töchter endlich im Bett, mussten aber vor dem Einschlafen das Erlebte gründlich durchsprechen und verarbeiten, also schliefen sie erst um 4 Uhr ein. Um halb sieben stand die jüngere der beiden bereits wieder auf, da sie um 8 Uhr an der schriftlichen Eintrittsprüfung für das Gymnasium anzutreten hatte. Völlig übermüdet schaffte sie die Prüfung nicht ganz und musste eine Zusatzprüfung machen.

Nach all dem, was du bisher gesagt hast, hätte ich erwartet, dass du deine Töchter einfach ihre Erfahrungen hättest sammeln und allein durchstehen lassen.

Wir hatten zum Konzert Ja gesagt, aber nicht zum Besuch der Band im Hotel. Wir sind hingefahren, weil unsere Töchter erst 12 und 14 Jahre alt waren. Wir wollten sie vor möglichen negativen Erfahrungen beschützen. Wären sie 16 oder 18 Jahre alt gewesen und hätten bereits Erfahrungen in festen Beziehungen gehabt, hätten wir uns wohl anders verhalten. Kontrolle und Erziehung, die unbedingten Gehorsam verlangen, sind vorbei. Das heißt aber weder, dass sich Eltern völlig aus der Verantwortung zurückziehen sollten, noch, dass sie keine Handlungsmöglichkeiten mehr haben. Es geht darum, den Kindern klar zu machen, dass sie selbst für ihr Leben und ihr Verhalten verantwortlich sind, was nicht heißt, dass sie die Verantwortung auch immer übernehmen können. Deshalb ist es für die Eltern ein ständiges Abwägen zwischen Überforderung und Bevormundung.

Viele Eltern haben die berechtigte Angst, ihr Kind zu überfordern und dabei Gefahren auszusetzen. Dass man es zum Beispiel – weil es ja schon so vernünftig und groß ist – zu früh alleine reisen, auf großen Flughäfen umsteigen, am Abend S-Bahn fahren lässt – und es damit womöglich in Gefahr bringt. Wie findet man die Balance zwischen Kontrolle und Fahrlässigkeit und woher weiß man, was den Heranwachsenden zuzutrauen ist?

Bereits in der Kindheit und ganz besonders in der Jugendzeit gilt es, seine Kinder so kompetent zu machen, dass sie das Leben bewältigen können. Das ist meines Erachtens die Aufgabe der Eltern, nicht, sie durch Kontrollen und Verbote vor Gefahren zu beschützen. Es sind nun einmal große Herausforderungen, die die Jugendlichen in der Welt erwarten. Ohne eine gute Portion Glück und Gottvertrauen ist noch kaum jemand erwachsen geworden. Als unsere Tochter Eva 16 Jahre alt war, wollte sie nicht mehr mit uns ihre Ferien verbringen, sondern mit ihrem 20-jährigen Freund an die französische Atlantikküste fahren. Meine große Sorge war, dass sie diese lange Reise mit ihrem klapprigen Auto unternehmen würden. Dann erinnerte ich mich an meine Eltern. Sie waren nicht weniger in Sorge, als meine Freundin und ich in den 60er Jahren mit einem alten VW-Käfer durch die unsicheren Balkanländer nach Griechenland gefahren sind. Sie hatten uns das Abenteuer schweren Herzens erlaubt. Also ließen wir Eva mit ihrem Freund ebenfalls ziehen. Das Auto hat dann tatsächlich auf der Autobahn den Betrieb eingestellt – glücklicherweise ohne dass es zu einem Unfall kam. Sie sind heil am Atlantik angekommen und auch heil in die Schweiz zurückgekehrt. Abenteuer dieser Art kann man nicht mehr verbieten oder verhindern. Man muss den Jugendlichen aber klar und deutlich die eigene Meinung sagen –

ohne zu erwarten, dass sie sich danach richten. Vor allem aber
sollte man ihnen deutlich machen, dass sie jetzt für sich selbst die
volle Verantwortung tragen und dass man sie nicht mehr beschützen kann.

Für Eltern sind Cliquen oft ein Gräuel. Sie haben Angst, dass ihr Sohn oder ihre Tochter durch die Clique verdorben wird, zu Alkohol und Drogen greift oder in eine soziale Randgruppe abdriftet. Da Cliquen eine derart wichtige Rolle haben und so viel Einfluss auf die Jugendlichen ausüben, würden Eltern gern auf den Umgang mit Gleichaltrigen Einfluss nehmen.

Viele Eltern sind in großer Sorge, dass ihr Kind in schlechte Gesellschaft geraten könnte. Sie wissen sehr wohl um den enormen Einfluss der Peers. Kommt der Jugendliche bei den Peers jedoch nicht an, leiden auch die Eltern. Wenn ihr Kind auch noch gemobbt wird, wissen die Eltern oft nicht, was sie tun sollen. Sie können ihrer Tochter oder ihrem Sohn keine Gleichaltrigen organisieren, selbst wenn sie über ein gutes soziales Netz verfügen und sich bemühen, ihrem Kind Kontakte zu verschaffen. Gemocht zu werden und eine befriedigende soziale Stellung in der Gruppe einzunehmen, kann der Jugendliche nur aus eigener Kraft leisten. Sohn und Tochter suchen sich diejenigen Gleichaltrigen aus, die ihnen am besten entsprechen und unter denen sie sich behaupten können und wohlfühlen. Eltern können dem Jugendlichen den Umgang mit Gleichaltrigen nicht mehr vorschreiben oder gar verbieten. Indirekt wirken sie aber nachhaltig auf das Beziehungsverhalten ihrer Kinder, nämlich durch die Art und Weise, wie sie ihnen Werte vorleben und sie zu bestimmten sozialen Verhaltensweisen erzogen haben. Wenn das Kind in die Pubertät kommt, sind Vorbilder und soziale Erfahrungen nicht plötzlich verschwunden, sie wirken weiter. Erwachsene sollten bei der Wahl der Freunde ihrer Kinder vielleicht auch hie und da selbst in den Spiegel blicken. Was leben sie ihren heranwachsenden Kindern eigentlich vor? Dass es wichtig ist, in einer ganz bestimmten Gesellschaftsschicht akzeptiert zu sein? Dass Geld ein unerlässliches Statussymbol ist und das wichtigste Auswahlkriterium für Freunde? Oder erleben die Kinder Eltern, die ihre Bekannten und Freunde nach ihren

Interessen, ihrer Loyalität, ihren guten Charaktereigenschaften, ihrem Familiensinn wählen?

Druck und Kontrolle haben tatsächlich oft genau den gegenteiligen Effekt. Als ich einmal versucht habe, die Essgewohnheiten meiner Tochter zu kontrollieren, hat sie kurzerhand angefangen, mich zu kontrollieren. Und zwar mit einer Diät für zu dicke Mütter, die sie selbst nach eingehendem Studium im Internet zusammengestellt hat und die sehr gemein, sehr strikt und ohne jede Gnade war. Zusätzlich hat sie angefangen, sich öffentlich über ihre dicke Mutter zu beschweren.

Das war sehr raffiniert von deiner Tochter. Die meisten Jugendlichen, die sich kontrolliert oder gegängelt fühlen, weichen aus, entziehen sich der Kontrolle und setzen sich damit oft zusätzlichen Risiken aus. Man kann es drehen und wenden wie man will: Für Eltern sind die Kontrollmöglichkeiten sehr beschränkt. Wenn die Tochter das Haus verlässt, können die Eltern keinerlei Kontrolle mehr ausüben. Es liegt nun an der Tochter, die Verantwortung für sich selbst wahrzunehmen. Nun kommt es darauf an, wie gefestigt, wie selbstsicher sie ist und welche Werte sie verinnerlicht hat. Weit wichtiger als die elterliche Kontrolle ist es jedoch, das Vertrauen und den »Draht« zu den Jugendlichen zu behalten. Sie müssen wissen, dass sie jederzeit willkommen sind, aber nicht als schwarzes Schaf oder reumütiger Sünder. Wie ist es mit deiner Tochter weitergegangen?

Ich habe aufgehört, sie zu kontrollieren. So ist auch ihr Interesse, meine unnötigen Extrakilos zu bekämpfen, in kürzester Zeit wieder erlahmt. Und auch sie hat wieder angefangen, normal zu essen.

Ich kann es nicht genug oft betonen. Die Aufgabe der Eltern ist nicht, ihre Kinder zu bremsen, sondern sie kompetent zu machen, ob beim Ausgehen, in ihrem Beziehungsverhalten, bei den Essgewohnheiten oder beim Autofahren. Viele Eltern sehen dem Tag mit Sorge entgegen, an dem ihr Kind den Führerschein bekommt, am liebsten würden sie diesen Zeitpunkt so weit wie möglich hinausschieben – bis der Sohn und die Tochter »vernünftiger«

geworden sind. In Deutschland dürfte es sich mit dem Führer-schein mit 17 nicht anders verhalten. Vernünftig werden Jugend-liche aber oft erst mit 25 Jahren oder noch später, dazu muss man sich nur die Unfallstatistiken ansehen. So lange wollen die Jugendlichen aber auf keinen Fall warten. Ich plädiere erneut für eine Vorwärtsstrategie; den Führerschein bereits mit 16 Jahren und dann – immer in Begleitung – möglichst viele Kilometer in den nächsten zwei Jahren zurücklegen. Je mehr die Jugendlichen fahren, desto größer werden ihre Erfahrungen und desto besser können sie Risikosituationen einschätzen. Auch Kurse, in denen sie erleben, was es heißt, eine Vollbremsung zu machen, wie der Bremsweg mit der Geschwindigkeit exponentiell zunimmt oder wie sich Aquaplaning auf die Lenkkontrolle auswirkt, vermindern riskantes Fahren. Die Jugendlichen sollen am Simulator erleben, wie gefährlich es sein kann, beim Autofahren das Handy zu be-nützen, eine Adresse ins GPS einzutippen oder am CD-Player he-rumzudrücken, und dass es geradezu selbstmörderisch ist, beim Fahren eine SMS zu schreiben.

Das Wichtigste in Kürze

1. Mit der Ablösung ihres Kindes erleiden Eltern einen Kontrollverlust. Sie müssen sich selbst, ihrem Sohn und ihrer Tochter klar machen: Die Verantwortung für ihr Handeln liegt nun bei den Jugendlichen selbst.

2. Kinder gehorchen ihren Eltern, weil sie von ihnen emotional abhängig sind. Jugendliche sind zu einer einvernehmlichen Lösung zu bewegen, wenn Eltern ihnen mit natürlicher Autorität, Respekt und einer über-zeugenden Haltung begegnen.

3. Eltern können – so sehr sie es auch möchten – ihre jugendlichen Kin-der vor Gefahren und Risiken nicht mehr bewahren. Dies müssen sie ihnen in aller Deutlichkeit sagen: Wir können euch nicht mehr beschüt-zen.

4. Eltern haben keine Kontrolle mehr über die Beziehungen, die ihre ju-gendlichen Kinder mit Gleichaltrigen eingehen. Sie sollten darauf ver-

trauen, dass die Verhaltensweisen und Werte, die sie ihren Kindern vermittelt haben, diese in ihren Beziehungen leiten werden.

5. Eltern sollten ihre Kinder so kompetent wie möglich machen, damit sie das Leben selbstständig bewältigen können. Sie sollten die Jugendlichen in ihrem Bestreben nach Unabhängigkeit nicht bremsen, sondern kompetent machen (zum Beispiel beim Autofahren).

Rechte und Pflichten statt Erziehung

Ich ertappe mich oft dabei, wie ich beleidigt reagiere, wenn sich meine Tochter zurückzieht oder mich nicht braucht. Wie ich plötzlich und ganz gegen meine erzieherischen Prinzipien überreagiere, wenn sie Dinge tut, die mir nicht passen, weil ich befürchte, dass sie mir ansonsten gar nicht mehr gehorcht. Oder wie ich sie ganz einfach wie ein kleines Mädchen behandle, weil das die eingeübte Mutter-Kind-Beziehung ist, und mich wundere, warum ich damit so schlecht ankomme.

In jeder Generation verfallen Eltern erneut der Illusion, dass nicht nur die Zuwendung des Kindes, sondern auch sein Gehorsam für immer erhalten bleiben. Eines Tages aber ist ihr Kind ein Jugendlicher und alles ist anders. Gehorsam aus einer emotionalen Abhängigkeit heraus – so wie in der Kindheit – gibt es nun nicht mehr. Die Eltern jedoch wollen weitermachen wie bisher, was der Jugendliche nicht akzeptiert. Und so versteifen sich die Eltern oft erst recht auf ihre erzieherische Haltung – schließlich war sie viele Jahre erfolgreich. Sie werden zu schwierigen Eltern. Damit stehen sie jedoch nicht allein. Die Pubertät ist auch für Lehrer und andere Bezugspersonen eine schwierige Zeit. Es ist eine Zeit der allgemeinen erzieherischen Verunsicherung.

Eltern scheinen in Bezug auf ihre eigene Gehorsamsverweigerung in der Pubertät eine Erinnerungslücke zu haben.
Ich kann mich an ein Familiengespräch erinnern, in dem die Eltern ihrem Sohn massive Vorwürfe gemacht haben, weil er sich

beim Ausgehen nicht an die vereinbarten Zeiten hielt. Die Eltern wollten von mir wissen, wie sie ihn dazu bringen könnten, Vereinbarungen einzuhalten. Ich musste mich beherrschen, um mich nicht ganz auf die Seite des Sohnes zu schlagen, denn es ging lediglich um eine moderate Zeitüberschreitung von einer knappen Stunde. Nach dem Gespräch erzählte mir die Mutter unter vier Augen mit sichtlichem Stolz, und ohne auch nur im Geringsten den Widerspruch zu ihrem elterlichen Verhalten wahrzunehmen, folgende Begebenheit: Sie sei in der Pubertät immer sehr pünktlich zu Hause gewesen und unverzüglich zu Bett gegangen – alles nur, um eine halbe Stunde später durchs Fenster wieder in die Nacht zu verschwinden. Auffällig ist auch die Erinnerungslücke bei den Vätern in Bezug auf ihr eigenes Risikoverhalten. Sie gehen wohl davon aus, dass, wenn sie ihren Kindern davon erzählen, diese dadurch zu noch riskanterem Verhalten angestachelt werden würden. Im Gespräch unter sich sind jedoch auch die Väter durchaus stolz auf ihre eigenen »Leistungen«.

Der Jugendforscher Ralph Dawirs beschreibt in seinem Buch (Dawirs et al. 2008) eine lehrreiche Szene: Sein Sohn Lukas hat im Supermarkt mit zwei Freunden Tetrapack-Säfte mit einer Spritze angestochen und so den Inhalt angezapft. Natürlich fliegt der Streich auf und der Supermarkt droht mit strengen Strafen. Und nun kommt Lukas Vater ins Spiel. Er stellt sich vor die Jugendlichen, wird in deren Augen zum Held, weil er den Geschäftsführer gekonnt um den Finger wickelt, eine strenge Jugendstrafe abwendet, aber durchsetzt, dass die Jugendlichen Verantwortung für ihr Tun übernehmen. Sie müssen einen Tag im Supermarkt arbeiten. Am Ende sind sie belehrt und an Erfahrungen reicher.
Am besten hat sich wohl der Vater gefühlt. Er konnte noch einmal seine dominante Rolle als Vater voll ausspielen und sich von seinem Sohn bewundern lassen. Ich hätte es noch besser gefunden, wenn er mit dem Geschäftsführer vertraulich gesprochen hätte, sich im Hintergrund gehalten und den Jugendlichen klargemacht hätte, dass es nun an ihnen ist, mit den Verantwortlichen eine Lösung auszuhandeln. Die Jugendlichen anzuleiten, Verantwortung für ihr Handeln zu übernehmen, ist eine der letzten Erziehungs-

aufgaben, welche Eltern nun noch zu erfüllen haben. Dazu gehört, den jungen Erwachsenen die Verantwortung nicht nur in Worten, sondern auch in Taten zu übergeben und sie die damit verbundenen Schwierigkeiten allein bewältigen zu lassen.

Viele Eltern fragen sich, wie viel Eigenverantwortung können Jugendliche übernehmen und welche? Zum Beispiel für das Aufräumen des eigenen Zimmers. Schon aus Kapitulation vor dem Chaos befinden viele Eltern, dass das nun deren Sache sei. Allerdings erwarten sie auch, dass die Jugendlichen ihr Zimmer dann aufräumen würden. Manche meinen gar, dass dies die letzte Chance sei, Sohn und Tochter zur Ordnung zu erziehen.

Das Chaos, das der Jugendliche in seinem Zimmer veranstaltet, scheint, so heißt es manchmal vordergründig, das Chaos in seinem Inneren und in seinem Leben widerzuspiegeln. Ob das zutrifft, weiß ich nicht, aber eines weiß ich mit Bestimmtheit: Den Jugendlichen zur Ordnung erziehen zu wollen, damit ist es allemal vorbei. Eltern haben im Zimmer des Jugendlichen nichts mehr zu suchen. Wenn die Mutter sich als Putzteufel Zugang ver-

Eigenes Territorium – eigene Ordnung

schafft, ist das eine Verletzung seiner Intimsphäre. Klingt übertrieben? Nun, wie würde die Mutter reagieren, wenn der Jugendliche mit Getöse in ihr Schlafzimmer einbrechen würde? Das
Zimmer ist nun sein Territorium, er allein bestimmt, wie es darin
aussehen soll und wer rein darf.

**Probleme selbst zu lösen gehört zum Erwachsenwerden dazu.
Rühren viele Konflikte vielleicht daher, dass wir Jugendliche wie
Kinder behandeln, anstatt sie mit Aufgaben und Herausforderun-
gen zu konfrontieren, die sie bewältigen müssen?**

Jugendliche, die als Kinder nicht ständig kontrolliert und zurecht-
gewiesen, sondern dazu erzogen wurden, nach und nach immer
mehr Verantwortung für sich und das gemeinsame Leben in der
Familie zu übernehmen, wehren sich in der Pubertät weniger
gegen Herausforderungen und betrachten nicht jede neue Pflicht
als Zumutung. Eltern haben mindestens 12 Jahre Zeit, ihr Kind zu
erziehen. Wenn es in die Pubertät kommt, können sie nur hoffen,
dass sie ihre Sache gut gemacht haben. Der Jugendliche kann nun
nur noch vom Leben selbst erzogen werden. Erwachsene können
Jugendlichen die Lösung ihrer Probleme nicht mehr abnehmen.
Die angebotene Hilfeleistung mag zwar durchaus Ausdruck echter
elterlicher Sorge sein, wenn sie für den Jugendlichen aber nicht
hilfreich ist, kann sie für ihn zu einer Belastung werden, falls die
Eltern daran festhalten. Die Eltern sollten dem Jugendlichen ihre
Hilfe anbieten, aber nicht verlangen, dass er sie auch annimmt. Sie
sollten Gesprächsbereitschaft signalisieren, aber keine Monologe
führen oder ihm gar Vorhaltungen machen.

**Das klingt so, als ob in der Pubertät in den Familien eine Art
Stellungskrieg geführt wird, bei dem es um Territorien und Grenz-
überschreitung geht. Sollte nicht vielmehr der gegenseitige Respekt im Vordergrund stehen?**

Respekt bedeutet aber eben auch, dass Eltern die Privat- und Intimsphäre der heranwachsenden Kinder achten. Das fällt jenen
Eltern besonders schwer, die sich bisher nicht daran gehalten
haben. Sie brechen immer wieder in die Intimsphäre ein und sei
es auch nur, weil sie »in dem schrecklichen Chaos« mal wieder

nach irgendwelcher Socken meinen suchen zu müssen. Der Jugendliche findet seine Sachen meist selber besser – und wenn nicht, ist das sein Problem. Auch wann er einen Staubsauger einsetzen und sein Zimmer putzen will, sollte er allein bestimmen. Und genauso sollten Eltern es bei der Körperpflege und bei der Anziehsachen halten.

Der Jugendliche sollte also allein verantworten, wie oft er duscht, welche Haartracht er trägt, ob er sich mit Tattoos und Piercing schmückt und in welchen Sachen er sich auf die Straße wagt? Manche Eltern müssen sich dann aber täglich kritische Kommentare verkneifen.

Wenn nicht jetzt, wann sollen Eltern ihrem Kind dann all das überlassen? Übrigens gibt es dafür keine bestimmte Altersgrenze, weil die Entwicklung unter Jugendlichen so unterschiedlich verläuft. Wenn Eltern von ihrer Tochter verlangen, dass sie nicht in einem bauchfreien Kleid in die Schule geht, wird sich die Tochter auf dem Schulweg umziehen. Eltern können sich nicht mehr gegen den Willen des Jugendlichen durchsetzen! Was nicht bedeutet, dass sie nicht klar und deutlich ihre Meinung sagen sollen, beispielsweise: Bauchfrei gehört nicht in die Schule, sondern an den Strand. Damit verführst du die Jungen, anzügliche Bemerkungen zu machen. Aber sie sollten nicht mehr versuchen, ihrer Tochter ihren Willen aufzuzwingen, sie sollten ihr vielmehr deutlich machen, dass sie allein für ihre Erscheinung verantwortlich ist. Dazu gehört notwendigerweise auch ein Lernprozess, bei dem Korrekturen nicht so sehr von den Eltern, sondern von den Peers und Bezugspersonen außerhalb der Familie kommen. Oft geht es Eltern nicht nur um den Ruf ihres Kindes, sondern auch um ihren eigenen: Was werden die Nachbarn denken, wenn unser Kind so herumläuft? Und dann haben die Eltern natürlich mit all jenen Dingen Mühe, bei denen sie annehmen, dass der Jugendliche die langfristigen Folgen zu wenig bedenkt und es später bereuen könnte. Ein Tattoo zum Beispiel. Doch auch da bleibt ihnen nichts anderes übrig, als ihre Meinung klar zu vertreten und zu hoffen, dass sich ihr Kind die Entscheidung gründlich überlegen wird. Ihre Meinung hat für den Jugendlichen umso mehr Gewicht, je mehr Anerkennung und Respekt er im Alltag von den Eltern bekommt.

»Grenzen setzen« ist ein zentrales Element der Erziehung. Viele Eltern meinen, in der Pubertät sei es besonders wichtig, Grenzen zu setzen. Sie würden dem Jugendlichen damit Halt geben, und wer keine setzt, provoziert, dass der Jugendliche über die Stränge schlägt.

Viele Eltern versuchen Grenzen zu setzen, um ihr Kind vor Gefahren und Risiken zu bewahren. Die Frage ist nur, ob ihre Bemühungen etwas bringen. Ständiges Grenzensetzen gibt den Jugendlichen weder Halt noch Schutz. Jugendliche gehen ein Risiko eher ein, wenn sie damit gegen ein elterliches Verbot verstoßen, als wenn sie selbst dafür Verantwortung tragen. Zu meinen, man müsse Jugendlichen ständig Grenzen setzen, hat auch viel mit der Angst vor einem drohenden Machtverlust zu tun. Eltern möchten weiter bestimmen und müssen erfahren, dass der Jugendliche nicht mehr gehorcht. Diesen Machtkampf verlieren sie über kurz oder lang. Als Kind war der Jugendliche so stark an die Eltern gebunden, dass er gar nicht anders konnte, als zu gehorchen. Als Jugendlicher jedoch lässt er sich nicht mehr unter Druck setzen und nimmt auch einen Liebesentzug in Kauf.

Droht den Eltern also die allumfassende Hilflosigkeit?
Nein, überhaupt nicht. Aber Gehorsam, der auf emotionaler Abhängigkeit beruht, fällt weitgehend weg. Es gibt kein Oben und Unten, keine Hierarchie mehr in der Beziehung. Der Elternstatus allein reicht nicht mehr aus, um den Jugendlichen gefügig zu machen. Vielmehr will der Jugendliche seinen Eltern auf gleicher Augenhöhe begegnen. Durch Kompetenz, natürliche Autorität und überzeugende Argumente lässt sich der Jugendliche durchaus zum Einlenken bewegen. Erlebt er die Beziehung zu den Eltern als gleichwertig, will er diese Beziehung auch nicht beschädigen. Diese Umgestaltung der Eltern-Kind-Beziehung stellt für die Eltern eine große Herausforderung dar. Wenn sie für den Jugendlichen nicht unglaubwürdig werden wollen, müssen sie sich dieser Aufgabe stellen.

Wie wichtig sind Konflikte? Es heißt ja immer, dass sich die Jugendlichen an den Eltern reiben müssen, dass Streit in der Familie unvermeidlich und ein harmonisches Leben mit pubertierenden Kindern verdächtig ist. Stimmt das?

Ein harmonisches Familienleben wird nicht nur kritisch beäugt, sondern oftmals als unnatürlich, ja schädlich angesehen, weil Streit angeblich ein notwendiger Bestandteil der Ablösung ist. Doch Streit ist kein notwendiger Bestandteil der Ablösung, Konflikte hingegen schon. Diese fallen umso geringer aus, je partnerschaftlicher die Eltern mit ihrem Kind umgehen und je mehr sie es schon in der Kindheit zu Selbstständigkeit und verantwortungsvollem Handeln erzogen haben. Eltern, die erst in der Pubertät damit anfangen, haben es da schwerer. Kinder lösen sich und entwickeln eigene Vorstellungen. Das führt zwangsläufig zu Konflikten, die zwischen dem Jugendlichen und seinen Eltern ausgetragen werden müssen. Ob es dabei aber zum Streit kommt, hängt davon ab, wie Eltern und Jugendliche miteinander umgehen, wie viel Respekt sie einander entgegenbringen, wie gleichberechtigt sie miteinander reden können und wie bereit die Eltern sind, auf ihre alte Elternrolle zu verzichten. Verständnisvolle Eltern und rücksichtsvolle Jugendliche können ihre Konflikte durchaus friedlich aushandeln. Manche Jugendliche haben auch ein unglaubliches Geschick, Konflikten auszuweichen oder sie mit genialen Strategien zu entschärfen, unter anderem weil sie begriffen haben, dass ein angenehmes Zusammenleben sowohl aus Geben wie auch aus Nehmen besteht.

Oftmals wundern sich Eltern über die Art, wie die Jugendlichen mit ihnen umgehen, beklagen sich über fehlenden Respekt, eine unhöfliche Gesprächskultur, barsche Worte. Aber wie man in den Wald hineinschreit, so tönt es auch heraus.

Eltern wollen von ihren Kindern nicht angeschrien werden, Kinder von den Eltern aber auch nicht. Kinder tolerieren es, Jugendliche nicht mehr. Wenn die Beziehung gleichwertig werden soll, dann müssen Eltern Jugendliche so behandeln, wie sie selbst behandelt werden wollen. Sie müssen mit gutem Beispiel vorangehen und dabei akzeptieren, dass der Jugendliche einen Lernprozess durchmacht. Sie sehen oft nicht, wie sensibel, verletzbar und unsicher Jugendliche sein können. Sie sehen nur die kratzbürstige Oberfläche, die Verweigerungshaltung, die Provokationen, das Gemotze. Ausraster sind den Jugendlichen zu verzeihen, den Eltern weit weniger. Es ist ein Prozess mit vielen Höhen und Tiefen. Doch mit gegenseitigem Respekt werden schließlich beide Seiten zu einer neuen Form der Beziehung finden.

Viele Jugendliche leben noch jahrelang im Elternhaus. Wie können Eltern und Jugendliche das Zusammenleben verträglich gestalten?

Eltern und Jugendliche müssen eine etwas mühselige, aber wichtige Aufgabe auf sich nehmen: Rechte und Pflichten sind auf einer partnerschaftlichen Ebene neu auszuhandeln. Zum Beispiel ist es ein Recht des Jugendlichen, allein über sein Zimmer zu verfügen. Was wiederum nicht bedeutet, dass er sein Territorium auf die ganze Wohnung ausbreiten darf. Seine Pflicht ist es, in den gemeinsam genutzten Räumen wie Wohnzimmer, Bad und Küche die Rechte der anderen zu respektieren. Die meisten Jugendlichen haben die Tendenz, ihre Rechte vehement einzufordern und es mit den Pflichten eher locker zu nehmen. Es ist eine der letzten Erziehungsaufgaben der Eltern, einerseits die Rechte dem Jugendlichen ohne Wenn und Aber zuzugestehen und andererseits die Pflichten im Alltag einzufordern, wenn es beispielsweise um gemeinsame Aufgaben wie Einkaufen, Kochen oder Putzen geht. Eine weitere Grundvoraussetzung für ein reibungsloses Zusammenleben ist, dass die Regeln nicht nur für den Jugendlichen sondern genauso für Mutter und Vater gelten. Eltern sollten den Jugendlichen wie einen Erwachsenen behandeln – im Bewusstsein, dass er es noch nicht ist.

Wegen der leidigen Pflichten im Haushalt und der Gemeinschaft gibt es in den meisten Familien Reibereien. Manche Jugendliche benehmen sich so, als lebten sie in einem Hotel und die Mutter sei ihr Dienstmädchen. Oft missverstehen Eltern, insbesondere Mütter, es als Liebe, wenn sie alles für ihre Kinder machen, ihnen sozusagen einen optimalen Service bieten.

Dann dürfen sie sich auch nicht wundern, wenn die Jugendlichen nicht mithelfen. Dabei ist es nicht nur für die Mütter gut, wenn sich alle in der Familie an der Hausarbeit beteiligen, auch für Jugendliche ist es eine wichtige Lernerfahrung, wenn sie erleben, dass sie damit einen wertvollen Beitrag für die Familie – später dann auch für die Partnerschaft und die eigene Familie – leisten können. Zukünftige Partner und Partnerinnen werden es den Schwiegereltern danken.

Manchmal jedoch macht man wirklich alles richtig. Man ist ein Ausbund an partnerschaftlicher Erziehungskompetenz, liebevoll und unterstützend, redet auf Augenhöhe mit seinen Kindern, lässt sie los, wo immer sie es verlangen, und bietet Schutz, wo sie ihn brauchen. Man ist ein wahres Bungeejumpingseil. Und dennoch klappt es nicht.

Eine befreiende Einsicht. Es gibt keine Garantie für ein gelungenes Leben und keine Garantie dafür, dass richtiges pädagogisches Handeln eine gelungene Entwicklung nach sich zieht. Kinder sind ja keine Maschinen, die einwandfrei funktionieren, wenn man nur die Gebrauchsanweisung richtig gelesen hat. Erwachsene übrigens auch nicht. Dennoch sollte man nicht aufgeben, sich nicht verunsichern lassen und unbeirrt den eingeschlagenen Weg von Verständnis und Unterstützung weitergehen. Vieles braucht seine Zeit, nur durch Umwege lernen wir und manches lernen wir auch nie. Jugendliche wollen vor allem das Vertrauen ihrer Eltern, nicht deren Sorgen. Die sollte man am besten mit anderen Erwachsenen teilen. Dazu fällt mir noch eine Geschichte von einem Vater ein, der seinen Sohn zu einer sozialen Weltanschauung erziehen wollte, zu Verantwortung für die Mitmenschen, Solidarität mit den Armen. Doch der Sohn wollte von all dem nichts wissen, er wählte – scheinbar – eine gänzlich andere Weltanschauung. Als ihn dann der Vater nach Jahren wieder einmal besuchte, hatte der Sohn Karriere gemacht, er lebte in einer schönen Wohnung und hatte sein Leben im Griff. Als die beiden zum Einkaufen auf die Straße gingen, sah der Vater, wie der Sohn auf einen Bettler zuging, den er offensichtlich schon gut kannte, ihm etwas zusteckte und eine ganze Weile lang mit ihm sprach. Er verabschiedete sich mit den Worten: »Bis morgen dann«.

Das Wichtigste in Kürze

1. Jugendliche anzuleiten, Verantwortung für ihr Handeln zu übernehmen, ist eine der letzten Erziehungsaufgaben, die Eltern zu erfüllen haben.

2. Das Kind ist emotional so stark von den Eltern abhängig, dass es gar nicht anders kann als zu gehorchen. Für den Jugendlichen besteht diese Abhängigkeit nicht mehr, deshalb kann er sich verweigern.

3. Eltern und Jugendliche müssen Rechte und Pflichten für ein erträgliches Zusammenleben neu aushandeln. Während der Jugendliche beispielsweise ein Recht auf sein eigenes Zimmer hat, sollte er auch einen Beitrag zum Haushalt und für die Gemeinschaft leisten.

4. Wenn die Beziehung gleichwertig werden soll, dann müssen die Eltern den Jugendlichen so behandeln, wie sie selbst behandelt werden wollen. Der Jugendliche will den Eltern auf Augenhöhe begegnen.

5. Für die Familie geht es darum, die Privatsphäre des Jugendlichen zu achten, und für den Jugendlichen, die Privatsphäre aller und den gemeinsamen Lebensraum zu respektieren.

6. Konfliktsituationen zwischen Jugendlichem und Eltern sind unvermeidlich, nicht aber Streit. Die Konflikte fallen umso geringer aus, je früher die Eltern ihr Kind zu Selbstständigkeit und verantwortungsvollem Handeln erzogen haben.

7. Eltern sollten ihre Meinung immer deutlich zum Ausdruck bringen, dürfen aber nicht erwarten, dass der Jugendliche sich danach richten wird. Eltern sollten den Jugendlichen wie einen Erwachsenen behandeln im Bewusstsein, dass er es noch nicht ist.

8. Eltern hatten mindestens 12 Jahre Zeit, ihr Kind zu erziehen. Wenn ihr Kind in die Pubertät kommt, können sie nur hoffen, dass sie ihre Sache gut gemacht haben. Von nun an wird das Leben ihr Kind erziehen.

Erwartungen an Schule und Beruf anpassen

Viele Eltern kennen nur EIN Dauerthema in der Pubertät: die Schule. Leistungsabfall, nicht erledigte Hausaufgaben, Schulschwänzen und anderes mehr treiben sie um. Es scheint fast so, als könne man den Begriff Pubertät auch einfach durch Schule ersetzen.

Eltern hatten schon immer hohe Erwartungen an die Ausbildung ihrer Kinder. Eine gute schulische und berufliche Ausbildung, so glauben sie, garantiert ein festes Auskommen, existentielle Unabhängigkeit und eine sichere Stellung in der Gesellschaft. Damit haben sie nicht Unrecht, nur scheinen ihre Erwartungen, die Bedürfnisse der Jugendlichen, die Realität der Schulen und der Zustand der Gesellschaft immer weiter auseinanderzudriften. Für Jugendliche haben die schulischen Leistungen oftmals nicht die höchste Priorität, sie plagen ganz andere Sorgen. Die Schule ist sich selbst zum Problem geworden. Und die Gesellschaft scheint immer weniger Menschen lebenswerte Perspektiven zu bieten. Aus den elterlichen Erwartungen sind darum elterliche Ängste geworden, die in den vergangenen Jahren massiv zugenommen haben. Die Eltern geben ihre Verunsicherung als Druck an die Jugendlichen weiter.

Eltern sind, habe ich das Gefühl, manchmal sogar bereit, eine vertrauensvolle Beziehung zu ihren Kindern auf dem Altar besonderer schulischer Leistungen zu opfern. Aus Angst vor dem Leistungsabfall, einem wiederholten Schuljahr, dem Wechsel in die Real- oder Hauptschule werden sie zu den Paukern ihrer Kinder und das Familienleben zur Zweigstelle der Schule.

Was ist wichtiger, die elterliche Angst als Druck an den Jugendlichen weiterzugeben oder dem Jugendlichen eine Ausbildung zu ermöglichen, die seinen Begabungen entspricht? Ich will ja nicht behaupten, dass die Eltern das nicht versuchen. Aber solange die Angst das Zepter führt, können sie nicht objektiv mit dem Thema Begabung und Ausbildung umgehen. Es erscheint mir daher überaus wichtig, dass Eltern ihre eigenen Ängste hinterfragen.

Nur so werden sie wirklich frei, sich zu überlegen, welche Ausbildung ihrem Kind am ehesten entspricht.

Fürchten manche Eltern nicht auch um ihr eigenes Prestige und ihren sozialen Status, wenn die Schulleistungen ihrer Kinder nicht den Erwartungen entsprechen?

Ein Professorensohn in der Hauptschule, der Automechaniker werden möchte? Undenkbar für viele. Diese Furcht ist weit verbreitet und spielt leider eine verhängnisvolle Rolle, insbesondere im akademischen Milieu. Wissenschaftliche Studien, die immer wieder auf die eminente Bedeutung der Bildungsnähe des Elternhauses hinweisen, legen nahe, dass Akademikerkinder immer auch das Abitur schaffen und Akademiker werden. Es kommt jedoch häufiger, als man gemeinhin annimmt, vor, dass Akademikerkinder nicht mehr den sozialen Status ihrer Eltern erreichen (Schneider 2007, Schmeiser 2003). 40 Prozent der Akademikerkinder steigen ab, das heißt, sie haben als Erwachsene im Alter von 40 bis 50 Jahren einen niedrigeren beruflichen Status als ihre Eltern, 15 Prozent werden Arbeiter und Angestellte. Andererseits steigen 15 Prozent der Kinder von Angestellten und Arbeitern zu höher qualifizierten Fachleuten auf und acht Prozent werden sogar Akademiker und Manager (Levy et al. 1997) **(Abbildung 40)**. Inwieweit die Gesellschaft Ab- und Aufstieg zulässt, hängt von der Durchlässigkeit des Bildungssystems ab, beziehungsweise davon, wie sehr die Gesellschaft noch von Privilegien in der Ober- und Mittelschicht und Benachteiligungen in der Unterschicht beherrscht wird (Coradi Vellacott et al. 2005, Kronig 2007). Ich bin überzeugt, dass mit einem fairen und durchlässigen Bildungssystem dem einzelnen Menschen wie auch der Gesellschaft am besten gedient ist. Ein solches System ermöglicht Menschen mit Begabungen aufzusteigen und ihren Beitrag in Gesellschaft und Wirtschaft zu leisten.

Aber warum steigen 40 Prozent der Kinder aus Akademikerfamilien ab? Was haben die Eltern falsch gemacht?

Der Einfluss der Eltern hat Grenzen. Es gibt biologische Gesetzmäßigkeiten, die für alle Lebewesen gelten und die Eltern auch mit größtem Einsatz und erzieherischem Engagement nicht außer Kraft setzen können. Eine solche Gesetzmäßigkeit ist die sogenannte *Regression toward the Mean* (Rückentwicklung zur Mitte). Sie wurde von Sir Francis Galton im 19. Jahrhundert erstmals beschrieben. Es ist eine Alltagserfahrung. Große Eltern haben eher große und kleine Eltern eher kleine Kinder. Galton hat nun die folgenden Beobachtungen gemacht: Am ähnlichsten werden die Kinder den Eltern, wenn diese durchschnittlich groß sind (Frauen 165 Zentimeter; Männer: 178 Zentimeter). Bei durchschnittlich großen Vätern werden 50 Prozent der Söhne größer und 50 Prozent kleiner als sie **(Abbildung 41 und 42)**. Kinder von sehr großen Eltern werden jedoch nicht immer größer und Kinder von sehr kleinen Eltern nicht immer kleiner. Je ausgeprägter klein- oder großwüchsig die Eltern sind, desto mehr weichen ihre Kinder von den elterlichen Vorgaben gegen die Mitte hin ab. Ist der Vater beispielsweise lediglich 165 Zentimeter groß, werden seine Söhne im Erwachsenenalter mit einer Wahrscheinlichkeit von 84 Prozent größer sein als er. Sie können bis zu 180 Zentimeter groß werden. Lediglich 16 Prozent werden gleich groß oder gar kleiner als der Vater. Ist der Vater 191 Zentimeter groß, stellt sich genau das umgekehrte Verhältnis ein. 84 Prozent seiner Söhne werden als Erwachsene kleiner sein als er. Einige werden weniger als 180 Zentimeter groß. Lediglich 16 Prozent werden gleich groß wie der Vater oder noch etwas größer.

Aber was hat dieses Gesetz mit dem Auf- oder Abstieg von Kindern aus Akademikerfamilien zu tun?

Diese Gesetzmäßigkeit gilt für alle Entwicklungsmerkmale, wenn mehrere Gene für die Ausbildung des Entwicklungsmerkmals verantwortlich sind, also eine sogenannte multifaktorielle Vererbung vorliegt. Sie bestimmt auch die Weitergabe kognitiver Fähigkeiten. Je stärker kognitive Begabungen wie Sprache oder logisches Denken bei den Eltern ausgebildet sind, umso wahrscheinlicher ist es, dass sie nicht im gleichen Maß an ein Kind weitergegeben werden. So werden die Töchter von Müttern mit einem durchschnittlichen IQ wiederum etwa durchschnittlich intelligent sein **(Abbildung 43 und 44)**. Wenn die Mütter jedoch extreme Positionen in der Normalverteilung einnehmen, tendieren ihre Töchter wie bei der Körpergröße zur Mitte hin. So werden die Töchter, deren Mütter über einen IQ von 130 verfügen, in 16 Prozent der Fälle intellektuell gleich oder noch begabter sein als die Mutter. In 84 Prozent der Fälle aber werden sie intellektuell weniger leistungsfähig, einige sogar nur durchschnittlich sein. Je höher der IQ der Mutter ist, desto unwahrscheinlicher ist es, dass eine Tochter genauso oder gar noch intelligenter als die Mutter sein wird. In der Familie von Albert Einstein wäre es zwar nicht völlig ausgeschlossen gewesen, aber extrem unwahrscheinlich, dass seine Söhne gleich bedeutende oder gar noch bedeutendere wissenschaftliche Einsichten hervorgebracht hätten als der Vater. Das Gleiche gilt im umgekehrten Sinn, wenn die Mutter einen IQ von 70 aufweist. 84 Prozent der Töchter werden über einen höheren IQ als die Mütter verfügen. Lediglich 16 Prozent über einen gleich großen oder niedrigeren. Für eine genaue Annäherung beim einzelnen Kind müssen selbstverständlich die intellektuellen Fähigkeiten von Mutter und Vater berücksichtigt werden.

Das ist keine gute Botschaft für ehrgeizige Eltern, die mit allen Mitteln vermeiden wollen, dass ihre Kinder absteigen. Was kann ihnen helfen zu akzeptieren, dass der Abstieg auch etwas Gutes haben kann?
Ein Abstieg im Vergleich mit der beruflichen Stellung der Eltern muss keineswegs ein Versagen bedeuten. Längerfristig ist es für diese Menschen positiv, weil sie der Abstieg vor einer falschen Karriere und damit vor der ständigen Überforderung und dem letztendlichen Scheitern bewahrt. Das Gesetz von Francis Galton sollte allen Eltern eine Mahnung sein, die übermäßigen Druck auf ihre Kinder ausüben. Ein Abstieg liegt aber auch im Interesse der Gemeinschaft, weil dadurch weniger überforderte Menschen in Positionen aufsteigen, denen sie nicht gewachsen sind. In Gesellschaft und Wirtschaft kommt es immer wieder zu Dramen, weil Menschen mit Hilfe von Privilegien und Netzwerken in politische Ämter und leitende Stellungen gelangen, wo sie überfordert sind und wegen mangelnder Kompetenz großen Schaden anrichten.

Wie können, nach all dem, was wir gehört haben, Eltern ihr Kind in seiner Schulkarriere nun am besten unterstützen?

Eine Entkrampfung der Situation ist nach meiner Erfahrung nur möglich, wenn Eltern ihre Erwartungen den Begabungen ihres Kindes anpassen und schulische Schwierigkeiten nicht mehr als Lebenskatastrophe an die Wand malen, bis auch das Kind sie als Katastrophe empfindet. Dafür müssen Eltern ihre Ängste und Erwartungen hinterfragen. Viele Eltern glauben, eine standesgemäße akademische Karriere werde sich schon ergeben, wenn sie nur genügend Druck auf ihre Kinder ausüben. Doch das kann tragisch enden, weil die Eltern ihre Kinder in Situationen hineinmanövrieren, in denen sie hoffnungslos überfordert sind. Druck garantiert keine Karriere, ob er von den Eltern kommt oder von den Kindern selber, weil sie den Ansprüchen ihrer Eltern unbedingt genügen möchten. Stefan war so ein Kind. Er ist der zweite Sohn eines sehr erfolgreichen Börsenhändlers. Sein älterer Bruder schlug der Mutter nach; er ergriff wie sie den Lehrerberuf und machte in der Freizeit Musik. Stefan war ein frohes Kind mit viel Humor. Sein Traum war, Pilot zu werden, sein Hobby der Bau von Modellflugzeugen. Er quälte sich mit Ach und Krach durchs Gymnasium. Auf den Rat des Vaters hin begann er an der Universität Volkswirtschaft zu studieren. Er verschob die Prüfungen aber immer wieder und so zog sich das Studium endlos hin. Schließlich verlor der Vater die Geduld. Er verhalf Stefan zu einer Anstellung in einer Privatbank und schließlich an der Börse. Zum Erstaunen aller war Stefan auf Anhieb erfolgreich. Er liebte den Kick, das Auf und Ab an der Börse. Die Arbeit stresste ihn aber auch sehr. Er begann abends zu trinken, um sich zu beruhigen, und behalf sich, um den Stress besser auszuhalten, mit Kokain. Als ihn seine langjährige Freundin wegen der Sucht und seinem cholerischen Verhalten verließ, brach er zusammen und wurde in eine psychiatrische Klinik eingewiesen. Dort erholte er sich im Laufe von neun Monaten recht gut. Das Personal und die Patienten mochten ihn. Seine Eltern sagten, er sei wieder so witzig und unterhaltsam wie als Kind. Am liebsten ging er dem Schreiner in der Klinik zur Hand. Was er in der Zukunft machen wollte, wusste Stefan allerdings nicht. Deine eingangs gestellte Frage möchte ich daher folgendermaßen beantworten: Eltern sollten sich konsequent auf die Seite ihres Kindes stellen und ihm das Gefühl geben: Du bist gut so, wie du bist. Wir wissen, dass du dich so gut wie möglich bemühst. Und sie sollen sich sagen: Unser Kind ist nicht auf die Welt gekommen, um unsere Erwartungen zu erfüllen, sondern um zu jenem Wesen zu werden, das in ihm angelegt ist. Dies zu ermöglichen, liegt in unserer Verantwortung.

Das Wichtigste in Kürze

1. Existentielle Ängste und übertriebene Erwartungen sollten Eltern nicht dazu verleiten, den Jugendlichen zu einer bestimmten schulischen und beruflichen Laufbahn zu zwingen. Sie sollten ihre Erwartungen seinen Begabungen anpassen.

2. Auf Dauer ist ein Mensch nur mit einer Tätigkeit lebenstüchtig, die ihm entspricht und ihn weder unter- noch überfordert. Abitur und Universitätsabschluss sind keine Garantie für ein gelingendes Leben.

3. Ein Abstieg im Vergleich mit der beruflichen Stellung der Eltern sollte nicht als Versagen angesehen werden. Dadurch kann eine falsche Karriere mit ständiger Überforderung und letztendlichem Scheitern vermieden werden.

4. Je mehr die Eltern mit ihren Begabungen vom Durchschnitt abweichen, desto wahrscheinlicher wird es, dass sich ihre Kinder zum Durchschnitt hin entwickeln *(Regression toward the Mean)*.

5. Eltern sollten sich konsequent auf die Seite des Kindes stellen und ihm das Gefühl geben: Du bist gut so, wie du bist. Wir wissen, dass du dich bemühst, so gut du kannst.

6. Das Kind ist nicht auf die Welt gekommen, um die Erwartungen seiner Eltern zu erfüllen, sondern um zu jenem Wesen zu werden, das in ihm angelegt ist. Dies zu ermöglichen, liegt in der Verantwortung der Eltern.

7. Mit einem fairen und durchlässigen Bildungssystem, in dem sich alle Menschen ihren Begabungen entsprechend entwickeln können, ist dem Individuum wie auch der Gesellschaft am besten gedient.

Dem eigenen Leben eine neue Richtung geben

Keine andere Lebensphase mit Kindern konfrontiert die Eltern mehr mit sich selbst als die Pubertät: Mit den eigenen Stärken und Schwächen, nicht aufgelösten Ängsten und destruktiven Verhaltensmustern, der eigenen Ambivalenz, den großen und kleinen Kompromissen, die man seit der eigenen Pubertät eingegangen ist. Nicht nur die Jugendlichen haben Entwicklungsaufgaben zu bewältigen, ihre Eltern auch.

Eltern tun gut daran, nicht nur davon auszugehen, dass die Zeiten so schwierig seien, weil ihr Sohn und ihre Tochter pubertieren. Viele Eltern sind selbst in einer Umbruchphase – oft ohne sich dessen bewusst zu sein. Plötzlich dient das Kind nicht mehr als Puffer zwischen Mutter und Vater. Die Eltern müssen ihre eigene Beziehung hinterfragen. Wie viel bedeuten sie einander noch? Was haben sie sich noch zu sagen? Manche Eltern sind nur wegen der Kinder zusammengeblieben. Die sind nun dabei, erwachsen zu werden und bald das Haus zu verlassen. Sollen sie sich trennen? Eine anspruchsvolle Frage, geht es doch nicht nur um die nächsten Jahre, sondern unter Umständen um gemeinsam zu verbringende Jahrzehnte. Es ist aber nicht nur die Partnerschaft, die es zu überdenken gilt. Ein Rattenschwanz von Problemen – auch Ausdruck der Midlife-Crisis – wartet darauf, aufgearbeitet zu werden. So stellt sich unter anderem die Frage, was man im bisherigen Leben erreicht hat, privat, beruflich, in puncto Selbstverwirklichung. Will man so weitermachen, sein Leben sachte an neue Bedürfnisse anpassen oder es gar rigoros umkrempeln?

»Wenn meine Eltern sich häufiger gegenseitig ansehen würden, würden sie nicht ständig auf mich starren.« (Rogge 1998) Dieser Satz ist entlarvend.

Der Pubertierende hat für Eltern oft eine Sündenbockfunktion. Die Eltern projizieren auf ihn ihre eigenen Nöte. Doch sie sollten besser ihre eigene Lebenssituation kritisch hinterfragen. Welche Gemeinsamkeiten verbleiben in unserem Leben? Sind sie ausreichend für eine tragfähige Beziehung? Was unternehmen wir noch beruflich? Wie weit wollen wir unser bisheriges soziales Netz mit Verwandten, Bekannten und Freunden pflegen und erhalten oder wollen wir einen Neubeginn wagen? Wie sieht die existentielle Sicherheit für beide zusammen oder getrennt aus? Es gibt durchaus Eltern, die schlicht keinen Klärungs- und Handlungsbedarf haben. Es gibt aber auch diejenigen, die nur meinen, sie hätten keinen Bedarf – und dann werden sie beim Zusammenleben mit ihrem pubertierenden Kind eines Besseren belehrt.

Nun gibt es aber auch Eltern, die ihre eigene Pubertät durch die Kinder noch einmal erleben wollen, die mit ihrem Nachwuchs im Wettstreit um die coolste Musik liegen und mit der Modelkarriere der eigenen Tochter ihr eigenes Scheitern am Schönheitsmarkt kompensieren.

Eltern nehmen in dieser Zeit ja nicht nur Abschied von der Kindheit ihrer Kinder, sondern in gewisser Weise auch von der eigenen Jugendlichkeit. Manche verstricken sich in einen Wettbewerb mit ihren Kindern, was die Jugendlichen als lächerliches Anbiedern erleben. Sie möchten keine Eltern, die sich wie ihre gleichaltrigen Freunde anziehen, reden und verhalten, die die gleiche Musik hören und in Nachtklubs gehen. Sie wollen Eltern, die zu ihrem Alter stehen, innerlich gefestigt sind und die Welt der Teenies ihren Kindern überlassen. Junggebliebene Eltern, also solche, die offen für Neues sind, die weiterlernen, flexibel bleiben und Interesse an der Welt der Jugendlichen haben, sind hingegen durchaus willkommen. Es kommt eben darauf an, ob sie authentisch sind oder einfach nur eine Rolle spielen.

Einmal im Sommer kam meine Tochter mit einer Freundin nach Hause und verkündete, sie wollten im Garten schlafen. »Wunderbare Idee, dann schau ich schon mal nach den Laternen«, sagte ich und begann, wie gewohnt, mit der Organisation. »Wir wollen alles selbst machen.« Ich: »Ja, ja natürlich. Ich hole euch Autan und Kerzen gegen die Moskitos.« – »Hey, Mami, hast du es immer noch nicht verstanden? Wir wollen ALLES alleine machen.« Ich hatte tatsächlich nicht begriffen, sondern immer noch das

**Programm »Wie unterstütze ich die Kinder beim ersten Zelten«
im Kopf. Plötzlich stand ich mit meinen gebenden Händen da,
die nicht gebraucht wurden, wurde ohne Aufgabe in die Mutter-
Abstellkammer verbannt.**
Gerade Müttern, die über Jahre hinweg ganz in der Erziehungs-
rolle aufgegangen sind, fällt die Ablösung verständlicherweise
schwer. Plötzlich ist diese Aufgabe weg und sie müssen sehen, wo
sie bleiben. Es gibt aber auch viele Mütter, die sich gut umstellen und auch aufatmen können. Sie nehmen mit Freude eine Entlastung zur Kenntnis und spüren, dass sich neue Freiräume auf-
tun. Die Mutterrolle ist längst nicht mehr die alleinige Erfüllung
in jedem Frauenleben und sie bestimmt auch nicht ausschließlich
das Selbstwertgefühl.

**Probleme von Eltern und Kindern sind häufig auch unheilvoll
ineinander verstrickt. Beziehungs- und Sachkonflikte lassen sich
nicht trennen. Seelische Probleme von Eltern und Kindern gehen
oft Hand in Hand.**
Viele Eltern haben selbst genug eigene Probleme. Sie haben ihre
eigenen Sorgen in der Partnerschaft, im Beruf oder mit den Finan-
zen. Vielleicht steht die Scheidung an, ein Partner hat die Arbeit
verloren, das Geld reicht zum Leben nicht aus. Müssen Eltern sich
in solchen Situationen auch noch Sorgen um ihren Sohn oder ihre
Tochter machen, kann dies zu einer Überforderung werden und
die Konflikte mit den Jugendlichen zusätzlich anheizen. Nicht
wenige Eltern sind so sehr mit sich selbst beschäftigt, dass sich
ihre Kinder – trotz all der Selbstständigkeit und Freiheit, die sie für
sich beanspruchen – vernachlässigt fühlen und Mutter oder Vater
mit negativem Verhalten provozieren, um endlich ihre Aufmerksamkeit zu erlangen.

**Aber wie soll man mit den eigenen Schwächen umgehen? Erklärt
man seinen heranwachsenden Kindern, dass man Probleme mit
dem Loslassen hat, dass einem Zukunftsängste plagen, man
selbst auch durch eine schwierige Lebensphase geht und so
manches am eigenen Leben ändern muss? Oder sollte man das
alles lieber nur mit der besten Freundin bereden?**

Der Jugendliche spürt sehr genau, wie es den Eltern geht und was sie für Probleme haben. Stellen sich die Eltern als Übermenschen dar, die immer alles im Griff haben, nimmt ihnen das der Jugendliche nicht ab. Andererseits kann und soll der Jugendliche keine Verantwortung für die Eltern übernehmen müssen. Die Schwächen und Konflikte der Eltern sind für ihn nur schwer zu ertragen, weil er selbst so mit sich beschäftigt ist. Klärende Worte im Sinne von »Mir geht es momentan so und so« können aber durchaus Spannungen herausnehmen und beim Jugendlichen Verständnis schaffen. Es ist eine Gratwanderung zwischen dem Bemühen, authentisch zu sein, und dem Bemühen, den Jugendlichen emotional nicht einzubinden und zu belasten. Eltern dürfen nicht erwarten, dass der Jugendliche, wenn sie ihm von ihren Problemen erzählen, nachsichtiger und weniger anstrengend sein oder gar eine Ratgeberfunktion einnehmen wird. Auch sollten Mutter und Vater, wenn sie Meinungsverschiedenheiten haben, nicht versuchen, den Jugendlichen auf ihre Seite zu ziehen und ihn damit in einen Loyalitätskonflikt zu verwickeln. Wenn die Eltern mit ihren Problemen nicht mehr weiterwissen, sollten sie sich Hilfe außerhalb der Familie, bei Freunden oder Fachleuten holen.

Liegen die Schwierigkeiten nicht auch daran, dass plötzlich alles so schnell geht? Kaum hat man sich darauf eingestellt, dass man nicht mehr für das Freizeitprogramm der Kinder sorgen muss, wollen sie diese Freizeit nicht nur allein, sondern am besten gleich noch ganz woanders verbringen.
Ich hatte als Vater oft das Gefühl, die Veränderungen kommen gewissermaßen über Nacht. Wie man sie aber erlebt, hängt sehr von einem selbst ab. Je nach Persönlichkeit und beruflicher Ausbildung ist die Ablösung der Kinder für eine Frau eine Befreiung oder aber eine Bedrohung – oder beides zusammen. Frauen können sich freuen, einen neuen Lebensabschnitt in Angriff nehmen zu dürfen. Vielleicht machen sie noch eine Ausbildung und wenden sich Aktivitäten zu, die bisher aus zeitlichen und finanziellen Gründen nicht möglich waren. Die neugewonnene Freiheit kann sie aber auch verunsichern. Plötzlich müssen sie Entscheidungen treffen und Verantwortung für sich selbst übernehmen. Vielleicht

haben sie auch Angst vor dem existentiellen und sozialen Abstieg. Wenn eine Mutter von ihrem jugendlichen Kind andauernd zur Seite geschoben, dabei aber auch ständig von ihm in Erziehungsdingen herausgefordert wird, kann es für sie ganz schön schwierig werden, genügend Geduld und Kraft für den Pubertierenden aufzubringen. Nicht nur der Jugendliche, sondern auch die Mutter ist wie schon erwähnt mit sich selbst sehr beschäftigt. Deshalb ist es wichtig, immer auch zu hinterfragen, wo man selbst nicht nur als Mutter, sondern auch als Frau steht, welche Lebenssituation man gerade meistern muss und was man noch alles erreichen will.

Wir reden vor allem über die Mütter. Wie bewältigen Väter die Lebensmitte?
Auch Männer stehen in diesem Lebensabschnitt an ganz unterschiedlichen Punkten. Ihre Befindlichkeit reicht von einer tiefen Befriedigung über das bisher Erreichte bis zur panischen Einsicht, dass sie bisher nicht im Entferntesten dort angelangt sind, wohin sie wollten. Dementsprechend unterschiedlich sind auch die Reaktionen darauf. Manche Männer machen weiter wie bisher, treten vielleicht etwas kürzer, weil sie spüren, dass ihre Kräfte abnehmen. Andere strengen sich noch mehr an, um den beruflichen Erfolg zu erzwingen – mit dem Risiko, in die Burn-out-Falle zu tappen. Dann gibt es noch solche, die den totalen Neubeginn wagen, möglichst weit weg, beispielsweise in Australien. Dann ernten sie vielleicht doch noch den lang erhofften Erfolg, oder aber sie scheitern mit einer grandiosen Fehleinschätzung. Wieder andere meinen, einem zweiten Frühling entgegenzugehen, suchen sich eine jüngere Frau und wollen noch einmal von vorne beginnen. Je nachdem wie verunsichert und mit sich selbst beschäftigt der Vater ist, desto gelassener oder heftiger reagiert er auf die Eskapaden seines Sohnes oder seiner Tochter. Dabei ist es sehr wichtig, dass der Vater dem Jugendlichen die Bereitschaft signalisiert, auf ihn einzugehen und sich seiner Sorgen anzunehmen, wenn er danach verlangt.

Was sich ebenfalls deutlich auswirkt ist, dass sich das Rollenverständnis von Frau und Mann in den letzten 40 Jahren grundlegend gewandelt hat.

Bis in die 70er Jahre waren die Rollen in den Familien klar verteilt. Die Männer sorgten mit ihrem Einkommen für den Unterhalt der Familie, die Frauen waren Mütter und besorgten den Haushalt. Sie waren weitgehend von ihren Ehemännern abhängig, sobald sie Kinder hatten. Als geschiedene oder alleinstehende Frau wären sie sozial stigmatisiert gewesen und hätten wirtschaftlich am Rande des Ruins gestanden. Dafür war ihre existentielle Sicherheit wie auch ihre soziale Stellung nach dem Wegzug der Kinder weitgehend gewährleistet. In den vergangenen 40 Jahren haben sich die Rollen der beiden Geschlechter tief greifend verändert. Der Mann ist immer weniger der exklusive Ernährer der Familie; mittlerweile sind 3 von 4 Frauen ebenfalls berufstätig. Der Anteil der Frauen, die mehr als 60 Prozent des Familieneinkommens erwirtschaften, betrug 2006 in den alten Bundesländern 11 Prozent und in den neuen Bundesländern 16 Prozent (Bundesministerium für Familie, Senioren, Frauen und Jugend 2010). Die Frauen sind alles in allem gestärkt aus der Emanzipation hervorgegangen. Aber sie sind auch verunsichert, müssen sie doch für sich selbst – vor allem existentiell – weit mehr Verantwortung übernehmen. Die Männer haben in Familie und Gesellschaft an Bedeutung eingebüßt. Kaum ein Mann wagt es noch von sich zu sagen, er sei das Oberhaupt der Familie. Auch haben die Männer ihren traditionellen Bildungsvorsprung gegenüber den Frauen verloren, teilweise wurden sie bereits von ihnen überholt. In den letzten Jahren hat ein Umdenken beim männlichen Geschlecht eingesetzt. Vor allem jüngere Männer haben angefangen, ihre familiäre und gesellschaftliche Stellung zu hinterfragen und sich neu darauf einzustellen. Die meisten verharren jedoch in alten Positionen, sind nachhaltig geschwächt und wollen die Veränderungen nicht wahrhaben. All diese tief greifenden gesellschaftlichen und partnerschaftlichen Veränderungen wirken sich nicht nur auf das familiäre Zusammenleben mit Kindern, sondern auch auf die Zeit danach aus.

Nicht wenige Eltern trennen sich, wenn ihre Kinder erwachsen sind. Sie haben die elterlichen Pflichten erfüllt und hoffen nun, eine erfülltere Partnerschaft zu finden.

Wenn sich Eltern trennen wollen, wird der Jugendliche häufig in Loyalitätskonflikte hineingezogen, geht es doch bei einer Trennung immer auch um die Schuldfrage: Wer verlässt wen und warum? Hinzu kommt, dass der Jugendliche sich intensiv mit Beziehungen auseinandersetzt und sehr hohe Erwartungen und Hoffnungen an eine Partnerschaft stellt. Nun muss er bei seinen eigenen Eltern erleben, dass die Ehe nicht hält, dass seine Eltern als Eheleute scheitern. Trennungen, die sich über Jahre hinziehen, können für Jugendliche zu einer großen Belastung werden, unter anderem auch, wenn sie sich dadurch in der Familie nicht mehr geborgen fühlen. Eine Trennung muss aber nicht zwangsläufig zu einer negativen Erfahrung für den Jugendlichen werden. Wenn die Eltern respektvoll miteinander umgehen, eine faire Lösung aushandeln und authentisch bleiben, kann dies für den Jugendlichen sogar Vorbildcharakter haben (Largo et al. 2003).

Immer häufiger wachsen Kinder in unvollständigen Familien auf, meistens mit der Mutter, selten mit dem Vater.
Wenn die Eltern sich früh trennen, wachsen die meisten Kinder bei der Mutter auf. In der Pubertät kommt es dann recht oft zu einem Wechsel; der Jugendliche zieht zum Vater. Die Mutter kann darunter sehr leiden, wenn sie sozusagen »verlassen« wird. Sie kann das Gefühl haben, versagt zu haben, und verletzt reagieren. Für den Jugendlichen ist es dabei oft lediglich eine Strategie, um sich abzulösen, und keine Entscheidung im Sinne von: Ich habe den Vater lieber als die Mutter. Nach einiger Zeit kommt der Jugendliche vielleicht auch wieder zur Mutter zurück. So kann es ein mehrmaliges Hin und Her geben. In solchen »Pendlerfamilien« ist es wichtig, dass die Eltern sich vom Jugendlichen nicht auseinanderdividieren und gegeneinander ausspielen lassen, beispielsweise in Geldangelegenheiten und bei der Frage, wann er abends zu Hause sein muss. Für alle Familienformen gilt: Die Eltern sollen miteinander reden, eine gemeinsame Haltung gegenüber dem Jugendlichen einnehmen und ihm die Unterstützung von Vater und Mutter zusichern. So tragen sie ganz wesentlich dazu bei, dass ihr Kind die Pubertät gut bewältigt.

Das Wichtigste in Kürze

1. Wenn Kinder in die Pubertät kommen, haben auch ihre Eltern Entwicklungsaufgaben zu lösen. Sie sind selbst in einer Umbruchphase: Sie hinterfragen ihr eigenes Leben, die Partnerschaft, den Beruf und all das, was sie in ihrem bisherigen Leben erreicht haben.

2. Jugendliche wollen Eltern, die zu ihrem Alter stehen, innerlich gefestigt sind und die Welt der Teenies ihnen überlassen. Eltern sollten aber offen für Neues sein und Interesse an der Welt der Jugendlichen zeigen.

3. Frauen, die sich ganz der Erziehung ihrer Kinder gewidmet haben, müssen einen neuen Lebensinhalt finden. Berufstätige Mütter erleben diese Lebensphase oft als Entlastung. Die Ablösung der Kinder kann Freiräume eröffnen.

4. Männer sind in dieser Lebensphase häufig ebenfalls verunsichert. Ehe und berufliche Karriere stehen auf dem Prüfstein.

5. Wenn Eltern sich trennen, entstehen für den Jugendlichen oft Loyalitätskonflikte. Eine Trennung kann aber durchaus zu einer positiven Erfahrung für den Jugendlichen werden, wenn die Eltern in einer fairen Art und Weise auseinandergehen und einander respektieren.

6. Manchmal pendeln Jugendliche, deren Eltern sich getrennt haben, zwischen Vater und Mutter hin und her. Eltern sollten sich absprechen und dürfen sich vom Jugendlichen nicht auseinanderdividieren und gegeneinander ausspielen lassen.

Schule

Der Club der toten Dichter

Welche Schule und wozu?

Das erzkonservative Internat Welton Academy ist genau so, wie man es sich vorstellt: Ehrwürdiges Gemäuer, konservative Schuluniformen und autoritäre Erziehungsmethoden. »50 Prozent unserer Schüler erhalten einen Studienplatz an einer Eliteuniversität«, erklärt der Direktor in der Ansprache zum neuen Schuljahr, »und das kann nur erreicht werden, wenn man die Prinzipien Tradition, Ehre, Disziplin und Leistung einhält. Deswegen haben Sie, liebe Eltern, Ihre Kinder uns anvertraut.« Die Eltern von Neil Perry, Todd Anderson, Knox Overstreet und Charlie Dalton können diesen Worten nur zustimmen, sie erwarten von ihren Söhnen eine Karriere als Banker, Anwälte oder Mediziner. Vor allem Neils Vater, der im Laufe des Films zur negativen Hauptfigur wird, lässt keinen Zweifel daran, dass es hier nicht um Selbstverwirklichung geht. »Ich habe sehr viele Opfer bringen müssen, um dich hierherschicken zu können, und du wirst mich nicht enttäuschen«, sagt er zu Neil. »Wenn du dein Medizinstudium abgeschlossen hast, kannst du tun, was du willst.«

Carpe diem

Das sieht John Keating, der neue Englischlehrer, anders. Er holt die Jungen erst einmal aus dem Klassenzimmer, lässt sie Gedichte deklamieren und selbst verfassen, im Hof exerzieren, um ihnen die Macht der Anpassung zu verdeutlichen, und das dröge Vorwort aus dem Literaturlehrbuch herausreißen. »Carpe diem« lautet sein Losungswort. Vor den Fotos ehemaliger Schüler mahnt er seine Klasse eindringlich, die Zeit sinnvoll zu nutzen. »Sie (die Fotografierten) glaubten, sie seien für Großes bestimmt, unbesiegbar, die Welt stünde ihnen offen. Dann haben sie gewartet, bis es zu spät war, aus ihrem Leben nur ein Jota dessen wahr werden zu lassen, wozu sie fähig gewesen wären.« Von dieser Stunde an verkörpert Mr. Keating für die Schüler ein anderes Werte-

system, das sie mit immer größerer Begeisterung für sich entdecken. Dazu dient ihnen auch der Club der toten Dichter, dem schon Keating, als er noch Schüler in Welton war, angehörte und den Neil und seine Freunde infolgedessen wiederaufleben lassen. In einer alten Indianerhöhle lesen sie des nachts Gedichte und entdecken sich selbst, ihre Wünsche, Träume und Leidenschaften.

Selbstverwirklichung

»Was wird wohl euer Vers sein?«, fragt Keating seine Schüler einmal. Und in einer anderen Szene lässt er sie alle auf die Pulte steigen, damit sie die Welt aus einer anderen Perspektive betrachten können. »Gentlemen, Sie müssen sich um eine eigene Perspektive bemühen. Je länger Sie darauf warten, desto unwahrscheinlicher wird es, dass Sie sie finden.« Die Angesprochenen finden allmählich ihren Weg, etwas, das für sie Bedeutung hat: Todd mehr Selbstbewusstsein, Knox seine Liebe zu Chris und Charlie das Saxophon sowie die Rebellion, mit der er den Club der toten Dichter in Gefahr bringt. Neil schließlich entdeckt die Schauspielerei. »Das Theater bedeutet mir alles und Vater verplant mein ganzes Leben. Er hat nie gefragt, was ich will«, klagt er Keating. »Sie sind doch kein Leibeigener Ihrer Eltern«, macht ihm der Lehrer Mut zu einer Aussprache. Die allerdings scheitert, als Neil die Rolle des Puk im »Sommernachtstraum« spielen darf. Sein wütender Vater zerrt ihn nach der Premiere nach Hause und droht ihm mit der Übersiedlung auf eine Militärakademie. Zur Aussprache jedoch kommt es nicht, stattdessen nimmt sich Neil mit der Pistole seines Vaters das Leben.

Schule als Wunsch und Realität

Im Film *Der Club der toten Dichter,* der 1989 auf den Markt kam, wird deutlich, worum es im Leben gehen sollte, nämlich darum, die eigene Stimme zu finden. Für manche Eltern und Lehrer ist der Lehrer John Keating jedoch immer noch der Inbegriff des Schwärmers und Verführers, der den Selbstmord eines Schülers zu verantworten hat.

Der Film dramatisiert einen Grundkonflikt, der sich zwischen Jugendlichen und Schule in jeder Generation immer wieder aufs Neue entzündet. Dabei stehen sich die beiden Grundhaltungen im Film so unversöhnlich gegenüber, dass es einen Schüler schließlich das Leben kostet. Auf der einen Seite sind die Gesellschaft und die Schule als Institution mit ihren Prinzipien wie Tradition, Ehre, Disziplin und Leistung. Die Schule erfüllt kompromisslos den Auftrag von Eltern und Gesellschaft und macht die Schüler mit dem trügerischen Versprechen auf zukünftige existentielle Sicherheit und eine gute soziale Stellung gefügig. Auf der anderen Seite stehen die Jugendlichen, die auf der Suche nach sich selbst sind und sich verwirklichen wollen. Sie träumen von einer besseren Welt, haben Visionen für sich und die Gesellschaft. John Keating weckt und unterhält diesen Drang zur Selbstverwirklichung mit seiner Lebenshaltung. Er warnt seine Schüler am Beispiel der Schicksale ehemaliger Welton-Absolventen, ihre Bestimmung keinesfalls zu verschlafen. So ist es nur folgerichtig, dass er von der Schulleitung entlassen, genaugenommen weggejagt wird. Einige Schüler lassen ihn beim Abschied ein letztes Mal hochleben.

John Keating will die Schüler zu sich selbst führen. Er ermuntert sie, ihr individuelles Wesen zu erspüren. Und er verpflichtet sie für die Zukunft: Ihr habt eine Verantwortung, aus euch die Menschen zu machen, die in euch angelegt sind.

Für einen Teil der Schüler kann ein solcher Lehrer eine große Befreiung sein. Er gibt ihnen Mut, mit Konventionen zu brechen und sich zu neuen Ufern aufzumachen. Das Gefährliche an Keatings Haltung scheint mir, dass er seine Schüler nicht vor der gesellschaftlichen Realität beschützen kann und so manche in eine Überforderung hineintreibt. So wie Neil. Sein Vater erwartet, dass er Arzt wird. Neil entzieht sich dem väterlichen Diktat, wendet sich der Schauspielerei zu und zerbricht daran. Für jeden Jugendlichen ist die Wahl zwischen sozialer Sicherheit, die ihm die Institution verspricht, und Selbstverwirklichung, die zum Bruch mit der Institution führen kann, eine Gratwanderung. Hinzu kommt, dass nicht alle Schüler sich selbst verwirklichen wollen, ein Großteil ist mit existentieller Sicherheit und guter sozialer Stellung zufrieden. Alle Schüler in Reihenformation auf dem traditionellen Weg abzuführen ist demnach genauso falsch, wie jedem eine radikale Form von Selbstverwirklichung abzuverlangen.

Ehrwürdige Gemäuer und Schuluniformen sind heute durchaus wieder »in«. Wenn es um das Thema Schule geht, fehlen Geschichten über englische Internate und ihre segensreiche Wirkung auf deutschsprachige Austauschschüler meistens nicht. Aber kann man so weit gehen, zu sagen, dass sich auch die Grundhaltung an den Schulen nicht geändert hat, dass der Grundkonflikt noch immer zwischen Disziplin und Leistung auf der einen Seite und Selbstverwirklichung auf der anderen Seite verläuft?

Mehr als uns lieb sein kann. Die großen Verführer – nennen wir sie Garantiescheine für existentielle Sicherheit und soziale Stellung – sind nach wie vor da. Sie legitimieren die Durchsetzung eines rigiden Schulbetriebs und die fehlende Bereitschaft, auf die Bedürfnisse der Jugendlichen einzugehen. Wenn die Schule aber mit ihren Schülern nicht nur gesellschaftskonform, sondern auch entwicklungsgerecht umgehen will, ist die wichtigste Voraussetzung – genauso wie in der Familie –, dass sie ein Verständnis für die großen Herausforderungen entwickelt, die Jugendliche zu bewältigen haben. Das schließt den Respekt vor dem Individuum mit ein und verlangt von der Schule große Umstellungen in drei Aufgabenbereichen: Erstens ist die Beziehung zwischen Lehrer und Schüler neu zu gestalten. Jugendliche wollen wie junge Erwachsene behandelt werden – auch wenn sie es oft noch nicht sind. Zweitens verlangt die letzte Etappe der kindlichen Entwicklung eine andere Form von Unterricht, damit die Jugendlichen motiviert bleiben und ihre Kompetenzen möglichst gut ausbilden können. Und drittens müssen die sozialen Regeln zwischen Lehrern und Schülern sowie zwischen den Schülern neu ausgehandelt werden. Die letzten Schuljahre sind ein wichtiges Trainingsfeld für sozialen Umgang. Hier und jetzt werden Wertvorstellungen verinnerlicht, die für das gesellschaftliche Zusammenleben so wichtig sind.

Der allgemeine Tenor lautet ohnedies eher so: Was helfen uns Verständnis und Partnerschaftlichkeit in der Erziehung bei dem härteren Wind, der seit der Globalisierung auch bei uns weht? Allein Disziplin und Leistung – das machen einem die Chinesen vor – bewahren uns davor, auf dem Arbeitsmarkt zukünftig unterlegen zu sein, heißt es. Hinzu kommt das Wehklagen der Lehrer, wie schwierig die Jugendlichen geworden seien. Die Eltern und ihre antiautoritäre Erziehung hätten versagt.

Ja, solche Klagen hört man vielfach. Sie zeigen, dass sich der Grundkonflikt massiv verschärft hat, weil Gesellschaft, Kultur und Wirtschaft in den vergangenen 20 Jahren enorme Umwälzungen durchgemacht haben. Diesen Fortschrittstaifun bekommt auch die Schule in vielfacher Weise zu spüren. Über kurz oder lang wird sie sich diesen Veränderungen auch stellen müssen, wenn auch in anderer Weise als mit dem sogenannten chinesischen Modell. Die Schule versteht sich – allen voran in Deutschland – als Vermittlerin zwischen den Generationen. Sie soll Wissen, Fertigkeiten und Bildungsinhalte weitergeben, welche die älteren Generationen bewahrt und geschaffen haben und die ihnen wichtig sind. Der Blick in die Zukunft ist der konservativen Institution jedoch weitgehend fremd. Nun ist sie aber in den Sog der Globalisierung geraten. So konkurrenziert beispielsweise die Weltsprache Englisch immer mehr mit dem längst ausgestorbenen Latein. Die Informationstechnologie, die Gesellschaft, Kultur und Wirtschaft erfasst und innerhalb kurzer Zeit tief greifend verändert hat, hält in der Schule Einzug. Mit diesen Entwicklungen vermag die Schule nicht mitzuhalten und – was noch weitaus schlimmer ist – manche Lehrer sind damit heillos überfordert. Durch die Liberalisierung und die allgemeine Verfügbarkeit von Informationen ist ihnen das Wissensmonopol weitgehend abhandengekommen. Autorität, Inhalt der Lehrpläne und Struktur der Schulen werden in Frage gestellt. Das Bildungssystem steht vor der größten Herausforderung seit der Einführung der allgemeinen Schulpflicht.

Das klingt ja ganz so, als wären nicht die Schüler, sondern Lehrer und Eltern das Problem.

Den älteren Erwachsenen, die im Bildungssystem das Sagen haben, fällt das Umdenken schwer. Sie sind noch im alten System aufgewachsen, haben es verinnerlicht und wollen verständlicherweise daran festhalten. Und so verteidigen die Bildungspolitiker eine Schule, die vom Bildungsbürgertum des 19. Jahrhunderts begründet wurde. Andererseits können sie sich dem Fortschritt auch nicht verschließen, weil sie von der Wirtschaft unter Druck gesetzt werden. Also behalten sie die alten Lehrpläne bei und bürden der Schule zusätzliche Aufgaben auf. Doch Lernen funktioniert nun einmal nicht nach dem Prinzip des Nürnberger Trichters, in den beliebig viel hineingeschüttet werden kann. Bildungspolitiker, Hochschuldozenten und Lehrer müssten einerseits Altlasten zügig abtragen und andererseits die Schule für zukunftsrelevante Bildungsinhalte und Lernmethoden öffnen. Das heißt, sie selber müssten dazulernen, also genau das tun, was sie von ihren Schülern einfordern. Dann haben wir noch die Eltern, die eigentlich nur ein großes Anliegen haben: Ihr Kind soll in der Schule erfolgreich sein. Schulreformen machen sie misstrauisch, denn diese könnten die Chancen ihres Kindes verschlechtern. Deshalb pochen sie auf Noten, Schularbeiten und Tests, schicken ihr Kind in den Nachhilfeunterricht und verschließen die Augen vor den grundlegenden Missständen des Systems. All diese widersprüchlichen Interessen haben zu einer Lähmung im Bildungswesen geführt, dabei wäre ein zeitgemäßer und zügiger Umbau dringend angezeigt.

Wie stellst du dir eigentlich den Jugendlichen vor, der eine gelungene Schulzeit hinter sich hat?

Unabhängig davon, ob der junge Erwachsene das Gymnasium, die Realschule oder die Hauptschule besucht hat, konnte er in der Schule alle wesentlichen Fähigkeiten entwickeln, insbesondere seine Stärken, also diejenigen Fähigkeiten, auf die er seine zukünftige Existenz aufbauen wird. Er hat gelernt mit seinen Schwächen umzugehen und diese als ein Teil seines Wesens zu akzeptieren. Er weiß, dass die Schwächen ihn wohl einschränken, er aber auf seine Stärken vertrauen kann. Er hat sich Fertigkeiten, Wissen und Lernstrategien angeeignet, die zukunftsgerichtet sind. Er verfügt über ausreichend entwickelte soziale Kompetenzen sowie einen Sinn für die Gemeinschaft und ihre ethischen Werte. Schließlich hat er ein gutes Selbstwertgefühl erwerben können Denn er war sozial von Lehrern und Mitschülern immer akzeptiert, die schulischen Anforderungen waren für ihn meist zu bewältigen und sie waren überwiegend mit Erfolg verbunden. Mit einem guten Selbstwertgefühl kann er seine Zukunft mit der Überzeugung in Angriff nehmen: Ich werde mich in dieser Gesellschaft behaupten!

Und wie müsste also eine Schule, die solche junge Erwachsene hervorbringt, für dich aussehen?

Die Schule sollte den Jugendlichen das Rüstzeug für die Zukunft in Form von Fertigkeiten, Lernstrategien und Wissen mitgeben. Sie sollte sie zu selbstständigem Handeln und Lernen erziehen und sie darin anleiten, Verantwortung zu übernehmen. Die Schule sollte soziale Kompetenzen fördern und die Schüler team- und konfliktfähig machen. Dabei muss sie – wie im *Club der toten Dichter* inszeniert – in einen Prozess des ständigen Abwägens zwischen dem Erfüllen der Anforderungen, die Gesellschaft und Wirtschaft an die jungen Erwachsenen stellen, und der Selbstverwirklichung des Jugendlichen treten. Ist die Schule – wie etwa die Welton Academy – nur ein Gehilfe der Gesellschaft und Wirtschaft, schadet sie der individuellen Entwicklung der Schüler und letztlich sich selbst, indem sie Kreativität und Innovation, die sie für ihre eigene und die gesellschaftliche Weiterentwicklung braucht, unterdrückt. Setzt die Schule ausschließlich auf die Selbstverwirklichung der Schüler, vernachlässigt sie nicht nur die Bedürfnisse der Gesellschaft, sondern auch die vieler Schüler, deren Hauptanliegen weniger die Selbstverwirklichung als die berufliche und soziale Integration ist. Die Schule darf weder Sklave der Gesellschaft und Wirtschaft noch Verführerin der Jugendlichen sein. Stattdessen sollte sie den unterschiedlichen Begabungs- und Persönlichkeitsprofilen der Schüler möglichst gerecht werden.

Das Wichtigste in Kürze

1. Die Schule muss immer wieder aufs Neue ein Gleichgewicht finden zwischen den Anforderungen von Gesellschaft und Wirtschaft und dem Bedürfnis nach Selbstverwirklichung des Jugendlichen.

2. Die Schule sollte sich bemühen, den unterschiedlichen Begabungs- und Persönlichkeitsprofilen der Schüler gerecht zu werden. Sie sollte dem Schüler ermöglichen, seine Fähigkeiten zu entwickeln, insbesondere seine Stärken, also diejenigen Fähigkeiten, auf die er seine zukünftige Existenz aufbauen wird. Die Schule sollte den Schülern zu einem guten Selbstwertgefühl verhelfen.

3. Die Schule sollte den Jugendlichen das Rüstzeug für die Zukunft in Form von Fertigkeiten, Lernstrategien und Wissen mitgeben. Sie sollte sie zu selbstständigem Handeln und Lernen erziehen und sie darin anleiten, Verantwortung zu übernehmen. Die Schule sollte soziale Kompetenzen fördern und die Schüler team- und konfliktfähig machen.

Die Entthronung des Lehrers

In der 7. Klasse spätestens wird es schwierig. Das wissen die Lehrer. Dann sind alle in der Pubertät, die Hormone schießen und an einen sinnvollen Unterricht ist nicht mehr zu denken. Wer jetzt die Kontrolle über die chaotische Truppe verliert, kann es gleich sein lassen. So denken viele Pädagogen und glauben an eine strenge und straffe Klassenführung, daran, dass es – eher enge als weite – Grenzen geben muss und viele Hausaufgaben, damit die Schüler gar nicht erst auf dumme Gedanken kommen.

Mit einer solchen Herangehensweise verfehlen die Pädagogen ihr Ziel, nämlich Jugendliche erfolgreich zu unterrichten. Wenn man weiß, dass den Lehrern das Gleiche blüht wie den Eltern, versteht man, warum verschärfte Kontrolle und ein autoritärer Erziehungsstil bei Jugendlichen auf verstärkte Ablehnung stoßen müssen. Warum war das Unterrichten in den Jahren zuvor vergleichsweise einfach? Dank ihrer emotionalen Abhängigkeit konnten die Kinder vom Lehrer belehrt und erzogen werden. Die Kinder haben seit der Grundschule nicht nur für sich, sondern auch für den Lehrer gelernt. Denn die emotionale Abhängigkeit ist Bestandteil des kindlichen Bindungsverhaltens (siehe Teil I). Im Verlauf der Pubertät löst sich die kindliche Bindung jedoch auf, und damit braucht die Beziehung zwischen Schüler und Lehrer wie auch das Unterrichten ein neues Fundament. Mit der Ablösung des Schülers ergeht es den Lehrern ähnlich wie den Eltern. Die Schüler sehen die Lehrer nicht mehr durch die rosa Brille der emotionalen Abhängigkeit. Die Lehrer sind für sie nicht mehr die Größten, sondern Menschen wie andere auch. Auch sie werden entmystifiziert, was – ähnlich wie bei den Eltern – ein schmerzhafter Prozess sein kann. Der Jugendliche will nicht mehr zum Lehrer aufschauen, sondern ihm auf Augenhöhe begegnen. Eine Lehrerin hat es folgendermaßen auf den Punkt gebracht: »Ich behandle die Jugendlichen wie Erwachsene – in dem Bewusstsein, dass ich immer noch Verantwortung für sie trage.«

Die Lehrer werden also entmachtet. Wie können sie da überhaupt noch unterrichten?

Autorität basierend auf emotionaler Abhängigkeit, wie sie vor der Pubertät bestanden hat, gibt es für die meisten Schülern nicht mehr. Die Schule kommt jedoch nicht ohne Autorität aus. Also muss es eine andere Form von Autorität geben. Ein Aspekt einer solchen neuen Autorität ist Fachkompetenz. Lehrer haben durchaus eine Chance, dass ihnen die Jugendlichen zuhören, sie ernst nehmen und etwas von ihnen lernen wollen. Und zwar dann, wenn sie durch ihr Wissen und Können überzeugen. Es entsteht eine auf Fachkompetenz bezogene Autorität.

Ich kann mich noch gut erinnern. Irgendwann setzten sich die Lehrer, die etwas zu sagen hatten, durch. Man passte im Unterricht auf, weil es spannend war, weil so etwas wie eine Wissens- und Lerngemeinschaft entstanden war, weil sich plötzlich alles um das Fach drehte, wie später dann an der Universität. Funktioniert dieser Übergang vom Lernen für den Lehrer auf das Lernen wegen des Faches sofort und reibungslos, wenn der Lehrer nur sein Handwerk beherrscht?

Neben dem Fachwissen gehört sicherlich auch Begeisterungsfähigkeit dazu. Jugendliche spüren, wenn der Lehrer vom Thema
fasziniert ist, ihn das Thema selbst mitreißt. Wenn es ihm ein echtes Anliegen ist, dass die Schüler begreifen, was er vermitteln will,
springt der Funke vom Lehrer auf die Schüler über. Ich kann mich
an Schulstunden erinnern, in denen ich völlig gebannt dem Lehrer
zugehört habe, selbst dann, wenn ich letztlich nicht wirklich verstanden habe, worum es eigentlich ging. Autorität erwächst also
auch aus didaktischen und methodischen Fähigkeiten.

**Mein Geschichtslehrer war so ein Typ. Er brannte für sein Fach,
riss uns aus unserer Lethargie, indem er uns auf politische Demonstrationen schickte, damit wir die Aktualität geschichtlicher
Themen verstehen. Auch wusste er, wo er jeden Einzelnen von
uns abholen musste. Mir gab er beim Thema Erster Weltkrieg
»Im Westen nicht Neues« von Erich Maria Remarque als Referat.
Das hat mir die Augen für das Wesen des modernen Krieges geöffnet, meinem ganzen damaligen Denken einen so kräftigen
Schub versetzt, dass er bis heute anhält.**

Das ist die große Chance, die Lehrer haben. Wer es versteht, Jugendliche an ein Thema heranzuführen, kann sehr viel bewegen.
Er kann seinen Schülern die Augen öffnen, Weichen für die Zukunft stellen, unvergessliche Aha-Effekte auslösen. Wenn er spürt,
wo er die Schüler in ihrem aktuellen Verständnis abholen muss,
kann er ihnen wichtige Sachverhalte, Zusammenhänge, Wissensgebiete erschließen. Gerade Jugendliche sind sehr empfänglich
für positive Lernerfahrungen.

**Lehrer bleiben also – wenn sie es richtig machen – Autoritäten
und haben als solche auch eine wichtige Funktion für ihre Schüler. Manche Jugendliche sehnen sich geradezu nach erwachsenen
Bezugspersonen, die ihnen auf ihrem Weg beistehen.**

Ich habe Lehrer erlebt, die uns Schüler weniger mit ihrer Fachkompetenz überzeugten als vielmehr mit ihrer Persönlichkeit und
ihren sozialen Kompetenzen. Sie behandelten uns als Erwachsene
und nahmen uns ernst. Und sie hatten ein Interesse daran, uns
Schüler kennenzulernen. Sie haben nicht nur den Stoff vermittelt,

sondern sind auf jeden einzelnen Schüler auch als Person einge-
gangen. Der soziale Austausch mit ihnen blieb auch nicht auf den
Unterricht beschränkt. Mit einigen Lehrern hatte ich weit über die
Schulzeit hinaus regelmäßigen Kontakt.

**Fachkompetenz, didaktisches und methodisches Geschick, so-
ziale Kompetenz, Persönlichkeit, Begeisterungsfähigkeit und gar
Charisma: Das sind Höchstanforderungen an die Lehrer. Und sie
sind wohl kaum auf der Universität erlernbar. Hat ein guter Lehrer
nicht einfach eine ganz besondere Begabung?**

Alle diese Begabungen zu haben ist tatsächlich sehr ungewöhn-
lich, genauso selten wie in anderen Berufssparten auch, etwa in
der Medizin. Es reicht aber durchaus, über einige dieser Qualitäten zu verfügen, um ein begabter Lehrer zu sein. Wenn ich an
meine Schulzeit zurückdenke, gab es Lehrer mit ganz unterschiedlichen Qualitäten, die jeder auf seine Weise gute Lehrer waren.
EINE Qualität sollte aber immer vorhanden sein: Ein Lehrer muss
Menschen mögen und ein genuines Interesse an Kindern und ihrer Entwicklung haben. Es muss ihm Freude machen, Jugendliche
zu unterrichten. Er muss sich für ihr Wesen und ihre Entwicklung
interessieren. Dann wird es ihn auch befriedigen, wenn sich ein
Jugendlicher gut entwickelt und er ihn dabei unterstützen kann.
Er sollte nicht nur die leistungsstarken, sondern auch die schwachen Schüler mögen. Er sollte wissen, wie Jugendliche ticken und
wie mit ihnen erzieherisch umzugehen ist. Und schließlich sollte
er sich am Erfolg der Schüler freuen und nicht persönlich beleidigt sein, wenn der eine oder andere etwas nicht begriffen hat. Ein
guter Lehrer will in erster Linie Jugendliche und nicht nur sein
Fach unterrichten.

**Steht diese Sichtweise nicht ziemlich quer in der Bildungsland-
schaft? Lehramtskandidaten wird Fachwissen, Methodik und Di-
daktik abverlangt und niemand fragt, ob sie eigentlich Kinder unterrichten wollen?**

Leider. Dabei würde wohl kein Pädagoge bestreiten, ein Lehrer,
der keine vertrauensvolle Beziehung zu seinen Schülern eingehen
kann, wird nie ein guter Lehrer sein. Das gilt nicht nur für die

Grundschule sondern auch für Jugendliche in den weiterführenden Schulen. Wenn ein Gymnasiallehrer meint, er könne sich ausschließlich auf sein Fach konzentrieren, dann irrt er sich gewaltig. Gerade in der Mittel- und Oberstufe klagen Jugendliche über eine ungenügende oder gar fehlende Beziehung zu ihren Lehrern. Die Beziehungsebene lässt sich weder in der Familie noch im Berufsleben ohne nachteilige Folgen ausklammern. Wieso sollte das also in der Schule möglich sein? Sich vom Lehrer wahrgenommen und akzeptiert zu fühlen ist für den Jugendlichen wichtig. Eine vertrauensvolle Beziehung ist die Grundlage für motiviertes Lernen, aber auch für die Bereitschaft, Kritik anzunehmen. Ein Jugendlicher, der sich nicht angenommen fühlt, erlebt jede Form von Kritik – auch berechtigte – als Ablehnung. Die Kritik zielt für ihn nicht auf die Leistung, sondern direkt auf seine Person, weil er selbst keine Wertschätzung bekommen hat. Das ist übrigens bei Erwachsenen auch nicht anders.

Wie wirkt sich eine schlechte oder fehlende Beziehung zwischen Lehrern und Jugendlichen noch aus?

Manche Jugendliche versuchen anfänglich, die Aufmerksamkeit des Lehrers auf sich zu ziehen, indem sie sich etwa besonders bemühen oder durch aggressives Verhalten auffallen. Reagiert der Lehrer nicht, sinkt ihre Lernmotivation und schwindet schließlich ganz. Die Jugendlichen können verhaltensauffällig werden, den Unterricht stören oder sich innerlich davon verabschieden. Sie können psychosomatisch erkranken, beispielsweise an Schlafstörungen oder Kopfschmerzen leiden. Schließlich schwänzen oder verweigern sie die Schule. Im Jugendalter sind belastende Beziehungen zu Lehrern und Schulkameraden neben allgemeinem Leistungsversagen eine der Hauptursachen für Selbsttötungen.

Lehrer fürchten sich vor diesem Kreislauf. Doch anstatt bei sich selbst etwas zu ändern, werden die Schüler an die Kandare genommen. Ist das sinnvoll?

Wenn sich der Lehrer nicht auf die Jugendlichen einlässt, kommen auch auf ihn schwierige Zeiten zu. Der Unterricht wird für ihn sehr anstrengend werden, denn er spürt, dass er bei den Jugendlichen nicht ankommt. In der Folge rennt er gegen eine Wand der Gleichgültigkeit oder gar der Ablehnung. Wenn sich die Jugendlichen verweigern, muss er sie vermehrt disziplinarisch kontrollieren. Vor allem aber: Wenn er auf die Jugendlichen emotional nicht eingeht, wird er auch von den Jugendlichen nicht angenommen, sondern sogar abgelehnt. Auf Dauer können Lehrer ein solches emotionales Vakuum nicht aushalten, ohne daran zu zerbrechen. Beziehungslosigkeit ist ein wichtiger Faktor für das Auftreten von Burn-out unter Lehrern. Nicht nur die häufig geäußerte Arbeitsüberlastung, sondern auch die soziale Isolation und fehlende Wertschätzung – im Übrigen auch durch die Eltern seiner Schüler – tragen dazu bei. Ist der Lehrer hingegen um eine gute Beziehung bemüht, dann erhält er Zuwendung und Anerkennung von den Schülern. Manche Lehrer werden von den Jugendlichen regelrecht verehrt.

Meine Tochter hat einmal in einer anderen Schule einen Probetag absolviert. Die Informatiklehrerin hat nicht einmal bemerkt, dass in der Klasse ein neues Kind sitzt. Die Klasse war groß und die Lehrerin unterrichtete nur wenige Stunden in dieser Klasse. Damit die Lehrer überhaupt auf ihre Schüler ausreichend eingehen können, müssen die Arbeitsbedingungen stimmen. Sie können sich noch so große Mühe geben, wenn die Bedingungen schlecht sind, schaffen sie es nicht.

Die Rahmenbedingungen haben sich in vielen Schulen aus verschiedenen Gründen verschlechtert. Die Klassen sind größer und vor allem auch heterogener geworden. Ist die Klasse zu groß, gehen zwangsläufig Jugendliche verloren und fühlen sich vernachlässigt, was sich wiederum negativ auf ihre Leistung und ihr soziales Verhalten auswirkt. Eine sinnvolle Klassengröße hängt von einer Reihe Variablen ab, etwa der Anzahl der Stunden, die der Lehrer in der Klasse verbringt, der ethnischen und sprachlichen Herkunft der Schüler oder den räumlichen Bedingungen. Die Anforderungen an Lehrerinnen und Lehrer sind zudem in den letzten 20 Jahren deutlich gestiegen, sowohl in fachlicher und sozialer Hinsicht als auch was die Unterrichtsvorbereitung und die eigene Weiterbildung betrifft. Hinzu kommt, dass Lehrer wenig

Anerkennung und aufmunternde Signale aus Bildungspolitik und Verwaltung erhalten, sondern spätestens seit der Einführung der PISA-Studien von einer Reform in die nächste gehetzt werden. Das hat in der Lehrerschaft zusätzliche Verunsicherung und einen enormen bürokratischen Leerlauf ausgelöst. Deutlich gestiegen sind schließlich die Ansprüche der Eltern, die die Beurteilungen ihrer Kinder durch die Lehrer nicht mehr als gottgegeben hinnehmen wollen. Dass all diese Umstände viele Lehrerinnen und Lehrer an den Rand des Erträglichen bringen, finde ich sehr verständlich. Dennoch darf dies nicht so weit gehen, dass die strukturellen und organisatorischen Probleme und damit die Probleme der Erwachsenen in der öffentlichen Diskussion die Bedürfnisse der Schüler, die eigentlich im Zentrum des Interesses stehen sollten, überdecken.

Deine Sichtweise, die Beziehungsqualität derart in den Mittelpunkt des Schulgeschehens zu stellen, wird von manchen Bildungspolitikern, Lehrern und auch Eltern als Kuschelpädagogik bezeichnet. Sie argumentieren, dass das Leben draußen in der Gesellschaft rau und ungerecht sei und die Kinder besser früher als später darauf vorbereitet werden sollten.

Wenn man dieses Argument auf die Arbeitswelt übertragen würde, hieße das, schlechte Arbeitsbedingungen und ein negatives Klima im Büro würden Mitarbeitern dabei helfen, ihr schwieriges Leben leichter zu ertragen. Eine absurde Vorstellung, nicht wahr? Eltern und Lehrern, denen die Leistung der Schüler ein echtes Anliegen ist, sollte daher auch die Beziehungsqualität wichtig sein. Denn gut dokumentierte Studien zeigen: Je besser die Beziehungen zwischen Lehrern und Schülern sind, desto besser lernen die Schüler. Je stabiler die Zusammensetzung der Klasse ist und je vertrauter die Schüler mit den Lehrern sind, desto wohler fühlt sich jeder einzelne Schüler. Auch die Lehrer arbeiten besser, wenn sie mit den Schülern vertraut sind und sich von den Kolleginnen und Kollegen akzeptiert und unterstützt fühlen. Je vertrauensvoller also die Beziehungen der Lehrer untereinander sind, desto besser ist es für die Kinder. Und schließlich: Je besser die Beziehung zwischen der Schule und den Eltern ist, desto größer ist der Schulerfolg der Kinder (Rutter 1980; Vuille 2004). Entscheidend für jeden Schüler ist das Gefühl: Der Lehrer mag mich, so wie ich bin. Dieses Gefühl darf durch die Leistung und das Verhalten des Schülers nie in Frage gestellt werden. Der Jugendliche als Person sollte für den Lehrer immer über seiner Leistung und seinem Verhalten stehen, nur so bleibt seine Lernmotivation erhalten.

Das Wichtigste in Kürze

1. In der Pubertät löst sich der Jugendliche – wenn auch weniger ausgeprägt wie von seinen Eltern – emotional von seinen Lehrern ab. Der Jugendliche will ihnen nun auf Augenhöhe begegnen.

2. Lehrer bleiben eine Autorität, wenn sie diese auf Fachkompetenz, Begeisterungsfähigkeit, soziale Kompetenz und Persönlichkeit gründen.

3. Über EINE Kompetenz muss jeder Lehrer verfügen: Er muss Kinder mögen und ein genuines Interesse an ihrer Entwicklung haben. Ein guter Lehrer will in erster Linie Jugendliche unterrichten und nicht nur sein Fach.

4. Entscheidend für jeden Schüler ist das Gefühl: Der Lehrer mag mich, so wie ich bin. Der Jugendliche als Person sollte für den Lehrer immer über seiner Leistung und seinem Verhalten stehen.

5. Eine unzureichende Beziehung zwischen Lehrern und Jugendlichen führt zu sinkender Lernmotivation, Verhaltensauffälligkeiten und schließlich zur Schulverweigerung.

6. Die Qualität der Beziehungen zwischen Schülern, Lehrern und Eltern bestimmt den Schulerfolg wesentlich.

7. Die Anforderungen an Lehrer und Lehrerinnen sind gestiegen. Die öffentliche Diskussion erschöpft sich in strukturellen und organisatorischen Problemen der Schulen. Die emotionalen, sozialen und lernpsychologischen Bedürfnisse der Schüler müssen wieder vermehrt berücksichtigt werden.

Was soll die Schule lehren und vor allem wie?

Wenn die schulische Leistung der Kinder in der Pubertät nachlässt, dann ist das normal, so heißt es. Schließlich hätten sie mit ihren Hormonen zu tun und andere Interessen. Andererseits machen sie, wie in Teil I besprochen, eine wichtige geistige Entwicklung durch und haben hochfliegende Pläne. Das passt nicht zusammen. Ist die Schule selbst an den Problemen schuld, die sie beklagt?

Die Schule hat sich mit dem Desinteresse von Jugendlichen schon immer schwergetan. Sicherlich trägt die Pubertät Einiges zu diesem Desinteresse bei, doch die wesentlichen Gründe liegen bei der Schule selbst. Wir müssen die Schule gründlich hinterfragen. Liegt es am Schulstoff, der die Jugendlichen nicht interessiert? Oder schadet die Art und Weise, wie unterrichtet wird, der Lernmotivation der Jugendlichen? Gibt es Jugendliche, die entwicklungsmäßig ausgeschult sind und überhaupt nicht mehr lernen wollen? Wenn ja, was wollen sie dann tun? Schließlich geht es auch um die Frage, ob unsere Schulen nur noch ausbilden oder den Schülern auch Bildung vermitteln sollten. Und falls dem so ist, worin besteht eine zeitgemäße Bildung?

Manchmal bekommt man den Eindruck, dass die Pubertät als Ausrede für schlechten Unterricht herhalten muss, oder doch zumindest für einen Unterricht, der die Jugendlichen nicht anspricht. Vielleicht gibt es aber auch einfach keinen Lernstoff mehr, der Jugendliche interessiert?

Nein, das glaube ich nicht. Jugendliche interessieren sich für ganz viele Sachen, nur müssen sie etwas mit ihrem Leben zu tun haben oder sie müssen einen sinnvollen Bezug zu sich und ihren Interessen herstellen können. Wieso sollten sie sich für die Kontinentalsperre, die Kaiserkrönung oder etwa den Dreibund interessieren? Ein Geschichtslehrer muss sich schon ganz schön ins Zeug legen, wenn er Jugendliche dafür begeistern will. Nicht viel anders ist es in Biologie oder Physik. Ein Lehrer hat mir auf meine Bedenken einmal geantwortet, seine Aufgabe sei es, den Stoff, der im

Lehrplan steht, zu vermitteln. Ob sich die Schüler dafür interessieren sei nicht seine Sache.

Bei den straffen Lehrplänen und der Stofffülle, die beispielsweise am Gymnasium unterrichtet werden muss, bleibt wenig Platz für das, was Jugendliche interessieren könnte.
Wenn man Jugendliche fragt, was sie interessiert, sind sie meistens ganz pragmatisch und erstaunlich vernünftig. Sie sind an Fertigkeiten und Wissensgebieten interessiert, die sie in der Zukunft brauchen können. Eine Fertigkeit, die in der heutigen Gesellschaft und Wirtschaft eine Notwendigkeit darstellt, ist zu Beispiel das Schreiben am Computer mit einem perfekten Zehnfingersystem. Alle Schüler sind sich bewusst, dass sie nach der Schule nur noch in Ausnahmefällen von Hand schreiben und hauptsächlich ein Keyboard benützen werden. Warum also ist das Schreiben am PC nicht im Lehrplan enthalten, sondern lediglich ein fakultatives Angebot? Fehlerfrei auf einer Tastatur schreiben zu können, müsste höchste Priorität haben. Eine weitere Fertigkeit ist die Verwendung des PCs als Arbeitsinstrument. Jeder Schüler sollte mit den gängigen Programmen vertraut sein und sie anstandslos bedienen können. Dazu gehört aber auch, dass die Programme von allen Lehrern im Unterricht eingesetzt werden. Für Jugendliche ist der PC als Arbeitsinstrument eine Selbstverständlichkeit. Das sehen viele Erwachsene – die Informatiklehrer einmal ausgenommen – aber immer noch nicht ein. Wahrscheinlich deshalb, weil sie sich selbst auf diesem Gebiet nicht kompetent fühlen und – noch schlimmer – es auch nicht mehr werden wollen.

Den meisten Jugendlichen macht es Spaß, einen Vortrag zu halten. Sie recherchieren dafür im Internet, laden Bilder und Grafiken hoch, drehen kleine Filme und gestalten gute Power-Point-Präsentationen. Doch in der Schule werden diese Fähigkeiten immer noch zu wenig nachgefragt. Einmal habe ich mit der Klasse meiner Tochter ein Filmprojekt gemacht. Wir haben gedreht, geschnitten, getextet, Musik ausgesucht und zum Abschluss den 20-minütigen Film ganz professionell vertont. Die Fünftklässler waren nicht zu bremsen, so viel Spaß hat ihnen das Projekt ge-

macht. Sie haben dabei viele wichtige Fertigkeiten gelernt, die sie später brauchen können, aber fürs Zeugnis waren andere Dinge gefragt.

Rechtschreibung und Grammatik zum Beispiel. Aber ist Sprachkompetenz nicht weit mehr als Rechtschreibung? Ein Schriftsteller ist doch nicht deshalb ein guter Schriftsteller, weil er Grammatik und Orthographie überdurchschnittlich gut beherrscht? Die Vermittlung eines vertieften Verständnisses und eines differenzierten Ausdrucks in der gesprochenen und geschriebenen Sprache sollten sowohl in Deutsch als auch in den Fremdsprachen das Hauptanliegen der Schule sein. Leider ist es immer noch sehr attraktiv, Vokabeln und grammatikalische Regeln abzufragen, weil sich hier Fehler leichter benoten lassen. Sprachkompetenz entsteht aber nicht dadurch, dass Puzzleteile der Sprache memoriert werden, sondern dadurch, dass die Sprache durch viele unterschiedliche Erfahrungen verinnerlicht wird, genauso wie sich ein Kind im Alltag die Muttersprache aneignet (siehe »Sprache«).

Die Zeitschrift *Geolino* hat einmal eine Umfrage unter jungen Gymnasiasten zum Thema Latein durchgeführt. Meine Tochter hat Folgendes geantwortet. »Ich persönlich mag zwar Latein, was wohl daran liegt, dass wir einen guten Lehrer haben, aber dennoch würde ich es sinnvoller finden, wenn wir eine lebende Weltsprache wie Spanisch oder Chinesisch als zweite Fremdsprache nach Englisch lernen würden.« Welche Berechtigung hat es noch, Latein zu unterrichten?

Es ist der Kult des untergehenden Bildungsbürgertums darauf zu bestehen, dass Latein auf eine einmalige Weise das Tor zu anderen Sprachen eröffnet und mit seinem unwiderstehlich logischen Aufbau analytisches Denken eigentlich erst ermöglicht. Latein und Griechisch waren jedoch jahrhundertelang die Sprache der gebildeten Schichten, weil die alten Schriften in diesen beiden Sprachen abgefasst waren. Zu behaupten, Latein sei der goldene Weg zum analytischen Denken, hat wenig mit dem Denken und schon gar nichts mit dem Leben zu tun. Schon Seneca bedauerte vor 2000 Jahren: *Non vitae, sed scholae discimus* (»Nicht für das Leben, sondern für die Schule lernen wir«). Daraus haben die Bildungsverantwortlichen bis heute nichts gelernt. Schlimmer noch, sie haben den Spruch zwar umgedreht: »Nicht für die Schule, sondern für das Leben lernen wir«, doch an diesen Leitsatz, der immer noch über manchen Schulpforten hängt, haben sie sich nie gehalten.

Mathematik ist auch so ein Fach, das man anders unterrichten müsste. Ein mir bekannter Mathematiklehrer hat das Thema der Flächenberechnungen stets im Schulgarten erklärt. Dort hat er Flächen abgesteckt und auch demonstriert, wo in der Praxis solche Berechnungen zum Einsatz kommen. Am liebsten hätte er alle mathematischen Themen so lebensnah unterrichtet, aber dazu fehlte ihm vom Lehrplan her ganz einfach die Zeit.

Manfred Prenzel, der vormalige Leiter der deutschen PISA-Studien, ist der Ansicht, dass sich ein beträchtlicher Teil der Mathematikstunden ohne große Verluste streichen ließe (Prenzel 2003). Seien wir doch ehrlich: Die mathematische Kompetenz der meisten Erwachsenen beschränkt sich auf Bruch-, Prozent- und Dreisatzrechnungen. Alles, was sie an höherer Mathematik einmal gelernt haben, haben sie damals nicht verstanden und deshalb auch nicht behalten. Dafür werden in den Medien und in der Wirtschaft immer häufiger Grafiken und statistische Begriffe verwendet, von denen die meisten Erwachsene in der Schule nie etwas gehört haben. In den Berichten über die PISA-Studien zum Beispiel werden die Resultate in Säulendiagrammen dargestellt, die Signifikanz von Abweichungen in Probitanalysen errechnet und Beziehungen zwischen Schülerkompetenzen und ihrem sozioökonomischen Hintergrund mit Korrelationskoeffizienten belegt. Das ist mathematisches Wissen, das jeden Tag zum Einsatz kommt und von einer breiteren Masse auch verstanden werden sollte. Die Schule müsste also weniger abstrakte Mathematik wie Algebra vermitteln als vielmehr mathematische Kenntnisse, die den jungen Menschen helfen, die Welt besser zu verstehen.

In einer Schule in Großbritannien haben Schüler im Alter zwischen 8 und 10 Jahren über das Gedächtnis von Hummeln geforscht. Ihre Resultate waren so wegweisend, dass sie in einer

renommierten Fachzeitschrift publiziert wurden. Die Kinder konnten mit ihren Experimenten nachweisen, dass sich Hummeln Farben und Muster bleibend merken können. Den Kindern wurde attestiert, dass sie sich eine wissenschaftliche Frage gestellt und richtig beantwortet haben.

Ein Besuch im Deutschen Museum von Meisterwerken der Naturwissenschaft und Technik in München macht es innerhalb kürzester Zeit deutlich: Kinder und Jugendliche interessieren sich für naturwissenschaftliche Themen, wenn ihnen diese didaktisch spannend und verständlich präsentiert werden. Dass dies auch in der Schule möglich ist, beweist das obige Beispiel. Es gibt eine Unmenge spannender Themen und Fragestellungen. Was haben das menschliche Auge, die Mikrowelle und das GPS gemeinsam? Diese Frage ist nicht nur für Zuschauer der Günther-Jauch-Sendung »Wer wird Millionär«, sondern auch für Schüler höchst interessant. Licht, das in das Auge einfällt, besteht aus elektromagnetischen Wellen. Die Mikrowelle erzeugt Wärme mit elektromagnetischen Wellen. Und das GPS vermisst die Welt mit elek-

Neugierde und
Verstehen wecken
(Deutsches Museum)

tromagnetischen Wellen. Nun könnte man – in der Annahme, das Interesse der Schüler sei geweckt – weiter fragen, was elektromagnetische Wellen denn überhaupt sind? Weshalb können elektromagnetische Wellen je nach Wellenlänge beziehungsweise Frequenz ganz unterschiedliche Eigenschaften haben und unterschiedlich genutzt werden? Aus dieser Einsicht ergibt sich wiederum ein Rattenschwanz von interessanten Fragen, die in die verschiedenen Wissensgebiete hineinreichen. Zum Beispiel in die Biologie: Warum sieht der Mensch nur bestimmte Farben. Tiere, beispielsweise Bienen oder Schmetterlinge, aber andere? Oder in die Physiologie: Wie kommt es, dass wir elektromagnetische Wellen mit einer bestimmten Wellenlänge als Rot wahrnehmen, ultraviolettes Licht aber im Unterschied zu den Bienen nicht sehen. Oder in die Physik: Wie erzeugt die Mikrowelle Wärme? Warum kann sie nur Nahrungsmittel erwärmen, die Wasser enthalten, und weshalb zerstört ein Löffel, der versehentlich in die Mikrowelle gelegt wird, das Gerät? Oder in den Geometrieunterricht: Wie schafft es das GPS mit Hilfe von Satelliten einen Menschen mit Handy irgendwo auf der Erde auf wenige Meter genau zu orten und warum funktioniert das GPS im Gotthard-Tunnel nicht? Schließlich könnte für Neunmalkluge noch ein Hinweis auf die praktische Bedeutung der speziellen Relativitätstheorie von Albert Einstein für das GPS gemacht werden.

In solch einem Unterricht hätte sogar ich mich für elektromagnetische Wellen begeistern können. Es scheint einfach: Solange der Lernstoff in Bezug zum alltäglichen Leben gebracht wird, funktioniert die Vermittlung. Das gilt ebenso für philosophische Fragen, die ja im Bereich der Ethik geradezu jugendtypisch sind, Themen der Geschichte oder der Literatur. Auch »Faust« muss man ja nicht rein literaturgeschichtlich abhandeln. Die Gretchenfrage lautet daher vermutlich, was von all den interessanten Dingen, die die Welt erklären, soll die Schule anbieten?

Die Anzahl der Unterrichtsstunden ist begrenzt. Die Schule muss sich also sehr genau überlegen, worauf sie diese kostbare Zeit verwendet. Dabei darf sie sich meiner Meinung nach nicht mehr an der Vergangenheit ausrichten, sondern muss sich an der Zukunft und den in der Zukunft relevanten Themen und Fragen orientieren. Das heißt, wir brauchen einen gänzlich überarbeiteten Lehrplan. Das wichtigste Ziel der Schule sollte sein, die jungen Menschen für ihr Leben möglichst kompetent zu machen. Und das tut die Schule mit den bestehenden Lehrplänen zu wenig.

Es geht nicht nur um den Lehrstoff, sondern vor allem auch darum, wie unterrichtet wird. Schülern und Lehrern kommt die Schule wie ein riesiges Hamsterrad vor. Dabei dreht sich das Rad auch noch jedes Jahr rascher. Einen Ausgang gibt es nicht.

Das Bild des Hamsterrades ist leider ziemlich zutreffend, Kinder und Erwachsene werden darin herumgejagt. Aus der Sicht der Schüler gleicht die Schule vielleicht noch eher einer Art Treibjagd. Die Jäger sind die Lehrer, die Hunde die Prüfungen und Noten, die armen Hasen die Schüler und der Ausgang der Treibjagd die Selektion. Eine böse Metapher, die der gefühlsmäßigen Befindlichkeit vieler Schüler aber durchaus entspricht. Wir Erwachsene haben als Kinder diese Treibjagd ebenfalls mitgemacht und können uns die Schule daher gar nicht mehr anders vorstellen. Wir glauben nicht mehr daran, dass Kinder von sich aus lernen wollen. Wir sind zutiefst davon überzeugt, Schüler müssen durch Prüfungen und Noten zum Lernen gezwungen werden. Wir glauben, nur diese permanente Bedrohung stellt ihre Aufmerksamkeit sicher. Erst das Auswendiglernen und der zusätzliche Druck mit Hausaufgaben und Nachhilfeunterricht bringe sie dazu, sich mit dem Lernstoff überhaupt zu befassen. Kinder machen diese Treibjagd mit Ach und Krach mit, Jugendliche immer weniger oder gar nicht mehr. Sie sehen den Sinn des ständigen Auswendiglernens nicht mehr ein. Oft ist es ihnen peinlich, wenn sie eine gute Note erhalten, denn die meisten wollen nicht als Streber gelten. Sie spüren genau, dass nicht Kompetenz, sondern nur gehorsames Memorieren honoriert wird.

Dann ist wahrscheinlich auch die oft beklagte Passivität der Jugendlichen eine Folge der Treibjagd?

Erst wenn die Treibjagd abgeblasen ist, kommt der Hase zu sich selbst und wird aus sich heraus aktiv. Genauso der Jugendliche.

Die Tragödie ist aber nicht nur auf die Schulzeit beschränkt. Die Treibjagd hat schlimme langfristige Auswirkungen. Wenn die Kinder in der Schule dazu erzogen werden, nur das zu tun, was ihnen befohlen wird, dann warten sie als junge Menschen im Studium und in der Berufsausbildung auch darauf, dass ihnen gesagt wird, was sie zu denken und zu tun haben. Ich habe als Universitätsdozent 25 Jahre lang Studenten unterrichtet und oft genug das geringe Interesse, die mangelnde Eigeninitiative sowie die fehlende Selbstständigkeit und Verantwortungsbereitschaft vieler dieser Jugendlichen bedauert. Die Universitäten und die Wirtschaft brauchen aber engagierte und interessierte Menschen, Mitarbeiter die bereit sind, mitzudenken, selbstständig zu handeln und Verantwortung zu übernehmen. Doch dazu müssten die Kinder bereits in der Schule erzogen werden. Sie müssten immer wieder erleben, welch tiefe Befriedigung es ist, wenn man etwas eigenständig erreicht, sei es, dass man etwas tut oder einen Sachverhalt versteht.

Für viele besteht Lernen aber hauptsächlich aus Auswendiglernen. Ist es nicht eine Illusion, zu glauben, dass es auch ohne gehen würde?

Warum ist das Auswendiglernen nach wie vor so verbreitet? Weil diszipliniertes Auswendiglernen als Königsweg zu guten Prüfungsnoten und einer erfolgreichen Schulkarriere gilt. Und trotzdem ist die Vorstellung, Auswendiglernen sei sinnvolles Lernen und führe zum Verstehen, falsch und unpädagogisch. Auswendiglernen allein macht Kinder nicht klüger. Darüber hinaus ist Auswendiglernen, um sich Wissen anzueignen, heutzutage auch deshalb die falsche Strategie, weil Wissen jederzeit und überall durch das Internet verfügbar ist. Was die Schule daher anstreben sollte, ist ein Unterricht, in dem sich die Schüler gute vernetzte Kenntnisse aneignen. Das ist weit mehr als memoriertes Wissen und es führt zu Verständnis und zum Weiterdenken.

Aber dennoch: »Übung macht den Meister.« Ohne das Wiederholen, Vertiefen und Automatisieren von Inhalten kommt niemand weiter.

Kinder und Jugendliche üben aus freien Stücken viel, aber nicht,

indem sie monoton wiederholen, sondern indem sie ihre Erfahrungen variieren. Das schließt auch Frustration und Versagen
mit ein, führt aber letztendlich zu einem größeren Verständnis.
Wenn üben also bedeutet, dass bereits vorhandene Fähigkeiten
und vorhandenes Wissen mit neuen Erfahrungen und Einsichten
verknüpft werden, ist es sinnvoll und auch notwendig. Nur durch
Vernetzung des neu Gelernten mit bereits Vorhandenem erweitert
sich das Verständnis und bleiben Einsichten langfristig erhalten.
Dies setzt voraus, dass das Üben nicht fremdbestimmt geschieht,
sondern durch den Schüler selbst gesteuert wird. Der Schüler will
dort Erfahrungen machen, wo er entwicklungsmäßig steht. Deshalb ist es eine große Herausforderung, einen Schüler in seinem
Lernen sinnvoll zu unterstützen, denn jeder Schüler steht an
einem anderen Ort. Auch Lernstrategien kann er sich nur durch
selbstbestimmtes Handeln aneignen, indem er eigenständig he-
rausfindet, welche Vorgehensweise erfolgreich ist und welche
nicht. Nur so lernt der Schüler, wie man am wirkungsvollsten lernen kann. Echtes Lernen ist in jedem Alter mit Irr- und Umwegen
verbunden. Erfolgt das Lernen fremdbestimmt, ist der Schüler viel
weniger bereit, einen Mehraufwand und emotionale Rückschläge
auf sich zu nehmen. Wenn der Schüler jedoch aus sich heraus lernen darf, bewältigt er diese Anstrengungen freiwillig.

**Glaubst du wirklich, dass Schüler einfach selbstständig lernen
würden?**
Ja, davon bin ich überzeugt. So hat zum Beispiel ein Gymnasium
in der Kleinstadt Wetzikon, das ursprünglich aus finanziellen
Gründen gezwungen war, neue pädagogische Wege zu beschreiten
und Personalkosten einzusparen, ein sogenanntes Selbstlernse-
mester eingeführt. Die 17-jährigen Gymnasiasten mussten sich dabei ein halbes Jahr lang Deutsch, Mathematik, Chemie, Biologie,
Sport und zwei Sprachen gemäß Lehrplan weitgehend selber beibringen. Einmal pro Woche stand ihnen der jeweilige Fachlehrer
für Fragen zur Verfügung. Hier wurde also eine Schule weitgehend ohne Lehrer praktiziert. Wie bewältigten die Schüler diese
Herausforderung? Es brach keineswegs das Chaos aus, wie anfangs vor allem die Eltern der beteiligten Schüler befürchtet hat-

ten. Die Leistungen der Schüler brachen auch nicht ein, während ihre Selbstlernfähigkeiten markant anstiegen. Die Schüler halfen sich gegenseitig in Tutoraten. Offensichtlich sind Jugendliche auch ohne die ständige Anwesenheit des Lehrers fähig, sich zu motivieren und etwas zu leisten. Nun will der Kanton Zürich das »selbstorganisierte Lernen« bei den Gymnasiasten fördern, weil sich gezeigt hat, dass viele Abiturienten wegen ihrer Unselbstständigkeit überfordert sind, wenn sie sich auf den Universitätsbetrieb umstellen müssen (Oelkers 2008). Dabei geht es vor allem um sogenannte überfachliche Kompetenzen: Lernziele planen und umsetzen, sich organisieren, sich Wissen selbstständig aneignen, sich selber motivieren und mit Belastungen umgehen lernen. Es ist schon merkwürdig: Zuerst werden die Schüler jahrelang gegängelt und unselbstständig gemacht, und bevor sie aus der Schule entlassen werden, sollen sie sich ihre verlorene Selbstständigkeit wieder zurückerarbeiten.

Jugendliche können unglaubliche Energien entwickeln, wenn sie sich für eine Aufgabe wirklich interessieren. Das hat sich auch in einem anderen Projekt in der Schweiz gezeigt. Dort müssen Gymnasiasten eine größere Projektarbeit, eine sogenannte Maturaarbeit, erstellen. Sie wählen das Thema selber aus und sind für Literaturrecherche, Durchführung und statistische Auswertung kleiner Studien sowie die Gestaltung der schriftlichen Arbeit verantwortlich. Du hast etliche dieser Gymnasiasten begleitet.

Ja, es war eine sehr gute und spannende Erfahrung. Die etwa 15 Schüler kamen mit unterschiedlichsten Themen wie Scheidungskinder, Frühgeburtlichkeit, Erziehung oder interdisziplinärer Dialog zwischen Theologie und Naturwissenschaften zu mir. Es hat mich immer wieder sehr berührt, mit welch großem Interesse, enormem Einsatz und mit welcher Ernsthaftigkeit sie diese Aufgabe angegangen sind. Es hat mich aber auch sehr betrübt, dass dieses große Potential an Initiative, Kreativität und Lernbereitschaft, das bei Schülerinnen und Schülern jeden Alters vorhanden ist, nach wie vor weitgehend ungenutzt bleibt. Die Schule müsste keine Treibjagd sein.

Das Wichtigste in Kürze

1. Jugendliche interessieren sich dann für den Lehrstoff, wenn er etwas mit ihrem Leben zu tun hat oder sie einen Bezug zu ihrem Leben herstellen können. Sind sie desinteressiert, sind die Gründe nicht bei den Jugendlichen, sondern bei der Schule zu suchen.

2. Der Lernstoff muss in allen Fächern gründlich überarbeitet werden. Was gelehrt wird, darf sich nicht mehr an der Vergangenheit und an der Bildungstradition, sondern muss sich an der Zukunft orientieren.

3. Die Schule gleicht vielfach einer Treibjagd, wobei die Jäger die Lehrer, die Hunde die Prüfungen und Noten und die Schüler die armen Hasen sind. Erst wenn die Treibjagd abgeblasen ist, können die Schüler zu sich kommen und selbst aktiv lernen.

4. Stures Auswendiglernen ist kein sinnvolles Lernen und führt auch nicht zum Begreifen. Üben macht nur dann Sinn, wenn der Schüler selbstbestimmt lernen kann. Nur so werden bereits vorhandenes Wissen und Fähigkeiten mit neu Gelerntem verknüpft.

5. Wenn Jugendliche selbstständig und eigenverantwortlich Projektarbeiten durchführen, ist ihr Einsatz und ihr Interesse meist hoch. Beim herkömmlichen Unterricht liegt dieses Potential an Initiative, Kreativität und Lernbereitschaft oft völlig brach.

Gleiche Förderung für Jungen und Mädchen

Unzählige dieser Geschichten kennt und liest man: Da geht der 14-jährige Sohn einfach ohne seine Schulsachen zur Schule, und sein Vater muss sich fragen, ob er ihm seine Mappe hinterhertragen soll. Manche Eltern haben schon staunend vor Prüfungen feststellen müssen, dass ihr Kind in dem Fach monatelang keine Hefteinträge gemacht hat und auf die Fragen, wie das denn passiert sei, bloß zu antworten wusste, dass sie nichts gemacht hätten in der Schule. Mit der Lethargie der Jungen und den verzweifelten Reaktionen ihrer Eltern könnte man ganze Bände füllen.

Viele Eltern können und wollen nicht begreifen, dass die Schule für manche Jugendliche nicht die oberste Priorität ist. Manche begreifen es zwar, wollen es aber nicht akzeptieren, schließlich ist die Schule für die Zukunft doch so wichtig. Stattdessen interessieren sich die Jugendlichen für ganz andere Dinge als Prüfungen und Schulnoten, am meisten für die Peers. Und das bekommen auch die Lehrer auf vielfältige Weise zu spüren. Demotivierte Schüler unterrichten zu müssen, die mit ihren Gedanken unendlich weit weg sind und überhaupt keine Lust auf Schule haben, kann sehr frustrierend sein. Deshalb fragen sich manche Lehrer, ob die Schule – vor allem für Jungen – in der Pubertät überhaupt noch Sinn macht. Hinzu kommt, dass Jungen erzieherisch überaus anspruchsvoll und widerspenstig sein können.

Die kanadische Psychologin Susan Pinker meint: »Würde man die Zukunft allein auf Grund schulischer Leistungen voraussagen, wäre die Welt ein Matriarchat.« (Pinker 2008) Auch in Deutschland sind Mädchen in der Schule eindeutig erfolgreicher als Jungen. Das deutsche Bildungsministerium stellte fest, dass dies vor allem für die Haupt- und Realschule gilt. Hier ist nicht nur der Anteil der Jungen, die schlechtere Leistungen erbringen, höher, sondern Jungen müssen auch häufiger eine Klasse wiederholen oder auf die Sonderschule wechseln. Besonders ungünstig ist der Bildungsverlauf bei Jungen mit Migrationshintergrund (Budde 2006).

In den Gymnasien sieht es auch nicht anders aus: 60 Prozent der Gymnasiasten sind Mädchen, lediglich 40 Prozent Jungen. Im Bildungssystem herrscht eine krasse Benachteiligung und Ungleichbehandlung des männlichen Geschlechts. Mädchen werden bevorzugt, Jungen diskriminiert, was bildungs- wie gesellschaftspolitisch hochbrisant ist. Die verantwortlichen Bildungspolitiker versuchen zu beschwichtigen und sehen wenig Grund zur Aufregung oder gar für eine Korrektur. Was aber würde geschehen, wenn 60 Prozent aller Gymnasiasten Jungen, aber nur 40 Prozent Mädchen wären? Ein Aufschrei würde durch die Medien gehen – zu Recht!

Woran liegt dieses Ungleichgewicht? An den Jungen, an den Leh-rern, am Schulstoff? Oder sind Jungen ganz einfach dümmer?

Jungen sind keineswegs dümmer. Sie erbringen in Intelligenztests vergleichbare Leistungen wie Mädchen. Es gibt eine ganze Reihe von Gründen, die zu dieser Schieflage geführt haben. Bis in die 1970er Jahre hieß es in vielen Familien, die Ausbildung der Töch-ter sei nicht so wichtig, weil sie ohnehin bald heiraten und eine Familie gründen würden. Eine Bildungskarriere war für junge Frauen kaum vorgesehen. Universitätskarrieren waren erst recht Männersache. Diese Form der sozialen und bildungsmäßigen Dis-kriminierung sind im Zuge der Frauenemanzipation weitgehend abgebaut und die schulischen Chancen der Mädchen erheblich verbessert worden. Mädchen werden heute ebenso zu Bildung ermuntert wie Jungen. Damit ist die Konkurrenz für die Jungen größer geworden. Hinzu kommen drei Faktoren, die Mädchen schulisch bevorteilen. Erstens sind Mädchen in der Pubertät den Jungen in der Reifung und damit auch leistungsmäßig durch-schnittlich um eineinhalb Jahre voraus (siehe »Körperliche Ent-wicklung«). Zweitens ist die Schule in den letzten zwei Jahr-zehnten sprachlastiger geworden, auch bei den Prüfungen, was die Mädchen bevorteilt, weil sie sprachbegabter sind als die Jungen (siehe »Sprache«). Der dritte Punkt fällt besonders stark ins Ge-wicht: Mädchen sind zuverlässiger, fleißiger und angepasster. Sie begehren weniger auf, während Jungen erzieherisch aufwen-diger sind. Da die Schule Sekundärtugenden wie Ordnung, Fleiß und Pünktlichkeit sehr hoch bewertet, haben Jungen schlechtere Karten.

Man kann doch den Mädchen nicht zum Vorwurf machen, dass sie fleißiger und zuverlässiger sind als Jungen.

Es darf aber auch nicht sein, dass ein Kind, weil es sehr angepasst ist und dem Lehrer möglichst wenig Ärger bereitet, einen entschei-denden schulischen Selektionsvorteil hat. Ein Mädchen hat bei gleicher Qualifikation eindeutig bessere schulische Chancen als ein Junge, weil der Lehrer von vornherein annimmt, mit dem Jungen werde es mehr Schwierigkeiten in der Klasse geben. Der Mädchenbonus für angepasstes Verhalten und aktive Mitarbeit bei gleichen Leistungen beträgt in deutschen Schulen eine Note (Vereinigung der Bayerischen Wirtschaft 2009). Wenn man jetzt noch ethnische Kriterien dazunimmt, wird die Diskriminierung besonders auffällig: Ein durchschnittlich intelligentes, dafür aber umso braveres Schweizer Mädchen hat bei gleicher schulischer Leistung dreimal bessere schulische Chancen als ein überdurchschnittlich intelligenter, aber aufmüpfiger ausländischer Junge (Imdorf 2002). Bei gleichem IQ hat ein Junge aus einer türkischen Familie wesentlich schlechtere schulische Chancen als ein Mädchen aus einer deutschen Familie. Der gute Schüler von heute ist offensichtlich ein inländisches Mädchen.

Man sollte die Jungen also wieder mehr Jungen sein lassen. Doch was heißt das konkret? Wie sollten Lehrer mit Jungen umgehen? Und wie ticken Jungen denn überhaupt?

Viele Mädchen sind überangepasst, was für die Lehrer angenehm, aber auf die Dauer eigentlich nicht wünschenswert ist. Jungen schlucken nun mal nicht alles vorbehaltlos, was ihnen vorgesetzt wird, und das sollte man ihnen auch nicht verübeln. Jungen sind zudem weniger bereit, für Eltern und Lehrer zu lernen. Sie wollen auf ihre Weise lernen und werden sie daran gehindert, dann fehlt ihnen die Motivation. Jungen sind durchaus auf Wettbewerb eingestellt, nicht nur auf dem Fußballplatz, auch bei schulischen Leistungen – nicht so sehr aber bezüglich der Noten! Unter Jungen ist oftmals cool, wer gerade noch eine ausreichende Note hat. Wer darüber liegt, gilt als Streber und handelt sich Probleme mit der Gruppe ein.

Ist das jetzt nicht ein bestimmtes (Ideal-)Bild vom coolen Jungen? Haben viele nicht einfach schlechte Noten, weil sie schlechte Leistungen erbringen, und nicht, weil sie so unangepasst und eigenständig sind? Es gibt ja auch durchaus Jungen, die gute Noten haben. Ich sehe den Unterschied zwischen Mädchen und Jungen eher in der unterschiedlichen Reife und einfach darin, dass Mädchen fleißiger sind.

Jungen können durchaus fleißig, ja sogar sehr fleißig sein. Fleiß ist keine Eigenschaft an sich, sondern hängt von einer Reihe von Faktoren ab, unter anderem vom Interesse an der Sache. Warum ist es eine so positive Eigenschaft, wenn ein Mädchen fleißig Vokabeln auswendig lernt? Einen Jungen interessiert das weniger, er sitzt jedoch mit größtem Interesse und viel Ausdauer vor dem PC, um eine knifflige räumliche Aufgabe zu lösen, eine Webseite zu entwerfen oder um die Elektronik eines Gerätes richtig einzustellen. Das alles sind Tätigkeiten, bei denen es zumindest einem Teil der Mädchen an Konzentration und Durchhaltewillen fehlen würde. Ich sehe zwei große Ungereimtheiten: Die eine liegt im Lernstoff, der an der Schule unterrichtet wird, die zweite darin, wie er vermittelt wird. Allein für gute Noten irgendeinen Stoff auswendig zu lernen, motiviert die meisten Jungen noch weniger als die Mädchen. Was sie lernen, muss für sie auch Sinn machen. Und sie wollen etwas erfahren, ausprobieren, entdecken und dann auch begreifen.

Aber das gilt doch eigentlich für alle – Jungen und Mädchen. Susan Pinker schreibt in ihrem Buch »Das Geschlechterparadox«, dass der Vorsprung der Mädchen auch noch während des Universitätsstudiums anhält. Vielleicht sind Frauen doch einfach nur besser.
Was Jungen in ihrer Entwicklung eindeutig benachteiligt, ist die Sprachlastigkeit der Schule. Naturwissenschaftliche Fächer, Technik, Ökonomie und Ökologie müssen einen viel höheren Stellenwert erhalten, nicht nur weil die Wirtschaft Bedarf anmeldet, sondern weil es dem Begabungsprofil der Jungen entspricht. Jungen drücken sich überdies auch stärker körperlich aus und sind motorisch aktiver als Mädchen. Körperliches Verhalten wird jedoch heutzutage mit Gewalt gleichgesetzt und steht unter Generalverdacht: »Gewalt hat ein Geschlecht: Es ist männlich!«, hat der Jugendpsychologe Allan Guggenbühl (2011) einmal kritisch gesagt und zu Recht verlangt, dass es auch »das weibliche Aggressionsprofil zu erkennen gilt, ohne deshalb in einen platten Sexismus zurückzufallen oder das Aggressionspotential der Geschlechter gegeneinander aufzurechnen«. Es gibt eine subtile Form der sozialen Aggression, die Mädchen weit besser beherrschen und unter der Jungen auch oft leiden. Auch ist eine höhere motorische Aktivität bei Jungen eine biologische Realität. Die Schule muss sich also überlegen, wie sie mit dieser Energie pädagogisch sinn-

voll umgehen kann. Wie können Jungen ihre motorische Aktivität am sinnvollsten ausleben und ihre motorischen Kompetenzen am besten entwickeln? Bei welcher Art von Tätigkeit lernen sie, ihre körperliche Kraft sozial verträglich einzusetzen? Jungen müssen lernen, verantwortungsvoll damit umzugehen. Es gibt Studien, die zeigen, dass Jungen im Unterricht mehr bei der Sache sind, wenn sie intensiven Mannschaftssport betreiben.

Es scheint also durchaus möglich, auf die Bedürfnisse der Jungen einzugehen. Außerdem müsste schon die Wirtschaft ein Interesse daran haben. Warum geschieht dann so wenig?

Die Problematik hat nicht nur eine pädagogische, sondern auch eine politische Seite: Den Jungen fehlt die Lobby. Der Feminismus hat sich 40 Jahre lang für die Rechte der Mädchen eingesetzt. Wir haben in der Schweiz zahlreiche Büros, die für die Gleichstellung der Frau eintreten, kein einziges für Männer. Den Männern fehlt immer noch das Bewusstsein für die Krise, in der ihr Geschlecht steckt. Ich habe den unbestimmten Verdacht, dass die Unterstützung auch deshalb fehlt, weil sich Männer eher mit den Stärkeren solidarisieren, und das sind oft nicht mehr ihre Söhne, sondern ihre Töchter. Wenn jemand in der Schule mit den Jungen leidet und sich für sie einsetzt, dann sind es einmal mehr die Mütter. Damit die Schule den Jungen gerecht wird, muss deshalb neben der Schuldiskussion auch eine allgemeine Debatte über die Rolle des Mannes in der Gesellschaft stattfinden (Hüther 2009).

Das Wichtigste in Kürze

1. 60 Prozent der Gymnasiasten sind Mädchen, 40 Prozent Jungen. Jungen werden benachteiligt, weil das Schulsystem sie nicht so haben will, wie sie nun einmal sind.

2. Mädchen sind aus verschiedenen Gründen bevorteilt. Sie sind den Jungen reifungsmäßig eineinhalb Jahre voraus. Die Schule ist sprachlastiger geworden, was sich wiederum zu Gunsten der Mädchen auswirkt. Mädchen sind außerdem zuverlässiger, fleißiger und angepasster.

3. Bei gleicher Begabung hat ein braveres deutsches Mädchen dreimal bessere Chancen, ins Gymnasium zu kommen, als ein etwas aufmüpfiger ausländischer Junge.

4. Jungen sind weniger bereit als Mädchen, für Eltern und Lehrer zu lernen. Jungen schätzen den Wettbewerb, aber nicht unbedingt den um Noten. Sie wollen etwas erfahren, entdecken, ausprobieren und wirklich begreifen.

5. Körperliches Verhalten wird heute oft mit Gewalt gleichgesetzt. Jungen müssen sich aber körperlich ausdrücken können und dabei lernen, mit ihrer Kraft verantwortungsvoll umzugehen.

6. Damit Mädchen und Jungen in der Schule gleiche Entwicklungschancen haben, ist eine umfassende Diskussion über die Stellung und Rolle der beiden Geschlechter in der Gesellschaft notwendig.

Schulabbruch und Schulmüdigkeit

2003 wurden in Deutschland 85 000 Schulabbrecherinnen und Schulabbrecher, 18- bis 24-Jährige ohne Schulabschluss, gezählt (Statistisches Bundesamt 2004). In der EU liegt die durchschnittliche Quote der Schulabbrecher bei 18 Prozent (EUROSTAT 2005). Laufen der Schule buchstäblich die Schüler davon?

Diese Zahlen stellen der Schule kein gutes Zeugnis aus. Wenn wir davon ausgehen, dass die meisten dieser Jugendlichen auch keine vernünftige berufliche Perspektive haben, werden die Zahlen noch besorgniserregender. Die folgenden 3 Gründe sind für Schulverweigerung und Schulabbruch ausschlaggebend:

Fehlender Schulerfolg und negative Gefühle gegenüber der Schule. Drei Viertel der Schüler, die die Schule abgebrochen haben, geben an: »Ich liebte die Schule nicht mehr« (46 Prozent), »Ich hatte nur Misserfolg in der Schule« (39 Prozent) oder »Ich kam nicht zurecht mit den Lehrern« (29 Prozent). Bemerkenswerterweise sind längst nicht alle dieser Schüler leistungsschwach. Es sind auch hochbegabte Jugendliche darunter, vor allem aus Migrationsfamilien, die durch das Selektionsverfahren benachteiligt worden sind (EUROSTAT 2004).

Mangelndes »soziales Kapital«. Die Beziehungsqualität zwischen Schülern und Lehrern ist unzureichend. Werte, Regeln und Rituale werden ungenügend vermittelt (Rutter et al. 1980, Coleman 1988, Lee et al. 2003, Wehlage et al. 1986).

Familiäre Herkunft und Geschlecht. Die Schüler, die die Schule abbrechen, stammen häufig aus bildungsfernen Familien und niedrigen sozioökonomischen Schichten. Jungen brechen in den meisten europäischen Ländern die Schule häufiger ab als Mädchen; in Deutschland verweigern beide Geschlechter etwa gleich oft die Schule.

Es kommt also im Verlauf der Schulzeit bei fast 20 Prozent aller Jugendlichen zu einer zunehmenden Distanzierung und Entfremdung von der Schule. Entscheidend dabei ist, wie die Jugendlichen die Schule erleben. Wenn sie durch schlechte Schulnoten ständig entmutigt werden, unter permanentem Leistungsdruck stehen, keinen Erfolg haben und immer wieder sitzenbleiben, dann verweigern sie schließlich die Schule. Sehr wichtig sind zudem die Beziehung der Mitschüler untereinander und die Wertschätzung, welche die Jugendlichen von den Lehrern erhalten.

Neben Schulabbruch und Schulverweigerung ist auch Schulmüdigkeit ein weit verbreitetes Phänomen in der Pubertät. Laut einer Bremer Studie fühlten sich mehr als 40 Prozent der 12- bis 17-Jährigen zumindest phasenweise niedergeschlagen und antriebslos (Gehirn & Geist 2009). Das ist fast die Hälfte aller Jugendlichen und wäre, wenn man diese Symptome wirklich als Ausdruck von Schulmüdigkeit werten könnte, ein wirklich besorgniserregendes Ergebnis.

Schulmüdigkeit in der Pubertät ist ein uraltes Problem. Bis vor etwa 20 Jahren wurden die Ursachen dafür ausschließlich bei den Jugendlichen gesucht. Sie würden abends zu lange aufbleiben und seien deshalb am Morgen nicht ausgeschlafen. Wie in Teil I und II beschrieben, ist einer der Gründe für Schulmüdigkeit ein biologischer. Die Einschlafzeit im Schlaf-/Wach-Rhythmus wird in der Pubertät um etwa eineinhalb Stunden nach hinten verschoben. Jugendliche können gar nicht früher einschlafen, also müssen sie in der Schule müde sein. Ein späterer Schulbeginn kann da Abhilfe schaffen.

Unter Schulmüdigkeit versteht man aber auch die Null-Bock-Mentalität vieler Jugendlicher und das fehlende Interesse an der Schule. Die Aufgabe des Lehrers, meint der Arbeitsmediziner Wolf Müller-Limmroth, ähnle daher der eines Menschen, der eine Wandergruppe mit Spitzensportlern und Behinderten bei Nebel durch unwegsames Gelände in nordsüdlicher Richtung zu führen habe, und zwar so, dass alle bei bester Laune bleiben und möglichst gleichzeitig an drei verschiedenen Zielorten ankommen (Weltwoche 1988).

Dieses Bild beschreibt anschaulich, welch schwierige Aufgabe Lehrer zu bewältigen haben. Insbesondere auch deshalb, weil die Schüler auf ganz unterschiedlichen Stufen in ihrer Entwicklung stehen. Die körperliche Entwicklung kann unter gleichaltrigen Jugendlichen bis zu 6 Jahre auseinanderklaffen, bei der kognitiven Entwicklung sind die Unterschiede noch deutlich größer (siehe »Körperliche Entwicklung«, »Logisch-mathematisches Denken«). Es gibt Schüler, die sind zwischen 12 und 14 Jahren bereits ausgeschult, das heißt, sie wollen nicht mehr wie bisher lernen, da können sich die Lehrer noch so Mühe geben. Wir haben akzeptiert, dass nicht alle Kinder mit 6 Jahren schulreif sind. Einige sind es schon mit 4 bis 5, andere erst mit 7 bis 8 Jahren. Das Gleiche gilt für das Ende der Schulzeit. Es gibt Jugendliche, bei denen die schulische Entwicklung Jahre vor der obligatorischen Schulzeit abgeschlossen ist, während andere noch weit darüber hinaus lernen wollen. Die PISA-Studien haben gezeigt, dass es Jugendliche gibt, die in den letzten 3 Schuljahren nichts mehr dazulernen (Prenzel 2007). Das Bildungssystem hängt immer noch an der Vorstellung, dass jedes Kind mit 6 oder 7 Jahren schulreif ist und bis zum 16. oder 18. Lebensjahr die Schule besuchen will und soll. Diese Vorstellung stammt aus einer Zeit, wo man die Kinderarbeit mit der allgemeinen Schulpflicht bekämpfte. Im Interesse der Jugendlichen sollte das individuelle Entwicklungstempo der Schüler vermehrt berücksichtigt und die schulische Förderung daran angepasst werden.

Bedeutet das, dass immer dort, wo ein Jugendlicher nicht mehr lernen will, Eltern, Lehrer und er selbst einsehen müssen, dass er sein Lernpotential ausgeschöpft hat?

Ausgeschöpft klingt mir zu negativ. Aber die Entwicklungsphase der Kindheit ist bei diesen Jugendlichen abgeschlossen. Sie haben ihre Begabungen entwickelt und sich ein bestimmtes Grundwissen erworben. Nun gibt es, sich spezifische Fähigkeiten anzueignen und sich bei konkreten Tätigkeiten zu bewähren *(learning by doing)*. Das heißt keineswegs, dass diese Jugendlichen nun nichts mehr lernen können oder dass sie keine erfolgreiche Karriere vor sich haben

Heißt Individualisierung in den oberen Schulklassen nicht auch, dass man das Begabungsprofil der Schüler testen sollte, damit jeder noch vor dem Abitur oder der mittleren Reife herausfinden kann, wo seine Stärken und Schwächen liegen und wohin er sich entwickeln kann und will?

Jugendliche sind nicht nur auf einem sehr unterschiedlichen Entwicklungsstand und weisen darüber hinaus auch noch verschiedene Begabungsprofile auf. Die eine Schülerin hat ihre Stärken im sprachlichen Bereich, während eine andere Schülerin mathematisch oder handwerklich begabt ist. In der Oberstufe sollte auf diese unterschiedlichen Begabungsprofile vermehrt Rücksicht genommen werden. Es gibt Schüler und Schülerinnen, für die es keinen Sinn mehr macht, sich mit Fremdsprachen oder Mathematik weiter abzumühen. Man sollte ihnen diese Unterrichtsstunden einfach ersparen. Es bringt ihnen für ihre Zukunft weit mehr, wenn sie ihre Stärken möglichst gut entwickeln können. Dafür braucht es aber keine Begabungstests. Lehrer, die ihre Schüler kennen, können deren Stärken und Schwächen sehr gut einschätzen und sie bei der Berufswahl dementsprechend unterstützen.

Wie viele Gymnasiasten gehören eigentlich ins Leben und nicht in die gymnasiale Oberstufe? Und wie geht es dann an der Universität weiter?

Desinteresse und Schulmüdigkeit sind bei einem Teil der Schüler dadurch bedingt, dass die Selektion in der 4. Klasse für sie falsch gelaufen ist. Bildungswissenschaftler sind sich einig, dass in der 4. Grundschulklasse eine zuverlässige Selektion für die zukünftige schulische Leistungsfähigkeit nicht möglich ist. Eine solch frühe Selektion muss zwangsläufig zu falschen Zuteilungen in beide Richtungen führen. 19 Prozent der Gymnasiasten und Realschüler verfügen über die gleichen Kompetenzen im Lesen und in der Mathematik. So sitzen im Gymnasium Schüler, die chronisch überfordert sind, sich langweilen und deshalb da nicht hingehören. Für sie und noch mehr für ihre Eltern ist jedoch ein Abstieg in die Real- oder gar Hauptschule undenkbar. Das Gymnasium wird ausgesessen und falls notwendig mit Nachhilfe nachgebessert, damit ein Absturz auf jeden Fall vermieden werden kann. Es gibt aber genauso Schüler, die in der Real- oder Hauptschule sitzen und eigentlich auf Grund ihrer kognitiven Fähigkeiten ins Gymnasium oder in die Realschule gehörten. Sie langweilen sich ebenfalls, weil sie unterfordert sind. Eine Minderheit dieser Schüler schafft – zumeist auf Umwegen und um Jahre verspätet – dennoch den schulischen Aufstieg. Andere versagen und können zu einem Gefahrenpotential für die Gesellschaft werden, weil sie früher oder später realisieren, dass sie vom Schulsystem betrogen worden sind. Sie sind unzufrieden, einige werden sich dafür sogar an der Schule und der Gesellschaft rächen wollen.

Manche Schulen versuchen der Schulmüdigkeit mit psychologischen Trainings entgegenzuwirken, etwa mit dem von den Psychologen Franz und Ulrike Petermann entwickelten Programm »Training mit Jugendlichen. Aufbau von Arbeits- und Sozialverhalten«. Dabei geht es darum, Orientierung für das eigene Leben zu finden, Ziele, Wünsche und Verantwortung für Fehlschläge zu formulieren, aber auch ganz praktische Dinge wie Vorstellungsgespräche, Teamwork und schwierige Situationen zu meistern. Ist das der richtige Ansatz?

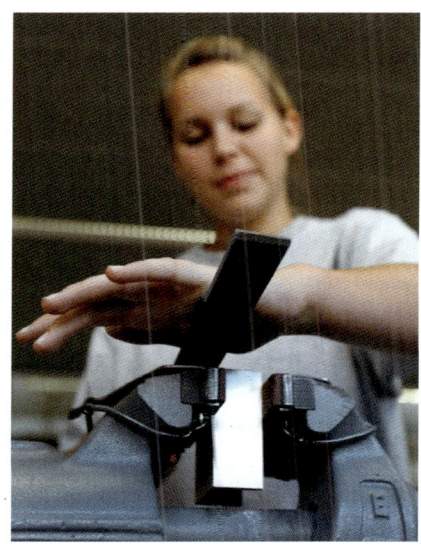

Tätig sein macht Spaß

Das kann ein hilfreicher Ansatz sein. Manche Jugendliche sind wirklich in einem ganz praktischen Sinn verunsichert. Wie meistere ich mein Leben? Was soll aus mir werden? Wo liegen meine Begabungen? Und was kann ich mit ihnen am Arbeitsmarkt anfangen? Wie geht das überhaupt »Leben«? In der Schule haben sie viel Theorie und Fakten gebüffelt, über Jahre vermeintliches Wissen angehäuft – und wieder vergessen –, aber wo blieb die Ausbildung von Eigenständigkeit, Selbstwertgefühl und sozialer Kompetenz? Solche Mankos würden erst gar nicht entstehen, wenn die Vermittlung derlei Fähigkeiten integraler Bestandteil des Unterrichts wären. Die Existenz solcher Programme ist ein deutlicher Hinweis darauf, dass die Schule ihrem Auftrag auch in diesem Bereich immer weniger gerecht wird. Sie gleicht zunehmend einem Flickenteppich; der einzelne Lehrer ist nur noch für seinen Flicken zuständig und niemand mehr für den Teppich als Ganzes. Damit wird auch der Schüler nicht mehr als ganze Person wahrgenommen, was einer Kind orientierten Pädagogik völlig zuwiderläuft.

Der Pädagoge Hartmut von Hentig fordert seit Jahren die Entschulung der Schule. Er bezweifelt in seiner berühmt gewordenen Streitschrift »Bewährung«, dass die Schule in der Oberstufe überhaupt noch ein geeigneter Ort für Bildung, Lebenserfahrung und Erziehung sei, und schlägt eine Unterbrechung der Schulzeit vor, damit Jugendliche ganz andere, vor allem praktische Erfahrungen sammeln können.

Dieser Vorschlag von Hentig ist bemerkenswert und wird von immer mehr Schulen aufgenommen. So hat etwa die Montessori-Oberschule Potsdam ein völlig verwildertes, ehemaliges Stasi-Grundstück gepachtet, das sie nun mit den Schülern instandsetzt. Gebäude werden renoviert und Pflanzen angebaut, aber auch Infrastrukturmaßnahmen müssen organisiert und mit Behörden verhandelt werden Die Schüler lernen an den Herausforderungen des richtigen Lebens zu wachsen (Kegler 2009). Jugendliche wollen sich Fertigkeiten aneignen, die sie im wirklichen Leben brauchen können. Wissen soll einen direkten Nutzen haben für sie und ihre Zukunft, für andere und die Gesellschaft. Sie wollen mit ihren Fähigkeiten etwas bewirken. Viele Jugendliche sind mit Lust und Eifer bei der Sache, wenn sie zum Beispiel in einer mechanischen Werkstatt oder einer Kindertagesstätte tätig sein können. Andere, nicht nur Gymnasiasten, sondern auch Berufsschüler, sind hingegen durchaus bereit, sich weiter Wissen und Kompetenzen in der Schule anzueignen, sie blühen in der Oberstufe intellektuell erst richtig auf, entdecken geradezu eine Leidenschaft für ein Wissensgebiet und bereiten sich auf eine Fachhochschule oder ein Universitätsstudium vor.

Wenn es dann nach der Schule um die richtige Berufswahl geht, sind wieder viele Jugendliche überfordert. Warum nur?

Die Wirtschaft beklagt eine hohe Rate von Lehrabbrüchen, die vor allem dadurch bedingt ist, dass viele Jugendliche bei der Berufswahl gar nicht wissen, welche Tätigkeiten sie in der Lehre erwarten. Bei der zweiten Lehrstelle sind Abbrüche weitaus seltener, weil sich die Jugendlichen in der Zwischenzeit umgesehen haben und nun besser Bescheid wissen, welche Arbeit ihnen entspricht. Auch die Universitäten leiden unter einer großen Zahl von Studienabbrechern und Studenten, die ein Studium wohl erfolgreich beenden, aber in ihrem Fachgebiet nie tätig werden. Beispielsweise Pädagogikstudenten, die nach Abschluss des Studiums nicht an einer Schule tätig werden, sondern eine Stelle in einem Dienstleistungsbetrieb antreten. Wenn bereits in der Schule und vor allem auch im Studium ein starker Bezug zur Arbeitswelt hergestellt würde – am besten durch ausgedehnte und frühzeitig angesetzte Praktika –, könnten Jugendlichen zuverlässiger herausfinden, was beruflich für sie richtig ist. So würden sie ihre Kompetenzen sinnvoller ausbilden und so nutzen, dass sie in der Gesellschaft auch bestehen können.

Das Wichtigste in Kürze

1. In der EU beträgt die Quote der Schulabbrecher unter Jugendlichen 18 Prozent. Die Hauptgründe dafür sind:
   - *Fehlender Schulerfolg und negative Gefühle gegenüber der Schule.* Längst nicht alle Schüler sind leistungsschwach. Es sind auch hochbegabte Jugendliche darunter, vor allem aus Migrationsfamilien.
   - *Mangelndes »soziales Kapital«.* Die Beziehungsqualität zwischen Schülern und Lehrern sowie die Vermittlung von Werten, Regeln und Ritualen sind ungenügend.
   - *Familiäre Herkunft und Geschlecht.* Die Schüler stammen häufig aus bildungsfernen Familien und niedrigen sozioökonomischen Schichten. Jungen brechen die Schule tendenziell häufiger ab als Mädchen.

2. Schulmüdigkeit in der Pubertät hat 2 gewichtige Gründe. Der Schlaf-/Wach-Rhythmus verändert sich und Jugendliche stehen an ganz unterschiedlichen Punkten ihrer Entwicklung. Manche sind mit 12 bis 14 Jahren schon ausgeschult, andere starten intellektuell gerade erst durch.

3. Die Schule sollte das individuelle Entwicklungstempo der Schüler berücksichtigen und die Schüler individuell fördern. Lehrer, die ihre Schüler kennen, können deren Stärken und Schwächen sehr gut einschätzen und sie bei der Berufswahl unterstützen.

4. Die zu frühe Selektion in der 4. Klasse der Grundschule führt zu falschen Schulkarrieren. So sitzen im Gymnasium Schüler, die überfordert und darum schulmüde sind, und in der Haupt- und Realschule Jugendliche, die aus Unterforderung gelangweilt und schulmüde sind.

5. Die Forderung nach einer Entschulung der Schule in der Oberstufe hat bewirkt, dass immer mehr Schulen Projekte anbieten, bei denen die Jugendlichen praktische Lebenserfahrung sammeln und sich im Alltag bewähren können.

6. Bei der Lehrlingsausbildung und beim Studium an der Universität kommt es zu vielen Abbrüchen, weil die Schüler den falschen Beruf oder die falsche Studienrichtig wählen. Verbesserte Orientierung und frühzeitige Praktika können Abhilfe schaffen.

Jugendliche für die Gesellschaft sozialisieren

Früher wurde die Sozialisierung ausschließlich als eine Aufgabe der Familie angesehen. Doch heute kämen die Eltern, so wird vielfach beklagt, ihren Verpflichtungen in der Kindererziehung immer weniger nach.

Die Annahme, dass Eltern in der Vergangenheit mehr Verantwortung für ihre Kinder übernommen haben, möchte ich bezweifeln. Früher sind Kinder nicht nur von ihren Eltern, sondern auch von einer Gemeinschaft aus Verwandten und Bekannten sowie von Geschwistern und älteren Kindern betreut und erzogen worden. Diese Unterstützung fehlt den Eltern in der Kleinfamilie heute weitgehend. Hinzu kommt, dass immer mehr Mütter arbeiten müssen oder wollen und viele Väter sich immer noch sehr wenig an der Erziehung beteiligen. Damit steigen die betreuerischen und erzieherischen Anforderungen an die Schule. Heute verbringt ein Kind während der obligatorischen Schuljahre bis zu 10 000 Stunden in der Schule. Da ist es schlicht unmöglich, die erzieherische Verantwortung allein den Eltern aufzubürden.

Wenn ein Jugendlicher von seinen Eltern emotional und erzieherisch vernachlässigt wird, soll also die Schule einspringen. Wird da der Schule nicht Unmögliches abverlangt?
Vielleicht gibt es im Umfeld der Familie andere Bezugspersonen, die sich um den Jugendlichen kümmern können. Was aber, wenn dies nicht der Fall ist? Wenn sich die Schule solcher Jugendlicher

Alpenüberquerung: Gemeinsam bestandene Herausforderungen schaffen Solidarität und Vertrauen

nicht annimmt, wer dann? Und: Vielleicht ist die Schule, wenn sie ihren Auftrag zur Sozialisation ernst nimmt, sogar besonders geeignet, junge Menschen aufzufangen. Nicht wenige Jugendliche fühlen sich in der Schule wohler als zu Hause. Sie fühlen sich von den Lehrern und ihren Mitschülern eher angenommen als von den eigenen Eltern. Für emotional vernachlässigte Jugendliche sind Zugehörigkeit und soziale Akzeptanz besonders wichtig, im Grunde genommen brauchen das aber alle anderen Schüler auch. Solch ein Gefühl des Vertraut- und Angenommenseins stellt sich vor allem über gemeinsame Erlebnisse ein. Deshalb sind Freizeit-aktivitäten außerhalb des Unterrichts wie Sport, Theaterspielen oder Musizieren so wichtig.

Immer mehr Pädagogen und Laien beklagen eine mangelnde Disziplin an den Schulen und fordern deshalb die konsequente Durchsetzung von Regeln und die vorbehaltlose Achtung der Autorität. So würden aus schwierigen Jugendlichen gut erzogene

Menschen werden. Ich kann mir nicht vorstellen, dass du dich dieser Meinung anschließt.

Bernhard Bueb, ehemaliger Leiter des Internats Schloss Salem, verteidigt in seinem Buch »Lob der Disziplin« (2008) vehement eine solche Haltung und bedauert zutiefst die Schwächung der Autorität. Er geht sogar so weit zu verlangen, dass Schüler die Autorität eines Lehrers selbst dann anerkennen müssen, wenn der Lehrer inkompetent ist. Es ist schwierig, von einer Autoritätsvorstellung, die mindestens 2000 Jahre Bestand hatte und auf sozialem Status und Macht basierte, Abschied zu nehmen. Die Zeiten der unangefochtenen Autoritäten sind jedoch endgültig vorbei, nicht nur in der Familie, sondern in der ganzen Gesellschaft (Largo 2010). Damit ist die Erziehung anspruchsvoller geworden. Die derzeitige Verunsicherung in der Erziehung rührt vor allem daher, dass diese Erziehungsform von Eltern und Lehrern eine größere Beziehungsbereitschaft und höhere erzieherische Kompetenz verlangt (siehe »Sozialverhalten«). Die oft beklagte mangelnde Disziplin der Kinder ist auch Ausdruck davon, dass der Lehrer sich beziehungsmäßig nicht ausreichend auf die Schüler einlassen will oder äußere Umstände wie eine zu große Klasse es ihm unmöglich machen, auf die Schüler einzugehen. Der Lehrer ist dann frustriert oder sogar erzürnt, dass seine Autorität von den Schülern nicht oder nur ungenügend respektiert wird. Eine vertrauensvolle Beziehung zwischen Lehrer und Schülern ist zwar nicht die einzige, aber die wichtigste Voraussetzung dafür, dass die Schüler überhaupt gehorchen. Hinzu kommen weitere Elemente wie Vorbilder, Rituale und verbindliche Verhaltensregeln. Es ist aber vor allem die vertrauensvolle Beziehung, die den Schüler innerlich bereit macht, nicht nur zu gehorchen, sondern sich auch auf den Lehrer einzustellen. Erst dann kann der Lehrer das tun, was seine Kernaufgabe ist: dem Schüler Wissen und Fertigkeiten zu vermitteln.

Für die Schule darf Erziehung also nicht erst dann ein Thema sein, wenn die Schüler Schwierigkeiten machen. Die Schule hat einen genuinen Erziehungsauftrag.

Die Schule sozialisiert die Kinder zwangsläufig. Die Frage ist nur wie? Wenn die Schule sich dieser Aufgabe ernsthaft annehmen will, muss sie die Frage nach dem Menschenbild stellen, von dem sie ausgeht. Erziehung hat immer ein Ziel, strebt einen bestimmten Menschentyp an. Immer öfter zählt in den Schulen heute nur die Leistung. So wird die Gesellschaft immer kälter, immer unsolidarischer, so gibt es oft auch in der Schule keinen Platz mehr für die Solidarität mit der Schwächeren, den Außenseitern, den Problemschülern. Wir brauchen aber eine Schule, die Solidarität lehrt, damit sie später auch in der Gesellschaft gelebt wird. Solidarität bedeutet Rücksichtnahme auf die Schwächeren und Verantwortungsgefühl bei den Stärkeren. Statt einer solchen Ethik legen wir in unserer Gesellschaft leider immer mehr Wert auf eine Moral, die den Schwächeren diktiert, wie sie sich zu verhalten haben – nämlich den Stärkeren nicht zu stören. Das kann auf Dauer nicht gut gehen.

Seit einigen Jahren hat die Förderung und Beurteilung der Sozialkompetenz an Bedeutung gewonnen. In den Schulen wird das Sozialverhalten nach Kriterien wie Leistungsbereitschaft, Zuverlässigkeit, Sorgfalt, Kooperationsfähigkeit oder Konfliktverhalten benotet.

Für mein Empfinden sind die verwendeten Kriterien viel zu eng gefasst. Begriffe wie Leistungsbereitschaft, Sorgfalt oder Zuverlässigkeit definieren lediglich eine von der Schule erwünschte Arbeitshaltung. Soziale Kompetenz beinhaltet aber weit mehr. Es geht um Fähigkeiten im Beziehungsverhalten, die nur im Umgang von Lehrern und Schülern und in gemeinsamen Erfahrungen und erfolgreicher Konfliktbewältigung erlernt werden können. Dazu gehört das Übernehmen von Verantwortung. Das erlernt der Jugendliche in der Schule aber nur dann, wenn er auch selbstverantwortlich handeln kann. Sinnvolle Strategien für den Umgang mit Konflikten kann der Jugendliche auch nur dann erwerben, wenn er dazu in der Schule angeleitet wird. Teamfähigkeit ergibt sich erst, wenn die Schule den Unterricht entsprechend strukturiert und Erlebnisse ermöglicht, die herausfordern und den Teamgeist fördern. Wie lernen Jugendliche mit Erpressung durch Mitschüler oder mit Versuchungen wie Haschisch und Alkohol umzugehen? Ein konstruktiver Umgang mit

Risikoverhalten, Gewalt, Drogen und Alkohol kann nur entstehen, wenn Jugendliche Verständnis für ihre Lebenssituation erhalten und über die Situation von Jugendlichen, die an den Rand der Gesellschaft abgedrängt werden, diskutieren können. Wahre soziale Kompetenz kann also nicht allein aus einer positiven Arbeitshaltung und großer Leistungsbereitschaft bestehen (Opp et al. 2008).

Immer häufiger werden zur Entlastung der Lehrer im Umgang mit schwierigen Jugendlichen Fachleute wie Sozialarbeiter und Psychologen hinzugezogen.
Es gibt keine problemfreie Schule. Konflikte sind dazu da, um sinnvoll ausgetragen zu werden und zur Festigung der Sozialkompetenz der Jugendlichen beizutragen. Es besteht leider eine zunehmende Tendenz, den Umgang mit Konflikten an Fachleute wie Psychologen und Sozialpädagogen zu delegieren. Sie sollen den Jugendlichen zeigen, wie sie mit ihren Problemen fertig werden und sich sozial verträglich verhalten, damit die Lehrer in Ruhe weiterarbeiten können. Damit ist unterschwellig eine fatale Botschaft verbunden: Wir Lehrer kümmern uns nicht um eure Probleme oder sind unfähig, damit umzugehen. Vermeiden lässt sich diese Botschaft nur, wenn sich die Lehrkräfte aktiv an solchen Veranstaltungen beteiligen. Sie können sich durch Fachleute coachen lassen, müssen aber Verantwortung übernehmen und den Schülern ein starkes Signal vermitteln: Wir interessieren uns für eure Anliegen und Sorgen und wollen euch unterstützen. Damit die Konflikte erfolgreich gelöst werden, muss auf beiden Seiten Vertrauen herrschen und – einmal mehr – eine tragfähige Beziehung bestehen. Wenn es nicht gelingt, den Schulalltag gemeinsam erfolgreich zu bewältigen, hat die Schule versagt.

Im Grunde genommen sollte eine Schule also wie eine auf Solidarität und Gemeinschaftsgefühl basierende Gesellschaft funktionieren. Wenn das die ideale Schule ist, dann müsste sie die Grundsätze ihres Handelns auch zum Erziehungsgegenstand machen. Oder anders gesagt: Die Erziehung zum mündigen Bürger müsste auch zu ihren Aufgaben zählen.

Die jungen Menschen zu mündigen Bürgern zu erziehen, die sich solidarisch verhalten und Verantwortung für das Gemeinwesen übernehmen, diese Aufgabe muss die Schule leisten. Dabei geht es um weit mehr als um einen Staatskundeunterricht, der sich in Erläuterungen über Institutionen wie Regierung, Parlament oder Justiz erschöpft. Ein solcher Unterricht unterschlägt die sozial-ethischen Werte, die jedem Gemeinwesen zugrunde liegen. Wie kommt es zu politischen und juristischen Entscheiden etwa über Jugendkriminalität? Warum braucht unsere Gesellschaft Alters-vorsorge, Arbeitslosenunterstützung und Sozialfürsorge? Die Schule hat meines Erachtens die Aufgabe, den Schülern die ethi-schen Grundwerte und deren konkrete Umsetzung in der Ge-sellschaft einsichtig zu machen und darüber zu diskutieren. Dabei sollten die Jugendlichen nicht indoktriniert werden. Sie sollten aber auch nicht ohne klare Vorstellungen in sozialethischen Belan-gen aus der Schule entlassen werden. Und noch etwas: Auch die edelsten ethischen Vorstellungen nützen nichts, wenn sie im täg-lichen Zusammenleben von Schülern und Lehrern nicht auch glaubwürdig gelebt werden. Ein Lehrer kann Regeln anordnen oder sie mit den Jugendlichen gemeinsam erarbeiten und gemein-sam durchsetzen. Letzteres ist nachhaltiger, weil es nicht nur zu Gehorsam, sondern auch zu Einsicht, verantwortlichem Handeln und solidarischem Verhalten führt. Ein basisdemokratischer Um-gang im Schulalltag zeigt den Jugendlichen auf, weshalb Regeln für das Zusammenleben in der Gemeinschaft notwendig sind, und er ist eine konkrete Vorbereitung auf ihr zukünftiges Leben als Bürger (Dewey 1993. Korczak 1989).

Doch wird der Schule damit nicht zu viel aufgebürdet? Können unsere Schulen das überhaupt leisten?

Eine gute Schule, die ihre soziale Verantwortung wahrnimmt, kostet: mehr Betreuungsstunden, mehr Personal und mehr Räum-lichkeiten. Wenn wir die erzieherische Aufgabe der Sozialisierung von Kindern und Jugendlichen jedoch gering schätzen und des-halb nicht bereit sind, die notwendigen finanziellen Mittel bereit-zustellen, wird es die Gesellschaft langfristig teuer zu stehen kom-men. Denn Jugendliche, die von der Gesellschaft nicht integriert werden, fallen später viel öfter aus dieser Gesellschaft heraus. Die dabei entstehenden Kosten muss dann aber erst recht wieder die Gemeinschaft tragen. Die Bertelsmann Stiftung hat die langfristigen Kosten einer ungenügenden beruflichen und sozialen Integration von Jugendlichen errechnet (Fritschi et al. 2010). Die finanziellen Belastungen sind für die nächste und übernächste Generation schlicht nicht mehr bezahlbar.

Zusammenfassend gesagt muss Schule also eine zukunftsorientierte Ausbildung, eine glaubwürdig gelebte Bildung und eine aktive Sozialisierung von Jugendlichen leisten. Das klingt nach einem umfassenden Umbau der Schule.

Unsere Schule stammt aus dem 19. Jahrhundert, die Lehrer kommen aus dem 20. Jahrhundert und die Schüler leben im 21. Jahrhundert. Wir sind definitiv nicht mehr in dem Zeitalter, wo Spinnereien und Webereien gegründet wurden, Lokomotiven durch die Landschaft dampften, die Elektrizität langsam Einzug hielt und Autos und Flugzeuge noch Träume waren. Die Schüler von heute wurden im Zeitalter der Informationstechnologie geboren und können sich eine Welt ohne Handy, PC und GPS schlicht nicht mehr vorstellen. Es ist daher kein übertriebener Anspruch, von der Schule zu verlangen, dass sie sich neu erfindet, um eine Schule des 21. Jahrhunderts zu werden. Fragen wir doch die jungen Menschen! Ich wette, sie wüssten, wie die Schule der Zukunft aussehen müsste. Alle Erwachsenen jedoch, die Vorbehalte haben, müssen sich ehrlich fragen: Geht es nur um mich und was ich bereit bin an Eigenleistung für eine zeitgemäße Schule zu erbringen oder muss ich mich nicht vielmehr für das Wohl und die Zukunft der jungen Menschen einsetzen?

Das Wichtigste in Kürze

1. Wenn Eltern die Betreuung und Erziehung ihrer Kinder nicht ausreichend gewährleisten können, dann muss sich die Schule im Interesse der Jugendlichen mehr engagieren. Dazu gehört, dass sie Zugehörigkeit und soziale Akzeptanz sowie ein Gefühl des Angenommenseins vermittelt.

2. Jede Schule sozialisiert zwangsläufig. Ihre Aufgabe ist es, Jugendliche zu selbstbestimmten und für die Gemeinschaft verantwortungsvollen Erwachsenen zu erziehen.

3. Soziale Kompetenz ist weit mehr als Leistungsbereitschaft, Sorgfalt und Zuverlässigkeit. Dazu gehört auch die Übernahme von Verantwortung, Teamfähigkeit sowie ein konstruktiver Umgang mit Risikoverhalten, Gewalt, Drogen oder Alkohol.

4. Lehrer müssen – auch wenn sie in Konfliktsituationen von Sozialarbeitern und Psychologen unterstützt werden – Verantwortung für ihre Schüler übernehmen und ihnen vermitteln, dass sie sich für ihre Anliegen und Sorgen interessieren.

5. Die Schule hat die Aufgabe, die jungen Menschen zu mündigen Staatsbürgern zu erziehen. Ein basisdemokratischer Umgang im Schulalltag zeigt den Jugendlichen, weshalb Regeln für das Zusammenleben in der Gemeinschaft notwendig sind. So bereitet die Schule die Jugendlichen auf ihre zukünftigen Pflichten und Rechte als Bürger vor.

Soziales Kapital gegen Jugendgewalt

Die Rütli-Schule in Berlin-Neukölln wurde 2006 zum Inbegriff der Problemschule. 77 Prozent der Schüler waren nichtdeutscher Herkunft, über 80 Prozent stammten aus muslimischen Familien. In der Hauptschule war die Gewalt derart eskaliert, dass sich die Lehrer mit einem Brandbrief an den Berliner Senat wandten. Darin war zu lesen: Türen werden eingetreten, Papierkörbe als Fußbälle missbraucht, Knallkörper gezündet und Bilderrahmen von den Flurwänden gerissen. Angeblich verlangten die Lehrer die Auflösung der Schule, in Wirklichkeit wollten sie nur eine Lösung des Gewaltproblems erreichen. Der Senator bot ihnen daraufhin Polizeischutz und die Unterstützung von drei Sozialarbeitern an.
Die am häufigsten angewendete, wenn auch hilflose Strategie von Schulbehörden in solchen Situationen sind repressive Maßnahmen: vermehrte Kontrollen, Strafen, Time-out für die Schüler. Die Eltern der Problemschüler werden vorgeladen, zuerst mit Worten

ermahnt, endlich ihre Erziehungsverantwortung wahrzunehmen, und wenn es nichts fruchtet, bestraft. Davon erhofft man sich zwei Verbesserungen: Die Allgemeinheit, insbesondere Schüler, Lehrer und die Institution, wird geschützt und die Risikojugendlichen durch die Sanktionen zur Vernunft gebracht. Fakt ist, dass die angestrebten Verbesserungen – wenn überhaupt – nur vorübergehend erreicht werden können. Repressive Maßnahmen gewähren keinen bleibenden Schutz. Im Gegenteil. Sie können das Gewaltpotential sogar noch steigern. Gefährdete Jugendliche lassen auch dann nicht von der Gewalt ab, wenn sie drakonische Strafen befürchten müssen. Die Eltern von schwierigen Jugendlichen schließlich sind zumeist überfordert und kommen ihren erzieherischen Verpflichtungen nicht nach, weil sie an körperlichen und psychischen Problemen leiden und mit sozialen und existentiellen Schwierigkeiten zu kämpfen haben. Die Rütli-Schule hat sich für einen anderen Weg entschieden.

Schon die alte Rektorin der Rütli-Schule, Brigitte Pick, wusste, dass das »eigentliche Problem nicht in der arabischen, türkischen, serbischen oder kosovo-albanischen, sondern in der sozialen Herkunft der Schüler und ihren mangelnden Perspektiven« liegt. Bemerkenswert ist, dass die Schule in der Folge zu einer echten Vorzeigeschule wurde, aber immer noch einen gleich hohen Ausländeranteil hat. Was hat den Umschwung bewirkt?
Das Wichtigste sind – das stellt sich immer wieder heraus – die Menschen, also die Lehrer und die Schulleitung. Als sich Aleksander Dzembritzki 2006 für das Amt des Schulrektors bewarb, war er der einzige Bewerber. Er wollte diese Schule umkrempeln, und das hat er dann auch mit großem Erfolg getan. Heute ist die Schule, die sich modisch in »Campus Rütli« umbenannt hat, eine von vielen Gemeinschaftsschulen in Deutschland. Das sind Zusammenschlüsse von Grund-, Haupt- und Realschulen mit einem umfassenden Angebot am Nachmittag und vielen auf die Integrationsprobleme ihrer Klientel ausgerichteten Projekten und Workshops. Zum Beispiel haben sie eine T-Shirt-Firma gegründet, die »Rütli Wear«, in der die 8., 9. und 10. Klassen T-Shirts herstellen und online vermarkten können. Dabei erwerben die Schüler grafi-

sche und handwerkliche Fähigkeiten sowie Computerkenntnisse. Soziale Integration soll durch gemeinsames Tun und gemeinsamen Erfolg erreicht werden.

Als die Lehrer 2006 mit ihren Problemen an die Öffentlichkeit gingen, wurden sie in den Medien schnell zum Symbol einer gescheiterten Schulpolitik. Die Reaktionen darauf waren überwältigend. Christina Rau, Gattin des ehemaligen Bundespräsidenten, hat die Schirmherrschaft für das Rütli-Schulprojekt übernommen und eine Reihe von Stiftungen hat sich für die Schule eingesetzt. Sind die Veränderungen nur darauf zurückzuführen? Andere Hauptschulen erhalten keine solche Aufmerksamkeit und materielle Zuwendung.

Es ist verständlich, wenn Schulen, die mit den gleichen Schwierigkeiten wie die Rütli-Schule zu kämpfen haben, aber nicht die gleiche Aufmerksamkeit und Unterstützung bekommen, neidisch reagieren. Die Rütli-Schule hat eine Menge Spendengelder erhalten, die für PC-Räume, Schulküche und Mensa, Holz- und Metallwerkstatt, Fachräume für Biologie, Chemie und Physik sowie zwei Turnhallen mit Kletterwand verwendet wurden. Natürlich ist so eine Entwicklung ohne materielle Unterstützung nicht zu haben, sie allein erklärt die positive Entwicklung der Rütli-Schule aber nicht. Die Schule hat ihre Konfliktzonen gründlich hinterfragt und entschied sich, als zusammengelegte Gemeinschaftsschule einen radikalen Reformweg einzuschlagen mit Binnendifferenzierung, heterogenen Klassen und individuellen Förderprogrammen sowie einem umfangreichen Nachhilfeprogramm am Nachmittag. Dazu gehört ebenfalls eine frühzeitige Berufsorientierung, unter anderem in Kooperation mit einem Tochterunternehmen der Deutschen Bahn. Die Eltern werden mit der Unterstützung von interkulturellen Mediatoren in die Schulaktivitäten möglichst miteinbezogen.

Was können wir am Beispiel der Rütli-Schule lernen?

Wir orientieren uns allzu sehr an den Jugendlichen, die uns mit Drogen, Gewalt oder Cybermobbing Schwierigkeiten bereiten, und suchen nach Maßnahmen, die dazu führen, sie davon abzubringen. Das Hauptansinnen ist also, die Allgemeinheit zu schützen und weniger den schwierigen Jugendlichen zu helfen. Dabei ist es zwar weniger naheliegend, dafür aber viel wirkungsvoller aus der folgenden Frage eine Strategie zu entwickeln: Weshalb macht die große Mehrheit der Jugendlichen keine größeren Schwierigkeiten? Sicher nicht, weil sie eine ausgesprochene Furcht vor Strafen hat, und auch nicht, weil sie die Risiken besser kennt und zu vermeiden weiß. Der Grund dafür ist, dass das Leben der meisten Jugendlichen einigermaßen im Lot ist. Ihre Bedürfnisse werden so weit befriedigt, dass sie gar nicht erst in Gefahrenzonen hineingeraten. Die Rütli-Schule hat genau das begriffen, die Bedürfnisse der Jugendlichen so weit wie möglich ernstgenommen und sich bei der Entwicklung ihres Schulkonzeptes daran orientiert.

Weil es so wichtig ist: Worauf müssen wir denn achten, damit es den Jugendlichen, auch solchen mit Schwierigkeiten, gut geht?
Die Grundbedürfnisse von Jugendlichen wurden in Teil II ausführlich beschrieben. In Bezug auf die Schule geht es nun im Wesentlichen um die folgenden 3 Bereiche:

1. Der Jugendliche wächst in einer Familie und in einem sozialen Umfeld auf, in dem er ausreichend Geborgenheit und Zuwendung erhält. Bekommt er die notwendige Zuwendung nicht, steigen seine Ansprüche dafür in der Schule. Das heißt, er ist viel mehr darauf angewiesen, dass sich die Lehrer beziehungsmäßig um ihn kümmern. Die soziale Stellung und Akzeptanz unter den Schulkameraden bekommt für solche Jugendliche einen sehr hohen Stellenwert. Soziale Ausgrenzung kann er hingegen geradezu als Bedrohung empfinden. Der Jugendliche sucht in der Schule die Wertschätzung, die er in der Familie nicht bekommt.

2. Der Jugendliche wird von seinen Eltern so erzogen, dass er sich in der Schule angemessen verhalten kann. Kommen die Eltern dieser Verpflichtung nur ungenügend nach, entsteht ein vermehrter erzieherischer Bedarf in der Schule. Die sozialen Regeln müssen intensiver ausgehandelt werden. Dies ist wiederum nur möglich, wenn der Jugendliche in vertrauensvolle

Beziehungen mit Lehrern und Mitschülern eingebunden ist, nach dem Motto: Beziehung kommt vor Erziehung. Fehlt die Beziehung, fühlt sich der Jugendliche bei jeder Kritik und jeder disziplinarischen Maßnahme nach einem Regelverstoß abgelehnt.

3. Der Jugendliche kann in der Schule seine Fähigkeiten ausreichend entwickeln und wird in der Überzeugung bestärkt, dass er beruflich eine Zukunft haben wird. Wird er in der Schule jedoch unter- oder überfordert und ständig entmutigt, dann wird er in seiner Lernmotivation beeinträchtigt und kann seine Fähigkeiten nur ungenügend entwickeln. Das schlechte Selbstwertgefühl kann wiederum zu vermehrten erzieherischen und schulischen Schwierigkeiten führen.

Ich gehe davon aus, dass die Rütli-Schule in diese drei Bereiche investiert hat und deshalb erfolgreich ist. Voraussetzungen dafür waren die notwendigen Mittel, aber vor allem der Wille zur Veränderung bei den Lehrern. Der Erfolg zeichnet sich nicht nur in einem Rückgang des Vandalismus aus. Das soziale Klima und die Schulleistungen haben sich erheblich verbessert. 82 Prozent der Schüler haben im vergangenen Jahr den mittleren Schulabschluss bestanden, knapp die Hälfte bekam die Empfehlung für die gymnasiale Oberstufe. Während 20 Prozent aller Schüler mit Migrationshintergrund in Deutschland keinen Schulabschluss haben, sind es an der Rütli-Schule lediglich 1,7 Prozent.

Die 3 Punkte, die du als zentral für eine kindgerechte Pädagogik ansiehst, werden von nicht wenigen Fachleuten und Eltern als Wohlfühlpädagogik abgelehnt. An diesem Punkt waren wir schon einmal.

Diejenigen, die eine solche Erziehungshaltung als Wohlfühlpädagogik verunglimpfen, sollen bitte eine Schule nennen, wo diese Grundsätze glaubwürdig gelebt werden und die Schüler dennoch große Schwierigkeiten bereiten. Die Rütli-Schule zeigt, dass, vorausgesetzt man orientiert sich an diesen Grundsätzen, das zwischenmenschliche Klima und die Schulleistungen besser werden und die Probleme abnehmen. Vergleichbare Erfahrungen wurden auch in Zürich an der Schule Nordstrasse mit einem Ausländeranteil unter den Schülern von mehr als 60 Prozent gemacht (von Arx 2008). Noch eine kritische Anmerkung: Wenn Schüler in Schulen, die sich nicht nach diesen Grundsätzen richten, keine Schwierigkeiten machen, heißt das noch lange nicht, dass die Schulen auch gut sind. Viele Schüler rebellieren nicht, weil sie die Schule erfolgreich durchlaufen wollen. Ihr Wohlbefinden und ihre Lernmotivation können jedoch durchaus im Keller sein, was sich wiederum negativ auf ihre Leistungen auswirkt. Die obengenannten Grundsätze sollten nicht nur dazu dienen, schwierige Schulen wie die Rütli-Schule zu sanieren. Sie sollten allen Schülern und Lehrern zugutekommen.

Götz Eisenberg, der seit vielen Jahren als Gefängnispsychologe arbeitet, sieht in seinem Buch als einzig wirksame Möglichkeit der Gewaltprävention, dass Lehrern die Gelegenheit gegeben wird, ihre Schüler wirklich kennenzulernen, dass sie die Zeit haben, sich mit ihrer individuellen Problematik wirklich zu befassen. Emotionale Bindungen zwischen Lehrern und Schülern und ein gutes Schulklima wären viel wirksamer als das Anbringen von Metalldetektoren an Schultoren oder der Kampf gegen Computerspiele (Eisenberg 2010).

Dem kann ich nur zustimmen. Auf Grund der Erfahrungen mit schwerwiegenden Problemen wie Amok, Suizid und Jugendgewalt sind sich immer mehr Fachleute einig, dass es den betroffenen Jugendlichen vor allem an einem verständnisvollen und vertrauensbildend sozialen Umfeld fehlt (Waldrich 2010, Wunderlich 2004). Damit junge Menschen erfolgreich in die Gesellschaft hineinwachsen können, müssen Erwachsene vertrauensvolle Beziehungen mit ihnen eingehen sowie die Bereitschaft aufbringen, Ärger und Unannehmlichkeiten von Seiten der jungen Menschen in Kauf zu nehmen. Das bedeutet keineswegs, dass die Erwachsenen alles vorbehaltlos akzeptieren sollten. Gemeint ist vielmehr: Wenn die Jugendlichen selbstständige und verantwortliche Erwachsene werden sollen, müssen sie auch Fehler machen dürfen. Es muss erwachsene Bezugspersonen in den Familien, in den Schulen und Institutionen geben, die den Jugendlichen zur Seite stehen, um ihnen bei der Lösung der immer gleichen Kernprobleme zu helfen: Wege zur Anerkennung finden, die Einbindung in die Gesellschaft vollziehen und eine sinnvolle Nutzung von Freiräumen lernen, in denen die Jugendlichen soziale Erfahrungen machen können und soziale Beachtung finden. Dieses soziale Kapital ist das wirksamste Mittel gegen die Gefährdungen der Pubertät (Coleman 1988). Es allein kann gewährleisten, dass die Kommunikation in den Lebensgemeinschaften und der Bezug zur Welt nie zusammenbrechen.

Das Wichtigste in Kürze

1. Repressive Maßnahmen wie Strafen und Time-out für schwierige Schüler gewähren keinen bleibenden Schutz. Im Gegenteil, sie können das Gewaltpotential sogar noch steigern.

2. Gewalt kann mit einem umfassenden Integrationsprogramm, Förderunterricht, frühzeitiger Berufsorientierung und Einbindung der Eltern wirksam vorgebeugt werden (siehe Rütli-Schule, Berlin).

3. Schüler, die sozial und leistungsmäßig ausgegrenzt werden, keine Zugehörigkeit erleben und auch noch das Gefühl bekommen, in dieser Gesellschaft nichts bewirken zu können, können aus Verzweiflung zur Gewalt greifen, Amok laufen oder sich in den Selbstmord stürzen.

4. Jugendgewalt kann verhindert werden, wenn
   - die Jugendlichen sich angenommen fühlen und Wertschätzung erhalten;
   - den Jugendlichen Werte, Regeln und Rituale von Lehrern und anderen Erwachsenen vermittelt werden, die vertrauensvolle Beziehungen mit ihnen einzugehen bereit sind;
   - und die Jugendlichen ihre individuellen Fähigkeiten in der Schule verwirklichen und in Gesellschaft und Wirtschaft einsetzen können.

Gesellschaft

The Social Network

Auf- und Abstieg

Der preisgekrönte Film über den Facebookgründer Marc Zuckerberg zeigt sehr eindrücklich, wie in der Internetgeneration Karrieren entstehen, wer Chancen hat, sich durchzusetzen, wer beim Weg nach oben links liegen gelassen wird und wie der Auf- und Abstieg in dieser Gesellschaft von sozialen Netzwerken bestimmt, aber letztlich nicht garantiert werden kann.

Eine Welt, in der Ideen reich machen

Marc Zuckerberg erkennt das und entwickelt als Nerd verschriener Harvard-Student die Webpage FaceMasch.com. Von seiner Freundin Erica ein Arschloch genannt, schreibt er über Nacht eine Website, auf der die Nutzer jeweils Bilder zweier Frauen präsentiert bekommen und per Mausklick deren Attraktivität bewerten können. Dafür hackt er sich in die Datenbanken der Wohnheime von Harvard. Die Berichte über den Erfolg der Seite erreichen auch die ebenfalls in Harvard studierenden Zwillinge Cameron und Tyler Winklevoss. Sie wollen Zuckerberg als Programmierer für ihre Idee eines Harvard-Netzwerks gewinnen. Marc willigt ein, tut in der Folge aber nichts für die von ihm schnell als lahme Ente enttarnte Idee. Stattdessen entwickelt er sein eigenes Projekt weiter. »Die breite Masse ist in Scharen zu FaceMash gegangen – nicht wegen der Bilder von scharfen Bräuten, sondern weil sie sie kannten«, berichtet er seinem besten Freund Eduardo Saverin. Daraus ergibt sich die gleichermaßen einfache wie geniale Idee. »Ich rede davon, das gesamte soziale Erlebnis online zu stellen.« Facebook ist geboren und der Aufstieg zum Milliardenunternehmen (2010 lag der geschätzte Wert bei 25 Milliarden Dollar) nicht mehr aufzuhalten. Heute gilt Marc Zuckerberg als jüngster Milliardär der Geschichte.

Eine Welt, in der Leistung und nicht Herkunft zählt

»Jeder in Harvard erfindet etwas. Harvard-Studenten sind der Überzeugung, dass es besser ist, sich einen Beruf auszudenken, als einen zu suchen«, erklärt der Präsident der Uni ungerührt, als sich die Winklevoss-Zwillinge bei ihm über Marc Zuckerberg beschweren. Sie scheitern trotz ihrer Herkunft aus der Oberschicht. Eduardo Saverin, der Marc einst den Algorithmus für den Frauenvergleich geliefert hat, hält mit Marcs Kreativität nicht mit. Selbst Napster-Mitbegründer Sean Parker, der eine Weile lang mit seinem Instinkt für das schnelle und ganz große Geld Marcs Mentor wird, scheitert an sich selbst, an der rauschhaften Welt des Geldes, in der Drogen, Sex und Alkohol den beruflichen Genickschuss bedeuten können. Übrig bleibt Facebook und Marcs Instinkt für Neues, seine geistige Flexibilität, sein innovatives Denken, aber auch seine Skrupellosigkeit Weggefährten und Freunden gegenüber.

Eine Welt, in der die Alten nur noch zusehen können, wohin sich alles entwickelt

Schließlich verklagen die Zwillinge und Eduardo Saverin Marc Zuckerberg. Die rechtlichen Verhandlungen bilden den Rahmen der Handlung und die Verbindung zur Welt der »Erwachsenen« bzw. der älteren Generation. Sie hören als Anwälte, Kläger, Staatsanwälte den Jungen zu, lassen sich eine Geschichte erzählen, die sie kaum noch verstehen, von Bits und Bytes, von Netzwerkkapazitäten und Click-Rates. »Sie haben einen Teil meiner Aufmerksamkeit, der andere Teil ist in den Büros von Facebook, wo meine Kollegen sitzen und Dinge tun, zu denen Sie und Ihre Mandanten intellektuell und kreativ nicht in der Lage sind«, sagt Zuckerberg zum Anwalt der Zwillinge.

Langes Warten im Vorzimmer der Gesellschaft

Marc Zuckerberg hat etwas geschafft, wovon die meisten jungen Menschen nur träumen können: Er hat ein innovatives Imperium errichtet, ist damit unermesslich reich geworden und wurde in einem Film verewigt. Die große Mehrheit der jungen Menschen verbringt die Jahre zwischen 15 und 30 hingegen in einer Art

Schwebezustand mit vielfältigen Abhängigkeiten. Sie sind keine Kinder mehr, aber auch keine richtigen Erwachsenen. Ein schwieriger und oft unbefriedigender Zustand.

Jahrhundertelang waren die Übergänge zwischen Kindheit und Erwachsenenalter fließend. Arbeit und Familienleben waren weit weniger als heute oder überhaupt nicht voneinander getrennt. Die Kinder wuchsen in die Erwachsenenwelt hinein, indem sie mit den Eltern und anderen Bezugspersonen lebten, sie bei der Arbeit begleiteten und oft bereits im frühen Alter mithelfen mussten. Die Trennung der Lebenswelten setzte mit der Industrialisierung im 19. Jahrhundert ein. Heutzutage erfahren viele Kinder nie, was ihre Eltern den ganzen Tag machen. Hinzu kommt, dass sich die Adoleszenz durch die verlängerten Ausbildungszeiten stark ausgedehnt hat. Die berufliche Integration mit einem die Existenz sichernden Auskommen und die soziale Integration mit Familie und eigenem sozialem Netz schaffen viele jungen Menschen erst im Alter von 30 bis 40 Jahren. Die Adoleszenz ist also zu einer eigenen Lebensperiode – für die meisten zu einem Schwebezustand mit vielen Abhängigkeiten – geworden. Gleichzeitig wird der Graben zwischen den Generationen tiefer, denn die jungen Menschen verschaffen sich im Internetzeitalter bei Facebook und Youtube eine eigene Lebenswelt und vernetzen sich nicht mehr mit den älteren Menschen, sondern virtuell mit ihrer Generation über den ganzen Erdball. Die Gesellschaft ist ihrer Verpflichtung bisher viel zu wenig nachgekommen, möglichst gute Rahmenbedingungen für die jungen Menschen zu schaffen, manchmal hat man den Eindruck, dass sie deren Bedürfnisse gar nicht wahrnimmt. Sie fallen durch den Rost einer auf die Wünsche der älteren Generationen zugeschnittenen Gesellschaft, die um die knapper werdender Ressourcen an Arbeitsplätzen, Kapital, Bildungschancen und Wohlstand kämpft und nicht – zum Wohle aller – zurückstecken will.

Götz Eisenberg schreibt: »Die Menschen des neoliberalen Zeitalters leben in einem Universum permanenter Verteidigung und Aggression und werden von der Angst umgetrieben, aus der Gesellschaft, ja aus der Welt herauszufallen und einen sozialen

Tod zu sterben ... Wer – beispielsweise durch den Verlust des Arbeitsplatzes – von der Teilhabe am gesellschaftlichen Prozess ausgeschlossen wird, kann leicht fallen – und wohin fällt einer heute dann? Welche Netze halten seinen Sturz auf? Da ist kein Glaube mehr, der tröstet, kein gewerkschaftlich-politisches Milieu, das den Verlust mit Sinn ausstattet und in gemeinsamen Widerstand überführt.« (Eisenberg 2010) Unsere Gesellschaft ist im globalen Wettbewerb, durch die Vereinzelung und Kälte zu einer Bedrohung für viele geworden.

Das ist ein sehr düsteres Szenarium, dennoch drückt es eine weit verbreitete Verunsicherung aus. Zusätzlich zu dieser Verunsicherung greift das Bewusstsein immer stärker um sich, dass wir möglicherweise den Gipfel des Wohlstands erreicht haben, nachdem es 60 Jahre lang wirtschaftlich immer aufwärts gegangen ist. Von nun an könnte es wieder abwärts gehen. Wir spüren den heißen Atem von aufsteigenden Ländern wie China und Indien im Nacken, die uns auch in Sachen Bildung und Wirtschaft dicht auf den Fersen sind. China hat seine Wirtschaftsleistung in den letz-

Mai 2011: Spanische Jugendliche protestieren gegen Arbeitslosigkeit und fehlende Zukunftsperspektiven

ten 8 Jahren vervierfacht. Es bildet pro Jahr 400 000 Ingenieure aus – ein Vielfaches von dem, was Europa gelingt. Damit verschärfen sich bei uns der Wettbewerb und Druck in der Arbeitswelt. Der Staat ist vollauf mit Finanz- und Wirtschaftskrisen, der Sicherung von Hartz IV, Altersrenten und dem Pflege- und Gesundheitssystem beschäftigt. Auch hier gehen die jungen Menschen verloren, ihre berufliche und soziale Integration hat für den Staat leider keine hohe Priorität.

Jugendliche sind in den vergangenen 10 Jahren zunehmend skeptischer geworden. Während Ende der 90er Jahre noch zwei Drittel die Zukunft der Gesellschaft voller Optimismus betrachteten, ist dieser Wert seither kontinuierlich gesunken. 2006 lag er bei nur noch 42 Prozent (Hurrelmann et al. 2006). Noch bemerkenswerter ist, dass Jugendliche mit zunehmendem Alter pessimistischer werden. Während nur 39 Prozent der 12- bis 14-Jährigen ein düsteres Bild von der Zukunft haben, sind es bei den 18- bis 21-Jährigen 60 Prozent. Der Druck wächst.

Immer mehr Jugendliche fühlen sich von der Gesellschaft nicht willkommen geheißen, sondern nur noch als Last und Ärgernis empfunden. Themen wie Gewalt, Drogen und Verwahrlosung durch Videogames beherrschen die Medien und nicht die wichtigen Beiträge, die die jungen Menschen zu leisten imstande sind. Dabei sind doch diese jungen Menschen die Zukunft der Gesellschaft! Nicht nur Innovationen wie Apple, Microsoft, Google und Facebook, sondern auch zahllose kleine Unternehmen, welche die Gesellschaft und Wirtschaft umgepflügt haben, wurden fast ausnahmslos von unter 30-Jährigen – häufig ohne Hochschulabschluss und Unterstützung durch die Wirtschaft – erbracht. Wenn berufliche und soziale Integration zusehends schwieriger werden, sind, so meinen viele Erwachsene, die Jugendlichen selbst schuld. Sie sollen sich mehr anstrengen – und nicht etwa die Gesellschaft. So nimmt der Druck in der Schule auf Jugendliche ständig zu, der Eintritt in die Berufswelt und Gesellschaft wird ihnen immer schwieriger gemacht und das Selbstständigwerden laufend hinausgeschoben.

Das Wichtigste in Kürze

1. Die Dauer der Adoleszenz hat sich von wenigen Jahren auf 15 und mehr Jahre ausgedehnt. Berufliche Integration mit Existenz sicherndem Auskommen und soziale Integration mit Familie und eigenem sozialem Netz schaffen viele jungen Menschen erst im Alter von 30 bis 40 Jahren.

2. Jungen Menschen wird die berufliche und soziale Integration schwer gemacht. Sie fühlen sich von der Gesellschaft nicht willkommen geheißen.

3. Die existentiellen Ängste in der Gesellschaft werden von den Erwachsenen als Druck an die junge Generation weitergegeben.

4. Junge Menschen sind die Zukunft der Gesellschaft und brauchen deren Unterstützung. Nicht nur Innovationen wie Facebook, sondern eine ganze Reihe von neuer Unternehmen wurden fast ausnahmslos von unter 30-Jährigen gegründet.

Wie schulische und berufliche Integration gelingt

Das Bildungssystem sollte möglichst allen Kindern die Chance verschaffen, ihr Begabungspotential zu verwirklichen. Die Gesellschaft ist für das ideelle Fundament und die Rahmenbedingungen des Bildungssystems verantwortlich. Warum kommt sie diesem Auftrag nicht nach?

Chancengerechtigkeit für alle Kinder herzustellen ist eine der wichtigsten Aufgaben des Staates. Dies kann nur gelingen, wenn Chancengerechtigkeit nicht nur für die Schulzeit, sondern für die gesamte Kindheit gewährleistet ist und die Vielfalt der individuellen Begabungen mit einer differenzierten schulischen und beruflichen Ausbildung möglichst gerecht gefördert wird. Eine Frage, die sich die Gesellschaft deshalb stellen muss, ist: Kann die Familie diese Aufgabe noch vollumfänglich erfüllen? Damit sich ein Kind in den ersten Lebensjahren gut entwickeln kann, muss es sich ausreichend wohl und geborgen fühlen, aber auch die notwendigen Entwicklungserfahrungen machen können. Dies ist in der Kleinfamilie immer weniger möglich. Für die Eltern wird es daher zunehmend schwieriger, die Grundbedürfnisse ihrer Kinder ausreichend zu befriedigen. Vater und Mutter können die alleinige Betreuung und Förderung ihrer Kinder zudem immer weniger erbringen, weil in vielen Familien beide berufstätig sind. Die Doppelbelastung von Familie und Beruf setzt die Mütter seit langem, aber zunehmend auch die Väter unter Druck. Hinzu kommt, dass die Betreuungsnetze in Verwandtschaft und Bekanntschaft am Schwinden und immer weniger verlässlich sind.

Du traust der Familie wenig zu. Denkst du wirklich, Familien ergänzende Betreuungseinrichtungen können die beschriebenen Lücken füllen? Von der Krippe und Kita angefangen bis zum Schulhort?
Die Umstände machen es den Familien heute schwer. Aber nur wenn die außerfamiliäre Kinderbetreuung eine hohe Qualität aufweist, kann sie den Kindern und ihren Bedürfnissen gerecht werden und die Kleinfamilie unterstützen. Es geht dabei nicht nur um eine kompetente Betreuung, sondern vor allem auch um ein Angebot an vielfältigen Erfahrungsmöglichkeiten, damit sich die Kinder gut entwickeln können. Ein wichtiger Faktor sind die anderen Kinder. Wächst ein Kind allein auf, erlahmt seine Neugier und seine Entwicklung wird beeinträchtigt. Täglich mehrstündige Spielgelegenheiten mit anderen Kindern können die wenigsten Kleinfamilien ihrem Kind noch bieten. Es klingt hart, ist deshalb aber nicht weniger wahr: Auch die beste Mutter kann andere Kinder nicht ersetzen. Es geht in den Kitas um weit mehr als nur um das Beaufsichtigen der Kinder, während ihre Eltern arbeiten. Damit die Kinder entwicklungsgerecht gefördert werden, braucht man nicht nur eine kompetente Betreuung und einen kindgerechten Betreuungsschlüssel, sondern auch ein pädagogisches Konzept für das Zusammenleben von Kindern sowie Räume und Einrichtungen, die den Kindern vielfältige Aktivitäten ermöglichen. Damit wird offensichtlich, welche hohe Qualitätsansprüche an die Kindertagesstätten gestellt werden müssen.

Was heißt das konkret für die Bildungspolitik?

Die Probleme der Pubertät bringen uns immer wieder auf die frühen Lebensjahre zurück. »Bildung beginnt am Wickeltisch« (Moser et al. 2008): Gute Bildungspolitik ist immer auch gute Sozialpolitik. Die (finanziellen) Ressourcen müssen verstärkt in die Vorschul- und ersten Grundschuljahre gelenkt werden. Das Augenmerk sollte weniger der universitären Ausbildung und vermehrt der frühen Entwicklung gelten. Für eine qualitativ hochwertige Betreuung und Förderung im Vorschulalter braucht man eine Umverteilung der Gelder, was beispielsweise in Finnland geschehen ist. Mittel, die in die frühe Entwicklung gesteckt werden, haben einen viel höheren Wirkungsgrad als solche, die den höheren Schulen und Universitäten zugeführt werden (Fritschi et al. 2008). Krippen und Kitas haben eine entwicklungsfördernde Wirkung, und die ist vor allem für Kinder aus bildungsfernen Schichten sehr bedeutsam. Der Besuch einer Kita ist die wirksamste Maßnahme, um bereits im Vorschulalter mehr Bildungsgerechtigkeit herzustellen. Das heißt, den Jugendlichen kann es nur gut gehen, wenn ihre Entwicklung in den Jahren zuvor gut verlaufen ist. Es ist wie bei einer Pflanze. Wenn der Keimling gut versorgt wird, kann eine starke Pflanze heranwachsen. Wird der Keimling aber vernachlässigt, wird die Pflanze immer kümmerlich bleiben.

Warum haben wir – trotz PISA-Schock – immer noch keine echte Reform des Bildungswesens geschafft?

Der Schock von 2001 ist weitgehend verpufft. Die PISA-Resultate 2010 hatten sogar einen gegenteiligen Effekt: Die Bildungspolitiker strahlten wegen der etwas besseren Werte in Selbstzufriedenheit. Eine wirklich durchgreifende Schulreform, wie sie beispielsweise in den skandinavischen Ländern umgesetzt wurde, steht leider immer noch aus. Der Wille zur Veränderung fehlt. Preisendörfer (2008) spricht von »schönen Sonntagsreden des Bürgertums«. Dem akademischen Mittelstand gehe es in Wahrheit nicht um eine echte Veränderung, sondern »um bloße Besitzstandswahrung des Bildungsprivilegs für den eigenen Nachwuchs«. Die akademische Mittelschicht habe »vor nichts mehr Angst als vor dem Abstieg und sucht sich mit allen Mitteln die Konkurrenz von unten vom Leib zu halten«. Die Heftigkeit, mit der diese Diskussion geführt wird – etwa im Hamburger Schulstreit 2010 – kann nicht mit unterschiedlichen pädagogischen, sondern nur mit unterschiedlichen politischen Standpunkten und vor allem Eigeninteressen erklärt werden. Es tobt ein Klassenkampf im Bildungswesen, der uns die Sicht darauf verstellt, dass unser 100-jähriges Schulsystem den heutigen Anforderungen nicht mehr genügen kann. Strukturen, Lerninhalte und Lernmethoden müssten grundsätzlich hinterfragt und endlich Bildungsgerechtigkeit hergestellt werden. Das bedeutet, dass die Schule allen Kindern gemäß ihrer individuellen Voraussetzungen zum jeweils größtmöglichen schulischen Erfolg verhelfen muss. Chancengerechtigkeit heißt nicht, dass alle Schüler die gleichen – guten – Leistungen erbringen und letztlich gleich hohen Kompetenzen erwerben, sondern dass jedes Kind sein individuelles Potential möglichst gut ausschöpfen kann. Mit einem fairen und durchlässigen Bildungssystem ist nicht nur dem einzelnen Menschen, sondern auch der Gesellschaft am besten gedient, weil so am meisten Menschen beruflich eingegliedert werden können und dem Sozialwesen nicht zur Last fallen.

Die Wirtschaft hat im Verlauf des 20. Jahrhunderts einen tief greifenden Strukturwandel durchgemacht, der in unserem Jahrhundert immer noch weitergeht. Der Anteil der Beschäftigten in der Landwirtschaft sank von fast 60 auf unter 5 Prozent. Der industrielle Sektor ist seit den 70er Jahren von rund 50 auf unter 30 Prozent gesunken. Im gleichen Zeitraum ist der Dienstleistungssektor auf rund 70 Prozent angestiegen. Eine Entwicklung, die wohl immer noch nicht abgeschlossen ist.
Ich finde diese Entwicklung aus verschiedenen Gründen besorgniserregend. Darf sich die Wirtschaft nur an ökonomischen Kriterien orientieren oder hat sie auch eine soziale Verantwortung in dem Sinne, dass sie ihren Beitrag dazu leisten muss, möglichst allen Menschen Arbeit zu geben? Wenn die Automobilindustrie ihre Produktion nach Asien verlagert, mögen für sie dabei erfolgreiche Jahresabschlüsse und große Renditen herausspringen. Nur,

was geschieht mit den Menschen, die keine Arbeit haben? Ist es die alleinige Aufgabe des Staates mit seinem Sozialsystem diese Menschen aufzufangen? Außerdem kann es doch nicht im Interesse einer krisenresistenten und gesunden Volkswirtschaft sein, in einigen Jahren nur noch aus Dienstleistung zu bestehen. Damit alle Arbeit haben, müssen wir die produktive Wirtschaft zurückholen. In der Schweiz haben wir in den 70er Jahren den Niedergang der Uhrenindustrie erlebt. Die Manager waren der einhelligen Meinung, die Produktion sei in der Schweiz zu teuer geworden und müsse nach Asien verlagert oder am besten gleich den Japanern überlassen werden. Dann kam Nicolas Hayek, ein Immigrant aus dem Libanon, revolutionierte den Herstellungsprozess und produzierte ausgerechnet im Hochlohnland Schweiz die Billiguhr »Swatch«. Damit bewahrte er die Schweizer Uhrenindustrie vor dem Untergang und verhalf ihr sogar zu neuer Blüte. Es gibt noch einen weiteren, schwerwiegenden Einwand: Wenn die Annahme stimmt – und dafür sprechen alle Studien –, dass die Begabungen in der Bevölkerung sehr unterschiedlich ausgebildet sind, sind nicht alle Menschen dafür geeignet, im Dienstleistungssektor zu arbeiten. Unsere Gesellschaft pocht auf Eigenverantwortung. Diese Erwartungen kann der Einzelne aber nur dann erfüllen, wenn ihm die Gesellschaft auch die Möglichkeit einräumt, mit seinen Begabungen diese Verantwortung auch zu tragen und ein ausreichendes Einkommen zu erzielen.

In einer gesunden Gesellschaft steht also jeder möglichst an dem Platz, wo er auf Grund seiner Begabungen hingehört. Kann man aber nicht noch mehr tun, um den Bildungsstand weiter anzuheben, beispielsweise indem man die Abiturquote erhöht?
Ein Volk von Abiturienten kann nicht erstrebenswert sein, weil es dem Begabungsprofil der Bevölkerung nicht entspricht. Es ist eine unangenehme Wahrheit, aber wir müssen sie zur Kenntnis nehmen: Wir stehen wahrscheinlich in der Realisierung des Bildungspotentials bereits näher an einer unüberwindbaren Obergrenze, als wir wahrhaben wollen. Verbesserungen sind vor allem bei Kindern aus den sozial benachteiligten Schichten zu erzielen, aber kaum mehr bei Kindern der Mittel- und Oberschicht. In Deutsch-

land und in der Schweiz gibt es 15 bis 20 Prozent Schulabgänger, deren jetziges schulisches Leistungsniveau nur für eine sehr beschränkte berufliche Ausbildung und kaum für eine gesicherte wirtschaftliche Existenz ausreicht. Dieser Prozentsatz lässt sich, davon sind die Fachleute überzeugt, mit einer Verbesserung von schulischer Ausbildung und sozialer Integration auf 5 bis 8 Prozent vermindern. Wird diese Verbesserung unterlassen, wird es in den kommenden Jahrzehnten zu einer Überforderung der Sozialsysteme kommen (Fritschi et al. 2010).

Eine harte und sehr unangenehme Wahrheit: Das Bildungspotential einer Gesellschaft, worunter sämtliche in der Bevölkerung vorhandenen Fähigkeiten zu verstehen sind, ist also vorgegeben und begrenzt.

Das Bildungspotential in der Bevölkerung ist nicht nur sehr unterschiedlich verteilt. Es lässt sich auch nicht vermehren, sondern nur optimal nutzen. Es ist wie bei der Körpergröße. Heute ist das Wachstumspotential in der Bevölkerung mit der guten Ernährung und Gesundheitsversorgung weitgehend ausgeschöpft. Die Menschen werden nicht mehr größer, wenn sie noch mehr essen, sondern nur noch dick. Wir dürfen uns auch nicht von der Illusion verführen lassen, wir würden es mit irgendwelchen Lernprogrammen schaffen, dass es keine schwächer begabten Kinder und Erwachsene mehr geben wird. Wir sollten vielmehr die Vielfalt an Begabungen möglichst optimal nutzen. Für die Schule heißt das, die Talente der Kinder in der ganzen Breite zu fördern, und für die Gesellschaft bedeutet es, jedem Menschen mit entsprechenden Rahmenbedingungen zu einem existentiellen Auskommen und sozialer Integration zu verhelfen.

Das Wichtigste in Kürze

1. Es ist die Aufgabe der Gesellschaft, Chancengerechtigkeit für alle Menschen herzustellen. Dies kann nur gelingen, wenn die Entwicklungsbedingungen für alle Kinder während der ganzen Kindheit ausreichend gut sind.

2. Immer weniger Eltern in Kleinfamilien können Betreuung und gute Ent-wicklungsmöglichkeiten für ihre Kinder gewährleisten. Familien ergän-zende Betreuungseinrichtungen können sie darin unterstützen.

3. Die entwicklungsfördernde Wirkung von Kitas ist vor allem für Kinder aus bildungsfernen Schichten bedeutsam. Entwicklungsschritte, die in den ersten Lebensjahren verpasst werden, können, wenn überhaupt, im Schulalter nur noch unvollständig nachgeholt werden.

4. Bildungsgerechtigkeit bedeutet, dass die Schule allen Kindern gemäß ihrer individuellen Voraussetzungen zum jeweils größtmöglichen schu-lischen Erfolg verhilft.

5. Mit einem fairen und durchlässigen Bildungssystem ist dem einzelnen Menschen wie auch der Gesellschaft am besten gedient.

6. Das Bildungspotential einer Gesellschaft lässt sich nicht vermehren, sondern nur optimal nutzen. In Deutschland und der Schweiz können Verbesserungen vor allem bei Kindern aus bildungsfernen Schichten er-zielt werden.

7. Eine Wirtschaft, die zu sehr auf den Dienstleistungssektor setzt, geht langfristig ein ökonomisches Risiko ein. Sie wird zudem der Vielfalt der Begabungen in der Bevölkerung nicht gerecht und wird zu vermehrter Arbeitslosigkeit und schließlich zu einer Überforderung der Sozial-systeme führen.

Warum soziale Integration unabdingbar ist

Was für die schulische Integration gilt, trifft wohl auch auf die soziale Integration zu: Sie muss bereits in den ersten Lebensjahren beginnen.

Wenn wir wollen, dass junge Menschen ihren Platz in der Gesell-schaft finden, müssen wir von Anfang an Voraussetzungen da-für schaffen. Für die soziale Integration ist die Entwicklung der sprachlichen und sozialen Fähigkeiten von besonders großer Be-deutung. Diese Fähigkeiten sollten bis zum 5. Lebensjahr in ihrer

Grundausstattung vorhanden sein. Das heißt, im Alltag versteht das Kind, worüber gesprochen wird, und kann sich sprachlich verständlich und formal weitgehend korrekt ausdrücken. Seine sozialen Kompetenzen sind soweit entwickelt, dass es die zwischenmenschlichen Ausdrucksformen und Regeln versteht und anwenden kann. Dies setzt voraus, dass das Kind in den ersten Lebensjahren die dazu notwendigen Erfahrungen mit Erwachsenen und vor allem mit anderen Kindern machen konnte. Besondere Aufmerksamkeit gilt diesbezüglich den Kindern aus bildungsfernen Familien und Migrationsfamilien. Sind die Grundfähigkeiten beim Kindergarteneintritt ungenügend entwickelt, muss die Schule einen sehr großen Aufwand leisten, um die verpasste Entwicklung nachzuholen. Oft gelingt dies nur unvollständig und diese Menschen bleiben wegen ihren beschränkten Kompetenzen ein Leben lang benachteiligt.

Azubi, 19 Jahre alt: Dem Großteil der Jugendlichen gehe es »scheiße«. »Zu wenig Jugendclubs, zu teuer alles. Wat soll sich ein Schüler oder ein Azubi mit 320 Euro … wenn dat Kino schon 7 Euro kostet oder die Fahrkarte 48,50 Euro … holt sich dann irgendwo bei Extra dit Bier, weil's da billiger ist als in einer Bar oder in einer Bowlinghalle, und setzt sich dann auf irgendeinen Marktplatz. Und wenn man betrunken ist, ist man auch lauter, und dit is dit, wenn die Polizei kommt. Jugendeinrichtungen, dit fehlt auf jeden Fall.« (Hurrelmann et al. 2006)

In Teil II haben wir bereits darauf hingewiesen: Fehlen die Freiräume, müssen die Jugendlichen in öffentliche Räume ausweichen, in Bahnhofshallen und Shoppingcenter. Dringend nötig wären mehr Begegnungsstätten für Jugendliche ohne kommerzielle Ausbeutung. Orte, an denen sich die jungen Menschen ohne Aufsicht kennenlernen und sinnvolle Erfahrungen machen können. Jugendliche brauchen Freiräume, um Gemeinschaften mit Ritualen, Wertvorstellungen und gleichen Interessen bilden zu können. Die Gesellschaft steht in der Verantwortung, denn sie bestimmt, unter welchen Rahmenbedingungen Jugendliche sich treffen können.

»Bring your beer to the Museumsquartier.« Diesem Aufruf auf Facebook folgend versammelten sich im Sommer 2009 im Wiener Museumsquartier etliche Tausend Demonstranten, um für den coolsten urbanen Raum Wiens und die Freiheiten, die er bietet, zu demonstrieren. Im Innenhof des Museumskomplexes – er gleicht einem großen Platz ohne Verkehr – kann man nämlich auf den sogenannten »Enzis«, überdimensionierten Plastikmöbeln, die an Bauelemente aus dem Tunnelbau erinnern, mit selbst mitgebrachten Getränken Tag und Nacht verbringen, Skateboard fahren, herumlungern, Musik hören. Dann hatten sich die Anwohner über Lärm und Müll beklagt und die Stadt kurz darüber nachgedacht, ob das Mitbringen von Getränken verboten werden sollte. Doch schließlich obsiegte das Verständnis für die Notwendigkeit jugendlicher Freiräume.

Erfreulicherweise haben die Wiener Stadtbehörden mit Verständnis reagiert. Die Not unter den Jugendlichen ist in den Großstädten besonders groß. Auf dem Land ebnen immer noch zahlreiche Vereine den Jugendlichen den Eintritt in die Welt der Erwach-

»Bring your beer to Museumsquartier«

senen vor. In Deutschland gibt es etwa 600 000, in Österreich und in der Schweiz je etwa 100 000 Vereine, die als soziale Integratoren fungieren. Sie sprechen die unterschiedlichsten Interessenbereiche von jungen Menschen an und haben für viele Jugendliche den großen Vorteil, dass sie einen Vorwand für das Zusammentreffen bieten, beispielsweise gemeinsames Musizieren. Man kann hingehen, beobachten, mitmachen, Beziehungen knüpfen, sich ein soziales Netz schaffen und lernt Aufgaben und Verantwortung zu übernehmen. In den Erwachsenen finden die Jugendlichen Vorbilder, denen sie nacheifern können. Nicht unwichtig ist zudem, dass man in einem Verein das andere Geschlecht kennenlernen kann, ohne gleich unter Druck zu geraten, eine Beziehung eingehen zu müssen.

Verschiedene Städte wie zum Beispiel Mailand versuchen ein Konzept wie das in Wien zu entwickeln und merken dabei, dass es gar nicht so einfach ist, urbane Räume zu schaffen, die von Jugendlichen auch angenommen werden.
Dazu gehört mehr als nur ein zögerliches Nachgeben der Behörden. In den 1980er Jahren war in Zürich geradezu ein Kulturkampf entbrannt. Jugendliche blockierten den Zugang zum Opernhaus, um die etablierten Kreise dazu zu zwingen, sich mit der misslichen kulturellen Situation der jungen Menschen zu befassen. Es kam auch zu Demonstrationen und Hausbesetzungen. Die Stadt erklärte sich schließlich bereit, den jungen Menschen die Rote Fabrik, ein altes Fabrikgebäude, zur Verfügung zu stellen. Umbau des Gebäudes und Unterhalt waren mit größeren Ausgaben verbunden. Seither gibt es im Kulturetat der Stadt neben den Aufwendungen für Opernhaus, Schauspielhaus und Tonhalle auch einen größeren Posten für Jugendkultur. Doch vielerorts ist die Situation für die Jugendlichen in den letzten Jahren nicht mehr besser geworden. Sinnvolle Freiräume für die Jugend sind nicht umsonst zu haben, finanzielle Mittel müssen dafür aufgebracht werden. Eine weitere Schwierigkeit besteht darin, dass die jungen Menschen eine anonyme Gruppe sind, und so ist es für die Behörden, auch wenn sie guten Willens sind, nicht einfach, verlässliche Ansprechperson zu finden. Um Strukturen zu schaffen,

die von den Jugendlichen wirklich genutzt werden, müssen die jungen Menschen eingebunden werden und Verantwortung übernehmen können. Es muss also einen politischer Prozess angestoßen werden, in den die Jugendlichen ihre Vorstellungen einbringen können.

Jugendliche müssen federführend sein – wie etwa auch beim Poetry Slam, wo sie unglaublich kreative Energien freisetzen. Diese Form der Literaturperformance entstand in den 1980er Jahren in den USA und breitete sich bald auch auf Europa aus. Im deutschsprachigen Raum finden derzeit 130 Poetry Slams regelmäßig statt mit bis zu 900 Zuschauern. Das ist allein von der Größe und Zuschauerzahl eine echte Konkurrenz zu den etablierten Theater- und Literaturhäusern. Und die jugendlichen Slam-Poeten sind auch schon im etablierten Kulturbetrieb angekommen – auf Buchmessen und Literaturfestivals.

Es besteht eine Kluft zwischen den Generationen. Für die etablierten Schichten werden auf den Theaterbühnen Klassiker rezykliert. Das klassische Theater steht seit Jahren in der Krise. Neues kommt ausschließlich von den Jungen, beispielsweise eben als Poetry Slam. In der Musik wird der tiefe Graben noch offensichtlicher, wenn man sich einerseits die Programme der teuren Symphonieorchester anschaut und andererseits die Musik, welche die jungen Menschen anzieht. Die ältere Generation ist zumeist rückwärtsgewandt und kulturbewahrend, die junge Generationen dagegen dynamisch und global ausgerichtet. Die kulturellen Auseinandersetzungen finden für die jungen Menschen immer weniger mit den Werthaltungen der älteren Generationen statt, sondern im Internet, mit den Vorstellungen und Werten, die überall auf der Welt generiert werden. Nicht mehr gegen Traditionen ankämpfen, sondern zukunftsgerichtet erfahren wollen, was in der Welt geschieht und entstehen wird, ist die Devise.

Wir sind am Schluss des Buches angekommen. Im Fokus standen die jungen Menschen und die zahlreichen Herausforderungen, denen sie sich stellen müssen. Ganz schön gefordert sind aber auch die älteren Generationen. Sie müssen mit der sich

rasant wandelnden Welt Schritt halten, in der die Jugendlichen weit besser zurechtkommen. Worauf also kommt es an?

Ein globalisierter Arbeitsmarkt, der Flexibilität in jedem Bereich verlangt. Unsichere Beschäftigungsverhältnisse, mehrere Jobs zur gleichen Zeit und ständiges Umlernen für einen neuen Job. Ein kompetenter Umgang mit der virtuellen Welt. Die schwierigen Fragen der Zukunft, bei Themen wie Umwelt, Energie, Wasser und der Armut: Die jungen Menschen werden mit Kraft und Innovationsfreude neue Antworten auf diese Herausforderungen finden müssen. Sie werden es schaffen, so wie sie es zu allen Zeiten geschafft haben. Die ältere Generation sollte nicht ängstlich an ihren Traditionen, ihren angestammten Rechten und ihrem Wohlstand festhalten. Stattdessen sollte sie die jungen Menschen, wo immer es nur geht, unterstützen, den Dialog mit ihnen suchen und sich vom Optimismus derer anstecken lassen, die den Wandel dieser Welt besser verstehen und letztlich bewältigen müssen. Denn auch die Älteren sind längerfristig vom Wandel betroffen. Die Zukunft sollte ihnen also am Herzen liegen und die Bedürfnisse der jungen Menschen darum ein größeres Anliegen sein als bisher. Die Jugend ist die Zukunft der ganzen Gesellschaft.

Das Wichtigste in Kürze

1. Wenn soziale Integration im Jugendalter erfolgreich sein will, dann muss sie bereits in der frühen Kindheit beginnen.

2. Auf dem Land gibt es immer noch zahlreiche Vereine (600 000 in Deutschland, 100 000 in Österreich und der Schweiz), die für die Integration von Jugendlichen in die Welt der Erwachsenen sorgen. In den Städten ist dies weit weniger der Fall.

3. Die Gesellschaft muss mehr Freiräume ohne Konsumzwang für Jugendliche schaffen. Die jungen Menschen müssen in die Planung und Verwaltung von solchen Institutionen eingebunden werden und Verantwortung übernehmen können.

4. Die ältere Generation sollte sich sozial und kulturell nicht nur rückwärtsgewandt und traditionsbewahrend verstehen, sondern auf die jungen Generationen zugehen und sie unterstützen. Denn die jungen Menschen sind die Zukunft der ganzen Gesellschaft.

Anhang

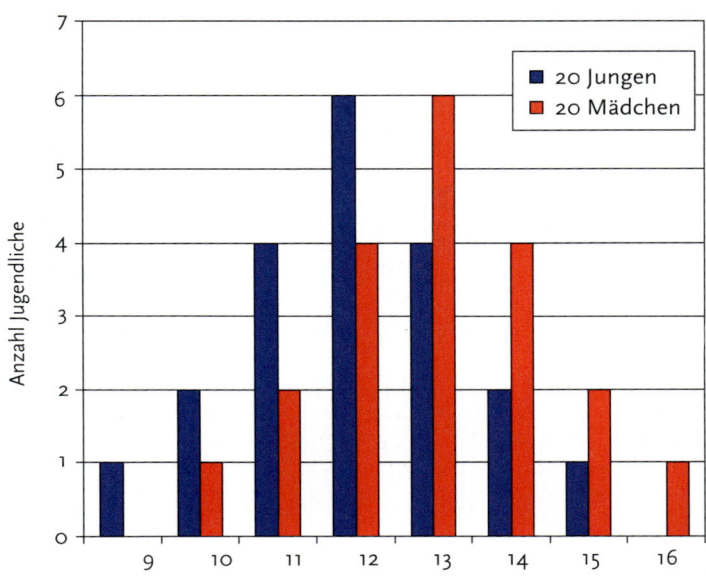

1) Interindividuelle Variabilität anhand des Entwicklungsalters bei 20 Jungen und 20 Mädchen im chronologischen Alter von 13 Jahren.
Je ein 13-jähriger Junge verfügt lediglich über die durchschnittliche Lesekompetenz eines 9-Jährigen und ein Mädchen bereits über die durchschnittliche Lesekompetenz einer 16-Jährigen (schematische Darstellung).

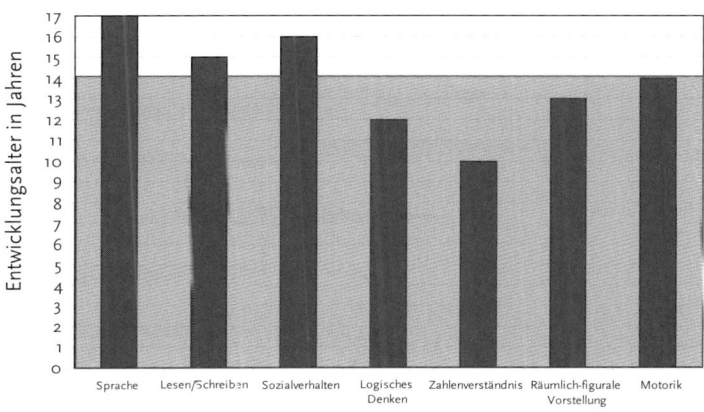

2) Kompetenzprofil von Sarah, 14 Jahre alt. Sarah ist sprachbegabt und sozial kompetent. Sie hat Schwächen im logischen Denken, Zahlenverständnis und in der räumlich-figuralen Vorstellung. Ihr Zahlenverständnis entspricht der durchschnittlichen Kompetenz einer 10-Jährigen.

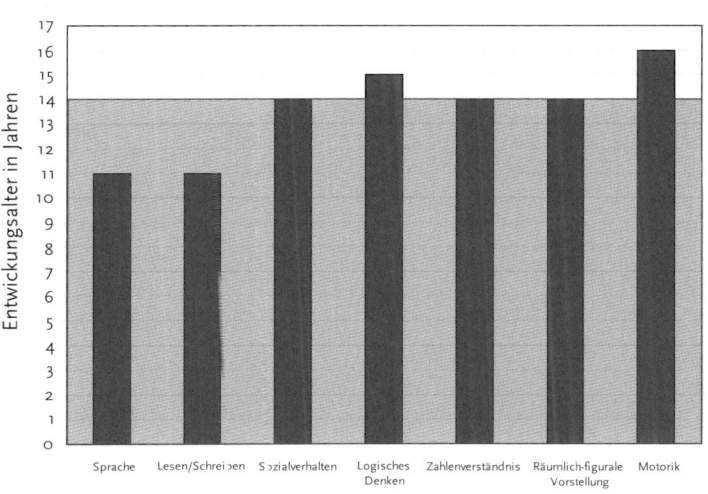

3) Kompetenzprofil von Daniel, 14 Jahre alt. Daniel ist motorisch sehr geschickt, hat jedoch große Schwächen im sprachlichen Bereich. Sprache und Lesen/Schreiben entsprechen der durchschnittlichen Kompetenz eines 11-Jährigen. Die anderen Kompetenzen sind etwa altersentsprechend entwickelt.

354

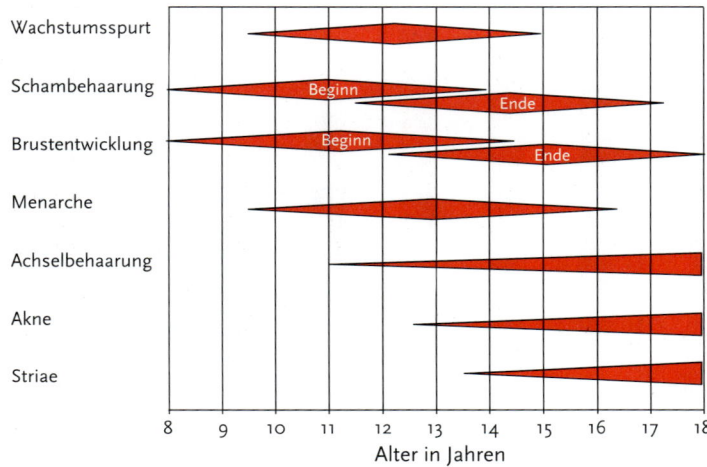

4) Pubertätsentwicklung bei Mädchen. Für Schambehaarung und Brustentwicklung werden Beginn und Ende der Entwicklung angegeben. Die Mitte der Raute gibt das durchschnittliche Alter beim Auftreten eines Pubertätsmerkmals an. Die Endpunkte der Raute geben den frühest und spätest möglichen Zeitpunkt an. Beispiel: Der Gipfel des Wachstumsspurtes wird im durchschnittlichen Alter von 12,2 Jahren erreicht, frühestens mit 9,5 und spätestens mit 15 Jahren (Largo et al. 1983b).

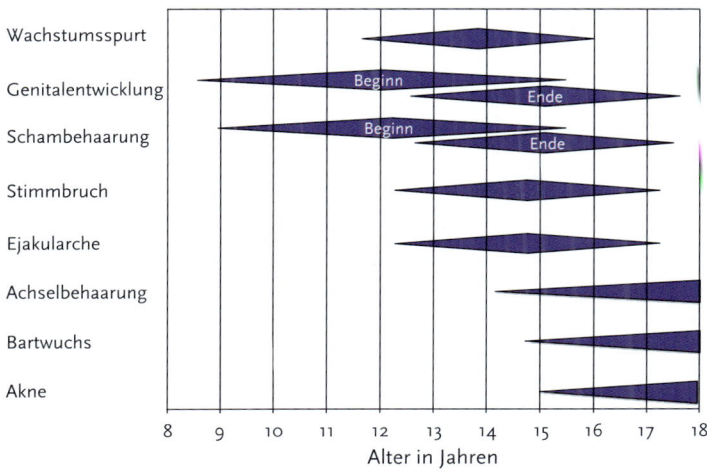

Wachstumsspurt										
Genitalentwicklung				Beginn		Ende				
Schambehaarung				Beginn		Ende				
Stimmbruch										
Ejakularche										
Achselbehaarung										
Bartwuchs										
Akne										
	8	9	10	11	12	13	14	15	16	17	18

Alter in Jahren

5) Pubertätsentwicklung bei Jungen. Für Schambehaarung und Genital-entwicklung werden Beginn und Ende der Entwicklung angegeben. Die Mitte der Raute gibt das durchschnittliche Alter beim Auftreten eines Pubertätsmerkmals an. Die Endpunkte der Raute geben den frühest und spätest möglichen Zeitpunkt an. Beispiel: Der Gipfel des Wachstums-spurtes wird im durchschnittlichen Alter von 13,9 Jahren erreicht, frühes-tens mit 11,5 und spätestens mit 16 Jahren (Largo et al. 1983a).

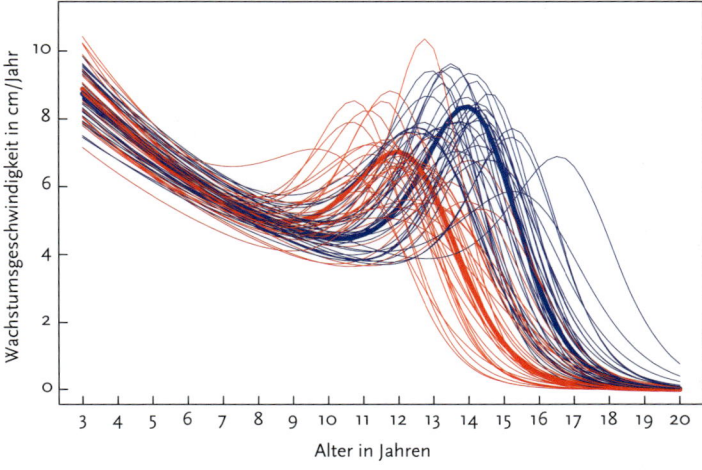

**6) Individuelle Geschwindigkeitskurven der Körpergröße bei Jungen (blau)
und Mädchen (rot).** Jede Kurve beschreibt das Wachstum bei einem einzelnen Kind. Die individuellen Kurven weisen alle das gleiche Kurvenbild auf.
Sie unterscheiden sich lediglich in der Intensität der Wachstumsgeschwindigkeit, in der Höhe des Wachstumsspurtes und in der Wachstumsdauer.
Die dicken Kurven stellen die mittlere Wachstumsgeschwindigkeit für die
beiden Geschlechter dar (Largo et al. 1978).

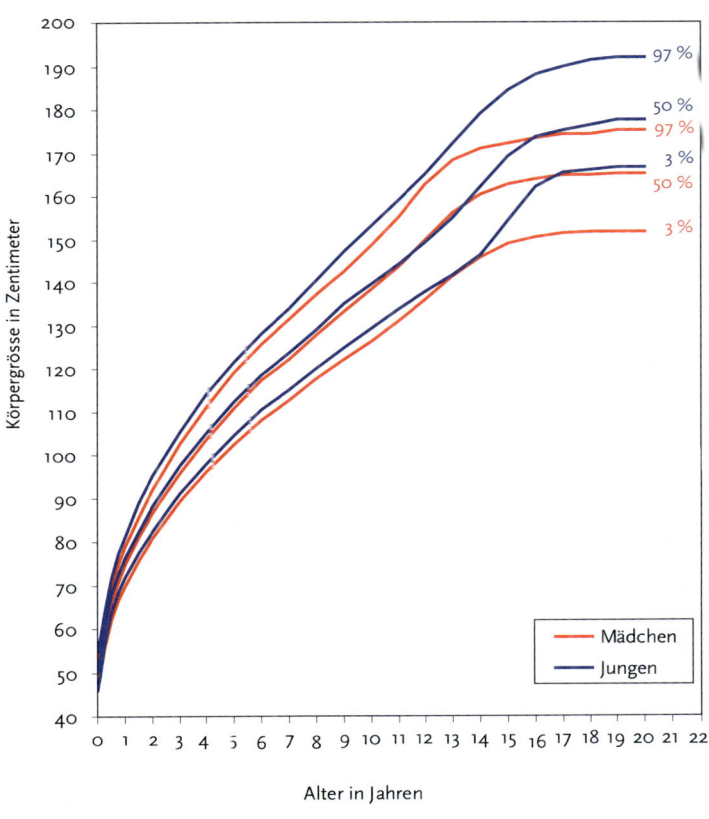

7) Entwicklung der Körpergröße bei Jungen und Mädchen. Die 50-Prozent-Linie entspricht dem Mittelwert. 3 Prozent der Kinder liegen über der 97-Prozent-Line bzw. unter der 3-Prozent-Linie (Prader et al. 1989).

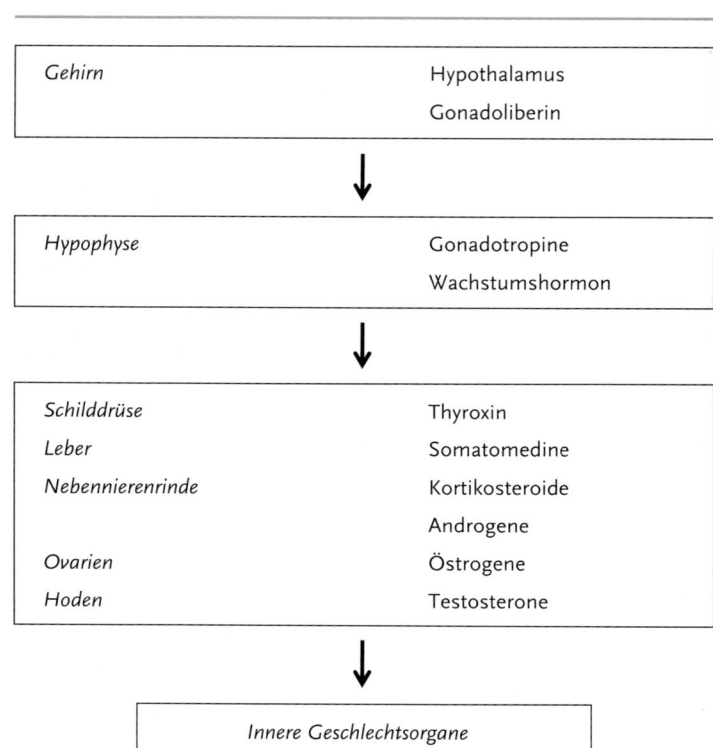

Gehirn	Hypothalamus
	Gonadoliberin

↓

Hypophyse	Gonadotropine
	Wachstumshormon

↓

Schilddrüse	Thyroxin
Leber	Somatomedine
Nebennierenrinde	Kortikosteroide
	Androgene
Ovarien	Östrogene
Hoden	Testosterone

↓

Innere Geschlechtsorgane
Brustdrüsen
Sek. Geschlechtsmerkale
Haut/Fettgewebe
Knochen/Muskeln

8) Regulation des Wachstums und Initiierung der Pubertätsentwicklung.
Kaskade von Hormonen, die vom Hypothalamus über die Hypophyse und
endokrine Organe das Wachstum und die Differenzierung der primären
Geschlechtsorgane und sekundären Geschlechtsmerkmale bewirken.

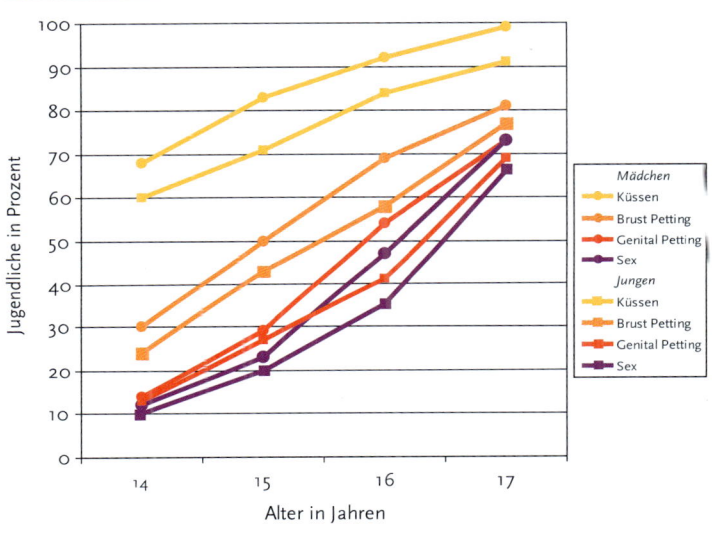

9) Entwicklung des Sexualverhaltens (EKKJ 2009).

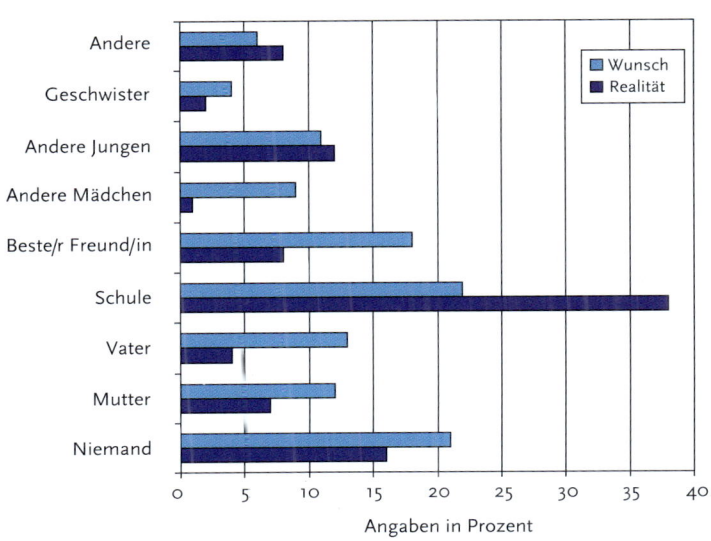

10) Angaben von Schweizer Jungen zur Aufklärung. Man beachte die unterschiedlichen Angaben bezüglich Realität und Wunschvorstellung (EKKJ 2009).

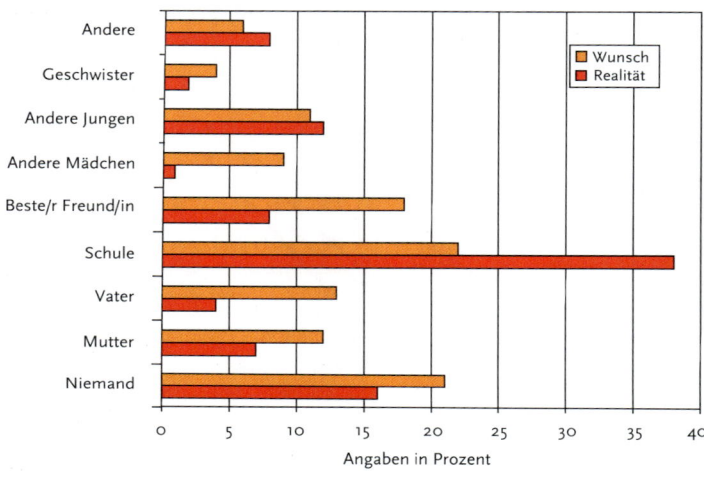

11) Angaben von Schweizer Mädchen zur Aufklärung. Beachte die unterschiedlichen Angaben bezüglich Realität und Wunschvorstellung (EKKJ 2009).

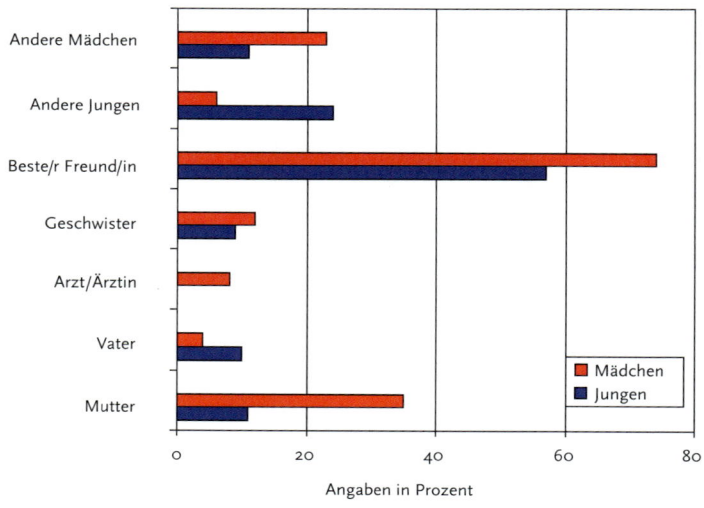

12) Personen, die der Jugendliche vom ersten Geschlechtsverkehr in Kenntnis setzt (BZgA 2010).

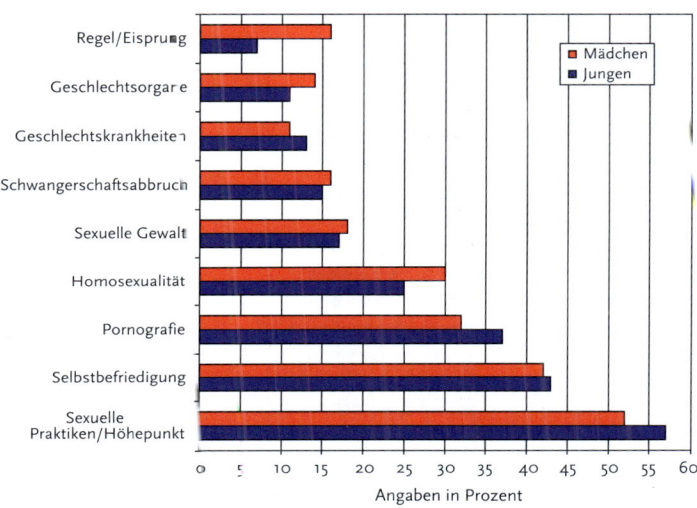

13) Defizite in der elterlichen Aufklärung aus der Sicht von Jugendlichen (BZgA 2006).

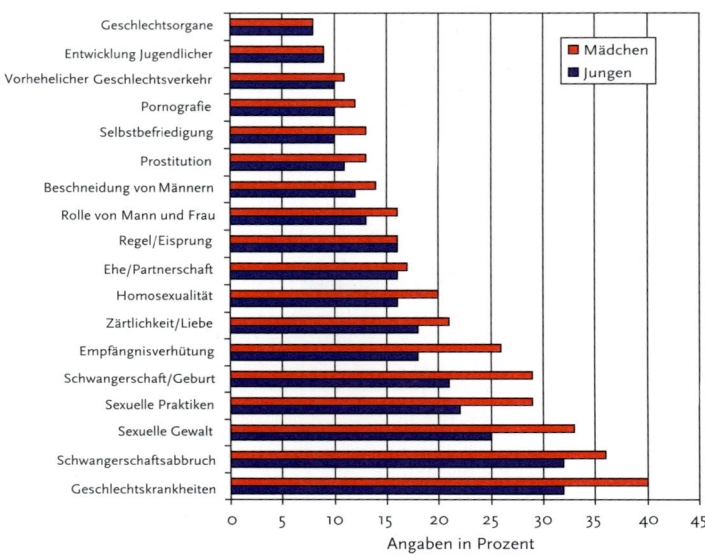

14) Themenbereiche, die Jugendliche am meisten beschäftigen (BZgA 2010).

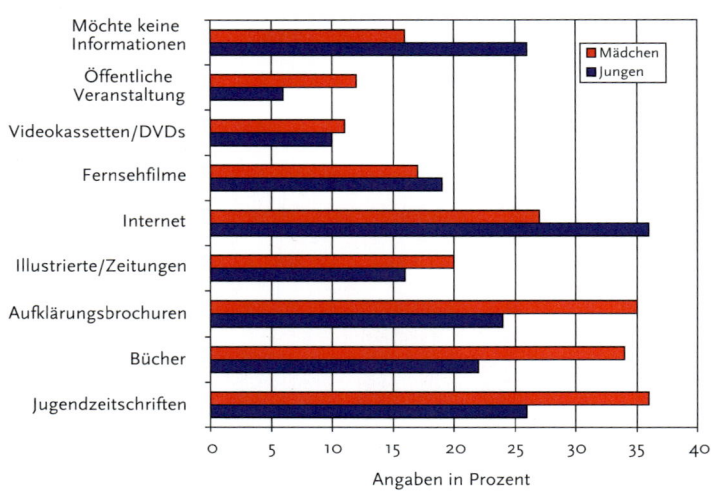

15) Medien, aus denen Jugendliche Wissen über Sexualität beziehen (BZgA 2010).

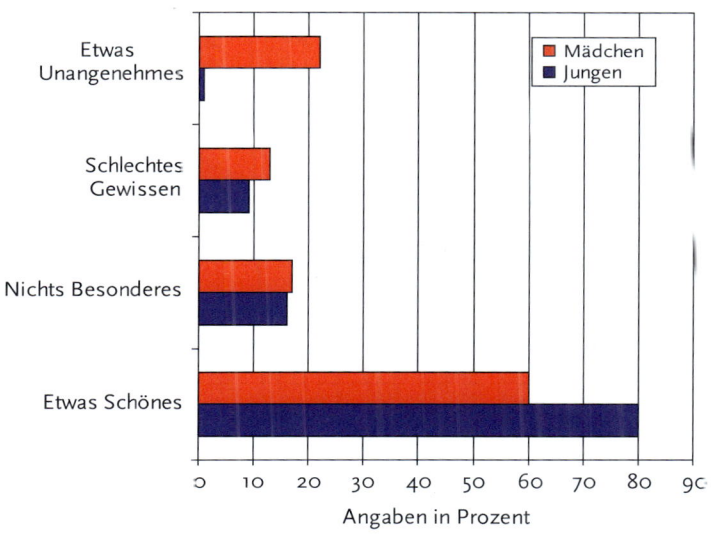

16) Erleben des ersten Geschlechtverkehrs (BZgA 2010).

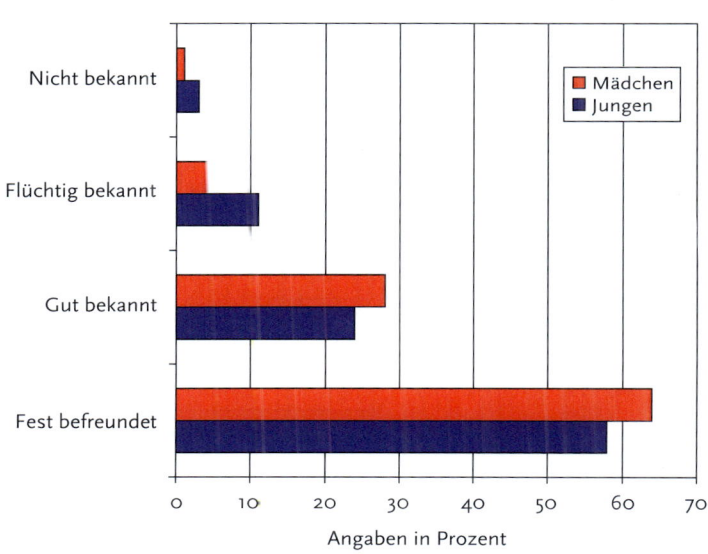

17) Bekanntheitsgrad mit Partner beim ersten Geschlechtsverkehr
(BZgA 2010).

Keine
Sonstiges
Pille
Kondom
Mädchen
Jungen
0
20
40
60
80
Angaben in Prozent

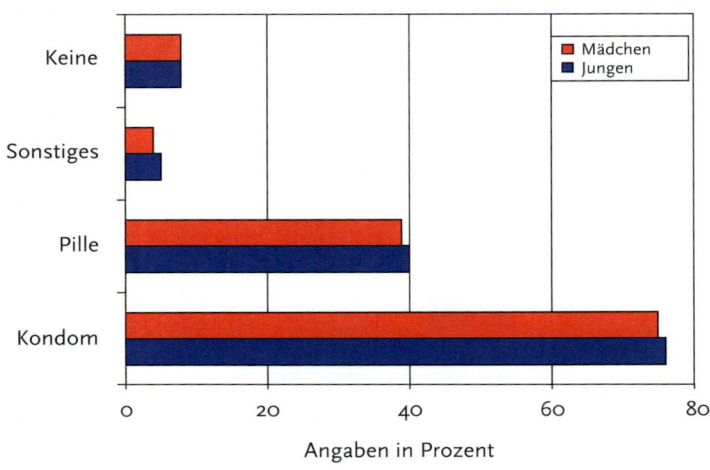

18) Verhütung beim ersten Geschlechtsverkehr (BZgA 2010).

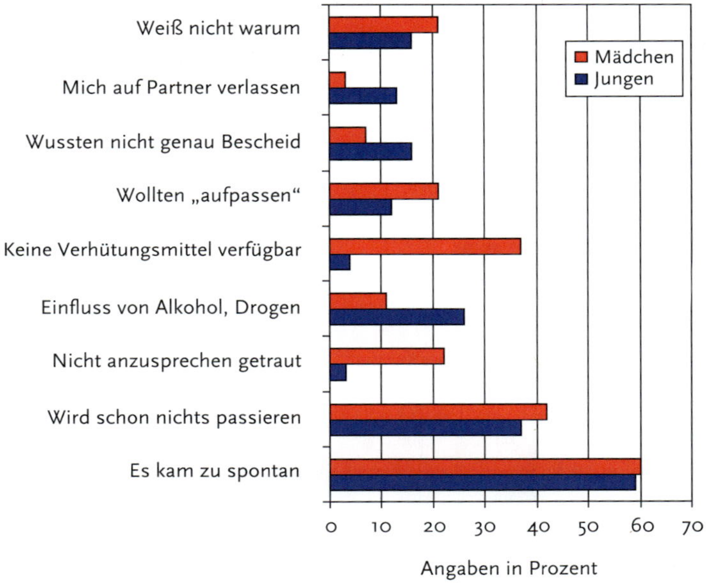

Weiß nicht warum
Mich auf Partner verlassen
Wussten nicht genau Bescheid
Wollten „aufpassen“
Keine Verhütungsmittel verfügbar
Einfluss von Alkohol, Drogen
Nicht anzusprechen getraut
Wird schon nichts passieren
Es kam zu spontan
Mädchen
Jungen
0
10
20
30
40
50
60
70
Angaben in Prozent

19) Gründe für Nicht-Verhütung beim ersten Geschlechtsverkehr (Mehrfachnennungen möglich; BZgA 2010).

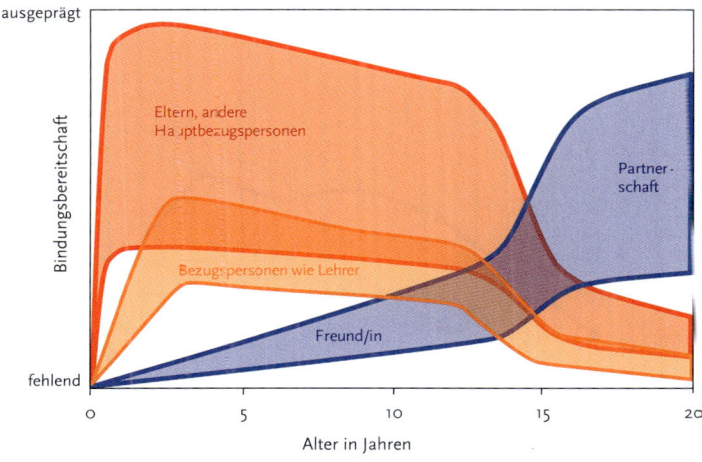

ausgeprägt

Bindungsbereitschaft

Eltern, andere
Hauptbezugspersonen

Partner-
schaft

Bezugspersonen wie Lehrer

Freund/in

fehlend

0   5   10   15   20

Alter in Jahren

20) Entwicklung des Bindungsverhaltens. Die Bereitschaft, sich an Eltern und andere Hauptbezugspersonen zu binden, ist in den ersten Lebensjahren am größten und nimmt danach langsam ab. Sie schwindet im Verlauf der Pubertät, während die Bindungsbereitschaft zu den Gleichaltrigen stark zunimmt. Die Flächen bezeichnen die interindividuelle Variabilität der Bindungsbereitschaft (hypothetisches Modell).

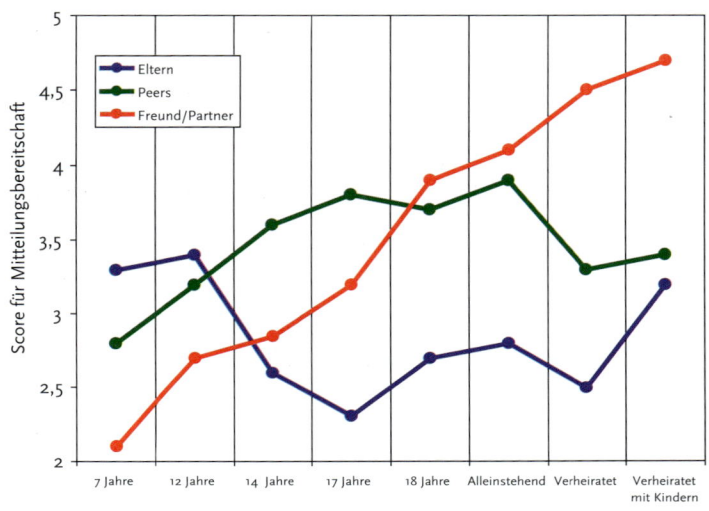

21) Ablösung von den Eltern und Zuwendung zu den Gleichaltrigen.
Der Score gibt an, wie groß die Bereitschaft ist, intime Mitteilungen Eltern, Peers oder Freund/in und Partner/in anzuvertrauen (Buhrmeister 1996).

früh	Adoleszenz	spät

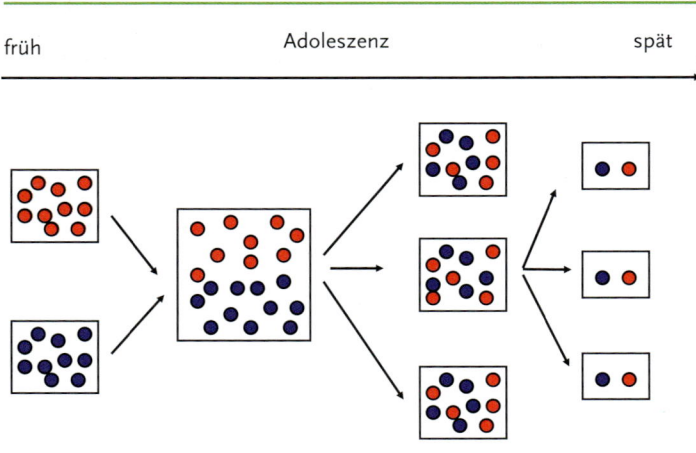

22) Cliquenbildung in der Adoleszenz. Rot: Mädchen; blau: Jungen. Zu Beginn der Pubertät halten sich Jugendliche noch in gleichgeschlechtlichen Gruppen auf. Daraus bilden sich Gruppen beider Geschlechter; anfänglich bleiben Jungen und Mädchen unter sich, dann vermischen sie sich. Schließlich kommt es zur Paarbildung. Varianten dieser Entwicklung wie »Abkürzungen« kommen vor (hypothetisches Modell).

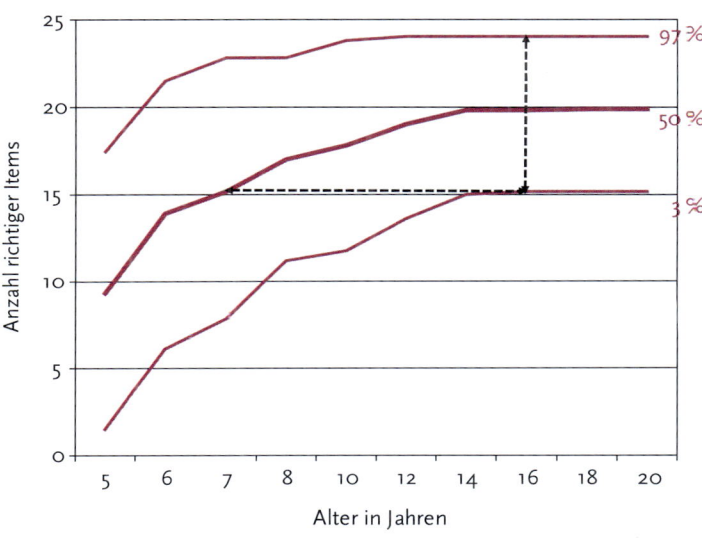

23) Mimischen Ausdruck erkennen. Den Kindern werden 27 Bildpaare mit unterschiedlichem mimischem Ausdruck vorgelegt, die sie identifizieren müssen. Im Alter von 16 Jahren sind die Leistungen sehr unterschiedlich. Die schwächsten Jugendlichen erbringen eine Leistung, die der durchschnittlichen Leistung vor 7-Jährigen entspricht. Die 50-Prozent-Linie entspricht dem Mittelwert. 3 Prozent der Kinder liegen über der 97-Prozent-Line bzw. unter der 3-Prozent-Linie (Nowicki et al. 1994).

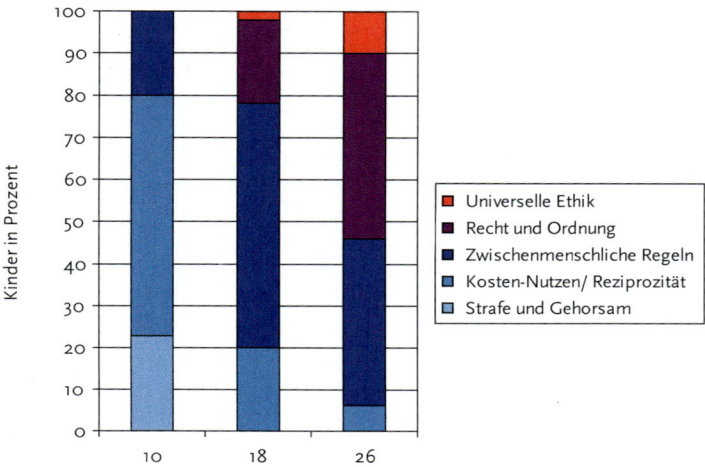

24) Moralentwicklung. Strafe und Gehorsam: Das Kind orientiert sich an erzieherischen Maßnahmen. Reziprozität: Das Kind realisiert, dass sein Verhalten auf andere einwirkt und deren Verhalten wieder auf es zurückwirkt. Zwischenmenschliche Regeln: Das Kind begreift einfache Verhaltensregeln in der Gemeinschaft. Recht und Ordnung: Der Jugendliche begreift die Regeln, die in der Gesellschaft Gültigkeit haben. Universelle Ethik: Der Jugendliche vertritt eine Ethik, die für die ganze Menschheit Gültigkeit haben soll (Kohlberg 1976).

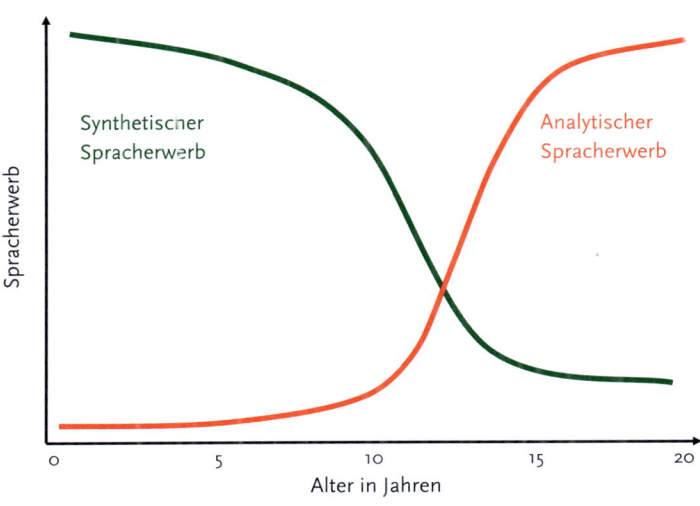

25) Formen des Spracherwerbs. Synthetisch: Das Kind eignet sich Sprache unbewusst an, indem es Gehörtes mit den Erfahrungen verbindet, die es mit Personen, Gegenständen und Handlungen macht. Analytisch: Der Erwachsene erwirbt eine Sprache, indem er Wortschatz und formale Elemente der Sprache wie Grammatik und Syntax auswendig lernt.

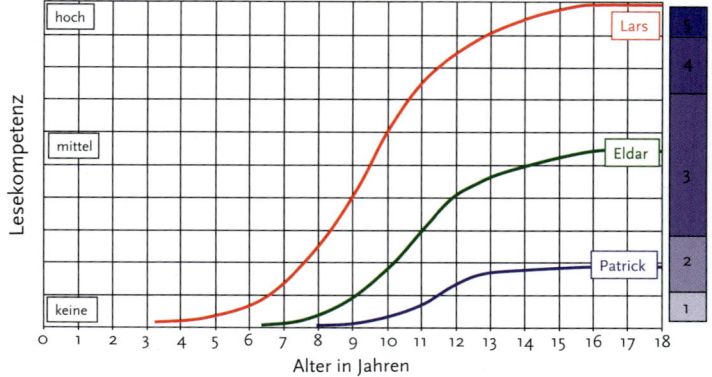

26) Entwicklung der Lesekompetenz bei 3 Jungen. Blaue Säule: Lesekompetenz im Alter von 15 Jahren (PISA-Studie 2006). 1 entspricht einer sehr niedrigen, 3 einer mittleren und 5 einer hohen Lesekompetenz.

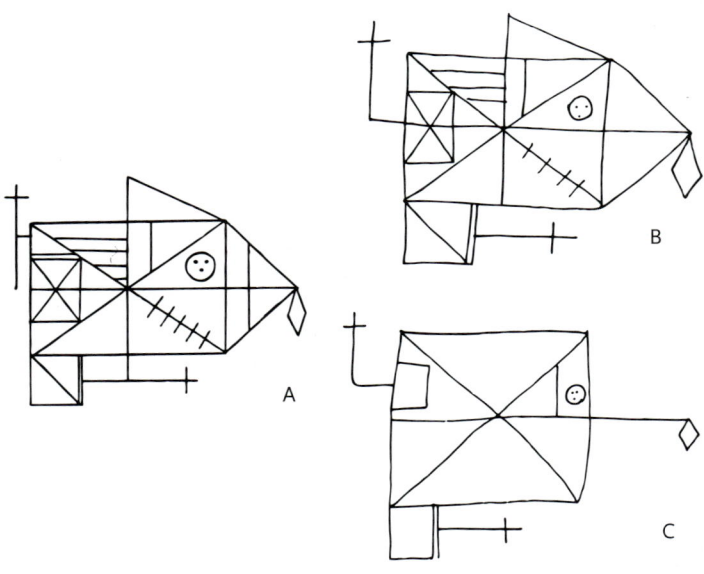

27) Rey-Figur. 40 Akademiker kopieren die Figur A. 15 Minuten später zeichnen sie die Figur aus dem Gedächtnis noch einmal. B: beste Wiedergabe; C: schwächste Wiedergabe, entspricht der durchschnittlichen Leistung eines 10-jährigen Kindes (Largo nicht publiziert).

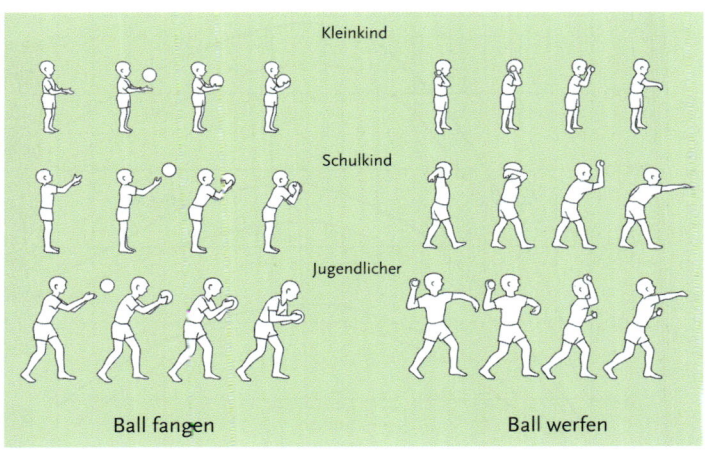

28) Entwicklung der Fertigkeit einen Ball zu fangen und zu werfen (modifiziert nach Gallahue 1989).

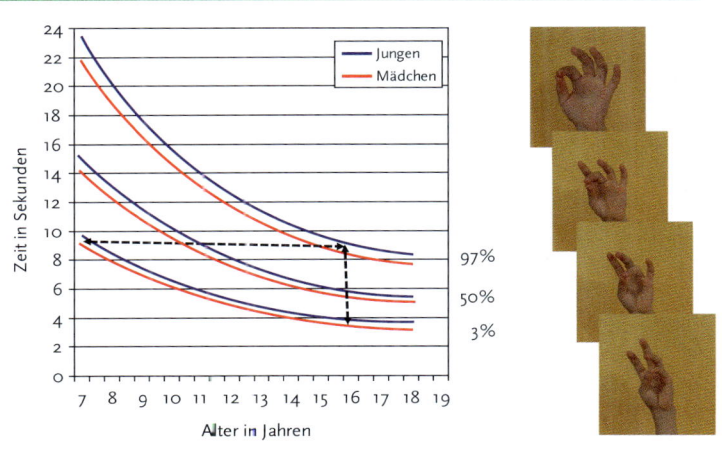

29) Sequentielle Fingerbewegungen. Der Daumen berührt nacheinander Zeige- bis Kleinfinger. Gemessen wird die Zeit, die das Kind für 5 Durchgänge braucht. Im Alter von 16 Jahren sind die schnellsten Jugendlichen mehr als zweimal so flink wie die langsamsten. Letztere sind nur so flink wie die schnellsten Kinder mit 7 Jahren. Die 50-Prozent-Linie bezeichnet den Mittelwert; 3 Prozent der Kinder liegen unter der 3- bzw. über der 97-Prozent-Linie (Largo et al. 2001a).

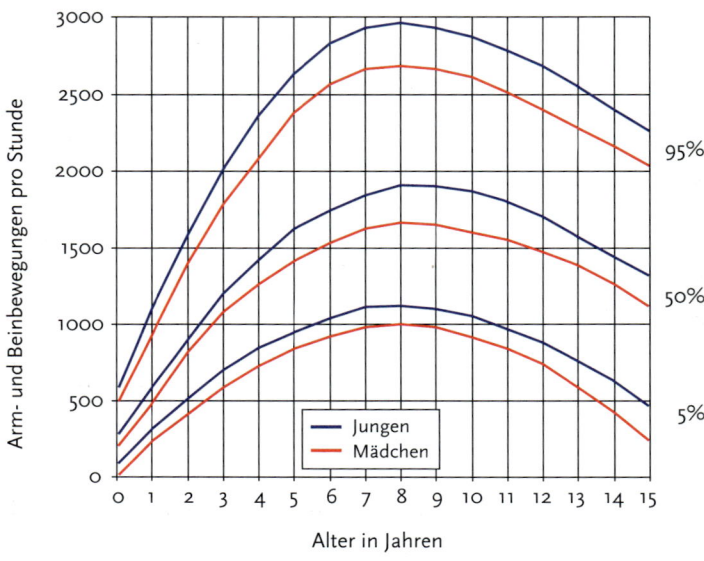

30) Motorische Aktivität im Alter von 1 bis 15 Jahren. Die Häufigkeit von Arm- und Beinbewegungen wurde mit einem Actometer objektiv erfasst. Die 50-Prozent-Linie entspricht dem Mittelwert; 5 Prozent der Kinder liegen über der 95-Prozent-Linie bzw. unter der 5-Prozent-Linie (modifiziert nach Eaton 2001).

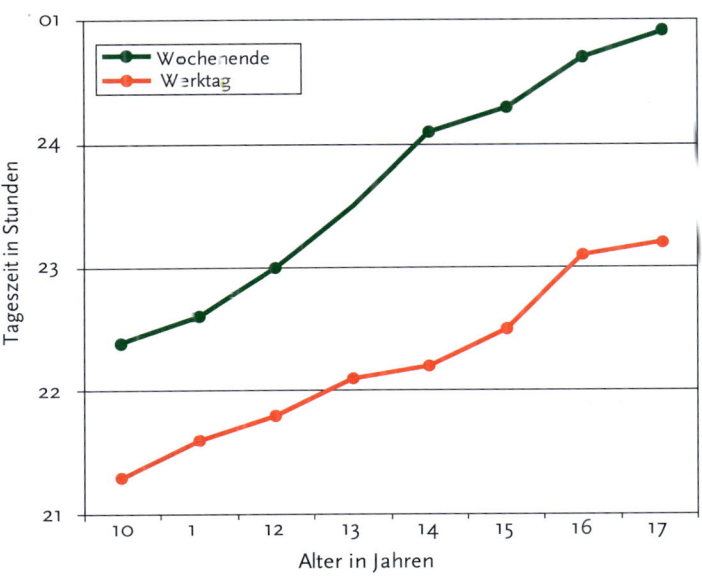

31) Bettzeiten in der Pubertät (Jenni et al. 2005).

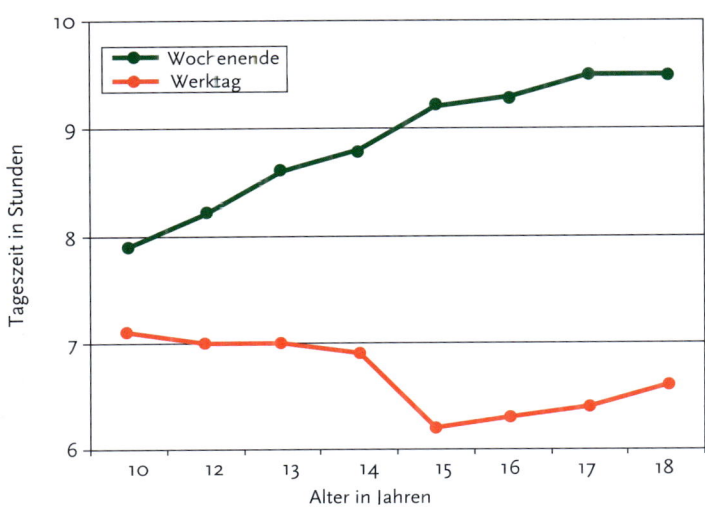

32) Aufstehzeiten in der Pubertät (Jenni et al. 2005).

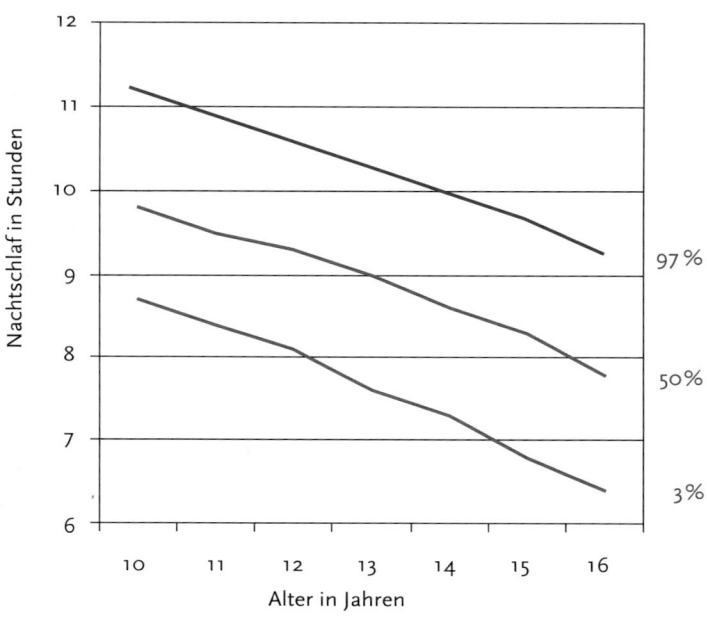

33) Dauer des Nachtschlafes. Die 50-Prozent-Linie entspricht dem Mittelwert. 3 Prozent der Kinder liegen über der 97-Prozent-Line bzw. unter der 3-Prozent-Linie (Iglowstein et al. 2003).

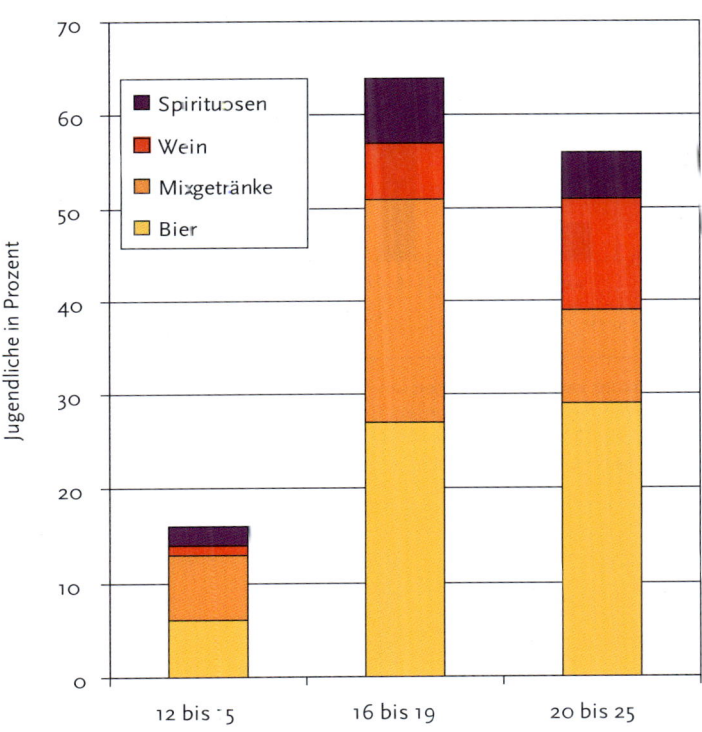

34) Alkoholkonsum bei jungen Erwachsenen in Deutschland. Mindestens einmal pro Woche trinken 68 Prozent der jungen Männer und 31 Prozent der jungen Frauen Alkohol. Junge Männer konsumieren mehrheitlich Bier, junge Frauen mehrheitlich Mixgetränke. Junge Männer trinken mehr als doppelt so viel Alkohol wie junge Frauen (97 g bzw. 39 g reinen Alkohol pro Woche) (BZgA 2004).

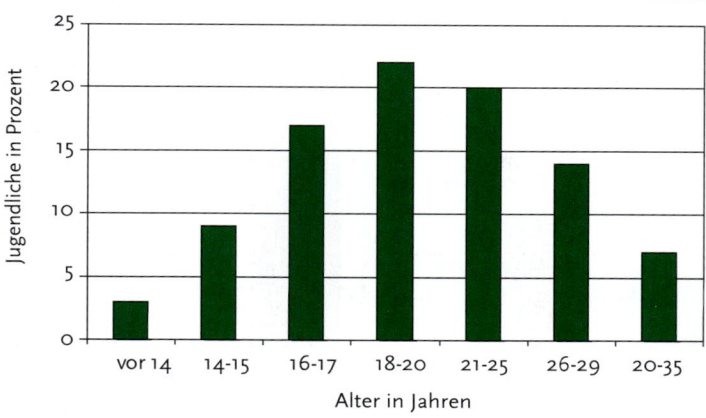

35) Konsum verbotener Drogen unter jungen Erwachsenen in USA. Im Monat vor der Befragung wurden die folgenden Drogen konsumiert: Marihuana (85 Prozent), Kokain (9 Prozent), Heroin (0,2 Prozent), Hallozinogene (0,7 Prozent) und Medikamente (5 Prozent) (NSDUH 2010).

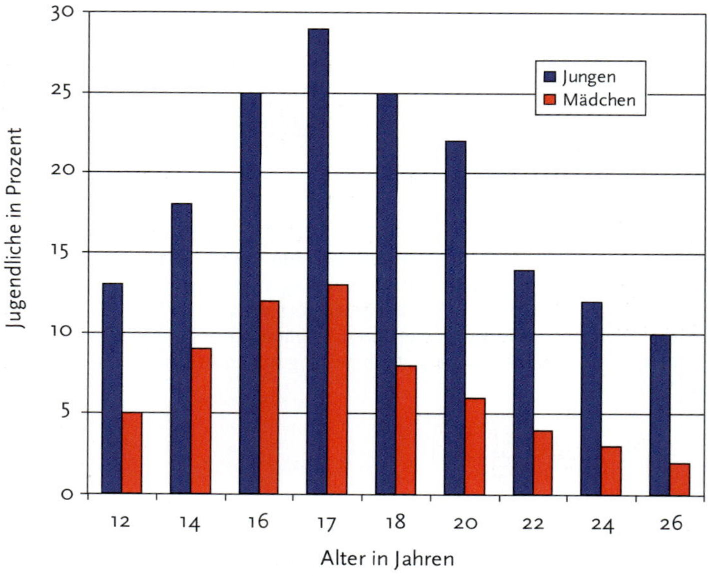

36) Strafbare Gewalthandlungen unter jungen Erwachsenen in USA (Coie et al. 1998).

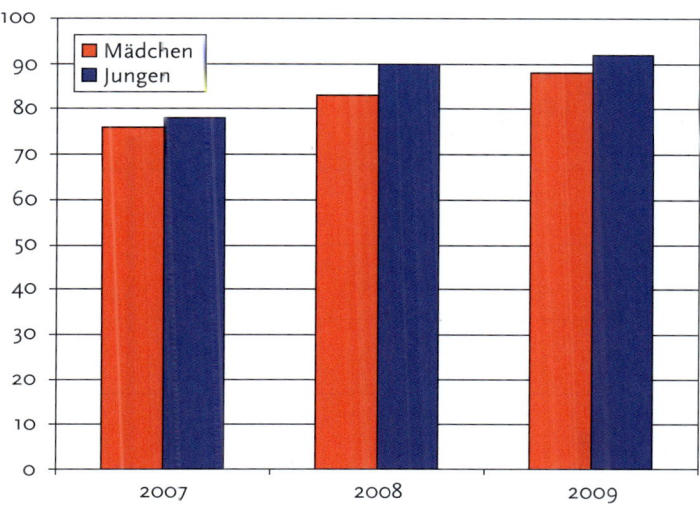

37) Internetnutzung bei 12- bis 19-jährigen Jugendlichen. Mittlere Nutzung: 134 Minuten/Tag (Medier pädagogischer Forschungsverbund Südwest 2009).

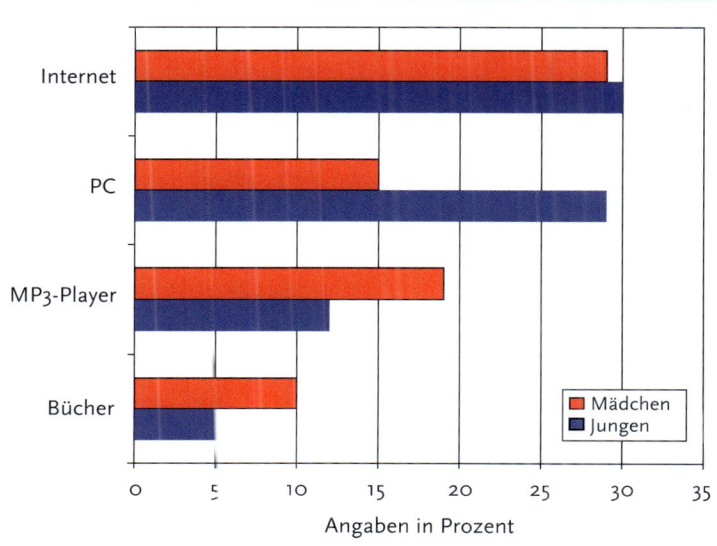

38) Bindung an Medier: »Am wenigsten verzichtbar« bei 12- bis 19-jährigen Jugendlichen (Medienpädagogischer Forschungsverbund Südwest 2009).

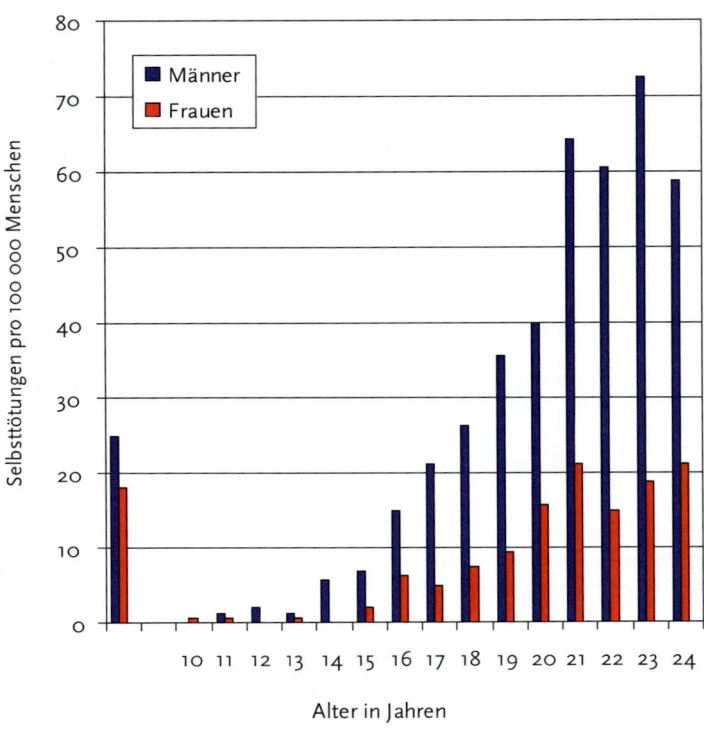

39) Häufigkeit von Selbsttötungen in der Schweiz. Links: mittlere Suizidrate (Ladame 1996).

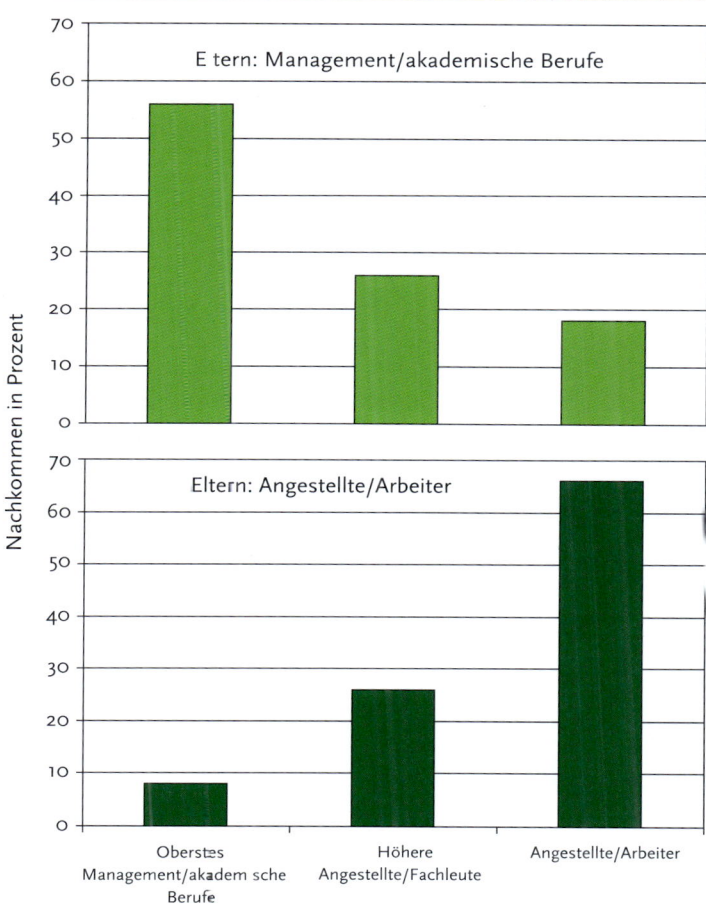

40) Sozio-professionelle Mobilität zwischen Generationen. Die Säulen geben an, in welche Berufskategorien die Nachkommen auf- oder absteigen. Die Nachkommen sind zum Zeitpunkt der Erhebung 45 Jahre alt (N = 485) (Levy et al. 1997).

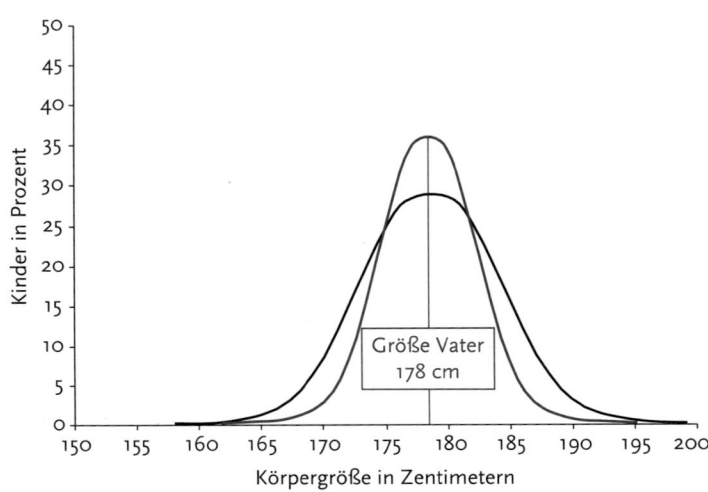

41) Körpergröße der Söhne bei durchschnittlicher Körpergröße des Vaters.
Schwarz: Verteilung der Körpergröße in der Bevölkerung. Grün: Verteilung der Körpergröße bei den Söhnen.

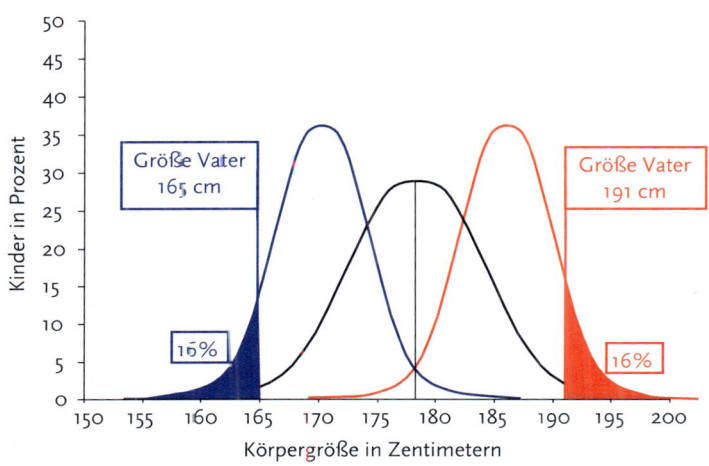

42) Körpergröße der Söhne in Abhängigkeit von Körpergröße des Vaters.
Schwarz: Verteilung der Körpergröße in der Bevölkerung. Blau: Körpergröße der Söhne, wenn der Vater 165 Zentimeter groß ist; nur 16 Prozent
der Söhne sind gleich groß oder kleiner als der Vater. Rot: Körpergröße der
Söhne, wenn der Vater 191 Zentimeter groß ist; nur 16 Prozent der Söhne
sind gleich groß oder größer als der Vater (Berechnung siehe Largo et al.
2009).

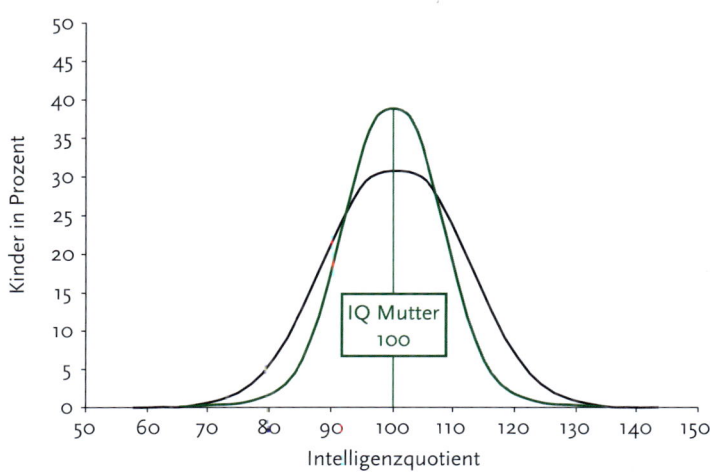

43) IQ der Töchter bei durchschnittlichem IQ der Mutter. Schwarz:
IQ-Verteilung in der Bevölkerung. Grün: IQ-Verteilung bei den Töchtern.

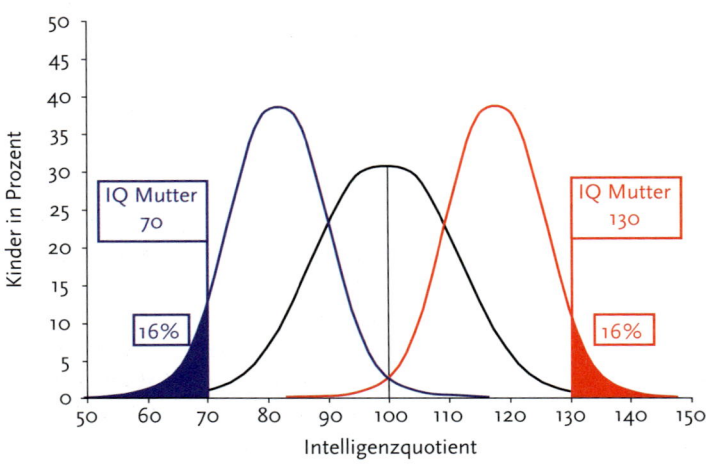

44) IQ der Töchter in Abhängigkeit vom IQ der Mutter. Schwarz: IQ-Verteilung in der Bevölkerung. Blau: IQ-Verteilung der Töchter, wenn der IQ der Mutter 70 beträgt; nur 16 Prozent der Töchter haben den gleichen oder einen niedrigeren IQ als die Mutter. Rot: IQ-Verteilung der Töchter, wenn der IQ der Mutter 130 beträgt; nur 16 Prozent der Töchter haben den gleichen oder einen höheren IQ als die Mutter (Berechnung siehe Largo et al. 2009).

Dank

Ein Buch zu schreiben kann eine einsame Tätigkeit sein. Der Autor wartet auf Inspirationen und bringt schließlich seine Gedanken und Gefühle zu Papier. Bei uns war es nicht so. Das lag vor allem daran, dass wir dieses Buch zu zweit und in einem ständigen Dialog miteinander geschrieben haben. Bücher entstehen, mehr als man meint, durch Kommunikation, Austausch und vielfältige Beobachtungen. Allen, die zum Entstehen dieses Buches beigetragen haben, wollen wir daher danken und die wichtigsten von ihnen namentlich erwähnen.

Da wären zuerst all die Jugendlichen, die ihre Erfahrungen mit uns geteilt und ihr Wissen eingebracht haben. Ebenfalls bedanken möchten wir uns bei den zahlreichen Experten und Wissenschaftlern, die ihre Vorstellungen von der Pubertät mit uns diskutiert haben, insbesondere auch Luciano Molinari für seine Beratung in biostatischen Belangen. Wie immer waren auch unsere Familien eine große Unterstützung. Nicht nur haben sie uns die arbeitsreiche Zeit des Schreibens erleichtert, sie haben auch inhaltlich regen Anteil an der Entstehung des Buchs genommen. Alle Personen, die das Manuskript gelesen und kritisch kommentiert haben, haben wesentlich zu seinem Gelingen beigetragen. An sie alle geht ein ganz spezieller Dank: Caroline Benz, Martin Beglinger, Barbara Brändle, Lisa Feigen, Max Henninger, Ulrike Kegler, Eva Largo, Melissa Müller, Francesca Navratil, Patricia Peill und Manfred Pfiffner.

Helena Gagern möchten wir dafür danken, dass wir ihre Fotoarbeiten in dieses Buch aufnehmen durften. Jana Gächter-Largo, Silke Grabinger und Tobias Holl gilt ein herzliches Dankeschön für ihre Geschichten.

Ein ganz besonderer Dank geht auch an Margret Plath, unsere Lektorin, und an Ulrich Wank. Sie haben mit großem Interesse, viel Engagement und Flexibilität die Entstehung des Buches begleitet und wichtige Anregungen dazu gegeben.

Remo H. Largo und Monika Czernin

Literatur

Apter, D., Vikko, R. »Serum pregnenolone, progesterone, 17-hydroxy-progesterone, testosterone und 5-dihydroxytestosterone during the female puberty«, in: *Journal of Clinical Endocrinology and Metabolism*, 45/1977, S. 1039–1045

Arlt, M.: *Pubertät ist, wenn die Eltern schwierig werden. Tagebuch einer betroffenen Mutter*. Freiburg im Breisgau 2008

Arx, U. von: »Die Wohlfühlschule«. *Tagesanzeiger Magazin* 6/2008

Asendorpf, J. B.: *Psychologie der Persönlichkeit*. Heidelberg 1999

Baacke, D.: *Die 13- bis 18-Jährigen. Einführung in die Probleme des Jugendalters*. Weinheim, Basel 2003 (überarbeitete Auflage)

Bailey, J. M., Zucker, K. J.: »Childhood sex-typed behavior and sexual orientation: A conceptual analysis and quantitative review«, in: *Developmental Psychology*, 31/1995, S. 43–55

Bailey, N. W., Zuk, M.: »Same-sex sexual behavior and evolution«, in: *Trends in Ecology and Evolution*, 24/2009, S. 439–446

Bandura, A.: *Lernen am Modell*. Stuttgart 1976

Bernardis, L. L., Bellinger, L. L.: »The dorsomedial hypothalamic nucleus studies revisited: 1986 update«, in: *Brain Res. Rev.* 12/1987, S. 321–381

Bernardis, L. L., McEwen, G., Kodis, M.: »Body weight set point studies in weaning rats with dorsomedial hypothalamic lesions«, in: *Brain Res. Bull.*, 17/1986, S. 451–460

Bertram, H.: *Mittelmaß für Kinder. Der UNICEF-Bericht zur Lage der Kinder in Deutschland*. München 2008

Bischof-Köhler, D.: *Spiegelbild und Empathie*. Bern 1989

Bischof-Köhler, D.: *Kinder auf Zeitreise. Theory of Mind, Zeitverständnis und Handlungsorganisation*. Bern 2000

Bischof-Köhler, D.: *Von Natur aus anders. Die Psychologie der Geschlechtsunterschiede*. Stuttgart 2006

Bornstein, M. N., Tamis-Lemonda, C. S.: »Mother-infant interaction«, in: Bremner, G., Fogel, A.: *Blackwells Handbook of Infant Development*. Oxford 2004

Bowlby, J. *Attachment and Loss, Vol. 1: Attachment*. New York 1969

Bowlby, J.: *Attachment and Loss, Vol. 2: Separation*. New York 1975

Breitsprecher, C.: *Bringen Sie doch Ihre Freundin mit. Gespräche mit lesbischen Lehrerinnen*. Berlin 2005

Brooks-Gunn, J., Lewis, M.: »The development of early visual self-recognition«, in: *Developmental Review*, 4/1984, S. 215–239

Budde, J.: »Bildungs(miss)erfolge von Jungen und Berufswahlverhalten bei männlichen Jugendlichen«, in: Bundesministerium für Bildung und Forschung (Hrsg.): *Bildungsforschung*, 23. Bonn 2006

Bueb, B.: *Lob der Disziplin.* Berlin 2008

Bühren, K.: »Anorexia und Bulimia nervosa im Kindes- und Jugendalter«, in: *Monatsschrift für Kinderheilkunde*, 159/2011, S. 67–80

Bührmann, T.: *Faltenweise. Lesben und Alter.* Berlin 2000

Buhrmeister, D.: »Need fullfillment, interpersonal competence, ad the developmental contexts of early adolescent friendship«, in: Bukowski, W. M., Newcomb, A.F., Hartup, W.W. (Hrsg): *The company the keep: Friendship during childhood and adolescence.* New York 1996

Bundesministerium für Familie, Senioren, Frauen und Jugend (Hrsg.): *Familienreport.* Berlin 2010

Bundeszentrale für gesundheitliche Aufklärung (BZgA) (Hrsg): *Die Drogenaffinität Jugendlicher in der Bundesrepublik Deutschland 2004.* Berlin 2004

Bundeszentrale für gesundheitliche Aufklärung (BZgA) (Hrsg): *Jugendsexualität: Repräsentative Wiederholungsbefragung von 14- bis 17-Jährigen und ihren Eltern: Ergebnisse einer Repräsentativbefragung aus 2006.* Berlin 2006

Bundeszentrale für gesundheitliche Aufklärung (BZgA) (Hrsg): *Jugendsexualität: Repräsentative Wiederholungsbefragung von 14- bis 17-Jährigen und ihren Eltern: Ergebnisse einer Repräsentativbefragung aus 2010.* Berlin 2010

Burton, A.W., Miller, D. E.: *Movement Skill Assessment.* New York 1998

Carskadon, M. A. (Hrsg): *Adolescent sleep patterns: Biological, social, and psychological Influences.* Cambridge 2002

Carskadon, M. A., Acebo, C., Jenni, O. G.: »Regulation of adolescent sleep. Implications for behavior« in: *Annals of New York Academy of Science*, 1021/2004, S. 276–291

Chomsky, N.: *Aspects of the Theory of Syntax.* Cambridge/Mass. 1967

Coie, J. K., Dodge, K. A.: »Aggression and antisocial behavior«, in: Damon, W., Eisenberg, N.: *Handbook of child psychology, Vol. 3. Social, emotional, and personality development.* New York 1998

Coleman, J. S.: »Social capital in creation of human capital«, in: *American Journal of Sociology*, 94/1988, S. 95–101

Coradi Vellacott, M., Wolter, S. C.: *Chancengleichheit im schweizerischen Bildungswesen.* Aarau 2005

Crepet, P.: *Das tödliche Gefühl der Leere. Suizid bei Jugendlichen.* Reinbek bei Hamburg 1996

Crone, E.: *Das pubertierende Gehirn.* München 2011

Currin, L., Schidt, U., Treasure, J., Jick, H.: »Time trends in eating disorders incidence«, in: *British Journal of Psychiatry,* 184/2005, S. 132–135

Damon, W.: *Die soziale Entwicklung des Kindes.* Stuttgart 1989

Dawirs, R., Moll, G.: *Endlich in der Pubertät! Vom Sinn der wilden Jahre.* Weinheim, Basel 2008

Der Spiegel Wissen: Die Pubertät. 2/2010

Dewey, J.: *Demokratie und Erziehung. Eine Einleitung in die philosophische Pädagogik.* Weinheim 1993

Dolto, F., Dolto-Tolitch, C.: *Von den Schwierigkeiten, erwachsen zu werden.* Stuttgart 2005

DSM: *Diagnostisches und Statistisches Handbuch Psychischer Störungen.* http://de.wikipedia.org/wiki/Diagnostic_and_Statistical_Manual_of_Mental_Disorders

Dürmeier, W., Eden, G., Günther, M. (Hrsg.): *Wenn Frauen Frauen lieben.* Berlin 1991

Dürscheid, C., Wagner, F., Brommer, S.: *Wie Jugendliche schreiben. Schreibkompetenz und neue Medien.* Berlin 2010

Eaton, W. O., McKeen, N. A., Campbell, D. W.: »The waxing and waning of movement: Implications for psychological development«, in: *Developmental Review,* 21/2001, S. 205–223

Eibl-Eibesfeldt, I.: *Grundriß der vergleichenden Verhaltensforschung.* München 1995

Eidgenössische Kommission für Kinder- und Jugendfragen (EKKJ) (Hrsg.): *Jugendsexualität im Wandel der Zeit. Veränderungen, Einflüsse, Perspektiven.* Bern 2009

Eisenberg, G.: *… damit mich kein Mensch mehr vergisst! Warum Amok und Gewalt kein Zufall sind.* München 2010

Erhardt, A.: »Prinzipien der psychosexuellen Differenzierung«, in: Bischof, N., Preuschoff, H. (Hrsg): *Geschlechtsunterschiede – Entstehung und Entwicklung.* München 1980, S. 99–122

Europäische Beobachtungsstelle für Drogen und Drogensucht: *Jahresbericht 2010: Stand der Drogenproblematik in Europa.* Luxemburg 2010

EUROSTAT. Arbeitskräfteerhebung, http://epp.eurostat.cec.eu.int/portal/page?_pageid=0,1136184,0_45572592&_dad=portal&_schema=PORTAL, 2005

Eveleth, P. B., Tanner, J. M.: *World Wide Variation in Human Growth.* Cambridge 1976

Exner, C., Hebebrand, J., Remschmidt, H.: »Leptin suppresses semi-starvation induced hyperactivity in rats: implications for anorexia nervosa«, in: *Molecular Psychiatry,* 5/2000, S. 476–481

Fantz, R. L.: »Visual perception from birth as shown by pattern selectivity«, in: *Annals of New York Academic Science*, 118/1965, S. 793–814

Farin, K.: *generation kick.de. Jugendsubkulturen heute.* München 2001

Flug, D., Largo, R. H., Prader, A.: »Menstrual patterns in adolescent swiss girls«, in: *Annals of Human Biology*, 6/1984, S. 495–508

Frisch, R. E., Revelle, R.: »Height and weight at menarche and a hypothesis of critical body weight and adolescent events«, in: *Science*, 169/1970, S. 397

Fritschi, T., Oesch, T.: *Volkswirtschaftlicher Nutzen von frühkindlicher Bildung in Deutschland. Eine ökonomische Bewertung langfristiger Bildungseffekte bei Krippenkindern.* Bertelsmann Stiftung Deutschland 2008. http://www.bertelsmann-stiftung.de/cps/rde/xbcr/SID-04265D9E-DAFFAB1E/bst/Bass.pdf

Fritschi, T., Oesch, T.: *Gesellschaftliche Kosten unzureichender Integration von Zuwanderinnen und Zuwanderern in Deutschland.* Bertelsmann Stiftung Deutschland 2010. http://www.bertelsmann-stiftung.de/cps/rde/xbcr/SID-04265D9E-DAFFAB1E/bst/Kosten_integration.pdf

Gafga, H., Ohland, A. U. a.: *Deutschland, deine teenies. Gemeinsam erwachsen werden.* München 2008

Gallahue, D. L.: *Understanding motor development. Infants, children, adolescents.* Indianapolis 1989

Galler, J. R., Ramsey, F. C., Salt, P., Archer, E.: »Long-term effects of early kwashiorkor compared with marasmus. I. Physical growth and sexual maturation«, in: *J. Pediat. Gastroenterol. Nutr.* 6/1987, S. 841–846

Gehirn & Geist: *Pubertät. So finden Jugendliche ihren Weg.* Serie Kindesentwicklung 4/2009

Geo Wissen: Pubertät. Auf der Suche nach dem neuen Ich. 41/2008

Gianoulis, T.: »Situational homosexuality«, in: Summers, C. J. (Hrsg.): *An Encyclopedia of Gay, Lesbian, Bisexual, Transgender, and Queer Culture. glbtq* 2008

Goodenough Pitcher, E., Hickey Schultz, L.: *Boys and girls at play. The development of sex roles.* Brighton 1983

Green, R.: *Sexual identity conflict in children and adults.* New York 1974

Green, R.: *The »sissy boy syndrome« and the development of homosexuality.* New Haven 1987

Guggenbühl, A.: *Was ist mit unseren Jungs los?* Freiburg 2011

Guiso, L., Monte, F., Sapienza, P., Zingales, L.: »Culture, Gender and Math«, in: *Science*, 320/2008, S. 1162–1165

Hahn, F., Holtkamp, K., Herpertz-Dahlmann, B.: »Moderne Behandlungsstrategien bei Anorexie und Bulimie«, in: *Neurotransmitter*, 12/2002, S. 60–66

Hamm, I.: *Die MTV-Mindset-Studien. Jugendmarketing mit Subkulturen und Lebensstilen.* Stuttgart 2003

Hauk, J.: *Boygroups! Teenager, Tränen, Träume.* Berlin 1999

Hentig, H. von: *Bewährung. Von der nützlichen Erfahrung, nützlich zu sein.* München, Wien 2006

Herpertz-Dahlmann, B., Müller, B.: »Leistungssport und Essstörungen aus kinder- und jugendpsychiatrischer Sicht«, in: *Monatsschrift für Kinderheilkunde* 148/2000, S. 462–468

Herpertz-Dahlmann, B., Müller, B., Herpertz, S.: »Prospective ten-year follow-up in adolescent anorexia nervosa – course, outcome and psychiatric comorbidity«, in: *Child Psychology and Psychiatry,* 42/2001, S. 603–612

Hines, M., Brook, C., Conway, G. S.: »Androgen and psychosexual development: Core identity, sexual orientation, and recalled gender role behavior in women and men with congenital adrenal hyperplasia (CAH)«, in: *Journal of Sexual Research,* 41/2004, S. 75–81

Hoek, H.W., Hoeken, D. van.: »Review of the prevalence and incidence of eating disorders«, in: *International Journal of Eating Disorders,* 34/2003, S. 383–396

Holling, H., Schlack, R.: *Essstörungen im Kindes- und Jugendalter. Erste Ergebnisse aus dem Kinder- und Jugendgesundheitssurvey (KiGGS).* Heidelberg 2007

Hurrelmann, K., Albert, M.: *Die 15. Shell Jugend-Studie: Jugend 2006. Eine pragmatische Generation unter Druck.* Frankfurt am Main 2006

Hurrelmann, K., Albert, M., Quenzel, G.: *Die 16. Shell Jugend-Studie: Jugend 2010. Eine pragmatische Generation behauptet sich.* Frankfurt am Main 2010

Hüther, G.: *Männer. Das schwache Geschlecht und sein Gehirn.* Göttingen 2009

ICD: *Internationale Klassifikation der Krankheiten* http://www.dimdi.de/static/de/klassi/diagnosen/icd10/index.htm

Iglowstein, I., Jenni, O.G., Molinari, L., Largo, R.H.: »Sleep duration from infancy to adolescence: Reference values and generational trends«, in: *Pediatrics,* 11/2003, S. 302–307

Imdorf, C.: »Schulische Formalqualifikation als Leistungsmesser auf der Sekundarstufe I: Verzerrung nach Geschlecht und nationaler Herkunft«, in: *Kongress ADMEE/SGBF,* Genf 2002

Janetzko, C., Krones, M.: *Von knorke bis gaga – Die Entwicklung der Jugendsprache,* in: Spiegel Online vom 2. Juni 2008.

Jenny, O.G., Carskadon, M.A.: »Normal Sleep and Its Variants: Infants to Adolescents«. In: *SRS Basics of Sleep Guide.* 2005; S. 11–19

Juul, J.: *Pubertät. Wenn Erziehen nicht mehr geht. Gelassen durch stürmische Zeiten.* München 2010

Kegler, U.: *In Zukunft lernen wir anders – Wenn die Schule schön wird*. Weinheim 2009

Kinsey, A. C.: *Das sexuelle Verhalten des Mannes*. Berlin 1964

Kog, E., Vertommen, H.. Vandereycken, W.: »Minuchin's psychosomatic family model revised: A concept-validation study using a multitrait-mulitime-method approach«, in: *Family Processes*, 26/1987, S. 235

Kohlberg, L.: »A cognitive development analysis of children's sex role concepts and attitudes«, in Maccoby, E. (Hrsg.): *The development of sex differences*. Stanford 1966

Kohlberg, L.: »Moral stage and moralization. The cognitive-developmental approach«, in: Lickona, T. (Hrsg.): *Moral Development and Behavior: Theory, Research and Social Issues*. New York 1976, S. 84–107

Korczak, J.: *Wie man Kinder lieben soll*. Göttingen 1989

Kort, J.: »Straight Men who have Sex with Men«, in: Summers, C. J. (Hrsg.): *An Encyclopedia of Gay, Lesbian, Bisexual, Transgender, and Queer Culture*. glbtq 2008

Kottke, F. J., Halpern, D., Easton, J. K. M., Ozel, A. T., Burrill, C. C.: »The training of coordination«, in: *Archives of Physical Medicine and Rehabilitaiton*, 59/1978, S. 567–572

Kronig, W.: *Die systematische Zufälligkeit des Bildungserfolgs: Theoretische Erklärungen und empirische Untersuchungen und Leistungsbewertung von leistungsschwachem Lernen*. Bern 2007

Ladame, F.: »Wenn sich Jugendliche das Leben nehmen wollen«, in: *Horizonte*, 28/1996, S. 12–13

Lamb, M. E.: *The Role of the Father in Child Devleopment*. New York 1976

Lampert, T., Sygusch, R., Schlack, R.: *Nutzung elektronischer Medien im Jugendalter. Ergebnisse des Kinder- und Jugendgesundheitssurveys (KiGGS)*. Berlin 2007

Langenscheidt: *HÄ?? Jugendsprache unplugged*. Berlin 2011

Largo, R. H.: »Die Regulation des postnatalen Wachstums aus phänomenologischer Sicht«, in: *Nova Acta Leopoldina*, 69/1993, S. 245–258

Largo, R. H.: *Kinderjahre. Die Individualität des Kindes als erzieherische Herausforderung*. München 1999

Largo, R. H.: *Babyjahre. Entwicklung und Erziehung in den ersten vier Jahren*. München 2007

Largo, R. H.: *Lernen geht anders. Bildung und Erziehung vom Kind her denken*. Hamburg 2010

Largo, R. H., Beglinger, M.: *Schülerjahre. Wie Kinder besser lernen*. München 2009

Largo, R. H., Caflisch, J. A., Hug, F., Muggli, K., Molnar, A., Molinari, L., Sheehy, A., Gasser, T.: »Neuromotor development from 5 to 18 years. Part 1: Timed performance«, in: *Developmental Medicine and Child Neurology*, 43/2001a, S. 436–443

Largo, R. H., Caflisch, J. A., Hug, F., Muggli, K., Molnar, A., Molinari, L.: »Neuromotor development from 5 to 18 years. Part 2: Associated movements«, in: *Developmental Medicine and Child Neurology*, 43/2001b, S. 444–453

Largo, R. H., Czernin, M.: *Glückliche Scheidungskinder*. München 2003

Largo, R. H., Fischer, J.E., Caflisch, J. A.: *Zurich Neuromotor Assessment*. Zürich 2002

Largo, R. H., Howard, J. A.: »Developmental progression of play behaviors in children 9 to 30 months of age. I. Spontaneous play and imitation«, in: *Developmental Medicine and Child Neurology*, 21/1979, S. 299–310

Largo, R. H., Prader, A.: »Pubertal development in Swiss boys«, in: *Helvetica Paediatrica Acta*, 38/1983a, S. 211–228

Largo, R. H., Prader, A.: »Pubertal development in Swiss girls«, in: *Helvetica Paediatrica Acta*, 38/1983b, S. 229–243

Largo, R. H., Prader, A.: »Somatische Pubertätsentwicklung bei Mädchen«, in: *Monatsschrift für Kinderheilkunde*, 135/1987, S. 479–484

Largo, R. H., Stützle, W., Gasser, Th., Huber, J. P., Prader, A.: »Analysis of the adolescent growth spurt using smoothing spline functions«, in: *Annals of Human Biology*, 5/1978, S. 421–434

Lee, V. E., Burkam, D. T.: »Dropping out of high school: The role of school organization and structure«, in: *American Educational Research Journal*, 40/2003, S. 353–393

Lenneberg, E. H.: *Biological Foundation of Language*. New York 1967

Levy, R., Joyce, D., Guye, O., Kaufmann, V.: *Tous égaux? De la stratification aux représentations*. Zürich 1997

Lucas, A. R., Crowson, C. S., O'Fallon, W. M., Melton, M. J.: »The ups and downs of anorexia nervosa«, in: *International Journal of Eating Disorders*, 26/1999, S. 397–405

Maccoby, E. E.: *Psychologie der Geschlechter. Sexuelle Identität in den verschiedenen Lebensphasen*. Stuttgart 2000

Medienpädagogischer Forschungsverbund Südwest (Mpfs) (Hrsg.): *JIM-STUDIE 2009, Jugend, Information, (Multi-)Media. Basisuntersuchung zum Medienumgang 12- bis 19-Jähriger in Deutschland*. Stuttgart 2009

Morris, D.: *Körpersignale. Bodywatching*. München 1986

Moser, U., Lanfranchi, A.: »Ungleich verteilte Bildungschancen«, in: Eidgenössische Koordinationskommission für Familienfragen (Hrsg.): *Familien – Erziehung – Bildung*. Bern 2008

Mosier, H. D.: »Set point of target size in catch up growth«, in: Tanner J. M. (Hrsg.): *Auxology 88. Perspectives in the Science of Growth and Development.* London 1989

Neubauer, A., Stern, E.: *Lernen macht intelligent. Warum Begabung gefördert werden muss.* München 2007

Nowicki, S., Duke, M. P.: »Individual differences in the nonverbal communication of affect: The diagnostic analysis of nonverbal accuracy scale«, in: *Journal of Nonverbal Behavior,* 18/1994, S. 9–13

NSDUH: *National Survey on drug use and health.* U.S. Department of Health and Human Services. Office of Applied Studies. Rockville 2010

Oelkers, J.: *Selbst organisiertes Lernen (SOL).* Projekt am Pädagogischen Institut der Universität Zürich. Zürich 2008

Opp, G., Teichmann, J.: *Positive Peer Kultur. Best Practices in Deutschland.* Bad Heilbrunn 2008

Oppers, V. M.: *Analyse van de acceleratie van de menselijke lengtegroei door bepaling van het tijdstip van de groeifascen. Diss.* Univ. Amsterdam 1963

Patton, G. C., Carlin, K., Stahl, D.: »Adolescent dieting: healthy weight controller borderline eating disorder?«, in: *Journal of Child Psychology and Psychiatry,* 38/2007, S. 299–306

Pfeiffer C., Mößle, Th., Kleimann, M., Rehbein, R.: *PISA-Verlierer – Opfer ihres Medienkonsums. Eine Analyse auf der Basis verschiedener empirischer Untersuchungen.* Kriminologisches Forschungsinstitut Niedersachsen, Hannover 2007

Piaget, J.: *Das Erwachen der Intelligenz beim Kinde. Gesammelte Werke 1, Studienausgabe.* Stuttgart 1975

Pinker, S.: *das geschlechterparadox.* München 2008

PISA 2006 Deutschland: http://pisa.ipn.uni-kiel.de//pisa2006/index.html

Prader, A., Largo, R. H., Molinari, L., Issler, C.: »Physical growth of Swiss children from birth to 20 years of age (First Zurich Longitudinal Study of Growth and Development)«, in: *Helvetica Paediatrica Acta, Supplementum,* 52/1989

Preisendörfer, B.: *Das Bildungsprivileg. Warum Chancengleichheit unerwünscht ist.* Frankfurt am Main 2008

Premack, D., Woodruff, G.: »Does the chimpanzee have a theory of mind?«, in: *Behavioral Brain Science,* 1/1978, S. 515–526

Prenzel, M.: *Pisa 2003. Untersuchungen zur Kompetenzentwicklung im Verlauf eines Schuljahres.* Münster 2006

Prenzel, M., Artelt, C., Baumert, J., Blum, W., Hammann, M., Klieme, E., Pekrun, R.: *PISA 2006. Die Ergebnisse der dritten internationalen Vergleichsstudie.* Münster 2007

Roenneberg, T., Kuehnle, T., Pramstaller, P. P., Ricken, J., Havel, M., Guth, G., Merrow, M.: »A marker for the end of adolescence«, in: *Curr. Biol.*, 14/2004, R1038

Rogge, Jan-Uwe. *Pubertät. Loslassen und Haltgeben.* Hamburg 1998

Rutter, M., Maugham, B.: *Fünfzehntausend Stunden. Schulen und ihre Wirkung auf die Kinder.* Weinheim, Basel 1980

Saris, W. H. M.: »Physical acitivity and body weight regulation«, in: Bouchard, C., Bray, G. A. (Hrsg.): *Regulation of body weight: Biological and behavioral mechanisms.* New York 1996, S. 135–148

Schmeiser, M.: »*Missratene* Söhne und Töchter. Verlaufsformen des sozialen Abstiegs in Akademikerfamilien.* Konstanz 2003

Schneider, M.: *Klassenwechsel. Aufsteigen und Reichwerden in der Schweiz: Wie Kinder es weiterbringen als ihre Eltern.* Basel 2007

Sennett, R.: *Handwerk.* Berlin 2009

Sichtermann, B.: *Frühlingserwachen. Pubertät – Wie Sex und Erotik alles verändern.* Hamburg 2002

Sichtermann, B.: *Pubertät. Not und Versprechen.* Weinheim, Basel 2007

Slomkowski, C., Dunn, J.: »Young children's understanding of other people's beliefs and feelings and their connected communication with friends«, in: *Developmental Psychology,* 32/1996, S. 442–447

Statistisches Bundesamt, Fachstelle 11, Reihe 1: *Allgemeinbildende Schulen.* Wiesbaden 2004

Steinhausen, H. C.: »Outcome of Anorexia Nervosa in the Younger Patient«, in: *Journal of Child Psychology and Psychiatry,* 38/1997, S. 271–276

Steinhausen, H. C.: »The Outcome of Anorexia Nervosa in the 20th Century«, in: *American Journal of Psychiatry,* 159/2002, S. 1284–1293

Steinhausen, H. C., Seidel, R., Winkler Metzke, C.: »Evaluation of treatment and intermediate and longterm outcome of adolescent eating disorders«, in: *Psychological Medicine,* 30/2000, S. 1089–1098

Tanner, J. M.: *Growth at Adolescence.* Oxford 1962

TNS Emnid: *Presseunterlagen der Eurogay-Studie »Schwules Leben in Deutschland«.* Hamburg 2001

Van Wieringen, J.C.: »Secular growth changes«, in: Falkner, F., Tanner, J. M. (Hrsg.): *Human Growth,* 3/1986, S. 307–332

Vereinigung der Bayerischen Wirtschaft e.V. (VbW) (Hrsg.): *Geschlechterdifferenzen im Bildungssystem. Jahresgutachten 2009.* Wiesbaden 2009

Vogelgesang, C.: *Die Wohlstandsgesellschaft und ihre Auswüchse. Magersucht und die Suche nach den Ursachen.* Saarbrücken 2008

Vuille, J. C., Carvajal, M. I., Casaulta, F., Schenkel, M.: *Die gesunde Schule im Umbruch.* Zürich 2004

Wahlstrom, K.: »Changing Times: Findings from the First Longitudinal Study of Later High Schol Start Times«, in: *NASSP Bulletin*, 86/633/2002a, S. 3–21

Wahlstrom, K.: »Accommodating the sleep patterns of adolescents within current educational structures: An uncharted path«, in: Carskadon, M. A. (Hrsg.): *Adolescent Sleep Patterns: Biological, Social, and Psychological Influences.* New York 2002b, S. 172–197

Waldrich, H.-P.: *In blinder Wut. Amoklauf und Schule.* Köln 2010

Wehlage, G. G., Rutter, R. A.: »Dropping out: How much do Schools contribute to the Problem?«, in: *Teachers College Record*, 87/1986, S. 374–392

Wunderlich, U.: *Suizidales Verhalten im Jugendalter. Theorien, Erklärungsmodelle und Risikofaktoren.* Göttingen 2004

Jugendzitate, Filme, Songs

Jugendzitate, Porträts, Songtexte und Mutter-Kind-Dialog stammen aus: Arlt 2008, Baacke 2003, Crepet 1996, Dolto et al. 2005, Gafga 2008, Hauk 1999, Hurrelmann 2010, Langenscheidt-Redaktion 2011, Rogge 1996, von Take That, Abba sowie von Remo Largo und Monika Czernin.

Black Swan, 2010, Regie: Darren Aronofsky, Drehbuch: Andres Heinz, Mark Heyman

Denn sie wissen nicht, was sie tun, 1955, Regie: Nicholas Ray, Drehbuch: Stewart Stern nach der gleichnamigen soziologischen Studie von Dr. Robert Lindner

Der Club der toten Dichter, 1989, Regie: Peter Weir, Drehbuch: Tom Schulman

Harry Potter: Der Stein der Weisen, 2001, Regie: Chris Columbus, Drehbuch: Steve Kloves, Joanne K. Rowling nach dem gleichnamigen Buch von J. K. Rowling

Herr der Ringe: Die Gefährten, 2001, Regie: Peter Jackson, Drehbuch Fran Walsh, Philippa Boyens, Peter Jackson nach dem Roman von J. R. R. Tolkien

The Social Network, 2010, Regie: David Fincher, Drehbuch: Aaron Sorkin nach dem Roman »Milliardär per Zufall: Die Gründung von Facebook.« Eine Geschichte über Sex, Geld, Freundschaft und Betrug von Ben Mezrich

Twilight, 2008, Regie: Catherine Hardwicke, Drehbuch: Melissa Rosenberg nach dem gleichnamigen Roman von Stefanie Meyer

Register

Abbildungsnachweis